우리신화 한국신화

이복규 · 양정화 엮음

교우미디어

우리 신화 한국 신화

개정판발행 2018년 8월 20일

지은이 이복규·양정화 / **펴낸이** 오상훈

펴낸곳 교우미디어
주 소 서울시 동대문구 약령시로 8 교우빌딩 1층 교우미디어
전 화 02-925-2861, 02-925-2866 / **팩 스** 02-925-2860, **편집부** 02-925-2825
홈페이지&북스토어 **www.kyowoo.co.kr** / **이메일** **kyowoo@kyowoo.co.kr**

등 록 2011년 2월 7일 제305-2011-000007호
ISBN 979-11-85417-24-0 (93810)

값 20,000원

교우미디어는 (주) 교우의 Imprint 사입니다.
수학정원·과학정원은 (주) 교우의 새로운 브랜드명입니다.

머리말

신화는 말 그대로 신성한 이야기, 거룩한 이야기입니다. 그 신화를 보면 그 민족을 알 수 있습니다. 무엇을 거룩하게 여기며 살았는지, 무엇을 사람다운 삶이라 여기며 살고 있는지 알 수 있습니다.

우리에게도 신화가 있습니다. 우리를 알려면 우리 신화를 알아야 합니다. 그런데도 우리 신화를 제대로 모르는 사람, 온전히 읽어본 사람이 많지 않습니다. 고려시대의 문호 이규보도 그랬습니다. 중국의 신화만 신성한 줄 알다가, 우연히 고구려 건국신화인 〈주몽신화〉를 듣고는, 우리 신화도 중국 신화와 똑같이 거룩하다는 사실을 알아 쓴 것이 장편서사시 〈동명왕편〉입니다.

사제간인 우리가 이 책을 엮은 동기도 이것입니다. 그리스·로마 신화만 있는 게 아니라 우리에게도 신화가 있다는 사실을 나누고 싶은 마음 때문입니다. 대학에서 우리 신화를 학생들과 매년 읽으며 음미하는데, 그때마다 새로운 감동을 느낍니다. 우리 신화에 '대해서' 남들이 해설한 것을 읽는 것도 중요하지만, 신화'를' 내가 직접 읽어보는 일은 더 소중합니다. 우리나라 교육이 답을 암기하거나, 남이 떠 넣어주는 경향이 강해, 독서마저도 남이 해석한 것을 읽고 끝내기 일쑤인데, 진정한 독서는 원문을 처음부터 끝까지 자기가 직접 읽고 느끼고 생각하는 것이라 믿습니다. 그러려는 이들에게 도움을 주기 위해 이 책을 엮었습니다.

이 책의 특징을 몇 가지로 정리하면 다음과 같습니다.

첫째, 우리의 대표적인 신화들의 원전을 처음부터 끝까지 온전하게 맛보게 했습니다. 신화에 '대해' 연구하거나 해석한 책은 많아도, 신화의 원전을 통째로 읽어볼 수 있게 하는 책은 찾아보기 어렵습니다. 엮은이의 자료집으로 나온 것도 축약본이거나 함부로 윤색한 게 많아 아쉬운 감이 있었습니다.

둘째, 구전신화와 문헌신화 가운데에서 대표적인 것 32편을 골랐습니다. 대표적인 구전신화 25편, 문헌신화 7편입니다. 그 동안 문헌신화에 치우친 감이 많아 구전신화의 비중을 높였습니다. 문헌신화는 구전신화에 비하면 축약되었을 뿐만 아니라 기록자의 주관에 따라 일정하게 굴절되어 있어, 우리 신화의 원형을 알기 위해서는 구전신화가 더 소중합니다. 엄밀히 말하면 건국신화를 비롯한 문헌신화들은 구전신화를 모태로 하여 만들어지고 기록된 것들입니다.

셋째, 32편 신화의 원문을 누구나 이해할 수 있도록 쉽게 다듬었습니다. 원전을 최대한 존중하면서 현대문으로 다듬어 놓음으로써, 텍스트의 전모를 감상할 수 있게 했습니다. 더러 난해한 구절이 있어 제주 방언에 밝은 분들의 도움을 받았지만 여전히 미심쩍은 대목이 있습니다.

우리 신화 특히 구전신화는 여러 책에 실려 있어, 한자리에서 보기 어렵습니다. 독자들은 이 책으로 수고를 덜 수 있습니다. 애써 모은 구전신화들을 이용하라고 허락해 주신 진성기, 현용준, 서대석, 세 분 선생님께 깊이 감사드립니다.

이 책을 읽는 분들이 우리 한국 신화, 우리 민족이 넉넉하다는 사실을 알았으면 좋겠습니다. 처음처럼 좀 더 거룩하고 사람다운 생각을 품었으면 하는 희망입니다. 나아가 문화콘텐츠에 관심 있는 분들이, 여기 실린 이야기들을 재료 삼아 세계 모든 사람이 매력을 느낄 만한 새로운 신화로 많이들 재창조해 냈으면 하는 바람입니다. 아시다시피, 웹툰으로 인기를 모은 후 2017년 말에 영화로도 개봉되어 주목받은 〈신과 함께〉는 〈차사본풀이〉(이 책 제3부에 소개)를 활용한 작품입니다.

2018년 새해를 열며

이복규 · 양정화

차례

제5부 신들의 사랑과 운명

제6부 신들이 가진 능력

제7부 나라를 세운 신들

제 1 부

세상이 열린 이야기

1. 창세신 미륵과 석가의 내기 〈창세가〉

하늘과 땅이 생길 때 미륵님도 함께 탄생하였다. 그때는 하늘과 땅이 서로 딱 맞붙어서 떨어지지 않았고, 하늘은 가마솥 뚜껑처럼 도드라져 있었다. 미륵님이 땅 네 귀퉁이에 구리기둥을 세워 하늘이 내려오지 못하게 했다.

그때는 해도 둘이고, 달도 둘이었다. 미륵님은 달을 하나 떼어서 하늘의 북두칠성과 남두칠성을 만들고, 해는 하나 떼어서 큰 별을 만들고, 작은 별은 백성의 직성별로 마련하고, 큰 별은 임금과 대신 별로 마련하였다. 해가 뜨면 낮이 되고 달이 뜨면 밤이 되었다.

그런데 이때, 미륵님은 자신에게 옷이 필요하다는 것을 느꼈다. 옷을 지으려고 하면서, 옷감으로 무엇을 사용하면 좋을지 주변을 둘러보며 찾았다. 그때 이 산 저 산 넘어가며 뻗어 가는 칡넝쿨이 보였다. 당장 그것을 파내어서 껍질을 벗겨내고 줄기를 찧어 삼아내어 가느다란 실을 만들었다. 하늘 아래에 베틀을 놓고, 구름 속에는 잉앗대 걸어서, 들고 짱짱 놓고 짱짱, 짜내어 칡장삼을 마련했다.

그런데 미륵님이 너무 커서, 옷깃을 만드니 한 필이 들었고, 소매에만 반 필이 필요했다. 다섯 자가 섶이고, 세 자가 깃이 되어 미륵에게 딱 맞는 옷이 되었다. 그 다음에는 머리 고깔을 지었다. 그런데 한 자 세 치를 떼어내어 지어보니 눈 근처에도 안 내려왔다. 두 자 세 치를 더 들이니, 귀 근처에 겨우 내려오고, 석 자 세 치를 더 들여서 지으니, 턱 근처까지 내려와 드디어 고깔이 완성되었다.

세상이 열리고 미륵님이 탄생한 이후로 미륵님은 생식하였다. 아직 불이 없었기 때문에 익히지도 못하고, 엄청난 양의 생 날알을 그대로 먹어야만 했다.

"아, 더 이상 이렇게는 못 먹겠다. 내가 세상에 계속 머물려면 물의 근본과 불의 근본을 찾아내야겠구나. 찾아내려고 나설 이는 나밖에 없으니 내가 찾아내야겠다."

미륵님은 곧장 풀메뚜기를 잡아와 형틀에 올려놓고, 정강이를 때리며 물었다.

"여봐라, 풀메뚜기야. 물의 근본, 불의 근본을 아느냐?"

풀메뚜기가 대답했다.

"밤이면 이슬 받아먹고, 낮이면 햇살 받아먹고 사는 짐승이 어찌 알겠습니까? 나보다 세상을 한 번 더 먼저 본 풀개구리를 불러 물으십시오."

이번에는 풀개구리를 잡아다가 정강이를 때리며 물었다.

"물의 근본, 불의 근본을 아느냐?"

풀개구리가 대답했다.

"밤이면 이슬 받아먹고, 낮이면 햇살 받아먹고 사는 짐승이 어찌 알겠습니까? 나보다 세상을 두 번 세 번 더 먼저 본 생쥐를 잡아다가 물어보십시오."

생쥐를 잡아다가 정강이를 때리며 물었다.

"물의 근본, 불의 근본을 아느냐?"

쥐가 대답했다.

"내게 무슨 공을 세워주겠습니까?"

"너는 천하의 뒤주를 차지하라."

쥐는 잠시도 머뭇거리지 않았다.

"금정산에 들어가면 널려 있는 돌 중에서, 한쪽은 차돌을 들고 한쪽은 시우쇠를 들고 툭툭 치니 불이 났습니다. 소하산 들어가니, 땅에서 샘물 솔솔 흘러나와 물의 근본이 됩니다."

이렇게 해서 미륵님은 물과 불의 근본을 알게 되었다. 그리고 물과 불을 이용하면서 살아갈 인간을 데려오기로 했다.

미륵님은 한쪽 손에 은쟁반 들고, 다른 한쪽 손에 금쟁반 들고, 하늘에 축원을 했다. 곧 하늘에서 벌레가 떨어졌는데 금쟁반에도 다섯, 은쟁반에도 다섯이었다. 그 벌레가 자라나서 금벌레는 남자가 되고, 은벌레는 여자가 되었다. 저들이 더 자란 뒤 부부로 맺어주니, 드디어 세상에 사람이 나왔다.

미륵님이 세상을 연 이후로 태평한 세월이 흐르고 있었다. 먹을 것도 넉넉하고, 인간들도 불평할 것이 없는 평온한 세월이었다.

그러던 어느 날이었다. 석가가 세상으로 내려와 미륵님을 찾아왔다. 석가는 미륵님이 열어놓은 세상을 빼앗으려고 했다. 미륵님은 순순히 내어줄 생각이 당연히 없었다.

“아직은 내 세월이다. 네 세월은 못 된다.”

석가도 물러서지 않았다.

“미륵님 세월은 다 지나갔습니다. 이제는 내 세월을 만들겠습니다.”

“네가 내 세월을 빼앗고 싶거든 너와 내가 내기를 하자. 간사하고 치사한 석가야.”

미륵은 동해바다 속으로 금병에 금줄 달아 담그고, 석가는 은병에 은줄 달아 담갔다.

“내 병의 줄이 끊어지면 네 세월이 되고, 네 병의 줄이 끊어지면 아직은 네 세월이 아니다.”

두 신은 내기를 시작했다. 그런데 얼마 지나지 않아서 석가의 은줄이 끊어졌다. 내기에서 지면 물러나기로 했던 석가는 오히려 딴소리를 했다.

“내기 한 번 더 하자. 성천강을 붙게 하는 내기를 하자.”

미륵님은 동지채를 올리고, 석가님은 입춘채를 올렸다. 미륵님이 강을 얼어붙게 하자 석가는 이번 내기에서도 졌다. 그러나 석가는 여전히 물러날 기세를 보이지 않았다.

“한 번만 더 하자. 너와 내가 한방에 누워서 모란꽃을 피우자. 꽃이 모랑모랑 피어서 내 무릎에 올라오면 내 세월이요, 네 무릎에 올라오면 네 세월이다.”

석가는 도둑심사를 먹고 잠자는 척하고 있었지만, 미륵님은 진짜 잠을 잤다. 얼마 후 모란꽃이 피더니 미륵님 무릎 위로 올라갔다. 석가는 조용히 일어나더니 꽃줄기를 꺾어다가 자기 무릎에 꽂았다. 곧바로 잠에서 깬 미륵님이 이 모습을 보고는 화를 냈다.

"간사하고 치사한 이 석가야. 내 무릎에 꽃이 핀 것을 네 무릎에 꺾어 꽂았으니, 꽃이 피어도 열흘이 못 가고, 심어서도 십 년을 못 갈 것이다."

미륵님은 석가에게 세상을 넘겨주기로 했다. 세상을 차지할 때까지 석가는 포기하지 않고 계속 내기를 요구할 것이고, 미륵님은 더 이상 생떼를 받아주기 싫었다.

"간사하고 치사한 석가야. 네 세월이 되고 나면 사람들 집집마다 솟대를 세우게 될 것이다. 네 세월이 되고 나면 가문마다 기생이 나오고, 가문마다 과부가 나고, 가문마다 무당도 나고, 가문마다 역적도 나고, 가문마다 백정이 나게 된다. 네 세월이 되고 나면 몸이 성치 않은 불구가 나온다. 네 세월이 되고 나면 삼천 명 중에 천 명은 건달이 될 것이니라. 세월이 그리되어 말세가 된다."

미륵님이 이렇게 말하고 자리를 떴다. 그러자 삼일 만에 천 명의 건달이 석가 앞에 모여 들었다.

미륵님은 불안한 기운을 느끼고 산 속으로 들어가 버렸다. 이 사실을 알아차린 석가는 건달들을 데리고 미륵님을 찾아서 산으로 올라갔다. 산 속에 들어가니 노루와 사슴이 사람들을 보고 놀라 도망을 쳤다. 석가는 그 노루를 잡아와 사람들 앞에 내밀었다. 그 노루를 잡아서 고기로 꼬치를 꿰고, 산중의 오래된 나무를 꺾어 불을 피우고 고기를 구워 먹게 했다.

그런데 그들 가운데 둘이 일어나 고기를 땅에 던져 버리면서 말했다.

"나는 이 고기를 먹지 않겠다. 나는 성인이 되겠다."

석가는 그 두 사람은 산 속으로 쫓아내어 돌아오지 못하게 했다. 두 사람은 나중에 죽어서 한 사람은 바위가 되고, 한 사람은 소나무가 되어 변하지 않는 모습을 가지게 되었다.

그래서 요즘도 사람들은 삼사월이 다가오면, 상향미로 밥을 짓고 화전놀이를 하면서 두 사람을 기리고 있다.

— 원문출처: 손진태, 『조선신가유편』, 박이정, 2012.

옥황상제 천지왕

2. 세상의 규칙을 정한 신들 〈천지왕본풀이〉

월일광 개벽에 이르니, 대별왕도 개벽, 소별왕도 개벽에 이른다. 대별왕과 소별왕이 개벽할 때, 옥황상제는 천지왕이다.

천지왕이 하루는 자다가 꿈을 꾸었다. 해 둘과 달 둘을 사람들이 사는 세상으로 내보내니, 낮에는 해 둘이 한꺼번에 비추어 뜨거워서 죽게 되고, 밤에는 달도 둘을 내보내니 추워서 죽게 되어 있었다. 그런데 누군가가 오더니 해도 하나 먹어 버리고 달도 하나 들어먹어 버리는 것이었다.

그 무렵, 인간 세상의 수명장자가 천하의 큰 부자로 잘 살고 있었다. 수명장자는 하녀를 몇이나 부리며 편하게 지내면서, 아버지는 방에 병풍을 쳐서 모셔 두고 삼시세끼를 잘 대접하며 살았다.

수명장자의 아버지가 갓 예순이 되던 날이었다. 항상 오던 밥상이 들어오지 않고 아침에도 죽, 낮에도 죽, 저녁에도 죽만 들어왔다. 하루 죽 세 사발씩을 먹고 지내던 어느 날, 수명장자의 아버지는 죽을 들고 온 하녀에게 한탄을 했다.

"이거 어떻게 끼니마다 죽 한 사발씩만 주느냐? 배고파서 못살겠다. 밥을 가지고 오너라."

"큰 주인님이 꼭 이렇게만 가져다 드리라고 하였습니다."

하녀가 이렇게 말하자 아들을 불러 말했다.

"도대체 내 밥상이 왜 이러냐?"

"아버지, 사람 한 대가 서른인데, 아버진 금년이 예순, 두 대를 살았으니 너무 살았습니다. 아버지가 이미 두 대나 살았지만, 더 잘 먹고 싶으시면 죽어 저승에 가서 귀신이 되어 이승으로 먹으러 오지 않겠다고 하시면, 죽어서 삼 년상에 놓을 몫으로 지금 잘 대접하겠습니다."

"아, 그렇게 하겠다."

"그러면 아버지는 죽어서 인간이 드리는 초하루, 보름 제사, 명절, 기일제 때에 절대로 오지 않겠다고 증서를 쓰십시오."

아버지는 그렇게 하겠다고 증서를 썼다. 수명장자는 아버지가 죽은 뒤에 먹을 몫으로 소를 잡아 놓고, 예전처럼 밥과 술상까지 챙겨서 잘 먹였다. 하지만 아버지는 예순하나 되는 해가 막 시작되는 이튿날 그만 황천길을 떠나고 말았다.

수명장자는 죽은 아버지를 거적에 싸서 산에 묻어버렸다. 그리고 아버지가 살아있을 때 약속했던 것처럼, 상에 물을 한 모금 떠 놓지도 않은 채 아무것도 하지 않고 계속 편하게 살았다.

섣달그믐이 되었다. 저승에서는 옥문을 열고 제자들을 모두 불러 모았다.

"명절이니 이승으로 가서 잘 먹고 오너라."

제자들은 모두 기쁜 마음으로 순식간에 이승으로 내려갔다. 그런데 텅 비어 있어야 하는 옥방에서 옥퉁소를 부는 소리가 들려왔다. 그 소리를 들은 천지왕이 통인남장에게 말했다.

"저기 가 봐라. 지금 어떤 자가 옥퉁소를 부는지 보고 오너라."

통인남장은 소리가 들리는 옥방으로 달려갔다가 놀란 얼굴로 돌아왔다.

"수명이 아버지가 옥퉁소를 불고 있습니다."

"당장 가서 불러오너라."

천지왕의 명으로 불려온 수명장자 아버지는 잔뜩 풀죽은 얼굴을 하고 있었다.

"다른 제자는 옥문이 열리자마자 이승으로 명절음식 먹으라 보내주니 기뻐서 나갔는데, 너는 왜 안 가고 있느냐?"

"저는 인간 세상에 가도 물 한 모금 차려줄 자가 없어서 안 갔습니다."

"자식이 없느냐?"

"있습니다."

"그렇다면 어서 가라."

"아들이 이승에서 천하부자로 잘 살지만, 제가 저승으로 가면 이승 밥을 안 얻어먹기로 증서를 썼습니다. 살아 있을 때 이승에서, 저승 것까지 모두 먹고 왔습니다."

"그래도 섣달그믐에는 그렇게 하지 않는다. 가 보아라."

천지왕이 이렇게 말하자 수명장자 아버지는 기대를 걸고 인간 세상으로 나와서 아들집으로 갔다. 하지만 역시나 수명장자는 아버지에게 아무것도 줄 생각을 하지 않았다. 그저 대문짝만 바라보며 허탈하게 앉아 있다가 물 한 모금을 못 얻어먹고 저승으로 돌아오고 말았다.

수명장자의 아버지가 저승으로 들어가자 천지왕이 물었다.

"가서 명절 음식 잘 먹고 왔느냐?"

천지왕의 물음에 수명장자 아버지는 시큰둥한 표정으로 대답했다.

"물 한 잔도 못 먹고 왔습니다. 그래서 제가 처음부터 안 가겠다고 하지 않았습니까?"

천지왕은 괘씸한 수명장자를 혼내줄 생각에 군사를 인간 세상으로 보냈다.

"인간 세상으로 가서 수명이를 잡아오라."

명이 떨어지자마자 군사들이 수명장자를 잡으러 인간 세상으로 내려왔다. 그런데 요란하게 짖는 개도 아홉 마리, 무섭게 무는 개도 아홉 마리, 앞발로 차는 말도 아홉 마리이고, 뿔로 찌르는 소도 아홉 마리였다. 문 안으로는 한 발자국도 들어갈 수가 없어서 저승으로 되돌아갈 수밖에 없었다.

"수명이네 집에는 한 발자국도 들어갈 수가 없었습니다."

군사들은 이렇게 보고했다.

화가 난 천지왕은 직접 군사를 거느리고 수명장자를 잡으러 인간 세상으로 내려왔다. 아니나 다를까 군사들이 말했던 대로 개와 소와 말이 문을 딱 지키고 서 있으니 들어갈 수가 없었다. 그러자 천지왕은 수명장자의 집 앞 골목에 있는 구슬나무 윗가지에 올라앉아서 일만 군사에게 호령했다.

"열두 흉사를 들이어라. 수명이 저 놈의 집 솥 앞에 가서 온통 개미를 들끓게 해라."

말이 끝나자마자 솥 앞에 개미가 들끓었다. 이것을 보고 놀란 하녀가 수명장자에게 말했다.

"솥 앞에 개미가 들끓습니다."

수명장자는 아무렇지도 않은 듯 대답했다.

"그것은 흉사가 아니다."

"솥 뒤에 문둥이버섯이 났습니다."

"장자 집에 반찬 떨어져가니 차가버섯 대신 났다. 그것은 흉사가 아니다. 반찬 대신 볶아라."

"큰솥이 저 집 앞 골목으로 엉금엉금 걸어 나가고 있습니다."

"장자 집에 매일 불 떼어버리니 더워 식히러 나갔다. 그건 흉사는 아니다."

이제는 지붕을 보면서 소리쳤다.

“밭갈이 소가 지붕 한 가운데로 올라가서 지붕 상마루를 넘고 있습니다.”

“장자 집에서 소를 잘 먹여 살쪄버리니 기름에 겨워 그러고 있다. 그것도 흉사가 아니다.”

천지왕은 일만 군사를 시켜서 수명장자에게 계속 흉사를 들였다. 하지만 수명장자는 끄떡도 하지 않았다. 화가 잔뜩 오른 천지왕이 쇠철망을 꺼내어 수명장자의 머리에 팍 씌웠다. 쇠철망은 점점 작아져 수명장자의 머리를 조였다. 그제야 수명장자는 당황하며 소리를 질렀다.

“아이고 머리빡이야! 아이고 머리빡이야! 큰 아들아, 도끼 가져 오너라. 내 머리빡을 찍어다오. 머리빡 아파 못 살겠다.”

수명장자가 두 손으로 머리를 감싸 쥐고 뒹굴면서 비명을 질러대자 큰 아들은 당황해서 어찌할 바를 몰랐다.

“어떻게 아버지 머리빡을 도끼로 찍습니까? 나는 못하겠습니다.”

둘째아들에게 똑같이 말했지만, 대답은 같았다.

“저도 못 찍겠습니다.”

셋째아들에게 말해도 따라하듯 똑같은 대답만 했다.

“못 찍겠습니다.”

이렇게 말하면서 문기둥 뒤에 숨어버렸다. 할 수 없이 집에서 일하는 제일 큰 하녀를 불렀다.

“내 머리빡을 도끼로 찍어라. 아파서 못살겠다.”

하지만 하녀는 차마 주인의 머리빡을 찍을 수가 없었다. 그러나 하라고 시키니 어쩔 수 없이 도끼를 들었다가 머리빡을 찍는 것처럼 하다 대문지방을 덜렁 찍었다. 밖에서 이를 지켜보던 천지왕은 수명장자 머리빡에 씌운 쇠철망을 확 걷어버렸다. 자칫 부서질까봐 걱정이 되었던 것이다.

철망을 벗기자마자 죽을 듯이 아팠던 머리가 바로 나아버렸다. 그러자 아무 일도 없었던 것처럼 옷을 훌훌 털고는 가버렸다. 천지왕도 수명장자를 그냥 둔 채, 군사들도 옥황으로 돌려보내고 나서 혼자 백주부인 집으로 갔다.

백주부인에게는 총명애기라는 딸이 있었다. 천지왕이 찾아왔지만, 총명애기는 너무 가난해서 저녁밥 지을 쌀조차 없었다. 그래서 같은 동네에서 부자로 사는 수명장자 집에 가서 쌀 한 되를 빌려왔다. 수명장자는 쌀 한 되를 재면서 흰 모래를 섞어 주었다. 총명애기는 집에 와서 아홉 번, 열 번을 씻어서 진지를 지어 천지왕에게 올렸다. 천지왕이 수저를 잡고 첫 숟가락을 들자마자 입 안에서 돌이 씹혔다.

"총명애기씨. 첫 숟가락에 돌이 씹히니 어찌 된 일입니까?"

총명애기는 숨길 수 있는 일이 아니라는 생각에 모든 이야기를 털어놓았다.

"그런 게 아닙니다. 진지 지을 쌀이 없어서 수명장자에게 가서 쌀 한 되 빌렸더니, 흰 모래를 섞어 주어, 아홉 번 열 번을 일어서 진지를 지었는데도 첫 숟가락에 돌이 씹혔습니다."

"괘씸하다, 괘씸해. 수명장자가 가난한 사람들에게 쌀을 빌려 준다고 하면서 흰 모래를 섞어 주고, 좁쌀 빌리러 오면 검은 모래를 섞어 주었구나."

"그뿐만이 아닙니다. 가난한 사람들이 쌀 빌리러 오면 작은 그릇으로 빌려주고, 큰 그릇으로 받았습니다. 또 쌀을 큰 그릇으로 사서 작은 그릇으로 팔아서 부자 되었습니다. 수명장자 딸들은 가난한 사람들에게 잡초를 메어 달라고 해서 와서 잡초를 메어주면, 좋은 장은 자기네가 먹고 구린 장을 주어서 부자가 되었습니다. 수명장자 아들들은 마소에게 물을 먹여 오라고 하면 말발굽에 오줌을 누고 물을 먹이고 왔다고 하면서 자기네들만 잘 먹고, 편하게 잘 삽니다."

"괘씸하다. 수명장자 괘씸하구나. 용서해 줄 수가 없구나."

옥황상제 천지왕이 하늘을 향해 소리쳤다.

"벼락장군을 내보내라. 벼락사제도 내보내라. 우레장군을 내보내라. 우레사제도 내보내고 화덕진군, 화덕장군 모두 내보내라."

천지왕이 소리치자 모두 내려와서 한꺼번에 수명장자의 집 울타리 안

화덕진군

전체에 불벼락을 내렸다. 그 순간 수명장자의 집은 순식간에 잿더미가 되고, 안에 있던 사람들은 모두 죽어버렸다.

"수명장자 집에서 죽은 사람들은 그곳에 마련한 일곱 신당에 들어서 얻어먹도록 하라. 화덕진군, 화덕사제가 있던 곳은 불직사제가 자리를 잡아 인간들이 올리는 것을 얻어먹도록 마련하라. 수명장자 딸은 사람들에게 구린 장을 먹였으니 자루가 부러진 숟가락 하나 찔러서 팔벌레 몸으로 만들고, 수명장자 아들들은 마소에게 마실 물을 안 먹였으니, 똥소리개 몸으로 환생을 시켜서 주둥이 꼬부라지게 하여, 비가 오다가 그치면 날개에 묻은 물이나 핥아 먹게 하라."

수명장자를 징벌한 천지왕은 몇 가지 법체계를 마련하였다. 그리고 주변이 조용해지자 총명애기와 합궁일을 받아 천상배필을 맺었다.

첫날밤을 치른 천지왕은 새벽이 되자 옥황으로 돌아갈 채비를 하면서 말했다.

"총명부인. 내가 당신 몸에 아들 형제 두었으니, 태어나거든 큰아들에게는 대별왕이라 이름을 짓고 작은아들은 소별왕이라 이름을 지으시오."

"그렇게 하겠습니다. 그래도 두 아들이 천지왕의 아들이라는 증거가 될 물건을 두고 가십시오."

천지왕은 박씨 두 알과 용얼레빗 반쪽을 총명부인에게 내주었다.

"나를 찾아오려고 하거든, 정월 첫째 돼지날에 박씨를 심으면 어떻게 해야 할지 알게 될 것이오."

이렇게 일러두고 천지왕은 옥황으로 올라갔다. 얼마 지나지 않아 총명부인은 임신한 것을 알게 되었고, 열 달을 채우자 아들 형제가 태어났다.

총명부인의 보살핌으로 형제 둘이 한 살, 두 살 잘 자랐다. 어느새 열다섯 살로 성장하자 형제는 다른 아이들처럼 서당으로 가서 공부를 시작했다. 형제가 똑똑하여 공부를 잘 하니, 다른 아이들이 시기하여 손가락질을 하며 놀려대기 시작했다.

"아비 없는 호로자식."

그래도 참아내던 형제는 너무 억울하여 어머니에게 와서 호소했다.

"아버지가 누구인지 알고 싶습니다. 우리 아버지는 누구입니까?"

"너희 아버님은 옥황상제 천지왕이다."

"증거품이 있습니까?"

총명부인은 천지왕에게 받아두었던 박씨 두 알과 용얼레빗 반쪽을 내어 주었다.

"아버지를 만나고 싶으면, 정월 첫째 돼지날에 심어 두면 어떻게 해야 할지 알게 될 것이라 일러두고 옥황으로 가셨다."

"그 증거품을 우리에게 주십시오."

형제는 어머니에게서 받은 박씨를 정월 첫째 돼지날에 심었다. 박씨는 계속 자라더니 옥황으로 줄기를 뻗어갔다. 형제 둘은 이 가지 저 가지, 가지를 밟아가며 옥황으로 올라갔다. 옥황에 가 보니 줄기는 천지왕이 앉는 용상 뿔에 감겨져 있었다. 그곳에는 천지왕은 없고 용상만 있다. 형제는 용상에 앉아보았다.

"용상아, 용상아. 주인 모를 용상이로구나!"

형제는 봉황의 눈을 부릅뜨고 굵은 팔뚝과 돌같이 단단한 주먹을 내두르며 외쳤다.

"용상아, 용상아. 주인을 모르는 용상이로구나!"

이렇게 말하며 용상 옆을 뛰어다니다 용상 왼뿔에 팔이 걸려 부러지고 말았다. 부러진 왼뿔은 지상으로 떨어지고 말았다. 그 법으로 우리나라 왕도 왼뿔 없는 용상에 앉게 되었다.

형제가 천지왕의 노둣돌에서 놀고 있을 때, 옥황으로 오던 천지왕의 통인남장이 보고는 놀라서 외쳤다.

"어떤 인간이 천지왕 노둣돌에 와서 노느냐?"

대별왕과 소별왕 형제는 대꾸했다.

"우리도 천지왕만큼은 되는 놈이다. 왜 우리가 천지왕 노는 데 못 놀 사람이냐?"

그 말을 듣고 통인남장이 바로 천지왕에게 달려갔다.

"어떤 누추한 인간들이 옥황에서 놀고 있습니다."

"가서 물어봐라. 어떤 놈이냐?"

"물어보니까 우리도 천지왕만큼은 하는 사람이라고 합니다."

"지금 가서 그 아이들을 데려오너라."

통인남장이 가서 대별왕, 소별왕 형제를 데려왔다. 형제를 본 천지왕이 물었다.

"너희들은 누구냐?"

"우리 어머니는 총명부인입니다. 아버지는 천지왕입니다."

"허허, 너 그러면 증거품은 가지고 있느냐?"

용얼레빗 반쪽을 내어놓았다. 천지왕은 가지고 있던 반쪽에 대어보니 딱 맞았다.

"내 자식들이 맞구나."

"우리가 아버지 자식이면 아버지 무릎에 앉아보아야 자식이 되지요. 그렇지 않으면 자식이 됩니까?"

"그러면 이리 와서 앉아라."

대별왕과 소별왕은 천지왕의 무릎에 앉아서 온갖 어리광을 부렸다.

옥황에 지낸 지 시간이 흘렀다. 어느 날 천지왕은 두 아들을 불러서 말했다.

"지금 인간 세상에 해가 둘이 비추고, 달이 둘이 비추어 인간들이 살 수가 없으니 너희 형제가 해결하고 오너라."

형제가 떠난 인간 세상은 언제부턴가 두 개의 해와 두 개의 달이 떠올라 살기 힘든 곳이 되어 있었다. 낮이 되어 해 두 개가 모두 뜨면 너무 뜨거워서 밖으로 나올 수가 없었고, 나무와 풀은 모두 말라버렸다. 해가 지고 밤이 되면 두 개의 달이 모두 떠올라 추워서 얼어 죽고 있었다.

대별왕과 소별왕은 천근 활과 백근 화살을 둘러매고 나왔다. 대별왕은 앞에 오는 해는 그대로 두고, 뒤에 오는 해는 쏘아서 동해바다의 해뜬국으로 보냈다. 소별왕은 앞에 오는 달을 그대로 두고 뒤에 달을 쏘아서 서해바다의 달뜬국으로 보냈다. 그러자 세상은 다시 살기 좋은 곳이 되었다. 이렇게 해서 해는 동쪽에서 뜨고 달은 서쪽으로 지게 되었다.

천지왕은 세상의 문제를 해결한 두 아들을 불러 이렇게 말했다.

"대별왕은 이승왕이 되어 이승을 차지하고 다스려라. 소별왕은 저승왕이 되어 저승을 차지하고 다스려라."

대별왕은 천지왕이 말한 대로 이승을 다스리기로 마음을 먹었지만, 소별왕은 이승에 욕심이 생겨서 아버지가 한 말에 따르지 않았다.

"형님. 지금부터 우리 형제가 이승법과 저승법을 잘 만들어 봅시다."

"그래. 그렇게 하자."

형제는 함께 이승법과 저승법을 마련하기로 했다. 그런데 대별왕이 이승법을 마련하며 이승으로 들려할 때, 소별왕도 이승법에 들어서려고 했다.

"형님. 우리가 수수께끼를 해서 이기는 자가 이승법을 차지하고, 지는 자는 저승법을 차지하는 것이 어떻습니까?"

"그렇게 하자. 아우야. 내가 먼저 수수께끼를 내도록 하마. 어떤 나무는 평생 잎이 지지 않고, 어떤 나무는 잎이 지느냐?"

"아이고, 형님. 그것은 쉬운 수수께끼입니다. 짤막하게 짧은 나무는 평생 잎이 지지 않고, 속이 빈 나무는 밤낮 평생 잎이 집니다."

"아우야, 모르면 말을 마라. 푸른 대나무는 마디마디 속이 비어 있어도 푸른 잎이 지지 않는다."

이렇게 하면서 이야기를 이어갔다.

"아우야, 무엇 때문에 동산의 풀은 못 자라고 구덩이의 풀은 잘 자라느냐?"

"아이고, 형님아. 이삼사월 봄비가 오더니 동산의 흙이 구덩이로 흘러가서 동산의 풀이 못 자라고, 구덩이의 풀은 잘 자랍니다."

"동생아. 모르면 말을 마라. 네 말대로라면 왜 인간의 머리는 길고 발등의 털은 짧으냐?"

이번에는 두 번이나 수수께끼에서 진 소별왕이 이야기를 꺼냈다.

"좋습니다, 형님. 그러면 꽃씨를 심어서 싹이 나고 잘 자라나는 자가 이승법을 차지하고, 시들어 가는 꽃이 되는 자는 저승법을 차지하는 것은 어떻습니까?"

"그것 좋다. 그렇게 하자."

형제는 바지왕이 된 어머니에게 가서 꽃씨를 받아오고, 지부왕에게 가서 꽃씨를 받아와 은동이, 놋동이, 주수리 남동이에 꽃씨를 심었다.

"형님. 그냥 꽃을 피울 것이 아니라 잠을 오래 자면서 경쟁을 해보는 것이 어떻겠습니까?"

"좋다. 그렇게 하자."

대별왕은 소별왕의 제안을 받아들였다.

대별왕은 눕자마자 깊은 잠에 들었다. 하지만 소별왕은 눈을 감은 척하고 잠을 자지 않았다. 그때 대별왕이 심은 꽃은 무성한 번성꽃이 되고, 소별왕이 심은 꽃은 시들어가는 꽃이 되고 있었다. 소별왕은 얼른 대별왕 앞의 꽃을 자기 앞으로 당겨 놓고, 자신의 꽃은 형님 앞에 놓아두고 자는 척을 했다.

한참 뒤에 소별왕이 일어나 대별왕을 깨웠다.

"형님, 형님. 그만 일어나십시오. 점심 드십시오."

흔들어 깨워서 일어나 보니, 대별왕 앞에 있던 무성한 꽃은 소별왕 앞에 가 있고, 소별왕 앞에 있던 시들어가는 꽃은 대별왕 앞에 가 있었다.

자고 있을 때 일어난 일을 대별왕은 벌써 눈치를 챘다.

"괘씸하구나. 내 앞에 있던 꽃이 걸어서 네 앞으로 갔느냐? 네가 욕심이 너무 많구나. 약속을 한 것이니 나는 저승을 차지하러 가겠다."

이렇게 하여 대별왕과 소별왕 형제는 헤어져 대별왕은 저승을 차지하여 다스리고, 소별왕은 이승을 차지하여 다스리기 시작했다.

이때부터 저승과 이승이 나뉘어져서 각각 다스리는데, 저승은 이치에 맞는 공정한 세상이 되었지만, 이승은 그렇지 않았다. 욕심이 센 놈이 많고, 도둑과 강도가 많고, 사람들끼리 불화가 많이 생겼으며, 서로 싸워 피하는 일도 많았다. 또 나무와 돌, 동물들도 말을 소곤소곤 끊임없이 하고, 귀신을 부르면 사람이 대답하고, 사람을 부르면 귀신이 대답했다. 그뿐만이 아니었다. 하늘에서 미신이 일어 사람을 속이고, 집집마다 좋지 못한 이상한 일이 자꾸만 생겼다.

소별왕은 형님을 속여서 욕심나던 이승을 차지하였지만, 이승을 다스리기가 너무 힘에 겨웠다. 시간이 갈수록 이승을 다스리기가 점점 힘들어지자 대별왕을 만나러 저승으로 찾아갔다.

"형님이 이제라도 이승을 차지하십시오."

소별왕의 말에 대별왕이 대답했다.

"그렇게는 못하는 법이다. 할아버지 갈 곳은 손자가 대신 가도, 손자가 갈 곳은 할아버지가 대신 못 간다. 아우가 차지한 곳에 형이 대신 못 가는 법이니, 네가 차지한대로 그대로 가거라. 대신 내가 큰 법은 가서 다스려 주겠지만 작은 법은 내가 못 다스린다."

대별왕은 이승으로 와서 나무, 돌, 온갖 동물들 등 말하는 것들에게 매운 가루 닷 말 닷 되와 칠새오리 닷 말을 빻아 남풍이 갑자기 동서로 불

때, 삭삭 흩뿌렸다. 그러자 나무와 돌, 새, 까마귀 같은 동물은 혀가 슬슬 잘려서 말 못하게 되었다. 그리고 귀신과 사람이 서로 말하는 것을 보고는 백근 저울에 재어 보아 백근이 찬 것은 인간세계로 보내고, 백근이 못 찬 것은 눈동자 두 개를 박아서 저승으로 보내니 귀신은 눈동자가 둘이라 죽은 사람과 산 사람을 모두 볼 수 있지만, 산 사람은 눈동자가 하나뿐이라 귀신을 못 보게 되었다.

큰 법을 모두 정리한 대별왕이 소별왕에게 말했다.

"아우 소별왕아. 큰 법은 정리했다만 인간 세상에는 살인과 역적이 많을 것이고, 남의 것을 훔치는 도둑도 많을 것이다. 남자가 열다섯 살이 되면 자기 가족은 놔두고 남의 가족을 우러러보는 일이 많아지리라. 여자도 열다섯 살이 넘어가면 자기 남편은 놓아두고 남의 남편을 우러러보는 일도 많을 것이다. 나는 계속 저승법을 마련할 것이다. 저승법은 맑고 청량하여 억울함과 다툼이 없다."

대별왕은 이 말을 남기고 저승으로 돌아갔다.

— 원문출처: 현용준, 『제주도무속자료사전』, 신구문화사, 1980.
진성기, 『제주도무가본풀이사전』, 민속원, 1991.

성수부채

3. 우리 땅을 만든 여신들 〈설문대할망〉, 〈마고할미〉

제주도를 만든 설문대할망

옛날에 제주도는 하늘과 땅이 맞붙어 있었다. 하나로 붙어있는데 큰 설문대할망이 나와서 떼어 버렸다. 떼어 보니, 온통 물바다라서 살 수가 없었다. 그래서 바깥쪽으로 돌아가면서 물속의 흙을 파 올리면서 땅을 쌓았다.

그때 설문대할망이 흙을 치마폭에 싸다 메우려고 걸어 다녔다. 흙이 치마에서 많이 떨어지면 큰 오름이 되고, 적게 떨어지면 작은 오름이 되었다. 치마에 흙을 싸다가 제일 많이 떨어진 것이 한라산, 적게 떨어진 것들은 오름이 되었다. 제주도에는 많은 오름 중에서 설문대할망이 삽으로 흙을 날라 가면서 한 줌씩 집어 놓은 것도 있고, 할망이 신고 있던 나막신에서 떨어진 흙 한 덩이가 오름이 되기도 했다. 구좌면에 있는 다랑쉬오름은 산봉우리가 움푹하게 패어져 있다. 이것은 설문대할망이 오름을 만들고 보니 흙이 많아 너무 높아 보여서 주먹으로 봉우리를 탁 치자 움푹 패어져 지금처럼 되었다.

설문대할망은 굉장히 키가 클 뿐만 아니라 힘도 엄청나게 세었다. 한라산을 베개로 삼고 누우면 발끝은 바닷물에 잠기어 물장구를 쳤다. 서귀포와 법환리의 앞바다에 있는 섶섬에는 커다란 구멍이 두 개 뚫려 있는데, 이것은 이 할망이 누울 때 발을 잘못 뻗쳐서 생긴 것이다. 빨래를 할 때는 한쪽 발은 한라산, 또 한쪽은 바다 한가운데 있는 관탈섬을 디디었다.

대정 산방산은 원래 한라산 꼭대기였다. 한라산에 앉아서 허리를 숙여 가지고 빨래를 하려는데, 바닷물에 빨래하기에 꼭대기가 너무 높았다. 그래서 좀 편하게 앉아보려고 한라산 봉우리를 조금 꺾어다가 던지니 산방산이 되었다. 그렇게 해서 한라산은 암산이 되고, 산방산은 숫산이 되었다.

설문대할망에게 감투(모자)가 있었다. 키가 큰 할망이 하루는 발 한쪽은 사라봉에 디디고 한쪽 발은 물장오리에 디뎌서 산짓물에서 빨래하고 있었다. 빨래를 하느라 피곤했던지 꾸벅 졸다가 그만 감투가 벗겨져서 떨어지고 말았다. 그래서 그 돌 한 쪽에 모자 모양으로 움푹 들어간 곳이 있다.

성산 앞바다에 있는 우도는 원래 따로 떨어진 섬이 아니었다. 설문대할망이 한쪽 발은 성산면 오조리의 식산봉에 디디고, 다른 한쪽 발은 성산면 성산리 일출봉에 디디고 앉아서 오줌을 누었다. 그 오줌 줄기의 힘이 얼마나 세었던지 육지가 패어지면서 오줌이 장강수가 되어 흘러나갔고, 그때 육지 한 조각이 동강이 나서 섬이 되었다. 이 섬이 바로 우도이다. 그때 흘러나간 오줌이 지금의 성산과 우도 사이의 바닷물인데, 오줌 줄기의 힘이 하도 세었기 때문에 깊이 패어서 고래와 물개 따위가 사는 깊은 바다가 되었다. 그때 세차게 오줌이 흘러가던 흔적으로 지금도 이 바다는 조류가 세어서 파선하는 일이 많다. 여기에서 배가 깨어지면 조류에 휩쓸려 내려가 그 형체를 찾을 수가 없다. 일설에는 할망이 성산 일출봉과 성산면 시흥리 바닷가의 바람알선돌이라는 바위를 디디고 앉아 오줌을 누었다고 한다.

성산면 성산리 일출봉에는 기암이 많다. 그 중에 높이 솟은 바위에 다시 큰 바위를 얹어 놓은 듯한 기암이 있다. 이 바위는 설문대할망이 길쌈할 때 접싯불을 켰던 등잔이다. 처음에는 위에 바위를 올려놓지 않았는데, 불을 켜 보니 등잔이 낮아서 불편하자 바위 하나를 더 올려놓아 등잔을 높인 것이다. 등잔으로 썼다고 해서 이 바위를 등경돌이라 한다.

애월면 곽지리에는 흡사 솥 받침 모양으로 보이는 바위 세 개가 세워져 있다. 설문대할망이 솥을 올려서 밥을 해먹었던 곳이다. 할망은 밥을 해먹을 때, 앉은 채로 애월리의 물을 떠서 넣었다고 한다. 구좌면 송당리의 동북쪽 들판에 있는 세 개의 바위는 설문대할망이 작은 솥을 걸어 놓고 밥을 짓던 곳이다.

설문대할망 시절에 성산면에는 설문대할망만큼 굉장히 큰 하르방도 있었다. 너무 크니까 밥을 배불리 먹을 수가 없고, 반찬을 당할 수가 없었다. 하루는 배가 너무 고파서 설문대할망이 옆에 앉아 있는 설문대하르방에게 이야기를 했다.

"아, 이거 우리가 배가 고파 살 수가 없어. 뭘 먹고 살지?"

그러자 하르방이 대답했다.

"가만있어 봐. 오늘은 좋은 수가 있어. 할망은 저기 섭지코지에 가서 속옷 벗어두고 거기 가만히 들어앉아 다리 벌리고 있어."

신양리에 있는 섭지코지로 간 할망은 속옷을 벗어두고 섭지코지 앞의 물에 가서 다리를 벌리고 가만히 앉았다. 하도 아래 우도 동쪽 어귀, 우도와 성산 사이는 물길이 아주 세고 물고기도 아주 많았다. 하르방이 우도 동쪽 어귀로 가서는 자지를 까딱까딱하면서 바다를 막 자지로 갈면서 물고기를 막 쫓았다. 할망은 다리 떡 벌리고 앉으니까 할망 하문으로 고기들이 그만 모두 와르르하게 들어가니 다리를 꽉 오므리고 나왔다. 할망은 물밖으로 나와서 모두 꺼내 놓고는 하루 잡은 물고기로 요기했다고 한다.

할망이 흙을 파서 섬을 만들 때, 목포까지 안 팠으면 길을 내볼 텐데 거기까지 파버리니 육지와 길이 끊어졌다. 그런데 그때도 그런 말이 있었다. 만일 다리를 놓았더라면 범이 들어와서 힘겨워서 못 살 거라고. 제주도에 왜 범이 없느냐 하면, 구구곡이라고 아흔아홉 골이 있는데 백골 되어서야 범이 와서 살 텐데, 골 하나가 부족하니 범은 범하지 못했다. 육지에 가도 제주도 사람한테는 범이 다가오지도 못한다고, 흙내 난다고 했다. 제주도 사람한테는 범이 안 온다고 할 정도이다.

하루는 설문대하르방이 할망에게 말했다.

"고기가 꼭 먹고 싶습니다."

"한라산 꼭대기에 가 있다가 내 말대로만 하십시오."

할망 말대로 그곳으로 갔다. 그러자 할망이 하르방에게 소리쳤다.

"한라산 꼭대기에서 대변을 보고 그것으로 나무를 막 패어 두드리면서 오줌을 작작 갈기십시오. 갈기면 산돼지고 노루고 다 잡아질 터입니다."

하르방은 할망이 하라는 대로 이렇게 했다. 산돼지고 노루고 막 도망갔다. 할망은 아래에서 벌러덩 누워 있었다. 동물들은 비바람을 피하려고 숨을 곳을 찾아다니더니 할망 거기에 모두 숨어 들어갔다. 할망과 하르방은 그것들을 잡아서 일 년쯤 반찬으로 먹었다.

설문대할망은 오백형제나 되는 많은 아들을 거느리고 살았다. 할망의 오백아들에 대해서는 이런 이야기가 전해진다. 흉년이 든 어느 해, 아들들이 도둑질하러 다 나가 버렸다. 하르방은 아들들이 돌아오면 먹이려고 죽을 쑤다가 잘못하여 그 커다란 가마솥에 빠지고 말았다. 아들들은 그런 줄도 모르고 돌아오자마자 죽을 퍼 먹기 시작하였다. 여느 때 없이 죽 맛이 참으로 좋았다. 그런데 맨 나중에 돌아온 아들은 이상하게 여겼다. 죽 맛이 갑자기 좋아질 리가 없었기 때문이다. 막내아들은 국자로 죽 솥을 휘저었다. 그러자 두개골같이 보이는 뼈가 나왔다. 그리고 보니 아무리 찾아도 아버지가 보이질 않았다. 아버지가 죽을 휘젓다 빠져 죽었음이 틀림없었다. 그래서 오백형제는 날이면 날마다 멀리서 아버지를 그리며 울다 보니 화석으로 굳어져 버렸다.

그리하여 남편과 또 그 많은 아들들을 잃어버린 설문대할망은 홀몸이 되었다. 이제 갈 데도 올 데도 없는 단신이라 모든 근심걱정을 다 잊어버리고자 제주도 곳곳을 나다녔다.

어느 날 설문대할망이 사람들에게 명주 백 동으로 속옷 한 벌만 만들어 달라고 했다. 속옷을 만들어주면 본토까지 걸어서 다닐 수 있는 다리를 만들어 주겠다고 약속했다. 이 말을 들은 제주 사람들은 모을 수 있는 데까지 명주를 모았으나 꼭 한 동이 모자랐다. 그러자 설문대할망은 다리 놓는 것을 멈춰버렸다. 육지와의 다리는 실현되지 못하였지만, 조천리에 있는 엉장매코지에는 할망이 놓으려던 다리의 흔적이 남아 있다. 신촌리에 있는 암석에도 할망이 다리를 놓을 때 생긴 큰 발자국이 남아 있다.

설문대할망은 자신의 키가 큰 것을 늘 자랑하고 다녔다. 그래서 용연물이 깊다는 소문을 듣고 들어섰더니 발등까지 겨우 닿았고, 더 깊다는 홍릿물은 겨우 무릎까지만 올라왔다. 한라산의 물장오리는 얼마나 깊은지 아무도 모를 정도로 밑이 없는 깊은 연못이다. 할망은 그 말을 듣고 물장오리에 들어갔다가 나오려는 순간 그만 빠져 죽고 말았다. 설문대할망이 빠저죽은 물장오리는 아무리 지독한 가뭄이 들어도 절대로 마르는 일이 없다고 한다.

— 원문출처: 현용준·현길언, 『제주설화집성』, 제주대학교 탐라문화연구소, 1982.
현용준·김영돈, 『한국구비문학대계』, 한국정신문화연구원, 1980~1988.
현용준, 『제주도 전설』, 서문당, 1977.

우리나라의 큰 여신 〈마고할미〉

마고할미는 굉장히 큰 여신이다. 천지창조를 할 때 이 세상을 만든 여신이라고 할 수 있는데 우리나라 곳곳에서 흔적을 발견할 수 있다.

마고할미가 산을 조화 있게 만들기 위해서 땅을 다시 빼 돌렸다. 태백산맥에서 시작해 소백산맥으로 이어지고 영주 북쪽, 죽령, 조령, 추풍령을 넘어서 지리산을 만들었다. 그 다음에는 영월을 가는 산맥을 하나 만들었는데, 정선에 가면 산맥이 나오고, 더 나가면서 금산을 만들고 삼척 남산을 만들었다. 봉황산 줄기는 대관령이 쭉 내려오다가 두타산을 만들고, 두타산 줄기가 와 부딪혀 태백산을 만들어 놓고 거기서 산줄기가 오다가 근산과 봉황산을 딱 마주친다. 그곳의 계곡 사이에 오십천이 있어서 그곳이 가장 좋은 지대라고 한다. 황지를 중심으로 해서 산이 다 이렇게 그렇게 만들어졌다.

북쪽에서는 백두산을 중심으로 해서 산맥을 만들어 쭉 내려오다가 여기에 와서 태백산 고봉을 만들어 에워싸서 다시 경기도로 가서 에워싸고 돌다가 이쪽저쪽으로 흩어졌다. 낙동강을 서쪽으로 하고 동쪽으로 쭉 내려가서 포항까지 갔다.

강원도에 황지라는 곳이 있다. 신성한 신령이 깃들어 있다고 신라시대부터 산에 대해서 연구를 했다. 신라의 북쪽 북악이 태백산인데, 그래서 태백산에서 산신제를 지냈다. 태백산 꼭대기에 산신당이 있어서 거기에서 조선시대 중기까지 산신제를 봄, 가을에 두 번을 지냈는데, 항상 거기에 소를 묶어놓고 아무 소리도 안 하고 도망을 쳤다. 이 소를 쳐다보면 부정을 탄다 해서 도망을 치는데 3일 후에 가서 소를 몰고 와서 잡아서 어물(魚物)을 만들어 산신령에게 제사를 올렸다.

단군신화에 보면 천신이 여기로 내려 왔다고 한다. 단목 아래에 내려와서 칠신을 만들었다고 했는데, 삼척에 있는 신을 금강사의 천왕신으로 모셔 와서 각 지방 각 마을에 신으로 나눠 주었다. 그래서 각 마을마다 제사를 올리는 그런 얘기가 나온다.

남쪽으로 가면 진해 경화동에 마고할미 발자국 하나가 산 하나에 찍혀 있다. 마고할미가 얼마나 큰지 알 수 있는 흔적이다. 바다 쪽으로 보면 등대가 있고 등대 옆에 섬이 두 개 있다. 바닷물이 들어왔을 때 두 섬으로 보이지만 바닷물이 빠지면 한 섬으로 보이는 곳이 있다. 거기를 자세히 보면 길쌈할 때 사용하는 도투마리처럼 보인다. 그래서 도투마리 섬이라고 하는데, 그 섬이 마고할미가 길쌈했던 흔적이다.

아득한 옛날 하늘에서 길쌈을 하던 신선인 마고할미가 베를 짤 때가 되면 이곳에 왔다. 지금 등대에 있는 곳에 잿불을 놔서 재황산 기슭 속천 바다에 있는 바위를 끌고 이렇게 끌개를 하여 베를 짜고, 베를 다 짜고 나면 다시 하늘로 올라갔다. 그래서 이 베를 짜러 하늘에서 내려올 때 디딘 자국이 바위에 있다.

그리고 그 뒤쪽으로도 큰 바위가 있는데 그 바위가 마치 공기놀이 하는 돌처럼 생겼다. 이것이 마고할미의 장난감이고, 공기놀이가 신의 놀이였다는 것을 알 수 있다.

죽공마을 뒷산에 서 있는 듯한 큰 바위가 있는데, 서 있다고 해서 선바위라 했다. 마고할미가 하늘에서 공기놀이를 하면 돌이 떨어진 바위라 해서 개우지 바위라고도 부른다. 그 바위의 밑바닥이 패여 들어가 있어서 이것을 두고 마고할미가 똬리를 틀어서 받치고 다닌 자국이라 한다.

삼천포에 가면 늑도라는 섬이 있다. 늑도에는 마고할멈 서답돌, 즉 빨랫돌에 대한 이야기가 있다. 마고할미는 원래 지리산에 살았다. 마귀할멈으로 오인 되어서 나쁜 할머니로 이렇게 또 마구 와전되기도 하는데, 마고는 모태신앙의 아주 힘이 세고 덩치도 굉장히 큰 여신이다. 뭐든지 다 가능한 할미인데, 그 마고할미가 지리산 천왕봉에 살다가 늑도에 한 번 놀러 왔는데 섬이 아주 살기 좋았다. 지리산은 그야말로 척박하고 춥고 살기가 어려운데, 바닷가에 오니까, 먹을 것도 많고, 경치도 좋고, 모든 것이 아주 좋았다. 그래서 그냥 바닷가에서 살려고 터를 딱 잡아 놓았다. 그런데 남의 동네에서 와서 사니까 뭐든 해줘야 될 것 같았다. 그래서 할미가 사람들에게 말했다.

"너희 동네 와서 살려고 하는데 내가 뭘 좀 해줄까?"

늑도 사람들은 할미가 힘도 세어 보이고 뭐든지 할 수 있을 것 같았다.

"마고할미님, 육지로 가는 징검다리나 좀 놔 주세요. 징검다리를 놔주면 우리가 배를 안 타고도 육지에 맘대로 갈 수 있습니다."

"오냐. 해주마."

마고할미는 지리산으로 가서 자기보다 더 높은 산신령을 찾아갔다.

"내가 늑도라는 곳에 갔는데 하도 좋아서 이제 거기서 살려고 합니다. 그 동네 사람들을 위해서 징검다리를 놔주려고 하니까 찢어지지 않는 질긴 가죽 치마가 있어야 되겠는데, 돌을 나르게 가죽치마를 하나 내려주시오."

그런데 산신이 들어주지 않았다.

"산신이 바다로 가서 살겠다고? 못 간다. 못 준다."

가죽치마를 안 주려고 하자 마고할미는 가죽치마를 포기하고 그냥 자기 무명치마에다가 돌을 담아 나르기 시작했다. 큰 돌을 무명치마에 싸서 나르는데, 북쪽에 돌을 세 개, 네 개쯤 놨을 때였다. 큰 돌을 나르다가 그만 치마가 헤져서 다 놓지도 못하고 찢어지고 말았다. 그래서 늑도 뒤쪽에 서북쪽으로 돌이 드문드문 네 개쯤 놓여있다. 그것이 마고할미 빨랫돌이란 얘기도 있다. 마고할미 빨랫돌이 완전히 연결됐으면 육지로 바로 가는 징검다리가 생겼을 것이다.

마고할미의 키가 얼마나 컸는지 자세히 알 수는 없다. 완도에 가면 남창 앞에 달도라는 섬이 있다. 그 앞 바다가 호남일대에서 제일 깊다고 한다.

"얼마나 깊은가 보자."

거기에 내려가 보니까 마고할미의 넓적다리에 겨우 닿았다.

"이만큼 깊구나."

깊이를 확인하고 나오더니 이쪽에서 저 건너편 산을 보았다.

"이렇게 바로 가까워 보이는데 얼마나 넓은가 보자."

이러면서 이 바위 끝에다 대고 저 건너 바위 끝에다 가랑을 대보니까 겨우 닿았다. 이렇게 해서 마고할미가 얼마나 큰지 알았다. 그리고 선바위에 발 딛고, 멀리 오심이 고개에 손 딛고 용둠벙에서 물을 마셨다고 한다.

천태산 마고할미가 갱이 바다로 와서 피왕성을 쌓았다는 이야기도 전해진다. 돌을 쌓고, 쪼개서 피왕성을 만들었는데, 돌이 많이 남았다. 이것들은 그냥 검은 돌이라서 마구 던져두고 거기에다 오줌을 누었다. 그곳에는 물이 지금도 동이로 부은 것처럼 흐르는데, 다른 데는 물이 안 나와도 피왕성에서 들어보면 물 내려가는 소리가 졸졸졸하고 바로 땅 밑으로 들린다.

가은산에는 아흔아홉 골짜기가 있다. 옛날에 마고할미가 산에 나물도 뜯고 부럼도 주우러 갔다. 그런데 그만 금반지를 잊어버리고 말았다. 그 금반지 찾느라고 손가락으로 이렇게, 저렇게 후비적후비적 팠는데, 그렇게 마고할미가 판 것이 아흔아홉 골짜기이다. 지금도 세어보면 아흔아홉 골이 맞으며, 마고할미의 금반지는 아직도 찾지 못했다고 한다.

천태산 마고할미는 가족이 모두 장사인데, 하루는 시어머니가 와서 얼굴을 보더니 물었다.

"너 왜 이렇게 말랐니?"

"제가 방귀를 못 뀌어서 그렇습니다."

그러자 남편은 앞 기둥을 잡고, 시어머니는 뒷기둥을 잡고, 마고할미는 방귀를 뀌었다. 한 번 뀌니, 뀌이ㅡ, 핑ㅡ. 집이 흔들흔들 흔들렸다. 세 번째 뀌니 집이 막 넘어가려고 했다.

"애야. 그만 뀌어라. 집 넘어간다."

장사 둘이 떠받쳐 올려서도 버티지 못하고 집이 쾅쾅 흔들렸다. 마고할미가 센 방귀 뀌어서 서리머(지역명) 옥계에 가보면 바위가 쑥 들어가 있다.

— 원문출처: 현용준·김영돈, 『한국구비문학대계』, 한국정신문화연구원, 1980~1988.

별상

4. 인간의 운명을 점지하는 삼신할미 〈삼승할망본풀이〉, 〈저승할망〉, 〈할망본〉

삼신할미와 저승할미의 내기

동해용궁 셋째딸이 어려서 죄를 지었다. 한 살 때 어머니 젖가슴 두드린 죄, 두 살 때 아버지 수염 훑은 죄, 세 살 때 널어놓은 곡식을 흩트려버린 죄, 네 살 때 깨끗하게 빨아놓은 옷을 더럽힌 죄, 다섯 살에는 어린 새순 꼭지를 따서 자라기를 막아버린 죄, 온갖 죄를 다 만들었다. 용왕이 무쇠석함을 짜서 그 안에 셋째딸을 집어놓고 은단병에 젖을 담고, 은같은 마마주술, 금같은 마마주술을 물려주고 자물쇠로 철컹 잠가서 아무데라도 떠내려가라고 바다에 띄워버렸다. 물 위로 출렁출렁 삼 년, 물 아래로 출렁출렁 삼 년을 살았다.

중간에도 출렁출렁 삼 년을 살면서 귀양정배를 가는데 무쇠석함에 글 삼제가 새겨져 있다.

"임보로 임박사 시대가 되거든 문을 여시오."

이렇게 떡하니 새겨놓았더니 떠다니다 청모래 백모래밭에 와서 비로소 멈추었다. 모래밭에 있으니 임보로 임박사 시대가 왔다. 하루는 임박사가 바닷가 백모래밭을 돌다가 무쇠석함을 보았다. 필시 사정이 있을 것이라 생각하며 살펴보았다.

"임보로 임박사 시절 되거든 문을 여시오? 이거 분명히 사연이 있구나."

살펴보다가 쇠사슬로 감긴 자물통을 스르륵 열어보니 꽃 같은 애기씨가 들어있었다.

"아이고. 너는 누구냐?"

"저는 동해용궁 셋째딸입니다."

"무슨 일로 여기 왔느냐?"

"아버지 눈에 벗어나고 어머니 눈에 걸려서 귀양을 보내버리니 여기까지 왔습니다."

"잘하는 것이 무엇이냐?"

"아이고, 저는 아무것도 못합니다마는 시켜보십시오. 해보겠습니다."

"그러면 아직 우리 인간 세상에 아이를 점지해 줄 할미가 없다. 그러니 네가 우리 집에 가서 우리 안부인 잉태를 시켜보아라."

"네, 그렇게 하겠습니다."

동해용궁 셋째딸은 임박사 안부인을 잉태를 시켰다. 그런데 한 달, 두 달이 지나 아홉 달, 열 달 만삭이 되어도, 잉태시킬 줄은 알아도 해산시킬 줄은 몰랐다. 열 달이 넘어가니 애기 어머니가 사경을 헤매고, 뱃속에 있는 애기도 사경이 되어 갔다. 옆에서 지켜보던 임박사도 갑갑하고 답답하여 하늘 옥황으로 정성을 들여 하소연했다. 청결한 좋은 들, 산천 영기를 보고 좋다는 곳만 찾아가 두 이레 열나흘 동안 금바랑 소리로 옥황에게 하소연했다. 그 소리를 곧 옥황상제가 들었다.

"어떤 원통한 일을 당하는 인간이 있기에, 열나흘을 밤낮으로 옥황에게 금바랑 소리로 하소연을 하느냐?"

옥황상제 아래에 있는 선관도사가 인간 세상을 굽어보니, 임보로 임박사가 옥황에게 금바랑을 올리고 있었다.

"너는 어떤 일로 옥황에게 금바랑 소리를 울리고 있느냐?"

"아이고! 우리 집의 안부인이 잉태되었으나 해산을 못해서 어머니와 애기가 죽을 사경이 되었습니다. 아이고, 해산시켜 줄 할머님이나 내보내어 주십시오. 옥황상제님이 제 하소연을 들어 풀어주십시오."

선관도사는 옥황상제에게 가서 임박사가 말한 대로 알리니, 옥황상제는 곰곰이 생각을 했다.

"인간 세상에 가서 해산시키려 하면 아무나 가서는 안 되는데, 어느 누구를 인간에게 내보내야 잘 해낼까?"

옥황상제는 생각 끝에 명진국 명전대왕의 딸, 명진국 애기를 부르기로 했다.

명진국 애기가 세상에 내려올 때, 병오년 초사흘 자시(子時)에 생기고, 축시(丑時)에 피가 돌고, 인시(寅時)에 세상으로 태어났다. 일곱 살이 되니 앉아서 천리를 보고, 서서 만리를 보았으며, 하늘 아래를 굽어보면서 한 손으로 단수육갑, 또 한 손으로 오행육갑을 짚었다. 그 딸이 열다섯 살이 되어 있었다. 옥황상제는 책방도사를 명진국으로 내려 보냈다.

"석해산 명진국 명전대왕에게 가서, 옥황에서 명진국 애기를 불렀으면 한다고 말하고 데리고 오너라."

이 소식을 들은 명전대왕은 옥황에서 하는 명령이라 못한다고도 못하고 탄식을 하다가 딸자식을 옥황으로 올려 보내기로 했다.

명진국 애기는 옥황으로 올라가려고, 참먹같이 땋은 머리를 밀기름 끓여서 왼쪽으로 세 번, 오른쪽으로 세 번 바르고, 삼동나무 용얼레빗으로 왼쪽으로 세 번, 오른쪽으로 세 번 내리 빗었다. 그리하고 다시 왼쪽으로 둘러 방패건지 왼쪽으로 둘러 코끈지를 둘러 얹고 은비녀, 은가락지, 놋비녀, 놋가락지 둘러 끼었다. 물명주 핫바지를 차려 입고 물명주 단속곳을 둘러 입었다. 열두 폭 다홍다단 홑안치마에 구슬둥이 겹저고리 둘러 입었다. 코재비버선에 네 눈 그린 태사신을 둘러 신었다. 물명주 한 삼으로 차리고 물명주 청너울을 둘러썼다. 그렇게 차려입고 부모님에게 인사를 했다.

"옥황상제님께 다녀오겠습니다."

인사를 하고 은지팡이를 짚고 노각성다리를 타고 옥황으로 올라갔다. 옥황상제는 사랑방에 들어 앉아 있다가 명진국 애기를 맞이했다. 명진국 애기는 옥황상제에게 엎드려 절을 했다.

"너희 할머니는 누구냐?"

"서개남 무광보살입니다."

"너희 아버지는 누구냐?"

"석해산 명진국 명전대왕입니다."

"너희 어머니는 누구냐?"

"북해송상입니다."

"네 이름은 무엇이냐?"

"석해산 명진국 애기라고 합니다."

"어느 날 어느 시에 태어났느냐?"

"병오년 정월 초사흗날 자시에 등극했습니다. 축시에 세상에 환생했습니다. 인시에 인간으로 태어났습니다."

"이제 너 몇 살이냐?"

"십오 세가 되었습니다."

"네가 세상에 앉아서 천리 보고 서서 만리를 본다 하니, 세상에 내려가서 태어날 인간 아이를 점지해라."

"소녀는 아무것도 배운 일도 들은 일도 없습니다."

"그건 네가 말을 잘못한 것이다. 아무리해도 너 말고는 누구도 세상에 가서 아이를 점지해줄 자가 없다. 어서 가서 해산시켜 주고 오너라."

"그러하면 옥황상제님이 세상 할머님 법지법을 마련하여 주십시오."

"그런 건 걱정하지 마라."

옥황상제는 꽃삼월 초사흗날 명진국 애기한테 중선반과 은대야, 꽃씨와 은씨를 내어주었다.

"명진국 애기야, 세상으로 내려라."

이렇게 보내면서 명진국 애기에게 애기삼신을 내어주고, 뒤엔 걸레삼신을 내어주고, 업개삼신을 거느리도록 했다. 그리고 은가위 하나와 참실 세 묶음도 내주었다.

명진국 애기는 사월 초파일에 석해산으로 내려와서 다시 아버지와 어머니께 인사를 드리고 인간 세상으로 떠났다.

이렇게 해서 명진국 애기는 이층 팔자집을 짓고, 문 안에는 애기삼신을 거느리고, 문 바깥에는 업개삼신을 거느렸으며, 층계 위에는 걸레삼신을 거느리게 되었다.

옥황상제가 차려준 것을 모두 거느리고 산에서 내려와 임보로 임박사네 집으로 들어갔다. 기둥에다 마패와 물명주 치마를 벗어서 걸어두고, 북덕자리에 차려놓아 애기 어머니 상가마를 살살 열세 번 쓸고, 애기 어머니 가슴도 살살 쓸어가니 애기가 머리를 돌렸다. 그때 애기 어머니의 열두 뼈와 문이 모두 열려 은가위로 애기 코주둥이를 톡 건드리니 머리까지 싸고 있던 양수가 쏟아졌고, 명진국 애기가 작은 힘, 큰 힘을 내어주자 임박사 안부인은 없는 힘을 내둘렀다. 없는 힘이 솟아나와 고운 맵시, 고운 기상이 보이는 인간을 탄생시켰다. 그때 다시 태반을 내어와 애기와 어머니를 구분하고 참실로 탯줄을 묶고, 은가위로 탯줄을 끊어 애기를 목욕시켜 모두 구분지어 놓았다.

그때 동해용궁 셋째딸이 왔다.

“어디 다녀와 보니, 아이고, 해산되었구나. 내가 잉태해 준 것을 어느 년이 와서 마음대로 해산을 시켰느냐.”

득달같이 달려들어 명진국 애기의 머리를 잡고 매질하였다. 넋이 나간 명진국 애기는 옥황에 올라가 탄식했다.

“아이고, 사실이 이러이러하여 올라왔습니다.”

옥황상제는 명진국 애기와 동해용궁 셋째딸을 모두 불렀다.

“너희들 이리 오너라. 은동이, 놋동이, 주서리 나무그릇에 이렇게 물을 하나씩 줄 테니 이 물을 바닥에 부어서 다시 은동이로 담아 보아라.”

둘은 물을 아래 바닥에 비웠다가 다시 담는데, 명진국 애기는 물을 그릇에 몽땅 담았지만, 동해용궁 셋째딸이 비운 물은 순식간에 땅 아래로 스며들어버려 담을 수가 없다.

“너희에게 꽃씨 한 방울씩 줄 테니, 이 꽃씨를 심어 거름 주고 물 주어 키워보아라.”

둘은 꽃씨를 심어서 거름도 주고 물도 주어 키워놓았다. 키운 꽃을 보니 명진국 애기가 심은 꽃은 뿌리는 외뿌리에 가지가지 송이송이 사만오천육백가지 벌어지는데, 동으로 뻗은 가지는 동청목(東青木)이고, 서로 뻗은 가지는 서쪽나무 서백금(西白金), 남으로 뻗은 가지는 남적수(南赤樹), 북으로 뻗은 가지는 북흑수(北黑水)가 되어, 파릇파릇 자라났다. 하지만 동해용궁 셋째딸이 심은 꽃은 가지는 외가지 하나만 나오고, 뿌리를 보니 사만

오천육백 뿌리가 아래로 뻗었다.

그것을 본 옥황상제가 둘을 한자리에 불러놓고 말했다.

"이걸 보나 저걸 보나 명진국 애기가 인간 세상에 생불을 줄 삼신할미로 들어앉아야 한다. 잘 사는 집안에도 자손을 잉태해 주고, 가난한 집안에도 그냥 잉태를 주어 가지가지 송이송이 벌어지게 시켜주어라."

그리고 용해용궁 셋째딸에게 말했다.

"너는 저승 구천왕구불법으로 들어서서 저승할미가 되어 명진국 애기가 잉태해주고 나거든 세 달 만에 물과 피를 흐르게 하고, 다섯 달, 일곱 달, 아홉 달 만에 어머니 몸으로 내리게 하는 법을 마련해라. 그 다음에 애기 낳은 지 사흘 만에, 이레 만에, 백일 만에 애기 어머니가 애기 업고 다니거들랑 삼거리나 사거리나 놀다가 애기 젖 냄새 맞춰 달려들어 밤낮 우는 버릇도 불러주고, 밤이 되면 시간 맞춰 우는 버릇 들이게 하여 울게 하고, 낮이 되면 낮 역시 시간 맞춰 울게 하여라. 혼이 급하거나 혼이 늦으면 청풍청새 지어 불러다 아프게 하고, 낫지 못한 열다섯 살 안의 애기들은 서천꽃밭으로 데리고 가라."

옥황상제의 명령에 따라 법을 마련하는 명진국 애기는 한 달에 초사흘, 초이래, 열사흘, 열이레, 스무사흘, 스무이레에 상을 받게 되었다. 이때가 되면 상을 받아 열다섯 살 안의 애기들이 아프면 날도 달도 안 보고 삼신할미 상 차려놓고 빌면서 떡도 올리면 좋다. 구삼신 할미가 상을 받는 날은 초아흐레, 열아흐레, 스무아흐레 날로 구삼신 저승할미가 된 동해용궁 셋째딸이 상을 받는 법을 마련하였다.

삼신할미와 대별상의 대결

쉰댓 자 땋은 머리를 얹은 삼신할미가 앞에는 은비녀, 뒤에는 놋비녀, 남방사지 붕애바지, 열두 폭 금새허리 대공다단 홑단치마, 구슬둥이 겹저고리, 코재비버선에 네 눈 그린 태사신을 둘러 신고, 은가위를 품에 품고,

한쪽 손에 참실 세통을 쥐고, 한쪽 손엔 은주령 막대기를 짚고, 구덕삼승 거느리고, 걸레삼승 거느리고, 업개삼승 거느리고 잎이 좋은 사월 초파일에, 지금 세상에 금법당의 생불땅 석해산에 무쇠금당으로 토성을 두르고, 누룩으로 내성을 두르고, 열두 지옥문을 잡고 옥황상제의 분부를 받아 서천꽃밭에 올라서서 꽃씨를 따다가 오색창을 달았다. 문 안에서는 오행팔괘를 두르고 문 밖에서는 단수육갑을 짚었다.

하루는 서신국의 대별상 대부인에게 태기를 주려고 큰길로 내려가고 있을 때였다. 그때 큰길에 대장행차가 있어서 삼승할미는 길 아래로 내려서서 행차를 구경했다. 대별상이 억만 대병을 거느리고 넘어가고 있었다. 할미는 대별상 대부인에게 석 달 열흘 태기를 주어두고 석해산으로 올라왔다. 그런데 와서 보니 할미 자손 얼굴이 천하일색이었는데 좋은 얼굴이 없어지고, 박박 얽은 속돌화리가 되고, 불에 그슬린 나무토막이 되어 더러워서 도저히 볼 수가 없었다.

대별상의 대부인이 만삭이 되고 열 달이 되었다. 하지만 삼신할미는 해산을 안 시키고, 열두 달에도 해산을 안 시켜주고, 스물넉 달에도 해산을 안 시켜주니, 애기 어머니가 머리로 밭을 갈아 죽을 지경이 되었다.

답답한 대별상이 석가여래에게 가서 점을 쳐 보았다.

"할미가 노하고 애달아서 해산을 안 시켜준다."

"그러면 어떡하면 좋을까?"

"할미 앞에서 무릎을 굽히고 굴복을 하시오."

대별상이 고깔을 쓰고, 장삼을 입고, 바랑을 치고, 석해산에 올라서서 문 밖에서 낮도 이레 굴복을 하고, 밤도 이레 굴복을 했다. 두 이레 열나흘이 되니 업개삼신이 내려와 말했다.

"대별상은 어떤 일로 왔습니까?"

"너희 할마님이 있느냐?"

"예. 있습니다."

"가서 문안 말씀 여쭈어라."

“그렇게 하겠습니다.”

“할마님아, 할마님아. 대별상이 문 바깥에서 밤도 이레, 낮도 이레 두 이레 열나흘을 굴복하며 할마님 앞에 문안 말씀 여쭈라고 합니다.”

“야! 그럴 일이 있다. 열두 지옥문을 열어줘라.”

그러자 대별상은 문문마다 빌어가며 금마당에 들어가서 한 무릎은 돋우어 꿇고, 한 무릎은 접어 꿇고, 삼신할미한테 굽어 굴복을 했다. 그러자 할미가 말했다.

“대별상은 어떤 일로 나한테 굴복하는가?”

대별상이 대답했다.

“할마님이 무슨 섭섭한 일이 있어서 내 자손을 열 달에 해산을 안 시켜주고, 열두 달에도 해산을 안 시켜주고, 스물넉 달에도 해산을 안 시켜주십니까? 애기 어머니가 머리로 밭을 갈아 죽을 사경이 되었습니다. 내 자손을 해산시켜 주십시오.”

그러자 삼신할미가 대꾸했다.

“대별상은 어떡하여 본디 모양이 좋았던 내 후손의 고운 얼굴을 박박 얽은 속돌화리, 불 그슬린 나무토막으로 만들어 놓았소. 더러워서 볼 수가 없으니 서신국 자손인들 해산을 시켜줄 수가 있겠습니까?”

“과연 잘못하였습니다.”

대별상이 사죄했다.

“할마님아. 그러면 할마님 자손의 좋은 얼굴을 내어주면 해산시켜 주겠습니까?”

“그렇게 한다면 나도 그렇게 하겠다.”

삼신할미가 이렇게 말하자 대별상은 일만 군졸을 거느리고, 삼천 군병을 거느리고, 억만 대병을 거느리고, 선배 나리 선봉 대장을 거느리고, 후배 나리 후배 대장을 거느리고 영기지기, 몸기지기, 파랑기, 당두기, 영사명기 거느리고 군문을 잡아 내려서 침방으로 좌정했다. 할미 자손을 불러다가 사흘 동안 눕혀서 사흘 동안 잠재우고, 사흘 동안 솟아나게 하고, 사흘 동안 불리어, 열이틀 열사흘 되니 전처럼 아주 좋은 얼굴이 되었다.

그런데 애기 눈에 청가루와 백가루를 뿌려 밖으로 걸어서 나갈 수가 없었다. 이것을 본 삼신할미는 크게 노하고 말았다.

서신국 대별상은 마음먹고 삼신할미가 오는 길에 정성을 들여 마름꽃 자리를 깔고, 방으로 은주술, 금주술로 된 다리를 놓았다. 하지만 할미는 방으로 들어가다가 주술에 주르르 미끄러져 내리고 말았다.

"우리는 이런 좋은 방안으로 다녀본 적 없다. 부엌에 내려서고 보리 짚 한 묶음 가져오너라."

보릿짚을 깔아 애기 어머니 앉혀놓은 뒤, 할미가 근가위로 애기 어머니의 뼈끝마다 살끝마다 잘라서 물러 앉혀두고, 은 같은 손으로 애기머리를 세 번 쓸어내리니 애기가 깜짝깜짝 세 번을 놀라며 머리가 나오려고 했다. 할미는 땀을 살짝 흘리며 애기 어머니의 열두 구멍문을 열어 해산을 시켜 주었다. 그런데 애기를 감싸고 있는 종이막은 씌워진 채 놓아두고 석해산으로 올라가 버렸다.

대별상은 애기 해산한 걸 보러 왔다가 깜짝 놀랐다. 뒤웅박도 아니고 나무바가지도 아니고, 사람의 얼굴이 없었다.

"할마님이 어딜 갔느냐?"

"모릅니다."

한 사흘, 한 이레 기다려도 안 왔다. 찾아보니 할미는 이미 석해산에 올라가 있었다. 대별상이 고깔을 쓰고, 장삼을 입고, 바랑을 치고, 석해산에 올라서서 밤도 이레, 낮도 이레 굴복을 하고, 두 이레 열나흘이 되니, 업개 삼신이 나와 말했다.

"대별상은 이번에는 무슨 일로 왔습니까?"

"너희 할마님이 문 안에 있느냐?"

"예, 있습니다."

"문안 말씀을 아뢰어라."

"할머님아, 할머님아. 대별상이 문 밖에서 굴복을 하고 저번처럼 문안 말씀 아뢰라고 합니다."

"열두 군문을 열어주어라."

대별상이 문문마다 굽어들며 굴복을 하여 금마당에 들어오니, 삼신할미는 둥근 방석 하나를 털어 내어주었다. 대별상이 한쪽 무릎은 돋우어 꿇고 한쪽 무릎은 접어 꿇어 굴복을 하니, 삼신할미가 말했다.

"대별상. 또 어떤 일로 나한테 굴복합니까?"

"할마님아. 그런 말씀 하지 마십시오. 할마님이 내 자손을 해산시켜 주어 지극히 황송하다마는 내 자손 얼굴을 보지 못하였습니다. 내 자손 얼굴 보게 하여주십사 하고 굴복합니다."

대별상이 말하자 할미가 대꾸했다.

"서신국 대별상도 내 자손의 얼굴을 전처럼 곱게 내어주어서 고마운데, 어떡해서 내 자손 눈에 청가루, 백가루 덮어 눈동자 문을 잠가 밖으로 발걸음을 못하게 했소? 열두 뼈를 갖추어 낳은 보람이 없으니 이런 억울한 일이 어디 있습니까? 서신국 자손도 얼굴을 내어주지 못하겠습니다."

이야기를 들은 대별상이 말했다.

"과연 제가 잘못하였습니다. 그러면 할마님 자손의 눈동자 문을 열어 군문으로 발걸음을 시켜주면 내 자손 얼굴을 보여주시겠습니까?"

"그렇게 한다면 나도 그렇게 하겠소."

이렇게 하여 대별상은 물명주 한 쌈, 강명주 한 쌈을 해서 애기 눈을 좌우 세 번 씩 쓰다듬어주니 애기 눈동자 문이 열려 애기가 문 밖으로 걸어서 나갔다. 그러자 할미가 기뻐했다.

이번에는 삼신할미가 대별상의 군문으로 가서 서신국 자손을 안아보니 애기종이의 물이 말라 있었다. 할미가 근가위로 종이막을 잘라서 벗겨버리니 서신국 자손의 얼굴이 훤했다. 대별상은 서신국의 자손 얼굴을 보며 한 없이 기뻐했다.

삼신할미는 참실 세 묶음으로 애기 탯줄을 잘라서 묶고, 은가위로 탯줄을 끊었다. 덕든산의 샘물을 길어와서 솥에 부어 불을 피워 물을 끓인다.

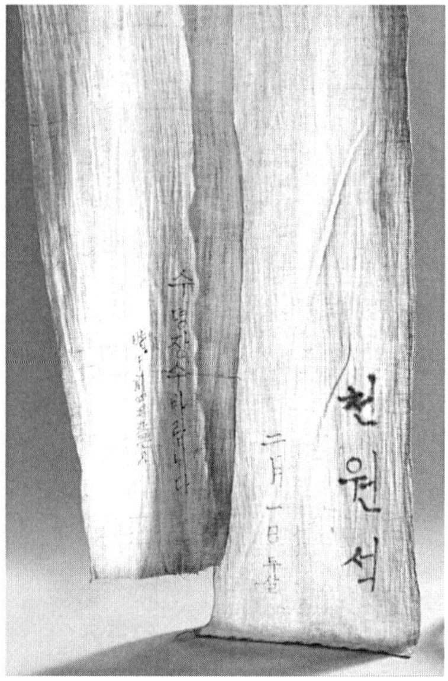

명다리

끓는 물에 들에서 캐어 온 쑥을 넣었다. 그 물에 애기 어머니 머리 목욕, 몸 목욕을 시켰다. 애기는 솜으로 감싸서 채롱짝에 눕혔다. 배내옷을 입히고, 유모를 정했다. 애기 어머니의 젖가슴을 열고 젖줄 당겨 애기에게 젖을 먹이라고 했다.

삼신할미는 세상으로 나오는 애기를 보면 이렇게 말한다.

"이 자손은 동으로 뻗은 애기니 부자로 살아라. 이 자손은 서로 뻗은 애기니 가난하게 살아라. 이 자손은 남으로 뻗은 애기니 명장수(命長壽)하라. 복장수(福長壽)하라. 이 자손은 북으로 뻗은 애기니 단명(短命)하라. 저승할미에게도 빌어라."

— 원문출처: 장주근, 『제주도 무속과 서사무가』, 역락, 2001.
진성기, 『제주도무가본풀이사전』, 민속원, 1991.

제2부

운명을 찾아나선 신들

1. 세경신 자청비의 선택 〈세경본풀이〉

세경신 이야기를 들려주겠다. 세경할아버지는 동해바다 김진국 노불(老佛)이고, 세경할머니는 서해바다 조진국 노불이다. 세경아버지는 수영대장 녹복전상이고, 세경어머니는 전제석궁 외동딸이다. 상세경은 문도령이고, 중세경은 자청비이며, 하세경은 정수남이다.

김진국 대감과 조진국 부인은 열다섯 살에 부부를 맺어 한평생을 편안하고 행복하게 살았다. 하지만 단 한 가지 큰 아쉬움이 있었다. 결혼한 지 삼십 년이 다 되어 가는데도 자식을 하나도 낳지 못해 걱정이 이만저만이 아니었다.

춘삼월이 오자 김진국과 조진국은 꽃구경을 나갔다. 어미 본 나비는 어미 품에 너울너울, 아비 본 나비는 아비 품에 너울너울. 꽃나무 아래에서 어떤 거지 부부가 세 살 난 아기 하나를 보면서 배꼽이 빠지도록 크게 웃고 있다.

"저런 거지도 애기 하나를 놓고 크게 웃음을 웃는데, 나는 무슨 일로 애기 하나가 없는고?"

김진국 대감이 말했다.

"조진국 부인. 집으로 먼저 가시오. 나는 저기 바둑 장기 두는 데서 더 놀다 가겠소."

"그럼 그렇게 하십시오."

조진국 부인은 집으로 돌아가고, 김진국 대감은 바둑 장기 두는 곳으로 발을 돌려 걸어갔다. 그런데 바둑 두던 노인네들이 바둑 장기 치워버리며 말한다.

"아이 없는 김 대감이 온다."

김진국 대감은 그걸 보고 어이없고 가치 없어, 집으로 돌아와 안사랑에 들어가 문을 걸고 드러누웠다. 눈치를 챈 조진국 부인은 저녁밥을 지어 들여오며 말했다.

"대감님. 저녁밥 드십시오."

"저녁 먹을 생각이 없으니 아무 말도 하지 마시오."

"대감님. 저녁밥을 드십시오. 우리도 웃을 일이 있습니다."

김진국 대감은 그 말을 듣고 저녁밥을 먹었다. 조진국 부인은 은단병에 서단마개를 막고 참실로 병모가지를 졸라매고 이리 굴렸다가 저리 굴렸다가 했다.

"대감님. 이거 보십시오. 정말 우습지 않습니까?"

"부인. 그게 무슨 웃을 일입니까?"

김진국과 조진국은 눈물로 세수를 했다. 그때 어떤 스님이 골목에서 들어오면서 외쳤다.

"소승, 뵈옵니다."

소리가 들리자마자 정술데기가 문 앞으로 나갔다.

"어느 절에서 왔습니까?"

"동개남 상주절입니다. 시주 삼헌 내어주십시오."

김진국 대감이 그 말을 듣고 벌떡 일어났다.

"스님, 어서 들어오십시오."

스님이 들어가자마자 김진국 대감은 재촉하며 물었다.

"우리 팔자나 말해 주십시오."

스님은 대문전에 시주 삼헌을 올린 뒤, 소책력과 대책력을 내어놓고 차근차근 살펴보더니 말했다.

"자식은 없을 팔자입니다."

"스님은 자식 없는 팔자는 알고, 자식 있을 팔자는 못 만들어냅니까?"

"자식 있을 팔자도 만들 줄 압니다."

"아이고! 고맙고도 고마워라!"

김진국 대감 부부가 밝은 얼굴을 하면서 감탄했다.

"동개남 상주절로 와서 수륙재를 드리면 자식을 볼 수 있습니다."

"하겠습니다. 당연히 하겠습니다. 수륙재에 얼마나 들이면 됩니까?"

"비단 세 동, 종이 구만 장, 최고급 흰쌀도 천 석, 그냥 흰쌀도 천 석. 이렇게 모두 차려서 불공 대통일을 받아서 우리 절에 수륙재 드리러 오십시오."

"아이고! 고맙고도 고마워라!"

김진국 대감과 조진국 부인은 스님한테 불공 대통일을 받아서 모두 하나도 빠짐없이 모두 차렸다. 준비가 끝나자 하녀 정술데기를 데리고 동개남 상주절로 수륙 들이러 가던 길에 부부는 잠시 쉬려고 쉼돌 위에 앉아 있었다. 그때 마을로 시주를 받으러 가고 있던 서개남 금법당 스님과 마주쳤다.

"어디로 가는 분들입니까?"

"동개남 상주절에 수륙재 드리러 갑니다."

"아이고, 이런. 그 절은 영험이 없습니다."

서개남 금법당 스님의 말에 김진국 대감과 조진국 부인은 크게 실망하여 가슴이 먹먹해왔다.

"대감, 어떡하면 좋겠습니까?"

조진국 부인이 기 죽은 목소리로 말했다. 하지만 김진국 대감은 마음을 바꾸지 않았다.

"아무리 그래도 우리가 온 길로 가는 것이 옳습니다."

김진국 대감과 조진국 부인은 서개남 금법당 스님과 헤어져 상주절로 들어갔다. 이들이 도착하자마자 스님이 나와서 수륙재 들일 물품들을 일일이 챙기면서 장대로 재었다.

"아흔아홉 근뿐입니다. 오늘 오는 도중에 서개남 금법당 소서중을 만났습니까?"

"예."

"그 때문에 한 근이 줄어들었습니다."

황당하기도 했지만, 어떻게 할 수 없는 일이라 있는 물품으로 백일 대불공을 드리기 시작했다. 백일이 다 되어가니 준비한 물품이 거의 다 사라지고 있었다.

"대사님. 날을 잡아 주십시오."

김진국 대감이 스님에게 말했다.

"오늘 밤에 자고 날이 밝으면 내려가십시오."

"예, 스님. 그렇게 하겠습니다."

김진국 대감과 조진국 부인은 그날 밤 백일기도 마지막 잠을 자고 날이 밝아오자 일찍 일어났다. 일어나자마자 김진국 대감은 꿈에서 본 것을 말했다.

"간밤에 꿈에서 자소주와 제육안주를 먹었으면 좋을 건데, 왜 그런지 청감주에 호박안주를 먹는 것이 보였습니다."

조진국부인도 말했다.

"나도 꿈에 보니 대감님 상투에 은비녀를 꽂은 것이 보이고, 내 치맛자락에는 땋은 머리 한 다발이 들어 있었습니다."

김진국 대감과 조진국 부인은 꿈에서 본 것을 대사님에게 말했다.

"딸자식이 들어설 듯합니다."

"애기 없는 팔자에 딸자식이면 어떻고 아들자식이면 어떻습니까. 부처님이 점지하여주는 대로 아무 애기나 받겠습니다."

김진국 대감과 조진국 부인은 작별 불공을 드리고 집으로 돌아왔다.

합궁날을 선택하고 동침을 하고 난 다음, 며칠이 지났더니 태기가 있었다. 한두 달이 지나가고 아홉 달 열 달이 차가니, 하루는 달처럼 예쁜 딸이 태어났다. 조진국 부인은 사흘 되는 날 아기 몸을 감기고 요람에 눕혀 많이 자라, 많이 자라 하면서 키웠다. 나이 세 살 되는 해에 생일이 돌아오자 김진국 대감이 딸을 보러 방으로 들어가니 조진국 부인은 아기를 일으켜 세우며 말했다.

"네 아버지다. 인사를 드려라."

그러자 아기가 아버지 무릎에 가서 팔짝 앉았다가 어머니 무릎에 가서 팔짝 앉았다 했다. 그것을 보던 김진국 대감과 조진국 부인은 큰 소리로 웃었다. 그제야 집안에 웃음이 나자 조진국 부인은 행복해하며 말했다.

"낭군님아! 우리 아기 보십시오. 얼마나 곱습니까? 우리가 이 아기를 낳고자 자청하고 공을 들였으니 이름은 자청비로 하는 것이 어떻습니까?"

"그 이름이 정말 좋습니다."

부부는 아기 이름을 자청비로 지었다. 그리고 그날 정술데기를 불러 지시했다.

"자청비를 열다섯 살까지 별충당에 데려가 키워라."

정술데기는 자청비를 데리고 별충당에 내려갔다. 정술데기는 자청비와 같은 날에 태어난 자기 아들 정수남이보다 더 정성을 들이면서 별충당에서 열다섯 살이 될 때까지 잘 살펴가며 곱게 키웠다.

어느 날이었다. 정술데기가 빨래를 해 와서 볕이 잘 드는 마당에 널고 있었다. 그것을 지켜보던 자청비가 갑자기 물었다.

"정술데기야. 너는 어떻게 손이 이렇게도 고와졌느냐?"

"주천당 연하못에 가서 빨래를 하니 손발이 고와졌습니다."

"나도 가서 빨래하면 손발이 고와지느냐?"

"예. 고와지고 말고요!"

정술데기가 대답하자마자 자청비는 아버지, 어머니 방에 달려갔다.

"아버지, 그 바지 더러워졌습니다. 벗고 다른 옷으로 갈아입으십시오. 어머니, 열두 폭 치마 더러워졌습니다. 어서 벗어 주십시오."

자청비는 그 옷을 모두 바구니에 담고, 박바가지 하나 들고서 주천당 연하못으로 빨래하러 갔다.

자청비는 손이 고와질 것만 생각하며 열심히 빨래를 했다. 그런데 난데없이 말방울 소리가 들려왔다. 고개를 들어 보니 하늘옥황 문국성의 문도령이 청마를 타고 오고 있었다. 타고 오던 말이 목마를까 싶어 연하못에서 물을 먹이려는 것이었다. 자청비는 못 본 것처럼 하며 빨래를 했다. 그러자 문국성 문도령은 자청비가 빨래하는 앞으로 가서 청마 머리를 확 돌리면서 물을 흩어버렸다. 자청비는 문도령이 느닷없이 심술을 부려도 모르는 척 빨래만 계속했다. 문도령은 자청비가 무슨 말을 할 때까지 기다리고 있었지만, 아무 말도 하지 않으니 이젠 더 못 기다리겠다는 듯이 한숨을 짧게 쉬고는 말했다.

"애기씨! 물이나 한 바가지 떠 주십시오. 목이라도 축이고 갈까 합니다."

자청비는 바가지에 물을 떠서 버드나무 잎을 흩어 넣어서 내밀었다. 문도령은 바가지를 받아들고 담긴 물을 보며 말했다.

"그 애기씨는 얼굴은 곱다마는 마음씨는 먼지 같구나."

그러자 자청비가 문도령 말에 대꾸했다.

"하나는 알고 둘은 모르는 도령님이로구나. 먼 길에 청마를 타고 급히 달려왔을 텐데 물을 받아서 급히 먹으면 물채 걸릴까 걱정되어 잇몸으로 쪽쪽 물을 빨아먹도록 나뭇잎을 흩어 놓았습니다. 갖가지 병에는 약이 있어도 물채에는 약이 없습니다. 어디로 가는 도령님입니까?"

"나는 글공부 가는 문도령입니다."

"우리 오빠도 세 달 전부터 글공부를 가려고 마음먹고 있는데, 같이 갈 벗이 없어서 못가고 있습니다. 우리 오빠와 같이 가서 공부하는 것이 어떻습니까?"

"저는 좋습니다. 어서 빨리 가서 보내십시오."

자청비는 하던 빨래를 거두어서 집으로 달려가더니 들고 있던 빨래는 내팽개치고 곧장 어머니 방에 들어갔다.

"어머니. 딸자식은 글공부를 못합니까?"

"왜 못 하느냐. 할 수 있으나 공부해서 무슨 일에 쓰겠느냐?"

자청비는 어머니에게 대답도 하지 않고, 바로 아버지 방으로 들어갔다.

"아버지. 딸자식은 공부를 못 하는 법입니까?"

"딸자식이라고 공부를 못한다는 법은 없다. 네가 공부하면 무슨 일에 쓰려고 그러느냐?"

"저라도 글을 배우지 않으면 부모님 돌아가시고 난 뒤에 축지방을 누구에게 부탁해서 쓸 것입니까? 그것부터 제가 해야 할 일이 아니겠습니까?"

김진국 대감은 자청비가 축지방 쓸 말을 하자 기특하기만 했다.

"딸자식인들 왜 공부를 못하겠느냐? 하고 싶으면 해 보아라."

자청비는 이 말이 떨어지자 부모님께 떠나는 인사를 했다. 그리고 얼른 남자 옷으로 갈아입고 짐을 몇 가지만 챙겨서 달려 나갔다. 주천당 연하못에 가보니 문도령이 기다리고 있었다.

"아이고! 오래 기다리게 해서 미안합니다. 난 김도령입니다. 부모님에게 갑자기 이별 인사하고 오느라 늦어졌습니다."

자청비가 처음 만나는 것처럼 인사를 하자 문도령은 인사를 받으며 고개를 갸우뚱거렸다.

"그것 이상하다. 조금 전에 본 애기씨와 얼굴이 아주 비슷합니다."

"그러면 같은 어머니, 같은 아버지에게서 나온 애기가 비슷하지 안 비슷합니까? 빨리 갑시다."

이렇게 해서 문도령과 자청비는 함께 서당으로 들어갔다.

서당에 도착한 두 사람은 같은 방에서 잠을 자면서 삼 년 동안 글공부를 하게 되었다. 그렇게 되자 자청비는 방안 한가운데에 물 한 항아리를 길어다 놓고, 항아리 가장자리에 붓대를 걸쳐 놓으면서 문도령에게 말했다.

"잠 잘 때, 이 붓대를 건드려 떨어뜨리면 과거에 낙방하니 명심하여 자게."

문도령은 그 말을 진짜로 여기고 그날 밤에 깊은 잠을 안 자면서 조심했다. 다음날 날이 밝자마자 서당에서 첫 시험을 보게 되었다. 시험을 보려고 자리에 앉았는데 문도령은 잠을 설쳐서 꼬박꼬박 졸고 말았다. 그러니 첫 시험에서 낙제를 하고 말았다. 하지만 자청비는 아무런 걱정 없이 이리 돌아누워 씽씽 저리 돌아누워 씽씽 잠을 잘 잔 다음이라서 시험에 당당히 합격했다.

이 일은 시작일 뿐이었다. 자청비와 문도령은 같이 글공부를 하는 삼 년 동안 갖가지 시합을 했는데, 문도령은 자청비한테 항상 뒤떨어졌다. 글짓기 시합을 해도 지고, 활쏘기 시합을 해도 지고, 씨름을 해도 지고, 심지어는 오줌싸기 시합에서도 지고 말아서 문도령은 모든 일에 자청비한테 졌다. 사실 오줌싸기 시합에는 자청비가 대붓통을 하문에 꽉 질러서 큰소리를 지르며 갈기니 문도령보다 더 멀리 나간 것이었다. 이렇게 갖가지 시합에 져버리니 문도령은 공부에 실망하여 부모님께 편지를 썼다.

“공부를 그만하고 집으로 돌아오라고 불러주십시오.”

그러자 문국성에서 문도령의 아버지가 바로 편지를 보내왔다.

“서수왕의 셋째딸이 구혼하였으니 빨리 와서 장가를 들어라.”

편지를 받자마자 문도령은 서장님에게 가서 말하고서 짐을 꾸렸다. 이 상황을 눈치 챈 자청비도 얼른 서장님을 찾아갔다.

“제일 친한 친구인 문도령이 장가든다고 하니 참석하고 오겠습니다.”

“그래. 그렇게 해라.”

자청비와 문도령은 올 때와 마찬가지로 함께 서당을 나서서 집으로 오게 되었다. 집으로 오는 중간에 주천당 연하못이 가까워오자 자청비가 문도령에게 말했다.

“문도령아. 우리 삼 년 간 서당에서 글공부를 열심히 했으니 몸이 얼마나 더럽겠어? 우리 이 연하못에서 목욕이나 하고 가는 것이 어때?”

“그래. 그렇게 하자.”

자청비와 문도령은 옷을 벗고 연하못으로 첨벙 뛰어들었다. 그때 자청비는 아주 당연하다는 투로 문도령에게 말했다.

“여러 가지 시합에서 내가 너한테 이겼으니까 너보다 위에서 목욕할 테니 문도령은 나보다 아래에 가서 목욕하게.”

이 말을 들은 문도령은 진짜 그렇게 해야만 할 것 같아서 더 아래로 갔다. 눈에 띄지 않는 곳까지 문도령이 내려가자 자청비는 버드나무 잎을 훑어 내어 손끝에 자기 피를 불끈 내어 글을 썼다.

“무심한 문도령아. 삼 년을 같은 방안에서 살아도 남녀구별도 못하는 문도령아. 나는 집으로 갑니다.”

아무것도 모르는 문도령은 몸을 씻고 있다가 어떤 버드나무 잎이 동글

동글 떠내려오는 것을 보았다. 그것을 주워서 보니 자청비가 써 놓은 글이 있었다.

"아뿔싸!"

문도령은 마음이 급해져서 물에서 나와 재빨리 옷을 입으려고 했다. 그런데 바지 한 가랑이에 두 다리를 넣고 픽픽 자빠지면서 허둥지둥 겨우 옷을 입고는 자청비네 집으로 달려갔다.

그 사이에 집에 도착한 자청비는 부모님에게 가서 인사를 드렸다.

"글공부 마치고 왔습니다."

"기특하고 착하구나."

어머니와 아버지는 무척 기뻐하며 자청비를 맞아주었다.

"어머님! 같은 서당의 글벗이 집에 와서 놀다 가기로 하였습니다."

별충당으로 들어가는 문 밖에서 기다리고 있는 문도령을 떠올리며 어머니에게 말했다.

"여자냐? 남자냐?"

"여자입니다."

"열다섯 살보다 많으냐, 적으냐?"

"열다섯 살보다 적습니다."

"그러면 네 방으로 데려 가거라."

자청비는 정술데기에게 문도령을 방안으로 모시고, 음식을 차려오라고 시켜 두었다. 문도령은 여자 옷으로 차려입은 자청비를 보면서 입이 떡 벌어졌다. 이렇게 예쁜 천하일색 자청비를 지금까지 알아보지 못한 자신이 원망스러울 뿐이었다.

둘이 마주앉아 주안상을 받아 놓고 말도 꺼내지 못하고 서로 눈치만 보면서 술만 한두 잔 계속 마셨다. 그러다보니 문도령은 술에 흠뻑 취해서 자청비에게 손을 슬쩍슬쩍 내밀었다. 그러자 자청비는 변소에 갔다 오겠다고 하며 나왔다가 들어갈 때는 종이에 먹으로 글씨를 썼다.

"나는 부모님 허락 없이는 문도령 소원을 못 들어주겠습니다."

이 글을 문도령한테 내밀어두고 얼른 숨어버렸다.

자기도 모르는 사이에 잠이 들었던 문도령이 깨고 보니 집으로 가야 할 시간이 다 되어 있었다. 자청비가 돌아오지 않자 문도령은 복숭아씨 두 알을 꺼내놓고 글을 남겼다.

"이 복숭아씨를 심어 꽃이 피면 자청비를 만나러 오겠습니다."

이렇게 문도령은 떠나갔다.

자청비는 잠을 자다가 깨어나 방에 가 보니 문도령은 없고 글만 남아 있었다. 자청비는 그 복숭아씨를 디딤돌 아래에 심고 꽃이 필 때를 기다렸다. 하지만 아무리 기다려도 문도령은 오지 않고, 자청비의 마음만 점점 애절해져갔다.

하루는 자청비가 친구의 집으로 놀러 나갔다. 그런데 그 집의 머슴들이 마른 나무도 쉰 동, 젖은 나무도 쉰 동을 해서 담장을 따라 누누이 쌓여있었다.

"우리 집의 종놈은 염통 같은 보리밥과 건삼 같은 된장을 핏섬 같이 마구 먹으면서 무엇을 하고 있는 거지?"

자청비는 당장 집으로 돌아와 하인 정수남이를 불렀다.

"내일부터 숲에 가서 나무를 해 오너라."

그러자 정수남이는 느긋하게 머리를 긁으면서 말했다.

"예. 나무를 해 올 테니 마소를 차려 주십시오."

자청비가 말 아홉 마리와 소 아홉 마리를 차려 주니 정수남이는 나무하러 간다고 집을 나섰다. 마소를 몰아 나무하러 산으로 가더니, 나무를 하기는커녕 나무에 마소를 매어 두고 양지바른 곳에 누워서 잠을 잤다. 실컷 자다가 깨어나 보니 마소는 목이 말라서 모두 죽어 있었다. 죽은 마소를 가만히 보던 정수남이는 무슨 생각을 떠올린 것인지 죽은 마소들의 껍질을 손톱으로 모두 벗겨내고 모닥불을 피웠다.

불이 활활 타오르자 마소 고기를 불 위에 턱 올려 굽더니 익었는가 한 점, 덜 익었는가 한 점, 이번 한 점, 저번 한 점 먹다 보니, 소 아홉 마리, 말

아홉 마리를 모두 먹어버렸다.

해를 보니 서산에 지고 이만하면 어떡할까 하던 정수남이는 가죽 열여덟 개를 짊어지고 집으로 출발했다. 가는 도중에 몸이나 씻고 가자고 샘물 곁으로 가 보니 오리가 물에 앉아서 이리 하올, 저리 하올, 하올하올 헤엄을 치고 있었다.

"오리야. 이리 오너라. 내가 잡아가서 자청비 아가씨 눈에 들어 저녁이나 얻어먹자."

하지만 오리가 말을 들을 리가 없었다. 정수남이가 황도끼를 들고 맞추려고 던지니 오리는 팔딱 날아오르고 도끼는 첨벙 물속에 빠지고 말았다.

정수남이는 혀를 차며 옷을 벗고 도끼 찾으러 물로 들어갔다. 그때 지나가던 도둑놈이 가죽 열여덟 개와 정수남이의 겉옷과 속옷까지 몽땅 가져가버렸다.

"아이고, 이 일을 어떡하면 좋을까!"

이렇게 말을 하면서도 정수남이는 전혀 당황하지 않았다. 느긋하게 동쪽을 살펴보니 칡넝쿨이 번들번들 자라고 있었고, 서쪽을 바라보아도 번들번들 자라고 있었다. 그 줄기를 끊어다가 아랫도리를 감싸 숨기고 마을로 돌아갔다. 날이 완전히 어두워서 아무도 정수남이를 알아보지 못했다. 마당으로 들어와 걸어둔 주젱이를 내려 뒤집어썼다.

그때 집에서 일하는 하녀가 다가왔다. 정수남이는 장독 뒤에 얼른 숨었다. 그런데 하녀는 하필이면 정수남이가 숨은 5년 묵은 장독에 장을 뜨러 오는 것이었다. 정수남이가 돌아오면 줄 국을 끓이려고 장을 뜨려고 하는데, 장독 뒤에 주젱이가 우두커니 앉아있는 것이 보였다. 깜짝 놀란 하녀는 겁이 나서 마당에 있는 돌멩이를 들어서 집어던졌다. 그러자 간장독이 팍 깨지고 말았다.

하녀는 깜짝 놀라 소리를 치며 안쪽으로 달려갔다.

"아가씨! 상제님! 큰일이 났습니다."

비명을 지르는 소리에 놀라 온 가족이 밖으로 나왔다.

"무슨 일이 났느냐?"

"장독이 주젱이를 쓰고 있습니다. 아니, 걸어 다닙니다. 분명히 흉사입니다."

호들갑을 떠는 하녀에게 자청비가 나무라며 말했다.

"조용히 해라. 어떤 일인지 말해 보아라."

"장 떠서 저녁 해 놨다가 정수남이 오면 주려고 장독 뒤에 가 보니, 장독이 주젱이를 쓰고 이리저리 걸음을 걷고, 장독이 깨지고 하였습니다. 흉사가 분명합니다."

"그건 흉사가 아니다. 분명히 정수남이 짓이다. 그 놈을 이리 잡아들여라."

자청비의 말을 듣고 하녀가 장독대로 갔다.

"네가 산 사람이냐, 귀신이냐?"

"귀신은 뭔 귀신이 이런 데 있느냐? 산 사람이다. 정수남이다."

주젱이를 벗겨 보니 정수남이가 맞았다.

"어서 아가씨와 상제님한테 가 보아라."

정수남이가 방에 들어가자마자 자청비는 호통을 쳤다.

"네, 이놈아. 소 아홉 마리, 말 아홉 마리는 어떡하고 이 꼴이 되어서 들어왔느냐?"

"예. 소 아홉 마리, 말 아홉 마리를 끌고 신산 숲에 올라가서 나무를 하다 보니, 문국성 문도령이 하늘 옥황 선녀들과 바둑장기를 두고 있었습니다. 그것을 구경하다 보니 소 아홉 마리, 말 아홉 마리가 목이 말라서 모두 죽었습니다. 소 아홉 마리, 말 아홉 마리의 가죽을 벗겨서 지고 오다가 보니, 샘물에서 오리가 헤엄치고 있기에 그걸 맞추려고 황구도끼를 던지니, 도끼는 참방 빠지고 오리는 팔짝 도망가 버리지 않겠습니까? 황구 도끼라도 찾으려고 옷을 몽땅 벗어두고 물에 들어갔는데, 그 사이에 도둑놈이 소 아홉 가죽, 말 아홉 가죽에 제가 입던 옷까지 모두 가져가버려서 이 꼴이 되었습니다."

정수남이가 횡설수설하면서 자청비의 눈치를 보면서 핑계를 댔다. 하지만 자청비는 정수남이의 속셈에 완전히 넘어가고 말았다.

"정수남아. 신산 숲에 가면 문국성 문도령이 바둑장기 두는 걸 나도 가면 볼 수 있겠느냐?"

"그게 무슨 말씀이십니까? 우리 하인도 가서 구경 실컷 하고 왔는데, 상제님은 더욱 잘 구경할 수 있습니다."

"그러면 나를 거기로 데려다 다오."

"아, 예. 거기에 데려갈 수는 있습니다. 하지만 아주 멉니다."

"정술데기야. 정수남이에게 좋은 옷을 꺼내 주어라."

정술데기에게 일을 시킨 자청비는 정수남이에게 더 가까이 다가갔다.

"정수남아. 어떻게 하면 신산 숲으로 갈 수 있느냐? 자세히 말해 보아라."

"예. 신산 숲으로 가자면 내일 하루 종일 하고도 더 걸립니다. 그러니 상제님이 먹을 점심에 참가루 닷 되에 소금 닷 되를 넣어서 범벅을 하고, 종이 먹을 점심에는 메밀가루 닷 되에 소금 한 줌을 넣는 양 마는 양해서 범벅을 준비하십시오."

"정술데기야. 무엇하느냐? 빨리 내일 가지고 갈 범벅을 만들어라."

다음날 해가 뜨자마자 자청비는 신산 숲으로 갈 채비를 하느라 정신없었다. 전날에 만들어둔 점심을 챙기고 나가면서 정수남이를 불렀다. 하지만 정수남이는 느긋하게 늑장을 부리면서 말안장을 지우는데, 안장 밑에 몰래 소라 껍데기를 넣었다.

"아가씨는 말 타고 가십시오. 난 말고삐를 잡고 길을 이끌어 가겠습니다."

자청비는 서둘러 말을 탔다. 그러자 말은 안장 밑에 있는 소라 껍데기가 찌르는 바람에 깜짝 놀라서 펄쩍 펄쩍 날뛰었다. 정수남이는 놀라는 척하면서 말을 붙들고 진정시켰다.

"아가씨. 이 말은 타려고 하면 먼저 해야 할 예의가 있습니다."

"예의라면 무엇을 해야 하느냐?"

"고사를 지내셔야 합니다."

"어떤 고사를 지내면 되느냐?"

"예. 닭 한 마리에 술 한 동이를 차려서 고사를 지냅니다."

"그럼 그렇게 해라."

자청비가 정술데기에게 시켜 얼른 닭 한 마리와 술 한 동이를 준비해서 고사상을 차려놓았다. 정수남이는 그 앞에서 무엇이라고 말하는 것처럼 하다가 살짝 술잔을 말 귀에 대고 술을 들이부었다. 그러자 말이 대가리를 탁탁 털었다.

"아가씨. 말이 이 정도면 그만 되었다고 합니다."

정수남이는 상 위에 올렸던 제물을 자기 앞으로 당겼다.

"말머리 고사를 지낸 음식은 종이 먹는 법입니다."

이렇게 말하고는 닭 한 마리와 술 한 동이를 자기만 홀랑 다 먹어버렸다.

"이제 말을 타십시오."

정수남이는 안장 밑에 있는 소라 껍데기를 빼고, 말고삐를 잡았다.

집을 나서서 산길을 오르기 시작했다. 그럭저럭 잘 가는가 싶더니, 한참 가던 정수남이가 돌부리에 발을 차는 것처럼 하더니 길바닥에 주저앉아서 엄살을 부렸다.

"아이고, 아가씨. 발목을 삐어서 더 못 가겠습니다."

자청비는 난감했다. 한시라도 빨리 신산에 가고 싶은 마음뿐이었다.

"그럼 네가 이 말을 타거라."

정수남이는 마치 기다렸다는 듯이 재빨리 말에 올라탔다. 자청비는 그 무거운 점심을 지고, 신산을 향해서 걸어갔다.

자청비는 세상에 태어난 뒤로 어깨에 무거운 짐을 걸쳐 본 적도 없고, 거친 길을 오랫동안 걸어본 적도 없었다. 그래서 얼마 걷지도 않아서 지치고 발은 퉁퉁 부어올랐다. 걸을수록 자꾸 힘들어지니 자청비는 계속 정수남이에게 물었다.

"아직도 갈 길이 멀었느냐?"

"예. 아직도 멀었습니다. 어서 오십시오. 가야합니다."

정수남이는 말 위에서 계속 재촉하는 말만 했다. 자청비는 힘든 발걸음으로 겨우 따라가고 있었다. 이후로 정수남이는 한참을 더 가서 높직한 언덕에 먼저 가서 말에서 내렸다.

"아가씨도 여기서 쉬어 가십시오."

겨우 따라온 자청비는 언덕에 도착하자마자 풀썩 주저앉았다.

"정수남아. 벌써 한낮이 되었구나. 점심을 내어 놓아라. 먹고 가자."

가지고 온 점심을 꺼내어 놓더니 정수남이는 제 몫만 챙겨들고 동산 아래로 긴들건들 내려가서 먹기 시작했다.

"정수남아. 이리 오너라. 같이 점심 먹자. 왜 먼 데로 가서 혼자 먹느냐?"

"종과 아가씨가 같이 앉아서 점심을 먹으면 지나가는 사람들이 보면 부부라고 합니다. 나하고 부부 되겠습니까?"

"그렇구나. 그래 착하다."

둘은 따로 떨어져서 점심을 먹었다. 그런데 자청비는 점심을 한 쪽만 떼어서 입에 넣었지만 너무 짜서 먹을 수가 없었다.

"이 범벅이 너무 짜서 못 먹겠다. 정수남아. 네가 먹는 범벅을 나에게 조금 다오."

"아가씨. 그게 무슨 말씀이십니까? 아가씨가 먹던 음식을 종이 먹는 법입니다. 종이 먹던 음식은 개가 먹는 법입니다. 아가씨, 개가 될 것입니까?"

"그건 그렇지만, 그래도 조금 다오. 먹어 보자."

정수남이는 자기가 먹던 범벅을 한 숟가락 푹 떠다가 자청비의 손바닥에 척하며 주었다. 자청비가 먹어 보니 꿀맛이었다.

"네 것은 참 맛나기도 하구나!"

자청비는 자기가 먹던 범벅을 정수남이에게 내어주었다.

"내 범벅은 짜서 못 먹겠다. 네가 갖다가 먹어라."

정수남이는 자청비 먹던 범벅을 받아와서 반찬으로 삼아 모두 먹었다. 자청비는 그 짠 범벅을 먹어놓으니 목이 탔다.

"정수남아. 목마르다. 마실 물이나 찾아다오."

"예. 그러십시오. 곧 샘물이 나옵니다."

그럭저럭 가다 보니 샘물이 나왔다. 하지만 정수남이는 그냥 지나치려고 했다.

"거기 있어라. 이 물 먹고 가자."

"예? 이 물은 소가 먹는 물입니다. 저 물은 말이 먹는 물입니다."

정수남이는 자청비를 놀리기라도 하는 것처럼 눈에 보이는 샘을 계속 지나치면서 애를 태웠다. 자청비는 시간이 갈수록 목이 타서 참을 수가 없었다.

"아이고! 목말라 죽을 지경이다. 나도 물을 빨리 다오."

"예. 이 물은 양반이 먹는 물입니다."

듣던 중 반가운 소리였다. 자청비가 물가로 다가가니 정수남이가 막아섰다.

"이 물을 먹자고 할 때는 방법이 있습니다."

"어떻게 이 물을 먹느냐?"

"이 물은 바가지로 먹자 하면 바가지가 목에 걸리고, 그냥 먹자 하면 물귀신이 잡아당기나 봅니다. 아가씨, 여기서 내가 먹는 것 보며 드십시오."

정수남이는 위아래로 옷을 모두 벗어두고 칡넝쿨을 걷어다가 아랫도리를 걸쳐 매고 한 끄트머리는 산딸기나무에 가서 졸라맸다. 그 다음에 윗물에 엎드려서 소가 물마시듯 목에서 꿀꺽꿀꺽 소리를 내면서 마셔댔다. 물을 마실 만큼 다 마신 정수남이가 허리를 펴고 일어서서 물 밖으로 나왔다.

"아가씨도 제가 먹는 것처럼 해서 드십시오."

몸에 묶어두었던 칡넝쿨을 훌러덩 벗어서 자청비에게 내밀었다.

"아가씨도 이걸 졸라매고 물을 드십시오."

자청비는 목이 너무 말라서 다른 생각은 하지 못했다. 옷을 벗고 칡넝쿨로 허리를 졸라매고 엎드려서 정수남이처럼 물을 마셨다.

그 모습을 지켜보던 정수남이는 자청비가 벗어놓은 옷을 산딸기나무 위로 던져두고 사금파리를 샘물로 팡팡 바둑처럼 던지며 말했다.

"아가씨. 이건 하늘옥황 문국성 문도령이 삼천궁녀와 놀이하는 것입니다. 이건 문국성 문도령이 바둑장기 두는 것입니다. 구경 실컷 하십시오."

그제야 자청비는 정신이 바짝 들었다.

"아하! 내가 요놈한테 속았구나. 어쨌든 이놈을 달래야겠구나."

물을 다 먹고 나온 자청비는 좋은 목소리로 정수남이에게 말했다.

"정수남아, 내 옷 좀 이리 가져다 다오."

"좋습니다. 대신 아가씨 젖통이나 한 번 만져 봅시다."

"내 젖통 만질 바에는 내 방에 가서 봐라. 은당병이 있느니라. 은당병에 혀를 넣어 보아라. 내 젖통 만지는 것보다 더 좋다."

그러자 정수남이는 옷을 내려 주었다. 어느덧 날을 보니 저물어가고 있었다.

"정수남아. 저 동산으로 가자. 가서 움막이나 지어 너랑 나랑 이야기하며 밤을 새고 가자."

정수남이는 기뻐하면서 동산에 올라 가 움막을 지었다. 억새 다섯 묶음을 들여서 짓다 보니 세 칸이 되었다. 움막 속에 자청비가 들어가 보니 벽 사이로 구멍이 뻥뻥 뚫려있는 것이 이 담 구멍, 저 담 구멍에서 허깨비도 나올 듯, 도깨비도 나올 듯 했고, 위로는 밤하늘의 별이 송송 보였다.

"정수남아. 종하고 한 집에서 같이 자면 하늘에서 보고 죄라고 한다. 이 담 구멍을 막아라."

정수남이는 자청비가 시키는 대로 구멍을 이리 저리 막았다. 그런데 정수남이가 밖에서 두 구멍 막으면 자청비는 안에서 한 구멍을 뚫었다.

"정수남아, 이 구멍도 막아라. 저 구멍도 막아라."

이렇게 하다가 보니 먼동이 터오기 시작했다.

함께 밤 샐 생각에 잔뜩 들떠있던 정수남이는 이제는 화가 나서 펄쩍 뛰어오르면서 자청비를 죽일 듯이 몰아갔다.

"정수남아. 이리 오너라. 내가 죽기 전에 네 머리에서 이나 잡아주마."

자청비가 살살 달래자 정수남이는 금새 화가 풀렸다. 벌러덩 눕더니 수풀의 맷방석 닮은 머리를 자청비의 은 같은 무릎에 거침없이 놓는 것이었다. 정수남이의 머리를 걷어 보니 이가 떼를 지어서 이리 발발, 저리 발발 기어 다니는 것이 눈뜨고 볼 수가 없었다. 자청비는 하얀 손으로 이를 잡아 또도톡 죽여 가니, 정수남이는 어느새 눈이 감기더니 잠이 들고 말았다.

이를 본 자청비가 이를 악물고 말했다.

"이 못된 자식. 아무려면 내 무릎에서 잠을 잘 수가 있느냐?"

자청비는 담뱃대를 빼 들고 정수남이의 왼쪽 귀로 찔러 오른쪽 귀로 빼내어 죽이고 말았다. 그리고는 벌떡 일어나 언덕 아래 나무에 묶어둔 말을 잡아타면서 말했다.

"말아, 말아. 네가 길을 잡아서 집에 가면 너도 살고 나도 살지만, 그러지 못하면 내 칼에 너도 죽고 나는 자살을 할 것이다."

무슨 일인지 알아들었는지 말은 집으로 향하는 길을 잡아서 걷기 시작했다.

언덕을 벗어나 숲에서 빠져나오는데, 별안간 산신이 나타나 길을 막아섰다.

"너한테서 피 냄새가 나는구나. 무슨 일이 있었는지 말하지 않으면 이 길을 못 지나간다."

자청비는 간이 덜컹 내려앉는 것 같았다.

"오는 길에 말발에 메추리가 밟혀 죽었습니다."

"어디서 헛소리를 하느냐? 네 뒤에 더벅머리 총각이 피를 벌겋게 흘리며 달려오고 있다."

뒤를 돌아보니 과연 산신이 말하는 대로였다. 자청비는 말 위에서 다급하게 내려서서 빌었다.

"제가 잘못했습니다. 데려간 종놈이 행실이 부족하고, 하는 말마다 거짓말로 주인을 속여서 죽이고 오는 길입니다. 제발 살려주십시오."

이번에는 솔직하게 말했다. 그러자 산신은 반은 죽고 반은 살아있는 생죽산이가 된 정수남이를 떨쳐내어 주었다. 자청비는 위험에서 구해준 산신에게 큰 절을 한 뒤 서둘러 집으로 돌아왔다.

"어머니, 어머니. 사람이 말을 안 들을 때는 어떡하면 좋습니까?"

"욕을 한다."

"욕해도 안 들으면 어떡합니까?"

"그러면 죽여 버린다."

자청비는 안도의 한숨을 내쉬었다.

"어머니. 하인 정수남이의 행실이 부족하여 죽여 버리고 왔습니다."

자청비의 말에 어머니는 불같이 화를 냈다.

"계집년이 나기도 잘 났다. 들기도 잘 들었다. 어떻게 사람을 죽일 수가 있느냐? 어서 나가 종을 데리고 오너라."

이번에는 아버지에게 갔다.

"아버지, 아버지. 하인 정수남이 행실이 부족하여 죽여 버리고 왔습니다."

"이게 무슨 말이냐? 계집년이 나기도 잘났다. 들기도 잘 들었다. 어떻게 사람을 죽일 수가 있느냐? 그 종은 우리 식구를 먹여 살리는 종이니 어서 가서 종을 살려오너라."

어머니와 아버지는 자청비를 집 밖으로 쫓아내어 버렸다.

"이 일을 어쩌나? 어떻게 해야 하나?"

자청비는 온갖 궁리를 다 했다. 그때부터 부엉이 한 마리가 자청비를 따라다니기 시작했다.

"서천꽃밭의 꽃을 따다가 하인 정수남이를 살려내자."

자청비는 남자 옷으로 갈아입고 말을 타고 서천꽃밭으로 달려갔다.

서천꽃밭에 거의 다다르자 길가에서 어린 아이 둘이서 부엉이 한 마리를 놓고 싸움을 하고 있었다.

"내가 주웠어."

"내가 먼저 봤어."

자청비가 아이들에게 말을 걸었다.

"너희들 그렇게 싸울 것이 없이 그 새를 나한테 팔아라. 돈 한 냥씩 주마."

"그렇게 하십시오."

아이들은 부엉이를 바로 자청비에게 내밀었다. 자청비는 돈 한 냥씩 주고, 새 가슴팍에 화살을 한 대를 꽂아 들고서 서천꽃밭으로 갔다. 서천꽃밭을 지키는 담장 앞에 가서 새를 꽃밭 가운데로 휙 던지고 담장을 따라서 꽃밭 근처를 계속 돌아다녔다. 그러자 서천꽃밭을 지키는 개가 발자국 소리를 듣고서 이쪽을 보면서 컹컹, 저쪽을 보면서 컹컹 짖어댔다. 이 소리를 들은 서천꽃밭 주인대감이 말했다.

"큰딸아. 나가 보아라. 개 짖는 소리가 난다."

큰딸이 나가 보니, 어떤 청의동자가 말을 타고 왔다갔다 하고 있었다. 하지만 한 눈에 자기 상대가 아니라는 것을 알 수 있었다.

"아버지, 아무것도 아닙니다."

잠시 후, 다시 개 짖는 소리가 요란했다.

"둘째딸이 나가 보아라. 무엇이 나다니느냐?"

둘째딸이 나가서 청의동자를 보았지만, 큰딸과 똑같은 것을 느꼈다.

"아무것도 아닙니다. 그냥 바람소리입니다."

잠시 후, 개 짖는 소리가 더 요란하게 들려왔다.

"셋째딸이 나가 보아라. 누가 꽃으로 장난을 하고 있지 않느냐?"

셋째딸이 나갔더니 천하일색 귀동자가 문 앞에 있었다. 하지만 큰딸과 둘째딸과는 달리 첫눈에 마음에 들었다.

"도령님, 도령님. 무슨 일로 여기를 왔다갔다 합니까?"

셋째딸이 물어오자 자청비는 이때다 싶어서 대답했다.

"먼 길을 가다가 이 근처에 새가 날고 있기에 화살 한 대를 쏘았는데, 새가 담장 안으로 떨어졌습니다. 화살이나 찾아 가려고 하는데 안으로 들어가지 못하고 있습니다."

"잠시만 여기 기다리십시오. 제가 가서 우리 아버지한테 허락 받아서 오겠습니다."

"그렇게 해 주신다니 너무 고맙습니다."

셋째딸은 아버지에게 가서 본 그대로 말했다.

"아버지, 아버지. 어떤 길 가던 도령님이 우리 꽃밭 위에 새가 날고 있어서 화살 한 대를 쏘았는데, 그 새가 우리 꽃밭으로 떨어졌으니 그 화살이나 찾아 가고자 합니다."

그 말을 들은 주인대감은 반가운 마음에 얼굴이 환해졌다.

"그렇지 않아도 그 부엉이 때문에 사라대왕한테 욕을 듣고 있는데, 거 참 잘 되었구나. 내가 가서 찾아보겠다."

주인대감이 서천꽃밭을 가서 둘러보니 정말 꽃밭 한가운데 화살이 꽂힌 부엉이가 나뒹굴고 있었다. 주인대감은 부엉이를 주워 나와서 셋째딸을 불렀다.

"셋째딸아. 문 밖으로 나가 봐서 그 도령이 있거든 안으로 모시고 오너라."

"예. 그렇게 하겠습니다."

셋째딸이 밖으로 나가 보니, 골목 바깥에서 기다리고 있었다.

"새를 찾았습니다. 어서 안으로 들어오십시오."

"예. 감사합니다."

자청비는 셋째딸이 안내하는 대로 안으로 들어가 주인대감과 인사를 나누었다.

주인대감은 자청비를 보자 아주 반가워하며 말했다.

"언제부터인가 서천꽃밭에 부엉이가 한 쌍이 살면서 꽃밭에 많은 해를 끼치고 있습니다. 한 마리를 이렇게 잡았으니, 이제 한 마리가 남았습니다. 이것까지 잡아주면 은혜를 꼭 갚겠습니다."

"그렇게 하지요."

자청비는 기꺼이 승낙했다.

해가 질 때까지 주인대감이 내준 방에서 푹 쉰 자청비는 밤이 되기만을 기다렸다. 캄캄한 밤이 되자 모두 집안으로 들어가고 꽃밭에서는 인기척이 전혀 느껴지지 않았다. 자청비가 옷을 한 벌만 입고 나가자 부엉이가 가까이로 날아왔다. 옷을 훌러덩 벗고 꽃밭 가운데 가서 누우니 부엉이는 자청비의 배에 와서 가만히 앉아 있었다. 그때 자청비는 부엉이를 확 잡아서 화살 한 대를 꽂더니 옆에 던져두었다. 그리고 그 길로 방으로 들어와 잠을 잤다.

다음 날 아침이 되자마자 주인대감이 찾아와 물었다.

"어떻게 되었습니까?"

"예. 밤중에 부엉이 소리가 나서 화살 한 대 쏘긴 쏘았습니다. 어떻게 되었는지는 서천꽃밭으로 한 번 가 보십시오."

주인대감은 빠른 걸음으로 꽃밭으로 갔다. 정말 꽃밭 한가운데에 부엉이 한 마리가 화살을 맞아 죽어있었다. 주인대감은 기쁜 마음으로 죽은 부엉이를 가지고 들어왔다.

"도령님 덕택으로 새를 모두 잡았습니다. 그 은혜를 다 갚을 수가 없습니다. 그러니 우리 집 셋째딸에게 장가드는 것이 어떻습니까?"

"감사한 말씀입니다마는 저는 과거 보러 가는 중입니다. 과거에 들기 전에는 가족을 만들 생각이 없습니다."

"그러하면 장가를 먼저 가고 과거하여 와서 정을 섞어 사는 것이 어떻습니까?"

"그럼 그렇게 하십시오."

주인대감에게는 말을 이렇게 둘러대고 자청비는 셋째딸에게 말했다.

"지금 당장 과거하러 나가야 하지만, 꽃구경을 못하고 가니 무척 섭섭합니다."

말을 들은 셋째딸은 당장 주인대감한테 달려갔다.

"아버님. 사위가 과거보러 가는데 꽃구경을 못하고 가게 되어 섭섭해 합니다. 꽃구경 시켜주십시오."

주인대감은 난감했다. 꽃밭을 헤치는 부엉이까지 잡아준 사위이지만, 염려되지 않는 것은 아니었다.

"애야. 그러면 꽃이 다치지 않을까?"

"내가 다치지 않게 조심히 구경시켜 주겠습니다."

"그럼 원하는 대로 해라."

자청비와 셋째딸은 꽃밭으로 가서 수많은 꽃을 돌아보았다.

"이 꽃은 무슨 꽃입니까?"

자청비가 물었다.

"이 꽃은 죽은 사람 살려내는 꽃입니다. 이 꽃은 번성꽃입니다. 이 꽃은 환생꽃입니다. 이 꽃은 악심꽃입니다. 이 꽃은 말할 수 있는 꽃입니다. 이 꽃은 웃음 웃을 꽃입니다. 이 꽃은 오장육부 그릴 꽃입니다. 이 꽃은 숨들일 꽃입니다. 이 꽃은 멸망꽃입니다. 이 꽃은 살오를 꽃입니다."

셋째딸이 앞에 서서 꽃을 가리키며 알려주면 자청비는 필요한 꽃을 톡톡 따서 소매 속에 넣었다. 꽃밭을 모두 구경한 자청비는 처부모한테 인사하고, 셋째딸하고도 작별을 했다.

"부인님, 부인님. 내가 과거하여 올 때까지 부디 딴 마음 먹지 말고 잘 살고 있으시오. 그러면 우리가 나중에 웃으면서 함께 사는 날이 올 것입니다."

"낭군님, 낭군님. 과거하여 올 때까지 나를 잊지 말고 몸 건강히 다녀오십시오."

인사를 마친 자청비는 말을 타고 채찍을 휘둘러 정수남이가 죽은 곳으로 달려갔다.

정수남이는 뼈만 앙상하게 남아 있었다. 자청비는 정수남이의 뼈 위로 환생꽃, 오장육부 그릴 꽃, 숨들일 꽃, 살오를 꽃, 말할 꽃을 차례로 놓고 때죽나무 회초리로 세 번을 살짝 때리면서 말했다.

"하인 정수남아. 어서 벌떡 일어나라."

하고는 힘껏 획 갈겼다.

"아이고, 아가씨! 제가 봄잠을 너무 잤습니다."

정수남이는 화들짝 일어났다.

자청비는 정수남이를 데리고 집으로 돌아왔다. 집에 도착하자 바로 어머니와 아버지를 찾아갔다.

"어머니, 어머니. 하인 정수남이를 살려왔으니 받으십시오."

"나기도 잘나고 들기도 잘 들었다. 사람을 어떻게 죽였다 살리느냐? 그냥 데리고 나가거라."

어머니가 거절하자 아버지에게 달려갔다.

"아버지, 아버지. 하인 정수남이를 살려왔습니다. 받으십시오."

"계집년이 나기도 잘 나고 들기도 잘 들었다. 어떻게 사람을 죽이고 다시 살린단 말이냐? 꼴 보기 싫다. 네가 그냥 나가거라."

어머니와 아버지가 내치자 자청비는 세 살 때부터 입던 옷을 모두 챙겨 들고 집을 나섰다.

서천꽃밭의 갖은꽃

자청비는 보름달 같은 얼굴에, 중 얼굴에 염주 지듯이 구슬 같은 눈물을 다륵다륵 떨어뜨리며, 눈물로 세수를 하는 듯 울어가며 발 닿는 대로 하염없이 걸었다. 정처 없이 걸어가다 보니 청태산 마고할미의 집 앞에 도착했다. 그때 마고할미는 문국성 문도령 장가갈 때 쓸 혼사 베를 짜고 있었다.

"길 넘어가는 소녀가 부탁합니다. 하룻밤만 이 문 앞이나 잠시 빌려주십시오. 자고 가겠습니다."

"그렇게 하시오."

허락을 받은 자청비는 지금까지 있었던 일을 생각하며 한숨을 쉬다가, 다시 앞날을 생각하니 막막하기만 했다.

해가 지고 저녁때가 되자 마고할미는 밥을 해서 자청비를 안으로 불러들였다. 자청비를 유심히 살펴보던 할미는 함께 저녁밥을 먹다가 말했다.

"자청비를 우리 집의 수양딸로 삼았으면 좋겠다."

자청비는 반가운 마음에 바로 대답했다.

"그렇게 하십시오. 저도 좋습니다."

자청비는 마고할미를 수양어머니 삼고서, 기쁜 마음에 물 심부름과 밥

심부름, 베 짜는 심부름까지 하겠다고 했다. 늦은 밤까지 마고할미가 왈칵 찰칵 베를 짜는 것을 보던 자청비가 물었다.

"어머님, 이 물품들은 어디에 쓸 것입니까?"

"하늘옥황 문국성 문도령이 곧 장가를 가는데 혼사 베를 짜 달라고 해서 짜는 것이야."

"어머님. 나도 짜 보겠습니다."

"음. 그럼 짤 수 있거든 짜 보아라."

자청비는 베틀 위에 올라앉아 베를 짜는데, 티끌 하나 없이 잘도 짰다. 자청비는 할미가 잠시 자리를 비운 사이에 문도령 혼사 베에 바둑을 두는 듯 글을 새겨 넣었다.

"무심한 문도령아. 나를 만나러 오겠다고 하더니 삼 년을 기다려도 붉은 낯 한 번 못보고, 언제쯤이면 만날까?"

이런 글을 놓아가며 베를 모두 짜고 나니 할미가 돌아왔다.

"자청비야, 자청비야. 아이고! 예쁜 내 아기. 베 짜 놓은 게 곱기도 곱구나."

감탄을 하던 마고할미가 베가 다 되었다고 문국성 문도령한테 연락했다. 얼마 지나지 않아 문도령이 혼사 베를 가지러 직접 내려왔다. 마고할미가 문도령한테 혼사 베를 내어놓으니, 문도령은 쫙 펴서 살펴보았다.

"이거 누가 한 물품입니까?"

"우리 집의 수양딸."

"수양딸이 누구입니까?"

"자청비."

"자청비 어디 있습니까?"

"저 동쪽 방에 있습니다."

"한 번 만나게 해 주십시오."

문도령이 부탁을 하자 할미는 바로 자청비 방으로 갔다.

"예쁜 내 딸아. 오늘 밤에 네 방으로 문도령이 올 텐데, 눈 밖에 나지 않도록 대접 잘 해라. 문도령 만한 사람을 사위로 삼으면 무슨 부러울 게 있겠느냐?"

마고할미는 이 말만 하고 자기 방으로 가 버렸다.

밤중이 되자, 문도령은 자청비 방을 찾아가 문을 두드렸다.

"자청비야. 이 문을 열어라. 나 문도령이야."

"문도령이 틀림없거든 문틈으로 손을 내밀어 보시오."

문도령은 문틈으로 손을 내밀었다. 자청비는 귀신인지 산 사람인지 알아보려고 바늘로 문도령 손가락을 꼭 찔렀다. 그러자 문도령은 깜짝 놀라면서 비명을 질렀다.

"아이고야!"

손가락을 확 빼서 보니 빨간 피가 솟아나고 있었다.

"에잇! 간사스러운 년 같으니라고."

화가 난 문도령은 혼사 베를 가지고 옥황으로 올라가 버렸다.

마고할미는 딸 방에서 둘이 문도령과 함께 있는가보다 생각하고 주안상을 차려서 갔다. 그런데 문도령은 없고 딸만 혼자 우두커니 앉아있었다.

"문도령은 어디 갔느냐?"

자청비는 사실대로 말했다. 그러자 마고할미는 불같이 화를 냈다.

"그러니 너를 낳은 부모도 내쫓았지. 들어오는 복을 막대기로 치는 격이니, 내 눈에도 꼴 보기 싫다. 당장 다른 곳으로 떠나라."

자청비는 마고할미에게서도 눈 밖에 나 버리자, 할 수 없이 집을 나와 길을 따라 걸어갔다. 한참을 걷다보니 어느새 삼거리가 보였다. 삼거리 가운데에 서서 어디로 갈까 생각하다가 상주절로 갔다. 상주절에 올라가 대사님과 의논을 했다.

"머리를 깎고 중 행세를 하십시오."

자청비는 대사님이 말하는 대로 머리를 깎고 옷도 바꿔 입었다. 중 행세를 하면서 인간 세상으로 시주 받으러 내려오는데, 하늘옥황의 선녀들이 노각성자부줄을 타고 내려오고 있었다. 자청비는 냉큼 선녀들에게 다가갔다.

"선녀님들은 어디로 가는 길입니까?"

"하늘옥황 문국성 문도령이 자청비 만나러 갔는데, 문을 안 열어줘서 화병이 났습니다. 자청비가 마시던 물이 약이라고 해서 그 물을 길어 왔습니다."

"그러하면 자청비 먹는 물은 내가 길어 줄 테니 나도 하늘옥황으로 데려가 주십시오."

"그렇게 하십시오."

자청비는 자기 마시던 물을 길어주었다. 선녀들은 기뻐하며 자청비를 데리고 하늘옥황으로 올라갔다. 선녀들 덕분에 편하게 하늘옥황 문도령 집에 도착한 자청비는 곧장 문도령 집안으로 들어가서 말했다.

"소승, 절에서 왔습니다. 시주 삼문 내어주십시오."

하인이 바로 나와서 쌀을 내밀었다.

"시주 받으십시오."

자청비는 잊지 않고 말 한마디를 했다.

"시주는 명심하여 넣으십시오. 한 방울이라도 흘리면, 명 떨어지고 복 떨어집니다."

하인은 조심스럽게 쌀을 붓기 시작했다. 그런데 그때 자청비가 시주 받는 자루를 오므려버렸다. 그러자 쌀이 바닥으로 줄줄 떨어졌다.

"이 괘씸한 중이구나. 그 쌀은 당신 손으로 모두 주어가시오."

하인은 화를 내면서 안으로 들어가 버렸다. 자청비는 아무렇지도 않은 듯 쭈그리고 앉아서 그 쌀을 한 알, 한 알 주우며 옆 눈으로 집안을 힐끗힐끗 살펴보았다. 멀리서 문도령이 바쁘게 왔다갔다 하며 돌아다니는 것이 보였다. 문도령은 별충당에 있었다.

날이 저물고 어두워지자 자청비는 문도령이 있는 별충당 뒷문으로 갔다. 문 옆에 있는 팽나무 위로 올라간 뒤 굵은 가지에 기대어 앉아서 노래를 지어 불렀다.

"달아, 달아, 밝은 달아. 계수나무 박혀 있는 밝은 달아. 저 달은 문도령이 있는 곳을 알건마는 이 몸은 문도령 있는 곳을 모르고, 문도령도 나 있는 곳을 모르니 이런 답답함이 어디 있겠는가, 이런 답답함을 어느 누가 알겠는가?"

문 밖에서 들려오는 노래를 들은 문도령이 방문을 열고는 하늘을 올려다 보았다.

"달이 곱긴 곱구나. 초승달도 곱고 반달도 곱구나. 저 달이 아무리 고운들 자청비만큼 곱겠느냐?"

문도령이 부르는 노래를 듣고 자청비가 팽나무 위에서 훌쩍 뛰어 내렸다. 자청비를 보자마자 문도령은 마당으로 펄쩍 뛰어나와 자청비를 확 끌어안고 놔주지 않았다. 한참 동안 서로 끌어안고 마당 가운데 서 있다가 문도령은 자청비를 이끌고 방안으로 들어갔다.

그날부터 자청비는 문도령 방에서는 몰래 살게 되었다. 자초지종을 전혀 모르는 부모님에게 갑자기 말을 할 수도 없었다. 그래서 당분간 아무도 모르게 병풍 뒤에서 숨어서 살기로 했다.

다음날 아침이 되자 하인이 세숫물을 가져오고 밥상도 들여왔다. 잠시 후 물려서 나간 세숫물과 밥상을 본 하인이 이상하다는 생각이 들었다. 지금까지는 세숫물도 깨끗했고, 올린 음식도 절반은 남겨서 내놓았다. 그런데 세숫물도 다른 날보다 훨씬 더럽고 음식도 전혀 남기지 않고 바닥을 보였다.

"그것 참 이상하다."

그 날은 대수롭지 않게 여기고 그냥 넘어갔다. 하지만 이런 일이 매일 똑같이 벌어졌다.

하루는 하인이 음식을 좀 더 많이 담아서 밥상을 올렸다. 그런데도 밥알 한 톨 남기지 않고 그릇을 깨끗하게 비워서 밥상을 물렸다. 너무 이상하다고 생각한 하인은 문도령 어머니에게 이 사실을 알렸다.

"어쩐지 도령님이 이상합니다. 지금까지와는 달리 아침 세숫물도 더럽고, 하루 세끼 밥상을 그릇마다 모두 비워서 내놓습니다."

하인이 알렸지만 어머니는 대수롭지 않게 여기며 말했다.

"그러면 밥상을 들일 때 창구멍으로 몰래 방안을 살펴보아라. 어떤 떠돌이가 방에 들어있는지 살펴보거라."

하인은 그 말을 듣고 밥상을 가지고 갈 때마다 방안을 살폈지만, 방 안에 있는 다른 사람을 찾을 수는 없었다. 하인의 그런 행동을 알아차린 자청비는 병풍 뒤에 숨어서 소리도 내지 않고 있었기 때문이었다. 하지만 하루 이틀도 아니고 매일 그런 일이 벌어지자 자청비도 참을 수가 없게 되었다.

곰곰이 생각하던 자청비가 문도령에게 말했다.

"문도령. 오늘 어머니한테 가서 수수께끼를 하나 내고 오십시오."

"무슨 수수께끼입니까?"

자청비는 문도령한테 수수께끼와 답을 모두 말해주었다.

이렇게 지내는 것이 편하지 않았던 문도령은 자청비가 알려주는 수수께끼를 듣더니 얼굴이 환해졌다. 그리고는 당장 어머니에게 달려갔다. 어머니는 문도령 장가갈 때 쓸 물건을 챙기느라 바쁘게 일하고 있었다.

"어머니, 어머니!"

"무슨 일이냐?"

"아침 일찍부터 일을 많이 했더니 배가 고픕니다. 밥이 있으면 조금 챙겨 주십시오."

어머니는 하늘을 잠깐 살피더니 고개를 갸웃거렸다. 아침에 한 밥은 식어버렸고, 점심을 준비할 시간은 아직 한참 남아있었기 때문이었다.

"지금은 식은 밥밖에는 없다."

"식은 밥도 좋습니다."

"식은 밥은 국 없이는 못 먹지 않느냐?"

"된장만 있어도 좋습니다."

어머니는 식은 밥과 된장을 가져와 문도령에게 내밀었다. 문도령은 숟가락으로 밥을 척척 떠서 입안에 넣으면서 말했다.

"식은 밥도 맛있습니다. 된장도 맛있습니다."

"그래. 배고플 때는 시장이 반찬이라고 했다."

밥그릇을 다 비운 문도령은 밥상을 물리고 난 뒤, 어머니에게 물었다.

"어머님. 어머님은 새 옷이 좋습니까? 입던 옷이 좋습니까?"

"옷은 새 옷이 반듯하고 예뻐서 좋긴 하다만 어디 가서 앉으려 하여도 자리의 먼지를 톡톡 털면서 앉아야하니 번거롭지. 묵은 옷이 수수하고 편해서 더 좋구나."

"그러면 장은 새 장이 좋습니까? 묵은 장이 좋습니까?"

"장은 새 장보다는 묵은 장이 깊은 맛이 있어서 더 좋다. 삼 년 묵은 참기름과 오년 묵은 간장이라는 말이 있지 않느냐."

"어머님. 저도 그렇습니다. 그러니 서수왕 셋째딸한테 장가를 안 갈 것입니다. 방안에 있는 사람과 살겠습니다."

문도령의 느닷없는 말에 어머니는 깜짝 놀라며 펄쩍 뛰었다.

"이 놈아. 네가 어떤 떠돌이 여자를 데려다 놓고 살았느냐? 집안을 망하게 하려느냐?"

"아닙니다. 어머님. 떠돌이 여자가 아닙니다. 서당에서 글공부도 함께 한 여자입니다. 나보다 글도 잘하고 모두 잘합니다. 가련하다 가령비, 자청하다 자청비입니다."

"이게 무슨 말이냐?"

어머니는 무슨 말인지 도무지 알아들을 수가 없었다. 문도령은 지금까지 있었던 일의 자초지종을 설명했다. 그러자 어머니는 하인을 불렀다.

"지금 서수왕 셋째딸을 이리 데려오너라."

하인이 가서 서수왕 딸을 데려오고, 문도령이 자청비를 데려와 한 자리에 모였다. 그러자 어머니는 백탄숯불을 마당에 크게 피우고 그 위로 칼선다리를 놓았다.

"너희 둘 중에서 누구라도 이 칼선다리를 타고 하늘옥황 문선왕에게 가서 절을 하면 내 며느리로 받아들이겠다."

불에 시뻘겋게 달아오른 칼선다리를 본 서수왕 딸과 자청비는 멈칫거리면서 뒤로 물러섰다.

"서수왕 딸부터 먼저 칼선다리를 타고 옥황으로 올라가라."

어머니가 서수왕 딸을 독촉했다. 그러자 서수왕 딸은 몸을 부르르 떨며 뒷걸음질을 쳤다.

"아이고! 나는 이 백탄숯불에 시뻘겋게 달아오른 칼선다리를 탈 수가 없습니다. 올라서자마자 죽게 될 것 아닙니까?"

서수왕 딸이 겁을 먹고 울부짖는 동안 자청비는 옥황상제님께 두 손을 모으고 축수를 드렸다.

"옥황상제님. 저를 살리시려거든 비나 한 줄기 시원하게 내려 주십시오."

그러자 커다란 먹장구름이 둥실둥실 떠오더니 타오르는 숯불 위로 굵은 소나기를 죽죽 쏟아냈다. 그러자 칼선다리가 식어버렸다. 자청비는 칼선다리 타고 옥황으로 훌쩍 뛰어 오르다가 그만 발뒤꿈치를 살짝 베이고 말았다. 자청비는 피가 살짝 나는 것을 치마 뒷자락으로 쓱 닦아버리고 문선왕에게 가서 넙죽 절을 했다.

문선왕은 흐뭇한 표정을 지으며 말했다.

"네가 내 며느리가 분명하구나. 그런데 어떡하느냐. 네 치맛자락에 피가 묻어있구나?"

"네. 아버님. 인간 세상에서 여자는 한 달에 한 번씩 하는 일이 있습니다."

"아! 그렇구나. 내 며느리가 아주 기특하고 착실하구나."

자청비를 칭찬하던 문선왕은 하인을 불렀다.

"이제 서수왕 댁과 사돈을 맺지 않게 되었다. 지금 가서 막편지를 찾아오너라."

"예. 그렇게 하겠습니다."

하인은 곧장 막편지를 찾으러 나갔다.

문도령과 자청비는 어머니와 아버지의 승낙을 받아서 바로 혼례를 치렀다.

식을 올리고 부부가 된 첫날 저녁이 되자 시어머니가 자청비를 불렀다.

"자청비야. 문도령과 문선왕이 입을 쾌자를 지어 오너라."

"예. 어머님. 그렇게 하겠습니다."

자청비는 어렵지 않게 쾌자 두 벌을 지어 시어머니 앞으로 가지고 갔다.

"어머님. 아버님과 서방님이 입을 쾌자를 지어 왔습니다."

"이리 내어놓아 보아라."

시어머니는 자청비가 지어온 쾌자를 펼쳐놓았다.

쾌자에는 멋진 자수가 놓여 있었다. 등에는 봉황새 수를 놓고, 섶에는 연꽃 수를 놓고, 왼쪽 소맷자락에는 소나무, 오른쪽 소맷자락에는 동백나무 수를 놓았다.

"어머나! 역시 내 며느리로구나. 어쩌면 이렇게 수를 곱게 놓았느냐? 쾌자 왼쪽 등에는 왜 봉황새 수를 놓았니?"

"예, 어머님. 인간 세상에서는 봉황새가 수명이 길고 귀합니다."

"섶에 연꽃 수는 왜 놓았느냐?"

"인간 세상에서는 냄새가 나는 펄 물에서도 연꽃이 곱게 피어 칭송받습니다."

"그러면 소나무와 동백나무는 무슨 이유냐?"

"예. 동백나무와 소나무는 사시사철을 가리지 않고 항상 푸릅니다. 아버님도 이 나무처럼 항상 건강하셨으면 하는 뜻입니다."

"그래, 역시 내 며느리가 기특하고 착실하구나. 네 방으로 가서 쉬어라."

자청비는 하는 일마다 시부모에게 칭찬을 들으면서 편안하게 살았다.

하지만 한시도 인간 세상을 잊을 수가 없었다. 문도령과 결혼하고 일 년이 지난 어느 날이었다. 자청비는 시부모에게 말했다.

"이곳에서 아주 편하게 잘 지냈습니다. 이제 인간 세상에 내려가서 살고 싶습니다."

갑자기 집을 나가서 따로 살겠다는 말에 당황했지만, 문선왕 부부는 현명한 며느리를 믿고 보내주기로 했다.

"그곳에서 무엇을 하면서 살겠느냐?"

"비단을 짜면 충분히 살 수 있습니다."

"그래. 네 솜씨라면 걱정이 없구나. 네가 하고 싶은 대로 해라."

승낙을 받은 자청비는 시부모한테 인사를 하고 문도령과 함께 인간 세상으로 내려왔다.

인간 세상으로 내려온 자청비와 문도령은 작은 집에서 살았다. 남의 집 비단을 짜주고 일품을 받아서 사는데, 자청비의 솜씨가 소문이 나자 이곳 저곳에서 일감을 가지고 왔다. 하지만 소문이 난 것은 자청비의 솜씨뿐만이 아니었다. 비단보다 더 고운 얼굴이 소문나자 동네 청년들이 문도령을 부러워하고 또 시기하기 시작했다. 어떤 청년은 문도령을 죽이고 자청비와 달아나서 살 궁리를 하고 있었다.

하루는 아랫동네에 잔치가 벌어졌다. 그 동네 청년들이 문도령도 불렀다.

"잔치에 가서 맛있는 음식도 먹고, 술도 한 잔씩 하면서 같이 노는 것이 어떻겠소?"

문도령은 청년들과 잘 지낼 수 있는 기회라고 생각하고는 승낙을 했다. 문도령이 잔치에 가려고 옷을 차려입자 자청비가 다른 옷을 내밀며 말했다.

"잔치에 가면 술을 많이 줄 것입니다. 받아 마시는 것처럼 하면서 옷 앞섶 속으로 모두 부어버리세요. 앞섶 속에 솜을 많이 넣어두었어요."

문도령은 자청비가 내미는 옷을 입고서 말을 타고 잔칫집으로 갔다.

동네 청년들이 나와 잘 왔다면서 안으로 안내하고 술과 고기를 가지고 와서 문도령을 대접했다. 문도령은 술 세 잔을 받아먹는 것처럼 하면서 자청비가 알려준 대로 앞섶 속으로 다 비워 버렸다. 이런 사실을 모르는 동네 청년들은 자기들끼리 소곤소곤 이야기를 나누었다.

"빨리 저 놈을 내몰아버리자. 여기서 저 독한 술을 석 잔이나 먹었으니, 여기서 죽어버리면 누가 그 송장을 치우느냐?"

동네 청년들이 술상을 모두 치우자 문도령도 말을 타고 나갔다. 동네 바깥으로 오니 어떤 절뚝발이가 나오며 잔을 내밀었다.

"문도령아. 내 술 한 잔 먹고 가라."

"저런 불구가 주는 술이야. 이 술에는 독약이 없을 거야."

문도령은 그 술 한 잔 받아먹고 오는데 정신이 아찔하더니 그만 말 위에서 죽어버렸다. 말은 영물(靈物)의 말이라서 죽은 문도령을 태운 채 집으로 찾아왔다. 깜짝 놀란 자청비는 서둘러 문도령을 둘러 싸안고 방안으로 가서 눕혀두고 등에를 잡아다가 문도령 눈썹에 달아매고 문을 걸어 잠가 두었다.

다음날 아침, 별일이 없는 듯이 평소처럼 자청비는 예복 일감 베를 짜고 있으니 동네 청년 대여섯 명이 찾아왔다.

"문도령 어디 갔습니까?"

"어제 잔칫집에 가서 술을 많이 주어서 술 취해 자고 있습니다."

청년들은 그 말이 의심스러워 창문턱에 가서 보니 방 안에서 '윙윙' 소리가 났다.

"아따! 그 놈 코고는 소리 봐라!"

등에 소리를 코고는 소리로 안 청년들은 뒷걸음질을 했다. 그런데 청년들은 바로 돌아가지도 않고 자청비가 베 짜는 데 가서 우뚝우뚝 앉아있었다. 그들을 흘깃 쳐다본 자청비가 말했다.

"이 위에 무쇠 방석이 있습니다. 방석을 내려서 앉으시오."

하지만 청년 여러 명이 들어도 그 방석은 꿈쩍도 하지 않았다. 가만히 보고 있던 자청비가 호통을 쳤다.

"작심한 사람들이 그게 무슨 힘입니까? 비키시오. 내가 내려놓겠소."

자청비는 베 짜던 베틀을 막대기로 탁 건드리니까 방석이 저절로 설렁 내려왔다.

잠시 뒤에는 점심때가 되어서 자청비는 점심 준비를 하였다. 점심으로는 무쇠수제비를 한 함지를 하면서 메밀가루 수제비를 댓 개 해서 집어넣었다. 그리고는 다 끓은 수제비 한 함지를 떠다가 청년들 앞에 내밀었다.

"이건 우리 남편이 먹는 음식입니다. 먹어 보시오."

함지를 내밀자 청년들은 기분 좋게 받아 들었다. 하지만 수제비 하나를 씹자 이가 부서지는 놈, 잇몸이 허물어져 피가 나는 놈도 있었다.

"무슨 음식을 그렇게 먹습니까? 이리 주시오. 내가 먹는 거 보면서 드시오."

자청비는 수제비 함지를 앞으로 확 당겨서 무쇠수제비는 송송 밀어내고 베밀수제비를 가려내어 하나 떠서 우물우물 먹고, 또 하나 떠서 우물우물 씹어서 삼켰다. 그러자 앞에 있던 청년들은 겁이 나서 모두 달아났다. 그 모습을 보고는 자청비가 말했다.

"저 따위 하찮은 것들이 나를 데리고 도망가겠다고 왔다니……."

자청비가 부지깽이를 하나씩 던지니 빠른 놈은 달아나고, 느린 놈은 맞아 넘어졌다가 후다닥 일어나 부리나케 달아났다.

동네 청년들을 모두 쫓아낸 자청비는 곧장 남자 옷으로 갈아입고 말을 타고 서천꽃밭으로 달려갔다. 서천꽃밭에 도착하자마자 처부모에게 문안인사 드리고 별채로 달려갔다.

자청비는 셋째딸을 큰소리로 부르며 방으로 들어갔다.

"여보, 과거 보고 왔소."

"어떻게 되었습니까?"

"서천꽃밭을 걸으면서 그사이 꽃이 어떻게 되었는지 보면서 말하겠습니다."

서천꽃밭 대감 셋째딸은 오랜만에 서방님이 오니 이를 데가 없는 반가움에 함께 꽃구경을 나갔다. 자청비와 셋째딸은 꽃구경을 하며 꽃밭 한가운데에 도착했을 때 말을 꺼냈다.

"부인. 나는 과거에 낙방했습니다. 그러니 이제부터는 날 기다리지 마시오."

"아이고! 서방님. 한 달에 한 번만이라도 얼굴만 볼 수 있으면 저는 좋습니다."

이런 이야기를 나누면서 자청비는 셋째딸이 안 보는 사이에 환생꽃을 많이 따서 소매 안에 넣었다.

"이제 갑시다."

필요한 것을 모두 구한 자청비는 셋째딸과 방으로 돌아왔다. 마음이 급한 자청비는 처부모에 인사하고 셋째딸과도 바로 작별하고 말을 돌려 타고 집으로 돌아왔다.

자청비는 도착하자마자 죽은 문도령 몸 위에 환생꽃을 올려놓고 금봉부채로 세 번을 살살 때리니 문도령이 벌떡 일어났다.

"아이고! 당신 덕분에 살아났습니다."

손을 잡고 진심으로 감사인사를 했다. 문도령이 살아나자마자 자청비는 문 앞에 나가서 옥황으로 축수를 드렸다.

"문도령과 저를 불러주십시오."

그러자 하늘옥황에 있는 문선왕이 노각성자부줄을 내려주었다. 인간세상에 살면서 생긴 것들은 모두 버려두고 문도령과 자청비는 줄을 타고 하늘로 올라가 버렸다.

"아버님, 어머님 앞에 문안드립니다."

자청비는 문도령이 죽었다가 살아난 것을 포함하여 지금까지 살아오면서 겪었던 모든 것을 시부모에게 이야기했다.

"아버님, 어머님. 이렇게 해서 문도령을 살려내려고 서천꽃밭 주인대감 셋째딸에게 암(暗)장가를 들었습니다. 이 일을 어떡하면 좋겠습니까?"

"아이고! 가엾은 애기야. 내 아들을 살리려고 암장가까지 들었구나. 기특하고 착하구나."

시부모는 며느리에게 칭찬을 아끼지 않았다. 그리고 아들에게 말했다.

"문도령아. 내 말을 들어라. 자청비가 너를 위해서 이렇게 큰 희생을 했으나 서천꽃밭 대감 셋째딸도 버릴 수는 없는 일이다. 그러니 한 달에 앞의 보름은 자청비와 살고, 뒤의 보름은 작은 며느리랑 살아라."

이렇게 말하고 나서 시아버지는 자청비한테 물었다.

"자청비야, 내 며느리야. 내가 하는 말이 어떠하니? 이 이상 더 말을 못하겠다."

"아이고! 아버님 감사합니다."

자청비는 시아버지한테 허락을 받아 문도령과 함께 다시 인간 세상에 내려와 살기로 했다. 문도령이 서천꽃밭 주인대감 셋째딸한테 갈 때가 되자 자청비는 문도령이 알아야 할 것과 해야 할 행동을 모두 알려주었다.

"꼭 기억하고 있어야 합니다."

문도령은 자청비가 알려준 대로 서천꽃밭 주인대감 집으로 갔다. 하지만 얼굴이 바뀐 문도령을 보고는 사위라는 말을 믿지 않았다.

"그러면 우리 셋째딸이 내어준 증거품을 내어 놓아 보시오."

문도령은 자청비가 내어 준 향나무 얼레빗 반쪽을 내놓았다. 딸이 가지고 있던 반쪽에 맞추어보니 딱 맞아떨어지자 대감은 비로소 사위로 받아들였다.

"이젠 우리 사위 분명하구나. 어서 셋째딸 방으로 들어가라."

주인대감에게 인정을 받은 문도령은 셋째딸과 살면서 꽃구경을 하면서 사는 데 세월 가는 줄을 모르고 있었다. 자청비는 약속한 날에 문도령이 돌아오기를 기다렸지만 오지 않았고, 삼 년이 되어도 문도령은 소식 한 번 없었다.

오랫동안 기다리던 자청비는 하루는 편지를 써서 제비 날개에 꽂아 서천꽃밭으로 보냈다. 마침 아침에 일어나 세수를 하려던 문도령은 제비가 날아와 떨어트려 준 것을 펴서 보니 자청비가 보낸 편지였다. 그 편지를 읽어 보던 문도령은 아차 싶었다.

"문국성 문도령아. 이리도 무심할 수가 있느냐. 선보름을 나와 살면 후보름은 서천꽃밭 대감 셋째딸과 살고, 후보름을 거기서 살면 선보름은 나하고 살라고 그만큼 당부하고 보냈건만 소식 한 번 없으니, 이것이 내 팔자인가, 내 사주인가?"

깜짝 생각난 문도령은 엉겁결에 말안장을 거꾸로 지우고 말을 거꾸로 타고 집으로 달렸다.

"자청비야. 문 열어라. 나 문도령이다."

문도령은 자청비를 부르면서 집으로 달려갔다. 하지만 이 모습을 본 자청비는 경악을 했다.

"오죽이나 내가 밉고 보기 싫으니 말을 거꾸로 타고 오는구나."

크게 실망한 자청비는 곧바로 뒷마당으로 뛰어가 옥황에 축수를 드렸다. 그러자 곧바로 노각성자부줄이 내려왔다. 자청비는 줄을 타고 곧장 옥황으로 올라가 시아버지와 시어머니한테 인사를 드리고 사실을 모두 알렸다.

"아버님, 어머님. 문도령이 주인대감 셋째딸에게 가서 삼 년이 되어도 소식 하나 없습니다. 편지를 해서 오라고 했더니 말을 거꾸로 타고 오고 있습니다. 문을 열라고 말을 했습니다만 열어주지 않았습니다. 오죽이나 내가 싫으면 말을 거꾸로 타고 오겠습니까?"

"그렇다 할지라도 문을 열어줄 것이지 왜 문을 안 열어주었느냐?"

"저에게 정이 없는 사람과는 더 이상 살 수가 없습니다. 아버님이 제가 살아갈 도리를 만들어주십시오."

자청비의 요구에 문선왕이 말했다.

"어이구! 가엾은 내 며느리야. 오곡 씨를 너에게 내려 줄 테니 인간 세상에 가서 씨를 골라주고 인간들에게 대접받으면서 살아라. 어서 내려가라."

옥황에서 내려온 자청비는 친정으로 가서 어머니, 아버지에게 이제까지 살아온 것을 모두 다 말했다. 그간의 사정을 전혀 몰랐던 어머니와 아버지는 탄식을 하면서 자청비를 달랬다.

"아이고! 가엾은 아기야. 우리는 그런 줄도 몰랐구나. 씨를 골라주려면 이 넓은 세경땅을 모두 돌아다녀야 할 테니 혼자서는 안 된다. 네가 살려온 종을 데려 가라."

자청비는 정수남이를 데리고 나왔다. 넓고 넓은 세경땅에서도 땅에 꼭 필요한 오곡 씨를 뿌려주기 위해서 정수남이와 함께 다녔다. 하루도 쉬지 않고 씨를 고르며 길을 가는데 배가 고파왔다. 들판 너머를 바라보니 노인 부부가 소 아홉 마리에 아홉 머슴을 거느리고 밭을 갈고 있었다.

"정수남아. 저 밭가는 데 가서 점심이나 조금 달라고 하여 얻어 오너라. 밥을 먹고 씨를 골라내자."

자청비가 말을 하자 정수남이는 노인 부부에게 가서 그렇게 말했다.

"길가는 떠돌이들 줄 점심 따위는 없다. 우리 아홉 머슴 먹을 점심도 없다."

노인들은 버럭 화를 내며 쫓아내려 했다. 자청비는 조화를 부려 아홉 머슴에게 미치광이 병을 주고 소 아홉 마리에게는 등에가 쏘아버리게 했다. 머슴들은 밭에서 날뛰다가 쓰러지고, 소는 이웃 밭으로 가서 와지끈와지끈 날뛰다가 달아나버렸다. 밭을 갈아놓았지만 씨를 뿌리지 못하게 되었다. 그때 자청비가 다시 정수남이에게 말했다.

"저 밭에 다시 가서 씨를 골라내어주겠다고 말해 보아라. 아홉 소에 아홉 머슴에 흉사 타는 걸 보니 미안해서 그냥 넘어갈 수가 없구나."

정수남이가 가서 자청비가 일러준 대로 말했다. 그러자 밭주인 부부가 절을 하며 말했다.

"아이고! 감사합니다."

자청비는 좁씨를 골라내어 뿌리면서 말을 했다.

"강아지풀도 내리우십시오. 잡초도 내리우십시오. 심심소일이나 하게."

이렇게 씨를 골라준 자청비와 정수남이는 다시 길을 떠났다.

들판을 지나 나지막한 언덕을 넘어가다 보니 어떤 할머니와 할아버지가 돌담 가장자리를 고르고 풀을 베면서 밭을 갈고 있었다. 정수남이가 가까이 가서 말했다.

"아이고! 우리가 먼 길을 가다가 배가 고파서 왔습니다. 점심밥이나 있으면 조금 나눠 주십시오."

"아이고! 그렇게 하시오. 우리 두 늙은이는 얼마 못 먹으니 많이 먹고 가시오."

자청비와 정수남이는 할머니와 할아버지가 내어 놓은 점심밥을 먹었다. 자청비와 정수남이가 그 밥을 먹어 보니, 닷말지기 쯤 하는 땅에서 자란 것이었다. 노인들이 일하던 밭은 절반쯤 이랑을 갈아 놓고 아직 절반은 고스란히 남아 있었다. 자청비가 정수남이에게 말했다.

"정수남아. 너는 소를 이끌어서 밭을 갈아라. 나는 씨를 골라내어 뿌리겠다."

자청비는 부지런히 씨를 고르면서 말했다.

"강아지풀도 나게 하지 마십시오. 부사리도 되게 하지 마십시오. 깜보리도 되게 마십시오. 말라죽게 하지 마십시오."

자청비는 이처럼 많은 기원을 모두 하면서 밭에 씨를 골라내고 뿌렸다.

"할머니, 할아버지. 이 밭에서 곡식이 얼마나 나면 좋겠습니까?"

할머니와 할아버지는 대답했다.

"그저 나는 게 입이지마는 우리 검은 암소의 등이 톡 오그라지도록 싣고 우리 두 늙은이가 지고 갈 수 있을 정도면 잘 먹고 삽니다."

자청비가 밭을 한 번 보더니 말했다.

"그만하면 부족한데 두 분이 살아집니까? 이 밭이 닷말지기이니 곡식 다섯 바리가 나도록 씨를 골라내었습니다."

"아이고! 감사합니다."

노인들은 허리를 숙여서 인사를 했다.

"할머니, 할아버지. 아들이나 딸이 있습니까?"

"아기를 낳아보지를 못하였습니다."

"그렇다면 할아버지는 제석천왕으로 들어서 이 마을에서 일 년 열두 달 고사지낼 때, 제석천왕으로 청하면 큰 상 받으며 사십시오. 할머니는 제석지왕으로 들어서 제상을 받으십시오. 세경땅에서는 밭에 농사지으러 와서 점심 먹을 때 심밥을 동서로 떠서 던지거든 고맙게 받으십시오. 제석할아버지는 고갯질하는 소를 보면 그것을 급히 내쫓으십시오. 제석할머니는 제석사발로 그 해 농사 좋고 궂음을 마련하십시오."

자청비는 노인들에게 그렇게 말하고 다른 밭으로 가기 위해서 정수남이와 함께 언덕을 넘어갔다.

작두

급하게 집에 도착한 문도령은 집안 구석구석 자청비를 찾아봐도 찾을 수가 없었다. 문득 떠오르는 것이 있어서 바로 문밖으로 나와 옥황으로 축수를 드리니 노각성자부줄이 내려왔다. 그 줄을 타고 옥황으로 올라간 문도령은 부모님을 만나자마자 사실을 이야기했다.

문선왕은 화를 내며 말했다.

"이 불효막심한 놈아. 전처 소박한 죄다. 이제부터 작은 며느리에게는 가지 마라."

"예. 그렇게 하겠습니다. 그래도 자청비를 만나게 하여 주십시오."

"자청비는 여기에 없다. 세경땅에 오곡씨를 골라주러 내려갔어."

"그러면 나한테도 오곡씨를 내어 주십시오."

"너한테는 칠곡씨를 내어 주겠다."

"칠곡씨는 무슨 씨입니까?"

"콩, 팥, 녹두, 동부, 메밀, 기장, 피. 이게 칠곡 씨다. 그리하고, 너는 앞으로 천제상을 받아먹으며 살아라."

"천제상은 어떤 상입니까?"

"천제상은 천제, 기우제, 거리도제, 도천제 지낼 때 차리는 상이다."

이렇게 하여 상세경은 문도령, 중세경은 자청비, 하세경은 정수남이가 되었다. 이때 세경 태우리도 정수남이가 되었다.

— 원문출처: 진성기, 『제주도무가본풀이사전』, 민속원, 1991.

2. 오구신 바리데기와 저승길 〈오구굿〉

염불로 길을 닦아 가실 때, 오구문을 열어, 오구문을 열어서 극락세계로 갑니다. 그러니 본래 영가는 오구문을 열어서 바리데기를 따라 서천서역국 좋은 극락세계로 갑니다.

옛날 옛적에 오구대왕이 불라국을 다스리게 되었다. 삼천궁녀와 만조백관을 거느리고 용상에 좌정하여 금관을 높이 쓰고 옥새를 거머쥐고 마음대로 할 수 있게 되었다. 열여섯 살에 대왕이 되어 나라를 다스리게 된 후, 스무 살에 장가를 들어서 서른 살에 첫 자식을 보게 되었다.

길대부인은 어질고 착하고 인물도 아주 좋았다. 오구대왕과 결혼한 길대부인이 첫 아기를 임신하게 되었다. 한 달 두 달에 입맛 굳혀서, 세 달에 피를 모으고, 다섯 달에 반짐 걸고, 일곱 달에야 칠성터라. 아홉 달에 해산의 운을 받아서 열 달을 고이 채워 하루는 순산을 시킬 기미가 보였다. 어느 날 내궁에서 잠을 자던 길대부인이 순산기가 있더니, 혼미 중에 아이를 낳았는데, 옥녀 같은 딸이었다.

이후로 아이를 줄줄이 낳게 되었는데, 첫째도 딸이요, 둘째도 딸이요, 셋째도 딸이요, 넷째도 딸이요, 다섯째도 딸이요, 여섯째도 딸이었다. 여섯 딸 이름도 차례차례 지었다. 첫째 딸 이름은 천상금이, 둘째 딸 이름은 지상금이, 셋째딸 이름은 해금이, 넷째 딸 이름은 달금이, 다섯째 딸 이름은 별금이, 여섯째 딸 이름은 원앙금이. 한 탯줄에 딸만 여섯을 낳아 놓고 나니 어안이 벙벙하고 기가 막혔다. 그때는 여자가 남의 가문에 시집을 가게 되면 아들을 낳아야 했다. 왕과 결혼을 했으니 아들을 낳아야 세자를 줄 것인데, 한 탯줄에 여섯을 딸만 낳았으니 이를 어이할까나? 남자는 자식을 낳고, 여자는 자식을 기르는데, 아들을 못 낳고 한 탯줄에 딸만 여섯을 낳아 놓고 보니, 일천간장이 다 녹는다. 그렇게 무정한 세월이 흘러 길대부인도 설마, 설마 하면서 세월을 보내며 팔자 한탄을 하고 있었다.

어느 날이었다.

"해금아, 옥단춘아. 별당에 있는 후원에 물 주러 가자."

꽃밭에 물을 주려고 모두 밖으로 나갔다. 그때 대문 밖에서 법문 소리가 크게 들려왔다.

"해금아, 법문 소리가 나는구나. 가서 내다보아라."

해금이 대문을 내다보니 목탁 두드리는 소리가 들려왔다.

"나무아미타불 관세음보살 시주 동냥 왔나이다."

"무엇으로 시주를 드릴까요?"

"백미 시주 왔나이다."

해금이 안으로 들어가서 어머니에게 말했다. 그러자 길대부인은 백미를 가지고 나와서 바랑 속에 부어주었다. 백미 시주를 받은 스님이 돌아서며 말했다.

"길대부인은 자궁 속에는 수심을 끼고, 뼈 속에는 병을 넣고 있건만 그 속을 누가 알아줄까?"

길대부인은 그 말을 듣고 귀가 솔깃해졌다.

"여보시오. 대사 스님. 자식 원한을 어떻게 그렇게 잘 아시오? 아들을 낳을 방법이 있으면 알려 주시오."

"우리 팔공사의 부처님이 영험하옵니다. 공양미 삼백 석을 불전에 시주하고, 돈 천 냥을 불전에 시주하고, 금불 부처 도금을 해 올리고, 소지 종이도 천 권을 올리고, 미역도 천 단을 실어 올려서 석 달 열흘 백일기도를 드리고 보면 태자를 보실 것입니다."

이렇게 말하고 스님은 바삐 길을 떠났다.

아들이 무엇인지, 자식이 무엇인가. 말을 듣자마자 길대부인은 별당의 후원을 나와서 곧바로 대궐전으로 갈 준비를 했다. 대왕을 만나기 위해서 옷차림을 차렸다.

은월나라 둥글별자 짝자고리, 까칠 비단 안을 대서 반달 같은 섶을 달고, 맹자 고름에 주머니를 달고, 은줄 놋줄을 고름에 달고, 다홍치마 옆옆

이 주름을 잡아 무지개 날을 달고, 실안개 끈을 달아 맵시 있게 접어 입고, 고운 비단으로 만든 고도바지와 단속곳에 삼승 겹버선에 꽃가죽 신을 신고 가마를 타고 들어간다. 대궐전에 들어가서 오구대왕님과 마주 앉아서 서로 의논하기를 시작했다.

자식이 무엇인지, 아들이 무엇인지, 며칠이 지나지 않아서 석 달 열흘 불공을 드리러 팔공사로 올라갔다. 돈도 올라가고, 시주도 올라가고, 초도 올라가고, 미역도 올라가서 석 달 열흘 불공을 드렸다.

백일기도가 끝나자마자 그 길로 돌아와서 그 날 밤에 꿈을 꾸는데, 하늘에 상서로운 기운이 가득했다. 천지일월이 밝더니만 하늘에 있는 옥녀 선녀가 학을 타고 하늘에서 내려온다. 머리에는 화관이요, 몸에는 학의로다. 월패를 차고, 옥패 소리 쟁쟁하며 계화 가지 손에 들고 의연히 오는 모습이 보름달 월궁항아(月宮姮娥) 달 속으로 들어온 듯, 남해관음이 해중으로 들어온 듯 심신이 황홀하여 진정치 못하고 있는데, 선녀가 고운 목소리로 조용히 말을 했다.

"소녀는 서왕모의 딸입니다. 복숭아를 진상하러 가는 길에 옥경비자를 잠깐 만나 수작을 하다가, 때가 조금 늦어버려 황제께 큰 벌를 받아 인간세상에 정배하여 지하땅으로 보내지게 되었습니다. 갈 바를 몰랐는데 태상노군 후토부인 제불보살 석가님이 댁으로 지시하여 찾아 왔사오니, 어여삐 여기소서."

이렇게 말하고는 품에 와서 안기거늘 깜짝 놀라니 깨어났다.

아들을 얻는 꿈이로구나. 달이 떨어져서 왼쪽 어깨에 앉고, 해는 떨어져서 오른쪽 어깨에 앉고, 별은 떨어져서 품안에 안겼다. 달은 오구대왕 직성이고, 해는 길대부인 직성이고, 별들은 삼신이 굽어보는 것 같았다. 아무래도 이번에는 부처님이 감동하여 태자를 점지하는 것 같았다.

이런 꿈을 꾸고 나서 그날 밤을 지내려니 잠이 올 수가 없었다. 오구대왕은 곧바로 내궁으로 달려갔다. 간밤에 여러 궁녀들 눈을 피해가며 내궁을 들어가서 간밤에 꿈이야기를 나누니, 태몽이 분명했다. 그날 밤을 오구대왕 부부가 한 자리를 보내고 나더니만 얼마 지나지 않아 태기가 있었다. 한 달 두 달 입맛 굳히고, 석 달에 피를 모아, 다섯 달에야 반 짐 싣고, 일곱 달에야 칠성터라, 앞 남산은 높아지고, 뒷 남산은 잦아졌다.

그런데 길대부인은 걱정이 많아지고 수심도 깊어지더니 마을의 안노인 불러다가 물었다.

"여보시오 안노인, 당신은 아들 형제를 삼사 형제 오륙 형제 낳아 봤으니 아들 낳는 기미를 알 수 있지만, 나는 딸만 한 탯줄에 여섯을 낳아 봤기 때문에 아들 낳는 기미를 모르겠소. 내 배나 한 번 만져 보시오. 이번은 아들 낳겠는가?"

안노인은 길대부인의 배를 이리 쓰다듬고, 저리 쓰다듬더니만 한 번 누워 보라고 한다. 쓰다듬고 쓰다듬더니만 말을 했다.

"남자애를 가졌습니다. 아기 배꼽 머리와 어머니 배꼽머리가 깨끗하게 모양이 푹 꺼진다 하는데, 길대부인의 배꼽머리는 무슨 배꼽머리가 호박씨 튀어 올라오듯이 연상연상 더 튀어 올라있습니다. 그러니 아이고, 부인요 길대부인요, 설마 이번에는 무슨 또 딸을 낳겠습니까? 걱정하지 마옵소서. 설마 아들 낳겠지요."

그렇게 말 한마디 던지고 나가버렸다.

그 무렵부터 길대부인은 바빠지기 시작했다. 아홉 달째가 되니 채운(彩雲)을 받으며 하인들에게 일렀다.

"야! 여봐라. 아무래도 순산기가 닥쳐오니 필세를 말말이 가져 오너라. 공단을 가져 오너라. 애기 포대기도 해 놓고 비단을 가져 오너라. 아기 저고리도 해 놓고, 포대기도 해 놓고, 애기 속적삼도 해놓고."

모든 시름이 아기에게서 오는 것으로, 베를 한아름 해 가지고 머리맡에다 놔두더니, 그때부터 배를 잡고 바삐바삐 움직였다. 그리고 열 달을 고이 채우고 나니 하루는 순산기가 있었다.

"아이고, 배야. 아이고, 허리야. 아이고, 배야. 배가 아파 오는구나."

삼신상을 차려 놓고, 어진 삼신아, 지황님을 부르며, 아기를 부려주는 이방석으로 사방문 열고, 금강문 열어서, 사방문을 열어서 자그마니 욕보이지 말고 순산시켜달라고 빌었다.

"아이고, 배야! 아이고 배야."

채운을 두르고 향내가 진동하더니만 혼미한 중에 아기가 탄생을 하니, 상서로운 기운이 방안에 가득했다.

이때 오구대왕은 길대부인 방안에서 상서로운 기운이 가득함을 느끼고 군노사령을 보냈다.

"여봐라. 군노사령. 부인 방에서 오늘 아무래도 이상한 일이 있으니, 순산을 시키는가 보다. 그러니 아들인지 딸인지 어서 바삐 가서 분부를 아뢰라."

오구대왕이 명하자 군노사령이 서둘러 길대부인 방으로 달려갔다.

문 앞에서 아기를 순산하도록 기다리고 있을 때, 상서로운 기운이 가득하더니 아기가 "응아" 하는 소리가 들렸다. 그러나 길대부인은 나이 사십에 아기를 출산하다가 보니 정신을 차리지 못하고 그 자리에서 기절을 하고 말았다.

옆에 있던 유모들이 아기를 받아 샅을 보니 공주가 분명했다. 유모들은 일곱째 공주를 목욕시켜서 비단 저고리를 입히고 공단 포대기에 싸서 아랫목에 눕혀두니, 길대부인이 정신을 차렸다. 유모가 국밥을 끓여가지고 들어오며 말했다.

"부인요, 부인요. 첫 국밥을 자시옵소서."

첫 국밥을 갖다가 지왕판에 놓고 권하니, 그제야 부인이 완전히 정신을 차리고 말했다.

"여봐라. 아기가 왕자더냐, 공주더냐? 아기를 여기에 데려오너라. 보자."

"아이고, 대비마마여! 공주가 탄생했나이다."

유모가 이렇게 말을 하자 길대부인은 그 자리에서 기절할 듯 정신이 아득했다.

"아이고, 답답해라. 아이고, 답답해라. 아이고, 아이고, 아이고 내 팔자야. 내 팔자, 내 신세야. 공들여 낳은 자식, 딸이란 말이 웬 말인고. 소 마구간에나 갖다 버려라. 소 짐승이나 잡아먹도록. 말 마구간에나 갖다 버려라. 말 짐승이나 잡아먹도록."

길대부인의 성화에 유모가 아기를 짐승 마구간에 갖다 놓았다. 하지만 아기한테서 상서로운 기운이 가득하니 짐승들이 눈을 뜨지 못하고 곁에 다가가지 못 했다.

그 와중에 문 앞에서 기다리던 군노사령이 문을 두드리며 물었다.

"문안드리오. 공주가 탄생했습니까, 태자가 탄생했습니까?"

소리를 들은 옥단춘이가 나가서 알려주었다.

"공주가 탄생했다고 대왕님께 아뢰어라."

이야기를 들은 군노사령은 그 길로 대왕전으로 들어갔다.

"오구대왕님. 대비마마 길대부인이 공주를 탄생시켰나이다."

군노사령은 들은대로 소식을 아뢰고 불호령이 떨어질까 봐 엎드려서 훌쩍훌쩍 울었다.

"여봐라. 그 말이 참말이냐?"

앉아있던 오구대왕이 벌떡 일어서며 화랑 같은 고함을 질렀다.

"이놈아. 그 말이 참말이냐? 그 말로 네가 나를 속이는 수가 있구나. 딸을 여섯을 낳고 일곱째 공들여 낳은 자식, 아들을 낳게 되면 명 길라고 원래 속이는 수가 있다만, 너희가 나를 놀라게 하려고 그렇게 속일 수가 있겠느냐? 그러니 아무래도 공주를 탄생시키지 못하고 태자를 낳아 줘야 한다는 걸 너희도 알 것이다."

"오구대왕님 앞에 누가 감히 속이오리까."

"이놈아. 그 말이 진정이거들랑 아기를 포대기에 싸가지고 저 천태산에 무명 산중에 들어가게 되면 버드랑산이 있을 터이니 거기에 갖다가 버리라고 여쭈어라. 만일에 아기를 버리지 않으면 생벼락이 떨어진다고 여쭤라."

군노사령은 오구대왕의 불호령을 듣고 천지가 아득했다. 잠시도 머뭇거리지 못하고 바로 길대부인에게 달려갔다.

"부인요, 부인요. 대왕께서 아기를 포대기에 싸 가지고 무명지 산속에 갖다 버리랍니다."

그러자 길대부인은 아기를 안고서 대궐전으로 갔다. 하지만 대궐전으로 들어가지는 못하고 돌아 나와 아기를 포대기에 싸 가지고 성 밖으로 나오려 했다. 하지만 일국의 공주로 걸어갈 수 있겠는가 싶어서 대문에서 돌아와 가마를 타고서 산중으로 들어갔다.

"내 딸이야, 내 딸이야, 아이고 내 딸이야. 반짝반짝 눈 뜬 자식을 어디다가 버릴쏘냐? 죽은 자식을 버리러 가도 일천에 간장이 다 녹아지는데, 반짝반짝 산 자식을 어디로 갖다가 버릴쏘냐? 어지러운 사바세계 의지할 곳이 없구나. 모든 미속(美俗)을 다 버리고 산간벽지를 찾아 가는구나. 송죽 바람도 쓸쓸이 불고, 산새도 저리 슬피 우네. 잊어라, 소쩍새야. 너도 울고 나도 울고, 심야삼경 깊은 밤에 단둘이 울어 새워나 보자."

산중으로 들어가서 여기다 버릴까, 저기다 버릴까 살펴보아도 버릴 곳이 전혀 없었다. 나무에 버리자니 날짐승이 무섭고, 땅에다 버리자니 기는 짐승이 무서웠다. 여기다 버릴까, 저기다 버릴까 하다가 첩첩산중에 들어갔구나. 첩첩산중에 들어가서 쳐다보니 만학천봉 그 산 이름이 버드랑산이었다. 큰 바위도 있고, 물도 좋은 곳이 있었다.

길대부인이 바위에 앉으며 말했다.

"여봐라. 여기 잠시잠깐 쉬어 가자. 이곳을 살펴보니 버드랑산인데 아기를 어디 갖다 버리겠느냐?"

아기를 품에 안고서 방성통곡으로 울음을 울었다.

여기다 버릴까, 저기다 버릴까 하다 보니 버릴 곳이 전혀 없었다. 얼마 동안 앉아서 울더니, 이왕지사 버리고 가는데 마지막으로 해 줄 것이 무엇인가 생각해보았다.

"내 딸이야, 내 공주야. 마지막으로 네가 젖이나 한 번 먹어라."

젖줄을 입에 넣어 놓고 젖을 먹이니, 한 번 빨고 두 번 빨더니만 잠이 들었다. 잠들어 있는 자식을 차마 버리고 갈 수가 없었다.

"너를 낳았지만 너와 내가 이별수가 생겨 버리게 되었구나. 너와 내가 죽지 않으면 만날 날이 있을는지. 내가 버린 자식이라고 바리데기 이름이나 한 번 지어보자."

울면서 말하던 길대부인이 속적삼을 내어 무명지 손가락으로 피를 내어 바리데기라고 혈서를 썼다. 얻었다가 버린 자식이라 바리데기라는 이름을 지어 아기 품속에다 넣어 두었다. 그리고 다시 아기를 안고 방성통곡을 하며 울고 있는데, 난데없이 구름이 둥실둥실 떠 오더니 번개가 치고 천둥이 치면서 비가 오기 시작했다.

그런데 사방에서 비가 내리고 있지만 아기가 앉힌 자리는 햇빛이 비쳤다. 하늘이 아기를 지켜주는 것 같았다. 그때 하늘에서 상서로운 기운이 가득하더니 오색 무지개가 아기 쪽으로 내려왔다. 무지개를 타고 서천서역에서 백학 한 마리가 훨훨 날아오더니 머리맡에 빙글빙글 돌기 시작했다. 그러더니 벼락같은 바람을 일으켰다. 길대부인이 깜짝 놀라 안고 있는 아기를 땅에 떨어트리고 말았다.

"몹쓸 놈의 짐승아. 아무리 네 밥이 되었을망정 사람이 있는데도 불구하고 이렇게 몹쓸 짓을 하느냐?"

아기를 바짝 안고 왔다 갔다 하다가 백학 때문에 놀라 다시 아기를 땅에 떨어트렸다. 깜짝 놀라며 아기가 떨어진 곳을 보는데, 백학이 한쪽 날개로는 보따리를 잡고, 다른 날개로 아기를 잡고 날아가 버렸다.

"내 딸이야, 어디를 갔느냐? 내 딸이야. 자식을 귀하게 여기는 이는 부모밖에 없는데, 너를 이 산중에 버리고 가니 어이할까? 어이할까? 앞이 캄캄해서 어이할까?"

길대부인은 다시 울음을 터트렸다.

"부인요, 대비마마요. 동산에 뜨는 해가 서산으로 기울어지니 어서 바삐 궁으로 돌아가셔야 합니다."

함께 왔던 군노사령이 길대부인을 일으키며 말했다.

길대부인이 가마를 타고 내궁에 도착할 때, 오구대왕은 맥없이 누워있었다. 아기 갖다 버리라고 불호령을 내린 다음에, 안으로 들어가서 월패

같은 방안에 활개를 버리고 드러누웠다. 부부가 목을 끌어안고 팔자 한탄을 했다. 아들자식 못 낳은 운명을 생각하면서 얼마나 울었던지 말할 수 없을 만큼 울었다.

그럭저럭 시간은 흘러갔다. 그런데 날이 가고 해가 가더니 오구대왕이 병이 들기 시작했다. 어디가 아픈지, 어디가 슬픈지도 모르게 병이 들었는데, 그 병을 고칠 방법을 찾지 못하고 있었다.

그 무렵이었다. 산중에서 부인이 가버린 다음 백학이 아기를 다시 데리고 돌아와 바윗돌에 눕혀 놓고 한 쪽 날개는 깔고, 한 쪽 날개는 덮어주며 아기에게 젖을 먹이면서 키우기 시작했다. 하루가 가고 이틀이 가고 시간이 흐르니 아기가 아장아장 걷기 시작했다. 방긋방긋 웃기 시작했다. 잔병치레 없이 고이고이 자라나 한 살이 되고, 두 살이 되고, 세 살, 네 살이 되어서 그때부터는 공부를 시작했다.

하늘에서 내려온 백학이 삼일 만에 선녀가 되어서 그 산중에다 집을 지어 놓고 아기를 키운 것이었다. 만학천봉을 올라가며, 내려오며 열매를 따가지고 아기에게 먹이고, 물을 먹이면서 아기를 그만큼 키웠다.

세월이 흘러 병이 든 오구대왕은 거의 죽게 되었다. 방방골골의 의사가 다 와도 병을 고칠 사람이 전혀 없었다. 모든 방법을 다 써보아도 병은 전혀 나아지지 않아 죽는 날만 기다리고 있었다.

"아이고, 아이고. 어이할거나. 어이할꼬, 어이할꼬? 오구대왕님 죽고 나면 옥새를 어느 자식에게 물려서 주오리까?"

팔자 한탄을 하던 길대부인은 하루는 혹시나 하는 마음에 옥녀무당을 찾아갔다. 옥녀무당은 오구대왕의 단수를 치더니 말했다.

"이승의 약은 아무리 써도 약 효과가 전혀 없습니다. 약수 삼천리 서천서역국에만 있는 약물을 마셔야 고칠 수가 있지, 그렇지 않으면 고칠 수가 없습니다."

그 말을 들은 길대부인은 약수 삼천리 서천서역국으로 약물을 길어 올 사람이 누가 있을까 생각해 보았다. 그리고는 딸 여섯을 다 불러들였다.

바리공주

"천상금아, 지상금아, 해금아, 달금아, 별금아, 원앙금아. 너의 부친이 병이 들어 거의 죽게 되었으니 약물 길러 가거라."

그러자 맏딸이 말했다.

"아이고, 어머니. 별 말씀을 다 하시네. 아버지는 이왕지사 병이 들어 죽는 날짜만 기다리고 돌아가시게 되었지만, 아버지 말문 막히기 전에 옥새를 어느 사위에게 주시려는지 말씀이나 여쭈어 주시오."

"아이고. 요망하다. 듣기 싫다. 나가거라."

둘째 딸이 들어와서 말했다.

"어머니. 나를 뭐하려고 불렀습니까? 어머니. 내게 논 물려주렵니까? 밭 물려주렵니까? 나를 뭐하려고 불렀습니까?"

"아이고, 이년아. 들어오자마자 논 물려 달라, 밭 물려 달라 하니까 내가 할 말이 없다. 너희 부친이 병이 들어 거의 죽게 되었으니 약물 길러 가거라."

"어머니, 어머니. 아버지 말문 막히기 전에 살림살이와 논밭을 똑같이 우리 여섯에게 나눠 주세요."

"듣기 싫다. 나가라."

셋째딸이 들어와서 말했다.

"아이고, 어머니. 날 뭐하려고 불렀습니까?"

들어오자마자 이렇게 말하니 어머니가 똑같이 말했다.

"애야, 애야. 약물 기르러 가거라. 네 부친을 살릴 약물을 길러 가라."

"아이고, 어머니, 어머니. 내가 배를 한아름 안고 오늘 내일 순산하게 되었는데, 내가 어떻게 약물 기르러 가겠습니까? 순산하기 때문에 못 가겠습니다."

"오냐. 너는 사정이 딱하여 못 가겠으니 할 수 없구나."

"아이고, 별금아. 약물 길러 가거라."

넷째 딸은 말했다.

"어머니, 어머니. 어머니 아시다시피 우리 시아버지가 돌아가신 지가 꼭 이년 째인데, 낼 모래 삼우제인데 내가 상복을 입고 어떻게 약물을 길러 가겠습니까?"

다섯째 딸은 이렇게 말했다.

"어머니, 아시다시피 낼 모래 시누이 시집가는데 음식 준비를 내 손으로 다 준비해야 하고, 일가친척 다 오는데 내가 빠질 수가 있겠습니까? 나는 못가겠습니다."

여섯째 딸이 들어와 이렇게 말했다.

"어머니. 아시다시피 나 시집 간지가 꼭 세 달째 아닙니까? 우리 신랑이 내 얼굴이라도 못 보면 잠깐이라도 못 보면 죽으려하고, 나는 신랑의 얼굴을 세상에 잠깐이라도 못 보면 환장하는데, 내 사랑에 미쳐가지고 못 가겠습니다."

그러자 어머니는 탄식을 하며 말했다.

"아이고야, 아이고. 아이고, 이년들아. 모두 나가거라. 딸은 부모 마음을 안다는데 우리 딸 여섯은 부모 한탄밖에 나와 가지고, 오리 길도 모르고 십리 길도 모르고 호강하며 자랐다고 약물 길러 아무도 안 가려고 하는구나. 내가 나이나 젊었으면 약물 길러 가겠지만, 우리 대왕님 병구완을 누가 하면 내가 약물 길러 가겠지만, 지금 내가 약물 길러 가면 누가 병구완을 할까. 아이고."

그날 밤이 되니 하늘 높이 뜬 보름달이 훤하게 비친다. 길대부인은 약을 짜 가지고 약사발을 들고 오구대왕에게 권하고 난 뒤, 다리를 주물러주고 머리도 만져주었다.

"대왕님, 대왕님. 이 약 먹고 어서 살아 일어나시오. 어서어서 일어나시오."

그럭저럭 대왕을 보살피다가 살짝 밖에 나와서 사방을 살펴보니 옛날 일이 생각났다.

'세월이 흘러 십오 년이 흘렀구나. 맑은 하늘에 뜬 보름달은 방방골골 약물 있는 곳을 알건마는 내 눈은 두 눈이라도 약물 있는 곳을 못 보는구나. 세월이 흘러 십오 년이 흘렀건만 그 자식을 죽으라고 버렸는데, 죽었는지 살았는지. 저 달은 우리 자식 있는 곳을 알건만 나는 두 눈이라도 죽으라고 버린 자식 찾아가 보지도 못하고 있구나. 약물 있는 곳은 어디고, 눈먼 자식이 효자 노릇한다고 그 자식이나 살았으면 약물 길러 가려는가.'

그 자리에 서서 엉엉 방성통곡을 하며 울다가 그 길로 돌아와서 오구대왕 옆에 앉아서 꾸벅꾸벅 잠이 들었다. 잠이 들더니만 꿈에 현몽을 하는데, 백발노인이 꿈에 홀연히 나타났다.

"대비마마."

그때 부인은 깊이 잠에 들어 있었다.

"내일 오시가 되면 딸아기가 찾아 올 것입니다."

깜짝 놀라며 잠에서 깬 길대부인이 울면서 외쳤다.

"내 딸이야, 내 살았느냐 죽었느냐? 살았거들랑 대답을 하고, 죽었거들랑 대답을 말아라. 내 딸이야, 내 공주야."

버린 딸을 찾으며 아무리 울고 울어 봐도 대답이 없었다.

이때, 바리데기는 죽지 않고 살아서 산천초목을 어련히도 넘어가고 있었다. 엎어지며 자빠지며 돌에 채여 넘어져서 무릎이 깨져가지고 피가 나도 아픈 줄을 모르고, 가시에 치마가 걸려 찢어져도 찢어진 줄을 몰랐다. 바리데기가 그럭저럭 자라고 나이가 열다섯 살이 되었다. 그때까지 바리데기를 키우던 선녀들은 오래 전에 하늘나라로 올라가고, 산중의 산신령이 키우고 있었다.

하루는 산신령이 바리데기를 불렀다.

"공주야, 공주야. 이리 와서 내 말을 들어라. 사실 너는 이 산중에 사는 사람이 아니고 불라국 오구대왕님의 일곱째 공주다. 부모 한탄밖에 나와 득죄를 하고 이 산중에서 십오 년을 살았구나. 하지만 오늘 해가 하늘 가운데 있을 무렵에 너의 모친이 찾아올 것이니 모녀 간에 상봉하여 불라국으로 찾아가서 아버님 얼굴을 보고 서천서역의 약물을 길어다가 병든 아버지를 고쳐라."

이 말을 듣고 바리데기가 말했다.

"소녀를 어찌하여 공주라고 부릅니까? 나는 공주가 아니고 바리데기인데……."

이렇게 말하면서도 부모가 있었구나 하는 생각을 하니 기쁘기만 했다. 바리데기는 산신령이 시키는 대로 보따리를 싸서 산을 내려왔다. 오늘이면 어머니를 만날 수 있다고 하니 어머니를 찾아서 서둘러 산을 내려왔다.

"어머니, 우리 어머니. 우리 어머니는 어디 있나? 우리 아버지 찾아서 나는 갈라네. 우리 아버지 찾아서 나는 갈라네. 우리가 서로 몰라보거든 제석거리를 살펴보시오."

이렇게 울며 외치며 얼마만큼만 가고 있었다. 그때 길대부인이 근처에 있다가 바리데기를 보게 되었다.

"저기 가는 저 아가씨는 누구를 찾아서 간다는 말인가? 아가씨야, 너는 누구를 찾아서 가느냐?"

"여보시오. 부인요. 나는 불라국 오구대왕님과 길대부인을 찾아갑니다."

"애야, 그러면 네가 바리데기라는 말이냐? 나는 너처럼 짐승 같은 딸을 안 낳았다."

"아이고, 어머니요. 아이고, 어머니요. 내가 진정 딸이라는 생각이 안 들거든 이 글월을 살펴보시오."

바리데기는 보따리 속에서 속적삼을 내어서 어머니에게 보여주었다. 길대부인은 그 속적삼을 받아 보고 깜짝 놀랐다. 버렸다가 얻은 자식이라 바리데기라고 자신이 썼던 것이 분명했다. 그제야 길대부인과 바리데기는 부둥켜안았다.

"아이고, 어머니! 아이고, 어머니! 어머니가 죽으라고 버린 자식이 어머니 만나려고 여기까지 왔습니다. 제가 올 줄 어찌 알고 오셨습니까?"

"내 딸이야, 내 딸이야. 동지섣달 설한풍에 무엇을 입고 자랐느냐? 무엇을 먹고 자랐더냐? 죽은 줄 알았었는데, 네가 바리데기냐? 네가 일곱째 공주란 말이냐? 어디 보자 내 딸이야. 안아 보자 내 딸이야. 업어 보자 내 딸이야."

"엄마야, 엄마야. 나는 젖도 실컷 못 먹어 봤으니 젖줄이나 한 번 먹어 보세."

가슴에 젖을 내어 입에다가 들이 넣고 빨아보기도 하고, 엄마 가슴에 손을 넣고 만져 보기도 하고, 볼에 얼굴을 대고 입을 맞춰보기도 하고, 어릿광대를 쳐 보기도 하고, 이어 안았다가 업었다가 어떻게 맞대 놓고 둥글내리 둥글 울어보고 웃어보기도 했다.

"아이고, 내 딸이야. 역력히 죽으라고 버린 자식이 부모 만나 상봉할 줄 누가 알까? 내 딸이야. 어서 가고 바삐 가자."

딸의 손을 잡고 허둥지둥 궁궐로 돌아갔다. 도착하자마자 대궐전으로 들어갔다. 바리데기는 대궐전으로 들어가서 두 손으로 합장하고 말했다.

"아버지, 아버지. 아버지 찾아서 왔나이다. 죽으라고 버린 자식이 병든 부모 찾아 왔나이다. 아버지, 눈을 떠서 소녀를 보옵소서."

두 무릎을 꿇고 앉아 방성통곡을 하며 울음을 울었다. 그러자 오구대왕이 힘겹게 눈을 떴다.

"네가 바리데기냐?"

눈을 떠서 살펴보니 죽으라고 버린 자식, 말도 초면이고 얼굴도 초면이건만 갑자년 사월 초파일에 꿈에서 보았던 바로 그 선녀의 얼굴이었다.

"내 딸이야. 내 공주야. 이제는 역력히 네 얼굴을 봤으니 내가 죽어도 한이 없고, 살아도 한이 없구나. 이제는 죽을 때까지 내 옆에서 떠나지 말고, 이별 두 글자를 내지도 말고 내 곁에 있어다오."

손을 잡고 울고 또 울었다.

사람이 죽지 않고 살아있으면 천년만년을 가도 만날 날이 있지만, 사람이 죽어 저 세상으로 떠나가 버리면 만날 날이 전혀 없다. 그런 생각을 한 바리데기가 말했다.

"아버지, 걱정하지 마옵소서. 제가 서천서역의 약물을 길어 와서 아버님 병을 고쳐 드릴 테니 걱정하지 마옵소서."

"애야, 그런 말을 말아라. 힘찬 너의 언니들이 약물 길으러 못 가는데, 나이 어린 너를 어떻게 보낸다는 말이냐?"

"아버지. 그런 말씀은 하지 마옵소서. 자식의 도리로서 약물 길어 부모한테 봉양하는 것은 떳떳한 일이고, 부모가 자식한테 떳떳이 효를 받는 것은 당연한 일입니다. 옛날에 곽가라 하는 사람도 맛있는 음식을 공경하려고 눈비 오는 날에 죽순을 얻어다가 부모 공경한 일도 있사옵고, 옛날에 제정이는 아버님 옥에 갇혀 있는데, 제 몸을 팔아 속죄한 일도 있사온데, 옛 효자만큼 못할망정 불효 소녀 자식을 말리지는 마십시오. 약물 길으러 가겠습니다."

"오냐. 그러면 네 밤이 뜻이 정 그렇다 하면 내가 붙잡을 도리가 있겠느냐만 그렇지만 이별 두 글자가 또다시 생겼구나."

길대부인도 바리데기에게 말했다.

"애야, 바리데기야. 애야, 바리데기야. 지금까지 너와 이별하고 살았는데, 아버님을 살리려고 약물 길러 약수 삼천리 먼먼 길을, 약물이 어디 있다고 네가 간다는 말이냐? 아이고, 내 딸이야, 내 딸이야. 이별 두 글자가 또 생기고 너와 내가 또다시 이별한다는 말이냐? 내 딸이야, 내 딸이야. 눈먼 자식이 효자 노릇한다고 이런 경사가 어디 있겠느냐? 여봐라. 갖은 풍악을 울려라. 바리데기가 약수 삼천리 가는 길에 마음이라도 위로해 주고, 목욕이라도 시키고, 좋은 옷을 입히고, 갖은 음식을 장만해서 마음을 대우를 해서 보내야 안 되겠나?"

이리하여 삼천궁녀 나올 듯한 꽃밭 속에서, 갖은 풍악 속에, 갖은 악기 속에 바리데기를 가만 앉혀 놓고 살펴보니 하늘에서 내려온 선녀 같고, 날아가는 기러기 같고, 날아가는 두견새 같다. 자식을 사랑하는 부모 마음은 말할 길이 전혀 없는데, 내일이면 약물 길러 간다하는 바리데기 얼굴을 살펴보니 처량하기 짝이 없고, 구슬프기 한이 없다.

갖은 풍악에 악기를 내어 놓고 흘리는 눈물을 머금고 딸아기를 한 번 안고 한 번 얼러본다.

> 두두우 두두 두두두두 둥게 둥둥 내 딸이야,
> 내 딸이야, 내 딸이야. 두우 두두 내 딸이야.

하늘에서 뚝 떨어졌나, 땅에서 불끈 솟았더냐?
어디를 갔다가 지금 왔느냐? 내 딸이야.
죽으라고 버렸더니만 십오 년 만에
병든 부모를 찾아서, 날 찾아 올 줄도 누가 아니?
내 딸이야, 내 공주야. 두우 둥둥 내 딸이야.
업어 볼까, 안아 볼까, 둥기 둥둥 내 딸이야.
솟아오르는 반달은 기미나 끼어서 곱기나 하고,
둥글 안에 옥녀 씨들은 청대나 띠어 곱기나 하고,
부뚜막에 금생미 안에 금자리 속에 금생미 같네.
두우 두우 내 딸이야.
동글 안에 옥녀씨들은 청띠나 띠어 곱기나 하고
동글동글 두리 둥둥 둥둥……
저리 가거라. 뒷태도 보고, 이만큼 오너라. 앞태도 보자.
우리둥둥 두두 두리 둥둥 두두 두우 두두 내 딸이야.
새벽바람에 연초롱 같고 댕기 끝에는 준주로구나.
어름 궁에 수달피 같네.
두우 두두 두리 두두 두두 두우두두 내 딸이야.
얼씨구나. 좋네. 내 딸이야, 절씨구나, 좋네. 내 딸이야.
북해 흑룡이 여의주를 물고 채운간을 넘나는 듯
남산 봉학이 죽실을 물고 오동 속으로 넘나는 듯
두리 둥둥 둥둥 두리 둥둥 둥둥 두우 두두 내 딸이야.
두다리 두다리 두두두 두우 두두 내 딸이야.

그날 밤을 자고나서 아침이 되자 바리데기가 어머니에게 말했다.

"어머니, 옷 한 벌 지어 주십시오. 약수 삼천리 길을 떠나는데 여자 옷을 입고 어떻게 가겠습니까? 남자 옷을 지어 주십시오."

바리데기는 어머니가 내어 주는 남자 옷으로 갈아입었다. 겹바지 저고리에 삼선버선에 육날 미투리에다 바랑을 짊어지고 서천서역으로 떠난다.

바리데기가 서천서역으로 떠나면서 또 어머니, 아버지와 이별을 한다.

"간다, 간다. 나는 간다. 서천서역으로 나는 간다. 아버지, 잘 계십시오. 어머니, 잘 계십시오."

인사를 마친 바리데기는 서둘러서 떠났다.

한참 동안 가고 또 가다보니 동해 동녘에서 솟은 해는 서산으로 기울어지고 달이 하늘에 떠오른 캄캄한 밤이 되었다. 낮에는 연기 나는 곳을 찾아가고, 밤에는 불이 켜진 곳을 찾아가면 되는데, 불빛 하나 없이 어두우니 어디로 가야할지 몰랐다. 한밤중이 되어도 산속으로 계속 걸어가며 살펴보아도 인기척도 없었다.

그때 만학천봉 위에서 풍경 소리가 들려왔다. 부근에 절이 있다는 생각을 하면서 소리가 나는 곳을 향해서 계속 올라갔다. 절을 찾아 올라가서 문간에 살펴보니 수미산의 팔공사였다. 바리데기는 그 절에 하룻밤을 재워 달라고 부탁하기 위해서 스님들을 불렀다.

절간 대문을 쾅쾅 두드리니 밤중이라 스님이 모두 잠이 들었는지 아무도 나오지 않았다. 문 서쪽을 보니 살펴보니 북이 있었다. 북채를 거머쥐고 있는 힘껏 북을 쾅쾅 치니 스님들이 자다가 깜짝 놀라 급하게 일어나 옷을 입다가 보니, 바지를 저고리라 입고, 저고리를 바지라고 입으면서 난리였다. 스님들이 등불을 켜 들고서 나와 보니 문 앞에는 바리데기 공주가 서 있었다.

"공주님이 오신 줄 알았더라면 오리 마중을 십리 밖으로 나갈 것이고, 십리 밖으로 오리 마중을 나갈 것인데 이렇게 모시오니 죄송하옵니다."

스님들은 바리데기를 법당의 방안으로 모시고 먼 길을 오느라고 오죽이나 배가 고팠느냐며 부처님 드시던 공양미로 밥을 차려 주었다.

"스님. 남의 절에서 하루 밤을 자고 가는 것도 죄송한 일인데, 부처님 드시는 공양미를 소녀가 어찌 먹겠습니까?"

못 먹겠다고 밥상을 도로 내놓았다. 그러자 스님이 말했다.

"공주님. 이 밥은 절밥이 아니고, 공주님 댁 밥이오니 사양치 마시고 드시옵소서. 오늘 밤에 이 밥을 먹고 나면 석 달 열흘 가도 배가 안 고플 것입니다."

스님의 말에 바리데기는 안심하고 밥을 다 먹었다.

"스님. 이 산 이름은 무엇이고, 산봉우리는 몇 봉우리입니까? 서천서역으로 가자면 어디로 가면 됩니까?"

"서천서역으로 가자면 가는 길은 몰라도 곽 처사라 하는 분이 지은 노래책에 나오는 말이 있습니다. 마침 우리 절에 책이 있습니다."

노래책에는 이런 가사가 적혀 있었다.

'고수대상에 수 잔잔하니, 고수대하에 월 단단이라. 수미산 높이 올라 곽 처사 죽창개 소리, 천하 일공 불러내어 월궁항아 반긴다. 나포를 둥둥 내려가니 금준미주(金樽美酒)는 서천서역 약물이라.'

어디로 가면 곽 처사를 만날 수 있을까 생각하며 밤을 보냈다.

첫 닭이 울자 절에서 주는 밥을 먹고, 다음 닭이 울자 서천서역으로 떠났다. 서천서역을 향해서 떠나는데, 계속 가다보니 사십팔 고개에 도착했다. 어디로 가야 하나 생각하며 한 고개를 넘어가니 누군가가 불렀다.

"저기 가는 바리데기야. 길을 잠깐 멈추어라. 부모에게 효성이 지극하니 내가 잠시 잠깐 서천서역 가는 길을 가르쳐 주마."

"어디로 가면 됩니까?"

"수양산을 넘어 노구산에 들어가면 옛날 왕비 이비 혼비각(魂碑閣)이 있을 터이니, 그 안으로 들어가면 북씨 대왕 옛날 노름처라 선생 세 분이 육효점(六爻占) 책을 놓고 퇴각을 두고 있을 터이니 거기 가서 물어 봐라."

얼마만큼 가니 수양산 높은 산을 넘어 노구산으로 들어가니 문판이 있었다. 그곳으로 들어가니 세 노인이 육효점 책을 놓고 퇴각을 두고 앉아 있었다.

바리데기가 들어서자 노인들은 점책을 내려놓으며 말했다.

"너 올 줄 알았다."

"노인님들. 어디로 가면 서천서역으로 갑니까?"

"유수강 백마중을 건너가서 동두산 동두천에 있는 동수자를 찾아 가거라."

이렇게 말하고 가버렸다.

가만히 생각해보니 유수강 백마중으로 가려면 수많은 모든 고개를 넘어야 했고, 그 다음에 또 강을 건너가야 된다니 큰일 났다는 생각만 들었다. 그래도 바리데기는 열심히 걸어갔다. 걷고 또 걷다보니 저 앞에 비각이 서 있는 것이 보였다.

그 비각에는 송나라 부인이 남편을 살리려고 서천서역으로 가 약물을 길어서 오다가 산 중에서 그만 숨이 끊어진 이야기가 적혀 있었다.

"송나라 부인님, 송나라 부인님. 당신은 남편 살리려고 약수 삼천리에 약물 길러 오다가 이 산중에서 숨이 끊어져 열녀 비각을 세우고 열녀 꽃이 피었군요. 저는 아버지를 살리려고 약수 삼천리로 가는 중에 길을 잃었는데, 어디로 가는 길인지 가르쳐 주십시오."

두 손을 합장하고 절을 세 번하니 허공에서 목소리가 들려왔다.

"애야, 애야. 부모 살리려는 효자와 남편 살리려는 열녀인데, 열녀와 효자가 다를 데가 있겠느냐? 천태산에 있는 마고할미를 찾아가라."

바리데기는 목소리가 알려주는 대로 천태산 마고할미를 찾아가서 물어보기로 했다.

한참 동안 걷고 또 걸어가니 천태산 마고할미가 냇가에서 빨래를 하고 있었다. 검은 저고리와 검은 버선을 깨끗하게 씻으려고 빨래를 하고 있었다.

"천태산 마고할미님. 서천서역으로 가자면 어디로 가면 됩니까?"

바리데기는 공손하게 물었다.

"애야. 검은 저고리에 검은 빨래를 백설같이 하얗게 씻어주면 그때 가르쳐주마."

바리데기는 청태산 마고할미가 내미는 빨래를 받아 들었다.

그런데 빨래를 받아 들고 보니 난감했다. 검은 빨래를 하얗게 씻어야 하는데, 냇가는 얼음이 꽝꽝 얼어 있고 물은 찬데, 어디 가서 씻어야 하는가. 주변을 살펴보니 옹기가 하나 보였다. 하지만 거기에 물을 퍼 담아 씻으려고 해도 씻을 도리가 없었다.

그때 바리데기는 문득 염불공덕이 아니고는 씻을 수가 없겠다는 생각이 들었다. 얼음장 같은 물에 손을 담가 빨래를 하면서 염불공덕, 십자공덕을 읊었다.

나무아미타불 나무아미타불 나무아미타불 나무아미타불
일자공덕 능배수면 이자공덕 천마광포
삼자공덕 성변시방 사자공덕 삼도식고
오자공덕 외성불입 육자공덕 염심불산
칠자공덕 용맹정진 팔자공덕 제불환희
구자공덕 삼매현전 십자공덕 왕세정토

극락왕생 염불을 마치고 나니 검은 빨래가 백설같이 하얘졌다.

"천태산 마고할미님. 백설같이 씻었으니 길 좀 가르쳐주세요."

"애야. 언덕 넘어서 또 넘어, 넘어 가면 논을 가는 노인이 있다. 그 노인에게 물어봐라."

천태산 마고할미가 알려준 대로 가니 쟁기를 거머쥐고, "이랴 소야, 어서 가자"하면서 논을 갈고 있었다. 바리데기는 재빨리 노인에게 다가가서 물었다.

"여보시오. 노인님. 서천서역으로 가려면 어디로 갑니까?"

"애야. 여기 끝없는 논을 한없이 갈자면 오늘 하루 종일 갈아도 다 못 가는데, 내가 언제 너한테 길을 가르쳐 주고 있겠니?"

노인의 말을 들은 바리데기는 눈앞이 캄캄했다. 길을 알려줄 때까지 마냥 기다릴 수도 없는 노릇이었다.

"노인님, 노인님. 논 끝이 어디 붙었습니까?"

"애야, 논 끝이야 어디 만큼 붙었는지 나도 모르고 너도 모른다. 여기에서 저 먼 나라 어디쯤에 붙어 있을 것이다."

이러면서 소를 끌고 가려고 하면서 한마디 더 했다.

"그러니 내가 거기까지 갔다가 오자면 오늘 해로 안 바쁠 수가 있겠느냐?"

"아이고, 노인님, 노인님. 이 논은 내가 갈아줄 터이니 길 좀 가르쳐 주십시오."

"오냐. 그러면 논부터 갈아라. 내 가르쳐 주마."

노인은 쟁기를 바로 바리데기에게 내밀고는 논 밖으로 나가버렸다. 바리데기는 쟁기를 거머쥐고 소에게 외쳤다.

"이랴, 소야. 어서 가자. 해 넘어간다."

하지만 소는 가지도 오지도 않고 그 자리에 서 있었다. 주인을 알아보는지 꼼짝도 하지 않았다.

"아이고, 소야. 어서 가자. 이랴, 소야 어서 가자."

쟁기를 쥐어본 적도 없고, 소를 몰아본 적도 없는 바리데기는 어떻게 해야 할지를 몰라 논두렁에 서서 울고 있었다. 그때 땅 속에서 커다란 두더지가 올라와서 물었다.

"아가씨, 왜 그리 웁니까?"

"내가 이 끝없는 논을 한없이 다 갈아야 서천서역으로 가는 길을 알려준다고 하는데, 이 일을 어떡하면 좋겠니?"

"걱정하지 마세요. 우리가 갈아 줄 테니."

두더지가 크게 소리를 치자 땅 구석구석에서 두더지 수천 마리가 나오더니 이쪽 끝에서부터 저쪽 끝까지, 오른쪽 끝에서 왼쪽 끝까지 땅 밑을 다 뒤져서 갈았다. 땅을 얼마나 잘 뒤져 놨는지 푸석푸석하던 논이 순식간에 폭신폭신하게 갈려 있었다.

"노인님, 노인님. 이제는 논을 다 갈았으니, 이제는 길 좀 가르쳐 주십시오."

"그래. 알려주마. 이 고개를 넘고, 다음 고개를 넘고 또 넘어 가면 염주를 걸고 있는 스님이 있다. 그 스님한테 물어봐라."

노인이 알려준 대로 고개를 넘고 또 넘어서 계속 가다보니 스님들이 고개를 넘어오고 있었다.

나무아미타불 관세음보살
남짜는 남짜는 개불두하기 남짜요
무짜는 무짜는 복명비가리 무짜요
아짜는 천지일월이 아짜요
미짜는 수미더하기 미짜요
타짜는 사르드라질 타자요
생각할수록 슬프고 슬픈 혼시 영가(靈駕)시오.
염불 받아야 극락세계를 가옵소서.

"여보시오, 스님. 서천서역에 가자면 어디로 갑니까?"

"열두 고개를 넘어가면 유수강 백마중이 있을 테니 그 강을 건너야 갈 수가 있다."

바리데기는 스님이 알려준 대로 열두 고개를 넘어가기 시작했다.

이 고개야 저 고개야, 열두 고개를 넘어간다.
아치 고개야 자치 고개, 눈이 많다 앵두 고개야,
노인 죽었다 짝지 고개, 할머니 죽어야 망령 고개,
아주머니 죽어야 그 말이 고개,
총각 죽어야 몽달 고개, 처자 죽어 보따리 고개,
양주 죽어 장군고개 장군 고개야, 무당 죽어야 신선 고개,
시아버지 죽어야 호령 고개, 시어머니 죽어야 잔소리 고개,
아들 죽어야 유세 고개, 아이 죽었다 사랑 고개,
며느리 죽어야 조실 고개, 사위 죽어야 도둑놈 고개,
손자 죽었다 처실 고개, 그 고개를 다 넘어 가니,
나무 많다 청산 고개, 돌이 많다 돌산 고개,
그 고개를 다 넘어 가니, 눈이 왔다 백두산아,

비가 왔다 개골산아, 그 고개를 두 넘어가니,
꽃이 피었다 화초산아, 잎이 피었다 청산고개,
그 고개를 다 넘어간다.

모랑지, 모랑지 고개를 넘고, 수많은 고개를 몇 달을 걸어서 넘어가면서 한 곳에 도착했다. 그곳에 강이 보였다. 유수강 백마중이었다. 그 강 앞에 앉아 보니 천리요, 서서 보니 만리였다. 배도 한 척 없는 강을 어떻게 건널까 생각해보았다.

'배 없이는 못 건너겠지.'

그래서 영가 조상님을 모시고 극락세계 가실 때는 배를 타고 은초롱에 불을 밝혀 나무보살이 길을 찾아 인도하고, 지장보살 길을 인도하는 대로 서방정토(西方淨土) 극락세계를 가실 때에는 배를 타고 가시는가 보다.

이때 강 위에서 배 한 척이 떠내려 왔다. 바리데기는 그 배를 타고 유수강 백마중을 건너서 동두산 동두천을 찾아가고 있었다.

그때, 하늘나라 옥황상제 맏제자 동수자는 글 한 귀를 잘못 지어서 벌을 받고 지하 땅으로 귀양을 오고 있었다. 옥황상제는 동수자에게 동두산 동두천의 약수터를 지키라고 명령했다. 그리고 바리데기와 백년언약을 맺으면 죄를 풀어주겠다고 했다. 동수자는 그날 오시(午時)가 되면 바리데기가 올 것을 알고는 백년배필(百年配匹)을 만나려고 동두산으로 내려오고 있었다. 아무것도 모르는 바리데기는 깊은 강을 건너 동두산으로 올라가다가 동수자와 마주쳤다.

"여보시오. 이 산중에서 동수자를 못 봤습니까?"

"내가 동수자다."

"당신이 동수자면 약물이 있는 곳을 가르쳐 주세요."

"누구신지 먼저 말하시오."

"나는 불라국에 일곱째 태자로서 병든 아버님을 살리려고 약수 삼천리 서천서역의 약물을 길어 왔습니다."

"아니, 불라국 일곱째 공주라는 말을 들었는데 일곱째 태자라 하니 그것 참 희한한 일이로구나. 그런데 당신네들이 약물을 길어 가기가 그렇게 쉽다면 약물을 안 길어갈 사람이 누가 있겠소? 내가 동두산 동수자인데, 이곳의 약물을 지키는 사람이오. 당신을 위해서 약물이 있는 곳을 가르쳐 주겠소. 하지만 약물을 길어 가고자 할 때, 정신이 불손하면 긷지 못하니 석 달 열흘 백일기도를 마쳐야 하오."

동수자는 이렇게 말하며 길을 가는데, 바리데기는 그 뒤를 따라갔다.

얼마 가지 않아서 대궐 같은 넓은 집이 보였다. 월대 같은 저 방안에 각장장편 소라반자에 살림도 아주 찬란했다. 동수자는 용장 봉장 금잔 대뒤주에서 쌀을 꺼내어, 부엌 안에 들어가 바쁘게 서두르더니 두 귀나는 밥상에 네 귀나도록 멋들어지게 차려왔다.

올라갔다 올고사리, 내려왔다 늦고사리, 한풀 두풀 돌리나물, 청주비단 가지나물, 빼빼 돌아서 도라지나물, 성도이모 호박나물, 더덕, 지헤, 미나리, 시금치, 왕밤, 대추, 저비네 곶감에다, 오이씨 같은 쌀밥에, 두 귀나는 밥상에, 네 귀나도록 멋들어지게 차려 와서, 배고픈 차에 자꾸 그냥 밥을 퍼 먹다보니 밥 한 그릇 다 먹었다. 밥 한 그릇 다 먹고 나니 물이 막혀 견딜 수가 없었다. 밤새도록 물 퍼 먹고 나니 오줌이 마려워서 견딜 수가 없어서 밤새도록 오줌 누다 보니 잠을 한숨도 못 잤다.

"아무래도 당신이 소변을 보는 것을 보니 여자가 분명한데."

아침이 되자마자 동수자가 바리데기에게 말했다.

"아니, 여보시오. 나는 방안에서 소변을 보면 소변이 안 나오고, 옷을 벗고 잠을 자면 잠이 안 오는데, 어떻게 당신이 나를 여자로 알아보오? 나는 부모한탄밖에 나와서 밖에 나가야만 소변을 볼 수 있소."

바리데기는 이렇게 대꾸했다. 그러자 동수자가 말했다.

"그러면 당신이 밤새도록 잠 한숨 안자고 오줌 누러 쫓아다녔으니 오줌 줄기가 어디 얼마나 센지 나하고 오줌 내기를 합시다."

동수자는 열두 담장 밖에 서고, 담장 안에는 바리데기가 서서 오줌을 누었는데, 바리데기는 양발 아래 다 흘러버려 하나도 없고, 동수자 오줌 줄기는 열두 담장 안으로 휘떡 넘어갔다.

'아무리 봐도 여자가 분명하고, 아무리 봐도 말에 말씨도 여자요, 얼굴 맵시도 여자라.'

동수자는 이렇게 생각했지만 더 이상 말을 꺼내지는 않았다.

이날부터 석 달 열흘 백일기도를 드리기 시작했다. 기도를 하기 전에 몸을 깨끗하게 하려고 목욕을 하는데, 윗탕에서는 동수자가 목욕을 하고, 아랫탕에는 바리데기가 목욕을 하는데 하루 가고, 이틀 가고, 달이 가고, 날이 갔다. 석 달 열흘 백일기도를 마치고 나서 약수를 뜨러 가기 전에 목욕을 해야 했다. 그런데, 답답하다. 바리데기는 목욕을 잊어버리고 있었다. 오늘 석 달 열흘 기도를 마치고 약물 있는 곳으로 찾아가는데, 동수자가 목욕을 거의 다 할 때쯤에서야 바리데기는 몸을 씻으러 아랫탕으로 갔다.

동수자는 바리데기가 목욕할 동안에 얼른 나와서 옷을 갈아입었다. 그리고 바리데기 목욕할 동안에 옷 보따리를 싸 가지고 바위 뒤에 돌아가 앉아 있었다. 바리데기가 목욕을 하고 나와서 옷 보따리를 찾았지만 보이지 않았다. 그냥 벌거벗고 다시 물 안으로 들어앉아서 나오지도 못하고 계속 물 안에 들어가 있을 수도 없어서 안절부절 못하고 있었다.

그러다가 서편 바위 뒤에서 동수자가 오면서 옷을 내밀었다.

"여보시오. 같은 남자끼리 뭐 부끄러워할 것 있소. 여기 와서 옷을 입으시오."

"아이고, 동수자님, 동수자님. 내 옷 주시오. 아이고, 나는 남자가 아니고 여자입니다."

사정을 하면서 빌었다. 옷을 가지러 갈 수가 없으니 사정할 수밖에 없었다.

"아이고, 내 옷을 주시오."

"석 달 열흘까지 남자라고 나를 속였으니 나와 백년언약을 맺어주면 이 옷을 주고, 그렇지 않으면 당신이 발가벗고 물 안에서 퉁퉁 불던지, 그냥 뛰어 나오든지, 계속 목욕을 하고 있든지, 그 안에서 살던지 마음대로 하시오."

동수자는 이렇게 말하고는 옷 보따리를 지고 가려고 했다.

"아이고, 아이고. 내 옷 주시오."

바리데기가 사정사정을 하자 동수자가 말했다.

"여보시오, 바리데기. 당신 이름이 바리데기라는 것을 알고 있소. 일곱째 공주라는 소문을 들었는데, 아들이라고 남자라고 속이니 당신이 석 달 열흘 불공을 드린 것은 아무런 소용이 없게 되었소. 나를 속인 죄로 나와 백년언약을 맺어야 되지, 안 맺으면 약물을 길으러 가는 길을 갈 수가 없소."

동수자가 이렇게 말하자 바리데기는 어쩔 수 없이 언약을 맺기로 했다.

청실 띄우고, 홍실 띄우고, 물 한 그릇 떠 놓고, 예를 올렸는데, 지금 혼인예식에 청실홍실을 띄우는 것은 이때 법에 따르는 것이다.

그날 밤을 보내고 나서 아침에 일어나자마자 바리데기가 말했다.

"이제 언약을 맺었으니 약물 있는 곳을 가르쳐 주시오."

하지만 동수자는 약물 있는 곳은 알려주지 않고 다른 이야기를 꺼냈다.

"여보시오, 부인. 사실 나는 하늘나라 사람이오. 지하 땅에 내려와서 지하 땅 사람과 부부로 언약을 맺어서 아들 삼형제를 낳아야 하는데, 삼형제를 낳아주면 약물 있는 곳을 가르쳐 주겠지만, 안 그러면 못 가르쳐 주겠소."

동수자의 말에 바리데기는 기가 막혔다.

"여보시오, 동수자. 아들 삼형제 낳고나면 아버님이 병이 들어서 행상을 메고 땅 속에 들어가고 난 다음이오. 아버지 얼굴을 어떻게 보고, 아버지 병환을 내가 어찌 고치겠습니까?"

"오색동화 더부살이라고 사람 살리는 꽃이 있는데, 그 꽃을 꺾어 가면 살릴 수가 있소. 땅 속에서 뼈도 썩고, 살도 썩고 몇 십 년이 가도 사람을 살릴 수가 있으니 걱정하지 마시오."

바리데기는 안심을 하고 아들 삼형제를 낳기로 했다.

그달부터 태기가 들어서 한 달, 두 달이 지나자 입맛이 달라졌다. 세 달에 피를 모아 다섯 달에 색을 모으고, 여섯 일곱 달에 몸을 갖추었다. 아홉 달에 기운을 받아서 열 달을 고이 채워 탄생하니 금동자 아들 아기를 두었구나. 일 년에 하나씩, 일 년에 하나씩, 일 년에 하나씩 삼 년 만에 아들 셋을 낳았다.

그렇게 아들 셋을 낳고 나니 동수자가 말했다.

"이제 내 소원을 풀었으니, 약물 있는 곳을 가르쳐 줄 테니 나를 따라 오시오."

동수자를 따라서 일곱 발걸음을 걸어 나가니 송이송이 꽃송이 오색동화가 피어있었다.

"이 꽃을 어떻게 씁니까?"

"흰 꽃을 쓰다듬으면 사람이 죽어서 뼈도 없고, 살도 없어도 다시 생겨나고, 붉은 꽃을 쓰다듬으면 피가 생겨나고 푸른 꽃을 쓰다듬으면……."

동수자는 오색동화 꺾어서 들고 원수하나문(門) 생사사지문(門)을 바리데기에게 가르쳐주었다. 약물을 구하려면 원수하나문 생사사지문을 열고 삼천리를 들어가야 했다. 삼천리를 들어가야 된다니 얼마나 멀고 먼 길인가. 바리데기는 아들 삼형제는 동수자한테 맡겨 놓고 삼천리 길을 출발했다. 그러나 그냥 가는 것이 아니라 사십팔원(四十八願) 염불을 외우면서 걸어갔다.

> 악취무명원 무타악도원 동진금색원 형모무차원 성취숙명원 생획천안원 생획천이원 실지심행원 신족초원원 정무아상원 결정정각원 광명보조원 수량무궁원 성문무수원 중생장수원 개획선명원 제불칭찬원 십렴왕생원 임종현전원 회향개생원 구족묘상원 합계보처원 신공타방원 소수만족원 욕문자문원 보리무퇴원

사십팔원 염불을 외우면서 쉬엄쉬엄 천리길을 오백리 길로, 오백리 길을 삼백리 길로 가서 약수 삼천리를 당도하니 공중에 서기가 어리고 주변

에는 온통 안개가 피어 있었다. 아미타불 주인대 연못 안에는 연꽃이 사시장철 피어 있고, 앵무새와 공작새, 비취새, 두견새는 이리 날라 저리 가고, 저리 날아 이리 오고, 오며 가며 우는 소리 마디마디 설법이요, 굽이굽이 법성도였다.

삼불제석

만학천봉 같은 절벽 아래로 내려다보니 억바위 덕바위 같은 곳에 거북이가 앉아 있었다. 거북이 입술이 떨어져야 거기에서 약물이 나온다고 했다. 바리데기는 그 앞에 앉아서 석 달 열흘 동안 백일기도를 드리기로 했다. 백일기도를 드리다가 보니 거북 입이 떨어지면서 거북병이 나오고 있었다.

얼룩얼룩한 거북병을 거머쥐고 약물 한 방울, 두 방울을 조심조심 약물을 받았다. 삼혼(三魂)은 칠백(七魄)이라 칠백은 흩어지고 삼혼을 모으는데, 열 방울을 겨우 받았는데 병이 가득히 찼다. 그것을 품에 넣고서 멀고 먼 길, 굽이굽이 약수 삼천리를 떠나올 때에 법성계를 치면서 나왔다.

법성원륭무이상 제법부동본래적 무명무상절일체 증지소지비여경
진성심심극미묘 불수자성수연성 일중일체다중일 일즉일체다즉일
일미진중함시방 일체진중역여시 무량원겁즉일념 일념즉시무량겁
구세십세호상즉 잉불잡란격별성 초발심시변정각 생사열반상공화
이사명연무분별 십불보현대인경 능인해인삼매중 번출여의부사의
우보인생만허공 중생수긔득리익 고시행자환본제 파식망상필부득
무연선교착여의 귀가수분득자량 이다라니무진보 장엄법계실보전
궁좌실제중도상 구래부동명위불 구래부동명화불 구래부동명화법
구래부동명화주 용청법사약청계 애기용저주 삼체일체주 원만법계신
일체유심성 파육진언 옴 가라디어 사바하
청계유리 잉게수에 애기녹다두유와 옴 두하두하 바로하 사바하

법성계를 치며 구불구불 먼 길을 서둘러 나오니 동수자가 살던 대궐 같은 기와집은 온데간데없이 사라지고, 울고 있던 아들 삼형제는 엄마를 보자마자 억무리 같이 달려왔다.

"아이고, 엄마야. 아이고, 엄마. 배고파요. 밥 좀 주세요. 엄마야, 젖 좀 주세요."

벼룩 같이 붙어 오르고 빈대 같이 뛰어 올랐다.

한시라도 빨리 아버지를 살리러 가야하는데, 동수자는 하늘로 올라가 버렸으니, 이 자식들을 놓아두고 가자하니 뒤가 걸려 못 가겠고, 들고 가려고하니 앞이 걸려 못 갈 처지였다. 할 수 없이 하나는 걸리고, 하나는 업고, 하나는 안고 길을 나섰다.

아들 삼형제 데리고 바삐 길을 가고 있을 때였다.

“저기 가는 바리데기는 길을 잠시 멈추시오.”

“나를 어떻게 아십니까? 당신은 누구십니까?”

“나는 관음보살이다. 서천서역의 극난 안에 팔금상 사보살이 이 책을 주며 전하라고 하였으니, 가다가 급한 일이 있거든 이 책의 진언(眞言)을 치면 알 도리가 있을 테니 책을 가지고 가거라.”

바리데기는 관음보살이 내미는 책을 품에 넣고 또 바삐 걸어갔다. 한참을 가다보니 유수강 백마중에 도착했다. 지난 번 그 배를 타고 나오는데 배가 한쪽으로 흘러가는 대로 가다가 보니 유수강을 건너 있었다.

또 고개를 넘어서 한참 동안 가는데, 누가 또 불렀다.

“저기 가는 부인. 당신은 어디 가며, 뒤에 오는 바리데기를 못 봤소?”

병사 한 명이 길에 서 있었다.

“내가 바리데기요. 나를 어떻게 찾으시오?”

“당신이 바리데기 같으면 우리 삼천군사가 방방곡곡에서 당신이 오도록 기다리고 있었다. 그러니 이 길로는 더 못 간다. 가지고 온 약꽃과 약물을 내놓고 여기서 칼을 받아라.”

칼을 꺼내들어 바리데기에게 겨냥했다.

“누구 명으로 나를 죽이려 하시오? 나는 아무 죄도 없소. 아들 삼형제 낳고 오는 이 죄밖에 없소. 그러니 내 약물을 줄 테니 뒤로 물러서시오.”

바리데기는 약물을 꺼내는 척하면서 관음보살에게 받은 책을 내어서 진언을 쳤다.

천상옥경 천사신장 이십팔수 삼십삼천

동에 번쩍 신장님네 남에 번쩍 신장님네
서에 번쩍 신장님네 북에 번쩍 신장님네
오자룡으로 불러들여 태을어개 태을신장

팔도 신장을 불러들여 놓으니 병사가 들었던 칼이 땅에 뚝 떨어지고, 두 눈은 나무눈이 되었고, 몸은 나무 둥치가 되어 길 한가운데 우뚝 섰다. 바리데기는 그곳을 간신히 피해서 다시 길을 갔다. 그런데 얼마 가지 않아서 또 부르는 사람이 있었다.

"저기 가는 부인, 뒤에 오는 바리데기 못 봤소?"

"내가 바리데기요. 나를 어떻게 찾으시오?"

"당신이 바리데기 같으면 삼천 군사가 당신을 죽이지 못하면 우리 목숨이 달아나오."

바리데기가 또다시 진언으로 모든 팔도신장을 불러들이자 병사는 두 다리가 땅에 붙고 눈은 나무눈이 되어서 나무둥치로 변해버렸다. 그때 주변에 있던 삼천군사가 모두 나무둥치로 변해버려서 바리데기는 간신히 피할 수가 있었다.

고개를 넘어 한참 동안 걸어가니 웬 목동 아이가 꼴망태 옆에 끼고 노래를 울면서 넘어가고 있었다.

"새벽 바람 찬 바람에 울고 가는 저 기러기야. 네가 아무리 슬피 운들 내일 오시가 되면 불라국의 오구대왕님 죽은 햇수로 삼 년이 되었건만, 바리데기 약물 길어 올 때까지 기다리고 바라다가 내일 오시가 되면 수미산에 장례를 지낸다네. 아이고!"

목동 아이는 꼴을 잔뜩 베어 넣은 꼴망태를 옆에 끼고 모랑지 모랑지 고개고개 넘어갔다.

바리데기도 몇 고개를 더 넘어가니, 여러 명의 부인네들이 논을 매고 있었다.

"여보시오. 부인네들. 오늘 스무 마지기 매어 놓고 내일 서른 마지기는 모래 맵시다. 불라국 오구대왕님이 죽어서 큰 장례를 지내가지고 수미산에 장례를 지낸답니다. 그러니 가서 떡도 얻어먹고, 술도 얻어먹고, 구경하러 갑시다."

그 말을 바리데기도 들었다.

"여보시오. 그 말이 참말이오?"

"어디에 있었기에 그런 소문도 못 들었소?"

바리데기는 더욱 빠른 걸음으로 고래를 넘고 또 넘었다.

한참 동안 걸어가고 있는데, 먼 곳에서 큰 행상소리가 들려왔다. 벌써 오시가 된 모양이었다.

하지만 아들 삼형제를 데리고 가려니 힘들어서 갈 수가 없었다.

"애들아. 너희 삼형제는 언덕 밑에 앉아 있어라. 엄마가 저 초상집에 가서 떡을 얻어 오마."

"엄마야, 엄마야. 우리 셋을 데리고 가면 우리 몫을 모두 얻으면 엄마도 배부르고, 우리도 배부르지. 우리는 왜 언덕 밑에다 놔 놓고 가려고 해? 엄마야, 우리 놔두고 도망가려고 하지? 엄마, 초상집에 가서 혼자 다 먹고 오려고 하지?"

"애들아. 그게 아니다. 너희는 여기 있어라. 내가 초상집에 가서 떡하고 밥하고 많이 얻어 오마. 너희들 데리고 가면 거지패 왔다고 아무것도 안 준단다. 너희는 여기 앉아 있어라."

바리데기는 떨어지지 않으려고 억장 같이 우는 아이들의 얼굴을 치마폭으로 닦으며 달래고 있는데, 행상소리가 들려왔다.

"아이고, 아버지. 아이고, 아버지!"

아이들을 구석에 남겨놓고 행상소리가 들리는 곳으로 달려갔다. 점점 다가오는 행상소리는 처량했다.

> 널, 널, 너하오, 너가리 넘차 너하오. 간다, 간다, 떠나가네.
> 오구대왕님 떠나가네.

너가리 넘차, 너가리 넘차, 너가리 넘차, 너하오 너가리 넘차.
구슬프네. 너가리 넘차도 구슬프네.
이 세상에 나왔을 때 빈 몸 빈손으로 나왔다가
오구대왕님은 삼대독자 외동아들로 용상에 좌정하야
십육 세에 치국을 하고 이십에 장가를 가서
삼십에 딸아기 여섯을 한 탯줄에 낳아서
옥새를 거머쥐고 삼천궁녀를 거느리고,
만조백관을 모시고서 용상좌에 좌정하여
다스리는 일은 이 모양대로 했건만
자식은 이 모양대로 못해가지고
북망산천(北邙山川)을 떠나갈 때
안땀 매듭 일곱 매듭 겉땀 매듭 일곱 매듭
이칠 십사 열네 매듭을 꽁꽁 묶어서
사방상계 대틀 위에 덩그러니 얹어서
스물네 명 상두꾼아, 서른네 명 상여꾼아
발맞추어 어서가자 널널 너호오 너가리 넘차 너하오
황천길이 멀다 마시오. 대문 밖이 황천이오.
저승길이 멀다 마시오. 내 가는 길이 저승이오.
북망산천이 멀다더니만 저기 저 산이 북망일세,
내 집이 어디인가, 무덤이 내 집이로구나.
무덤으로 집을 짓고, 송죽으로 울을 삼아
창호야 밝은 달에 화답가(和答歌)를 하려느냐?
두견새가 벗이 되어 자는 듯이 누웠건만 어느 시절에 찾아올까?
땡그랑 땡땡 땡그랑 땡땡, 너가리 넘차 너하호 너가리 넘차 너하호
오구대왕도 떠나가고 본시 영가도 떠나가네.
가네, 가네, 나는 가네. 이제 가면 언제 올까?

바리데기는 행상 망틀을 부여잡고 울부짖었다.

"아이고. 아버지, 아버지. 바리데기가 약수 삼천리 약물을 길어 왔습니다. 아버지, 정신을 차려 소녀를 보십시오."

행상 망틀 부여잡고 통곡을 하고 있는데, 언니들과 사위 여섯은 뭐가 그리도 좋은지 웃으면서 흰 덩을 타고 나오고 있었다. 그런데 행상이 안 가고 멈추어 있고 바리데기가 약수 삼천리 약물을 길어 왔다는 말이 들렸다.

"그년이 어디 가서 서방 붙어서 살다가 왔지 약물은 무슨 약물. 저년이 약물 길러 왔거들랑 뺏어 놓고 붙잡아서 옥에다 하옥시키라."

언니들은 바리데기를 쫓아내고 행상을 다시 출발시키려고 했다.

그때 바리데기는 가슴 속의 관음보살에게서 받은 책을 내어 진언을 쳤다. 그러자 가려던 행상이 그 자리에 그냥 딱 들어붙어 버렸다. 뒤를 따르던 문무백관들은 그것을 보고는 깜짝 놀라며 외쳤다.

"이것이 웬일인가! 훈수로구나, 훈수. 바리데기의 훈수로구나. 효를 하는 자식에게 부처님이 감동 않을 수가 있겠느냐? 부처님이 벌을 주고 하늘에서 벌을 주는 것이로구나."

행상을 따르던 마차와 행상 메고 가는 사람들의 발까지 땅에 딱 붙어서 꼼짝을 못하고 있었다. 우왕좌왕하던 문무백관들이 바리데기 앞에 와서 무릎을 꿇고 읍을 했다.

"죽을죄를 지었습니다. 살려주십시오. 행상을 모시고 궁전으로 들어 갈 테니, 용서해 주시고, 살려주옵소서. 우리가 죽을죄를 졌습니다."

여섯 공주와 여섯 사위는 머리에 썼던 관도 다 버리고, 상주 도복도 다 버리고 행여나 자기 다리도 땅에 붙을까 싶어 모두 도망가 버렸다.

바리데기는 바로 행상을 모시고 궁전 안으로 들어갔다. 뚜껑을 열고 안땀 매듭 일곱 매듭, 겉땀 매듭 일곱 매듭을 이리저리 다 풀고 관 안을 살펴보니, 아버지는 간 곳 없고 먼지만 한 곽이 가득 누워있었다.

이미 돌아가신 아버지를 보면서 오색동화 꽃으로 살리는 방법 밖에 없다는 생각이 들었다. 품에다 넣어 두었던 꽃을 꺼내니 안개가 자욱하게 피어오르고, 주변에 있던 사람들이 모두 잠에 빠져 들었다. 바리데기는 오색동화 꽃으로 아버지를 이리 쓰다듬고 저리 쓰다듬었다.

"아버지, 뼈 생겨나십시오. 아버지, 살 생겨나십시오. 아버지, 힘줄 생기고, 일신이 생기십시오. 삼혼은 칠백이지만 칠백은 흩어지고 삼혼은 모아주시오."

그러자 아버지의 몸이 다시 생겨났다.

오색동화 꽃을 그대로 두면 모든 죽은 사람을 다 살릴 수 있을 것 같았다. 하지만 죽어서 초복 같이 된 사람까지 다 살릴까 싶어서 서천서역국의 팔금강 지장보살님이 굽어보시고, 그 꽃으로 모든 사람을 다 살리면 인간들이 치밀어 못 살까 싶어서 꽃은 다 시들어지고 꽃 뿌리만 남도록 했다. 그래서 바리데기가 가지고 온 꽃으로는 오구대왕밖에 살리지 못했다.

몸이 생겨났지만 아버지는 자는 듯이 누워 있었다. 바리데기는 품속에 숨겨 두었던 거북병을 꺼내어 방울방울 일곱 방울을 떨어트리면서 아버지 입안에 세 방울을 떨어트렸다. 그러자 숨 터지는 소리가 발끝에서부터 시작하더니 맥이 뛰기 시작했다. 맥이 퍼떡퍼떡 온 몸으로 퍼지더니만 숨 터지는 저 소리가 대천 저 큰 바다 쾅쾅 파도치던 소리같이, 대명천지 밝은 날에 벼락 치던 소리같이, 만학천봉 밑에 폭포 바위 밑에 쾅쾅치던 폭포수물 치던 소리같이, 번개 치던 소리같이, 남포 치던 소리같이, 대포 치던 소리같이 꽝 하더니만 숨이 탁 터졌다. 오구대왕의 숨이 터지는 그 순간 잠에 빠졌던 사람들이 벌떡벌떡 일어났다.

숨이 터진 오구대왕이 눈을 뜨고 일어났다.

"내가 무슨 잠을 삼 년 동안에 이렇게 많이 잤을까?"

사방을 살펴보니 문무백관이 흰 옷을 입고 둘러싸고 있었다. 죽었던 자기가 돌아온 것이 분명했다. 오구대왕은 가마를 대령해 궁전 안으로 들어가 용상에 좌정하여 금관을 높이 쓰고 호령했다.

"날 살린 사람이 누구냐? 어서 바삐 대령하여라."

문무백관들은 어찌할 바를 몰라 겁을 먹고 벌벌 떨고 있었다.

그때 바리데기는 거적자리를 펴 놓고 작두를 가지고 오더니 거기에 목을 얹어놓고 말했다.

"아버지, 아버지. 저를 죽여주십시오. 불효자식을 죽여주옵소서. 약수 삼천리 갔더니만 동두산 동두천에서 동수자를 만나 아들 삼형제를 낳고, 부모 허락 없이 청실 띄우고 홍실 띄운 불효자식을 죽여주옵소서."

오구대왕은 바리데기라는 말을 듣더니만 깜짝 놀라 버선발로 우루루루 달려가 바리데기를 꼭 끌어안았다.

"아이고, 내 딸아. 내 딸아. 죽으라고 버린 자식이 병든 부모를 찾아서 약수 삼천리 먼먼 길에 약물 길어 와서 죽었던 아비를 살렸는데, 네가 또 무슨 죄를 지었단 말이냐?"

"아버지. 소녀를 죽여주십시오. 약수 삼천리 먼먼 길에 약물 길러 갔다가 동수자를 만나 아들 삼형제 낳고 왔으니 이런 못된 년이 어디 있으며, 이런 죽일 년이 어디 있겠소?"

"애야, 그 말 말아라. 친손봉사는 못할망정 외손봉사는 못하겠나. 아들 삼형제가 어디 있다 말이고? 애야. 듣던 말 중 참 반가운 일이로구나."

이때, 바리데기의 아들 삼형제는 엉엉 울고 있었다. 엄마가 밥과 떡을 얻어 와서 배부르게 먹여 준다 말하고 가버리더니 아무 소식도 없었다.

"배고파요."

조그만 동생이 우니까 큰형은 먹일 것이 아무것도 없으니 흙을 자꾸 집어다 동생 입에 자꾸 집어넣어 주고 있었다. 흙을 입에 넣어 주니 눈에도 흙이고, 코에도 흙이고, 입에도 흙이었다. 삼형제는 배가 고파서 울다가, 울다가, 엄마 기다리다 못해 셋이 고개를 맞대 놓고 억무리 같이 울다가 잠이 들었다.

가마를 가지고 가서 엄마가 오기를 기다리면서 억무리 같이 울다가 자고 있는 아들 셋을 가마에다 하나씩 태우고 돌아왔다. 내궁에 도착하여 목욕을 시키고 옷을 입혀 놓으니 삼태성이 분명했다.

그때 길대부인은 내궁에 있다가 바리데기가 살아왔다는 말을 듣고 허둥지둥 달려왔다.

"아이고, 어머니."

"죽은 줄 알았더니만 네가 살아서 어머니를 부른단 말이냐. 아이고, 내 딸이야. 아이고, 내 자식아. 아이고, 내 딸이야!"

모녀는 서로 얼싸 끌어안고 치둥글 내리둥글하다 돌았다.

"대왕님도 살았고, 내 딸 살아왔구나."

이리 흔들 저리 흔들, 흔들고 있는데, 바리데기 아들 삼형제가 우루루루 달려오더니 할머니 치마꼬리를 탁 붙들고 매달렸다.

"아이고, 이것이 웬일인가? 금덩이가 날아오나, 옥덩이가 날아오나?"

살펴보니 손자 삼형제였다. 얼마나 반가운지 약수 삼천리 길을 다녀온 딸도 제쳐 놓고, 죽었다가 살아난 오구대왕도 제쳐 놓고 손주 삼형제를 얼싸 안았다.

"아이고, 어머니. 소녀를 죽여주십시오."

"애야. 그런 말 말아라. 직손봉사는 못 할망정 외손봉사 못 하겠나? 내가 딸 일곱을 낳은 죄로 너라도 삼형제 낳았으면 내 품은 한을 다 갚았다."

그 때 오구대왕이 외쳤다.

"갖은 풍악을 울리고 갖은 악기를 울려라. 그리고 딸 여섯, 사위 여섯을 저 절도섬으로 귀양을 보내라."

하지만 바리데기가 막아섰다.

"열 손가락을 다 물어 안 아픈 손가락이 있습니까? 윗물이 맑아야 아랫물이 맑다고 언니들이 죄를 지었사온데 무슨 호강호식에, 절도섬으로 귀양을 보내고 내가 이 궁전에서 호강호식을 하겠습니까? 나도 언니들하고 같이 절도섬으로 귀양을 보내 주십시오."

"오냐. 네 말이 기특하구나. 말 한마디에 천 냥이 오르고 말 한마디에 천 냥이 내린다고 이를 두고 한 말이다. 네가 얼마나 효자인지 참말로 알겠구나. 애들아, 너희 모두 막내 동생의 의를 본받아라."

삼태성

그리하여 모두 그 본을 받아서 부모 마음에는 열 손가락을 다 물어 봐도 안 아픈 손가락이 하나도 없다고 했다. 이리하여 바리데기 말 한마디에 딸 여섯을 용서하고 각각 이름을 정했다. 딸 일곱은 하늘에 올라 칠성별로 마련하고, 아들 삼형제는 삼태성으로 마련했다. 사위 여섯은 입을 맞대고 옥새를 차지하고 재물을 똑같이 나눠 가리려고 싸움을 했으니 저 동쪽 하늘에, 새벽하늘의 조각별, 좀생이별로 마련했다.

오구대왕과 길대부인은 견우직녀가 되어서 칠월칠석날에 일 년에 한 번씩 만나도록 점지하고, 동수자와 바리데기는 하늘나라에 칠월칠석날에 일 년에 한 번씩 만나도록 점지했다.

바리데기가 아버지 살렸다고 소문이 나자 방방곡곡 면면촌촌이 여러 수천 명의 사람들이 구경하러 왔다. 찾아 온 사람 중에서 배고픈 사람에게는 밥을 주고, 옷 없이 오는 사람 옷을 주고, 노잣돈 없이 오는 사람 노잣돈을 주면서 수많은 재물을 사람들에게 베풀었다. 이렇게 해서 지금 세상에서 많은 공덕을 닦고서 나중에 세상 좋은 극락세계로 갈 때, 바리데기를 따라서 극락세계로 가게 되었다.

그리고 갖은 풍악을 울리고, 팔선녀가 옹위하고 삼천궁녀 춤을 추는데, 손자를 보고 그냥 있을 수가 있겠는가? 하나는 업고, 하나는 안고 하나는 걸려서 가는데, 친손자는 땅에다 걸리고 외손자는 치켜 업는다고 하는 말이 이렇게 해서 생겼다.

— 원문출처: 서대석, 『동해안무가』, 형설출판사, 1974.

3. 저승 삼시왕 삼명두와 악기신 너도령 〈초공본풀이〉

초공 성조할아버님은 석가여래이고, 초공 성조할머님은 석가모니이고, 초공 외할아버님은 천하 임정국 대감이고, 초공 외할머님은 지하 김진국 부인이고, 초공 아버지는 황금산 도단땅의 주자대선생, 초공 어머니는 저 산줄기 뻗고 이 산줄기 뻗어 왕대월석금하늘 노가단풍자지명왕 아기씨다. 초공 큰아들은 구월 팔일에 태어난 본명두이고, 초공 둘째 아들은 구월 십팔일에 태어난 신명두이고, 초공 작은 아들은 구월 이십팔일에 태어난 삼명두이다.

옛날 옛적 천하 임정국 대감과 지하 김진국 부인이 결혼을 하여 함께 살았다. 논밭과 유기재물이 많고 고대광실 높은 집에 노비까지 모두 갖추고 태평한 세월을 보내고 있었다. 그런데 스무 살, 서른 살, 마흔 살, 쉰 살이 가까워도 아들이든 딸이든 자식 하나 없어 큰 근심이었다.

하루는 하도 심심해서 삼거리로 나가 팽나무 그늘에 앉아서 장기를 두고 있었다. 그런데 말도 모르는 까마귀가 알을 낳아 새끼를 까서 까옥까옥 울면서 가는데, 난데없이 하늘이 날아갈 듯이 웃어대는 소리가 나는 게 아닌가? 임정국 대감은 그 소리를 따라서 뒤뚱뒤뚱 찾아가 보니 거적문에 나무돌쩌귀의 초라한 초막에서 얻어먹는 거지가 아이를 낳고 하늘이 떠나갈 듯이 웃고 있었다. 임정국 대감이 담구멍으로 엿보고 있는 것을 알아챈 거지가 노려보며 말했다.

"자식 없는 임정국 대감이 어찌 담구멍으로 눈을 쏘아 봅니까?"

이 말을 들은 임정국 대감은 가슴을 치며 신세 한탄을 했다.

"나 같은 전생팔자가 살아서 뭐하겠는가! 자식 하나 없는 팔자는 살아서 쓸 곳 없구나."

정신없이 허둥지둥 사랑방에 들어가 문을 잠그고 드러눕고 말았다. 느진덕정하님이 저녁상을 들고 가니, 사랑방 문이 꽁꽁 잠겨있었다. 느진덕정하님은 곧장 김진국 부인에게 가서 알렸다.

"상전님. 무슨 일이 있는지 큰 상전님이 문을 잠그고 누웠습니다."

"이게 무슨 말이냐?"

김진국 부인이 가서 보니, 아니나 다를까 사랑방 문을 잠그고 누워있었다.

"대감님, 대감님. 방문을 여십시오. 오늘은 우리도 하늘이 떠나갈 듯 웃을 일이 있습니다."

그 말을 듣고 사랑방 문을 열어주니 김진국 부인이 들어와 은당병을 서단마개로 막고 서단병은 은단마개로 막고 참실로 목을 묶어서 유기장판에 놓고 이리 굴리고 저리 굴리고 했다. 하지만 웃음이 나오지 않자 부부가 마주보고 앉아서 대성통곡을 했다.

그때 앞문에서 문을 두드리는 소리가 들려왔다.

"소승 절에서 시주 받으러 왔습니다."

그러자 임정국 대감이 느진덕정하님을 불렀다.

"느진덕정하님아, 어서 나가 보아라. 어느 절의 중이냐?"

느진덕정하님이 바로 나가서 물었다.

"아, 어느 절 대사이십니까?"

"어느 절 대사냐 할 게 있습니까? 황금산 도단땅 주자대사님의 부처를 모시는 소승입니다."

"어찌하여 이 마을에 왔습니까?"

"낡은 당도 무너지고, 헌 절도 무너져 인간 세상에 내려와 시주를 받아다 낡은 당, 헌 절을 수리하여 인간의 명 없는 자손에게 명을 주고 복 없는 자손에게 복을 주고, 자식 없는 자손에게 자식을 주려고 시주삼문 받으러 내려왔습니다."

"어서 가까이 들어와 시주 받아 가십시오."

임정국 대감은 문 안으로 소서중을 모시고 시주 쌀도 꺼내왔다.

"높이 들어서 낮게 사르르 비우십시오. 쌀이 한 방울이라도 땅에 떨어지면 명도 떨어지고, 복도 떨어지는 법입니다."

높게 낮게 사르르 부어주는 시주를 받은 소서중이 댓돌 아래로 내려서려고 할 때 임정국 대감이 말했다.

"소서중아, 넌 남의 쌀을 공짜로 받아 가려느냐? 단수육갑을 가졌는지, 오행팔괘나 원천강 사주역장을 가졌으면 말해 보아라. 우리 부부가 쉰 살이 가까워도 자식 하나 없으니 사주풀이나 해 보아라."

"그렇게 하겠습니다."

소서중은 원천강도 내어놓고 오행팔괘도 내어 놓는다. 초장 걷고, 이장, 제삼장을 걷어놓더니 이렇게 말했다.

"우리 절이 영험하고 수덕이 좋으니 송낙지도 구만 장, 가사지도 구만 장, 상백미도 일천 석, 중백미도 일천 석, 하백미도 일천 석, 은도 만 냥, 금도 만 냥 백근 건량을 채우고 우리 절에 와서 백일 동안 원불수륙 드리면 자식이 생길 듯합니다."

소서중의 이야기를 들은 임정국 대감 부부의 얼굴이 환해졌다.

"좋습니다. 그렇게 하겠습니다."

그날부터 임정국 대감은 송낙지, 가사지, 상백미, 중백미, 소서중이 말한 것 모두 백근 건량 채우고, 단별 의복을 새로 입고 검은 수소에 모두 실어서 황금산 도단땅으로 슬슬 올라갔다. 황금산 도단땅의 천년둥이 만년둥이 네 눈의 반둥개가 양반이 오면 일어나서 드리컹컹 내컹컹 짖고, 하인이 오면 누우면서 컹컹 짖었다.

하루는 네눈이 반둥개가 드리컹컹 내컹컹 짖어대니 주자대사가 말했다.

"속하니야, 저 앞으로 나가 보아라. 어디 사는 양반이 절 근처에 왔느냐?"

"예. 천하 임정국 대감이 우리 절에 원불수륙 드리러 왔습니다."

"어서 안으로 모셔오너라."

주자대사는 임정국 대감 부부를 불러놓고 몇 가지 당부하고는 다음 날부터 기도를 드리라 했다. 임정국 대감 부부는 전조단발 시켜놓고 소금에 밥 먹고, 밥에 소금 먹으며, 부처님께 절하고, 대사는 목탁을 치고, 소사는 바랑을 치고, 속하니는 북을 쳤다. 아침에는 아침 수륙, 낮에는 낮 수륙 저녁에는 저녁 수륙을 하며, 하루에 삼세번씩 석달 열흘 동안 백일기도를 드렸다. 백일이 되는 날 아침이 되자 대사가 임정국 대감 부부를 불러서 말했다.

"백근 건량을 저울에 다십시오."

부처님 앞에서 대추나무 까마귀 주중아 같은 저울로 백근 건량을 올리는데, 한 근이 부족하여 백근이 채 못 차는 아흔아홉 근이었다. 그것을 본 대사가 안타까워하며 말했다.

"임정국 대감. 백 근이 찼으면 아들자식이 탄생할 것인데 백근이 못 차서 딸자식으로 정해집니다. 임정국 땅으로 돌아가서 좋은 날, 좋은 시 합궁일을 받아서 천상배필을 맺으십시오."

"그렇게 하겠습니다."

임정국 대사 부부는 부처님께 하직 인사를 드리고, 대사와 소사와도 하직하여 임정국 땅으로 내려왔다. 합궁일로는 칠월 칠석 맞은 날로 받아놓고, 부부 간의 천상배필을 맺었더니, 아버지 몸에서 흰 피를 불러주고, 어머니 몸에서 검은 피를 불러줘, 열 달 만삭 채워 아기가 세상에 태어났는데, 여자아이가 태어났다. 앞 이마에는 해님이요, 뒷 이마에는 달님이요, 양쪽 어깨에 샛별이 오송송이 박힌 듯한 아기였다. 초사흘에 첫 목욕 씻고, 초이레에 씻고, 백일잔치를 하고 난 뒤 김진국 부인이 임정국 대감에게 물었다.

"대감님, 대감님. 우리 아기 이름을 무엇으로 짓겠습니까?"

임정국 대감이 대답했다.

"느진덕정하님아, 마당으로 나가서 저 산 앞을 바라보아라. 무엇이 보이느냐?"

"나가 보니 저 산 이 산 줄기마다 산천초목이 구시월 단풍이 지었습니다."

"좋다. 이 아기 이름을 저 산줄기가 뻗고 이 산줄기가 뻗어 왕대월석금하늘 노가단풍자지명왕으로 아기의 이름 짓는 것이 어떻겠습니까?"

"좋습니다. 그 이름으로 하겠습니다."

노가단풍 아기는 한두 살에 어머님 무릎에 와서 앉고, 두세 살에 아버님 무릎에 와서 앉아, 다섯, 여섯 살을 지나, 열다섯 살이 되었다.

어느 날 옥황에서 분부가 내려왔다.

"임정국 대감은 천황공사 지키러 오너라. 김진국 부인은 지하공사 지키러 내려오너라."

내려온 분부를 두고 부부가 앉아서 걱정을 하고 있었다.

"이 아이를 어떻게 두고 가면 좋을까? 아들이면 책실로 데려가 심부름이나 시킬 수가 있는데, 딸이니 어찌 할 수 없는 일이구나."

업어 가지도 못하고, 데려 가지도 못하는 딸 때문에 부부가 의논하여 결론을 내렸다. 일흔여덟 비계살창 고무살창 지어 놓고 딸을 살창 안에 들여놓은 뒤, 느진덕정하님에게 말했다.

"우리가 공사를 마치고 올 때까지 구멍으로 밥을 주고, 구멍으로 옷을 주며 딸을 키우면 우리가 돌아와서 노비문서를 돌려주마."

"그렇게 하겠습니다."

옆에 있던 딸은 비새같이 울었다. 임정국 대감은 어쩔 수 없이 딸을 비계살창 안에 넣고 문을 잠갔다. 아버지가 잠근 자물쇠를 어머니가 확인한 후 다시 봉하고, 어머니가 잠근 자물쇠를 아버지가 확인한 후 봉하고 난 뒤 천황공사, 지하공사 지키러 떠나갔다.

그날부터 느진덕정하님은 구멍으로 밥을 주고 구멍으로 옷을 주면서 노가단풍자지명왕 아가씨를 키웠다.

어느 날이었다. 황금산 도단땅에서 글공부를 하고 있던 삼천선비 중 하나가 말했다.

"아, 저 달은 초승달이 반달만큼이나 곱기도 곱구나. 하지만 주년국땅 노가단풍자지명왕 아가씨 얼굴보다 더 고우랴?"

이 이야기를 들은 주특대사승이 삼천선비를 향해서 말했다.

"여기 있는 삼천선비 가운데 노가단풍자지명왕 아기씨한테 가서 시주 받아오는 자에게는 삼천선비가 돈 서푼씩 내서 삼천 냥을 모아 주마."

그 때 주자선생이 나섰다.

"제가 가겠소. 지금 한 말을 계약서로 써 주시오."

주자선생은 중의 옷으로 갈아입고 천하임정국 땅으로 내려갔다. 임정국 대감의 큰 집이 보이는 골목으로 들어가 노둣돌 아래에 서서 소리치며 인사했다.

"소승 절에서 나왔습니다."

그러자 느진덕정하님이 나왔다.

"무슨 일로 이 집으로 왔습니까?"

"예, 사실은 우리 법당에 와서 원불수륙 드려서 탄생한 아가씨가 명이 짧아서 십오 세까지 살 듯, 명이 부족하니 시주를 받아다 수륙을 드려 원명을 잇고자 합니다. 그러니 시주를 내주십시오."

느진덕정하님이 시주를 떠서 대문 밖으로 나와서 내밀었다. 그러자 주자선생이 말했다.

"느진덕정하님아. 아가씨 원명을 잇고자 하는데, 아가씨 손으로 쌀 한 사발 시주를 내보내십시오."

"주자선생님, 우리 아가씨는 아버님, 어머님이 천황공사, 지하공사 살피러 가실 때, 일흔여덟 비계살창 마흔여덟 고무살창 안에 넣어 놓고 마흔여덟 자물쇠로 감봉수레하고 갔습니다."

"그러면 아가씨 앞에 가서 한 번 물어보십시오. 제가 마흔여덟 자물쇠를 열면 아가씨 손으로 시주를 내어줄지 물어보고 오십시오."

느진덕정하님은 아가씨에게 가서 물었다.

"그렇게 하겠다고 전해라."

주자선생은 그 대답을 듣자마자 천앙낙화금정옥술발 한 번을 둘러치니 고무살창문이 요동하고, 두 번을 치니 자물통쇠가 요동하고, 세 번을 둘러치니 마흔여덟 자물통쇠가 저절로 덜컹 열렸다. 아가씨는 하늘이 볼까봐 청너울을 둘러쓰고 땅이 볼까봐 흑너울을 둘러쓰고 대문 밖으로 나왔다.

아가씨가 시주를 내주는데, 주자선생은 한 손은 소맷자락 속에 넣고, 전대 귀 한쪽은 입에 물고 한 쪽 귀는 손에 잡고 있었다.

"높이 들어 낮게 사르르 비우십시오."

이 모습을 본 노가단풍자지명왕 아가씨가 말했다.

"이 중은 양반의 집으로는 못 다닐 중이로구나. 한 쪽 손은 어디로 가고 전댓귀는 입으로 물고 있느냐? 네 어미 귀라 물었느냐?"

"예. 한쪽 손은 하늘옥황에 단수육갑 짚으러 올라갔습니다."

시주를 전대 안으로 삼세번 사르르 비울 때, 주자선생은 주머니 속에 넣었던 손을 내어 아가씨 상가마를 왼쪽으로 세 번, 오른쪽으로 세 번 삼세번을 쓰다듬으니 아가씨가 움찔움찔 놀랐다.

"이런! 괘씸한 중이다."

화가 난 아가씨가 욕을 했다.

"아가씨. 그렇게 욕하지 마십시오. 석 달 열흘 백일만 지나면 날 찾을 일이 저절로 생길 것입니다."

주자선생은 문 밖으로 나서고 아가씨는 살창 안으로 들어갔다.

"느진덕정하님아. 아까 이른 말이 아무래도 이유가 있는 듯 이상하다. 어서 빨리 나가서 저 중을 잡아 증거를 받아두어라."

느진덕정하님은 문 바깥으로 나가서 가는 중을 잡아놓고 고깔 귀도 한 조각, 장삼 귀도 한 조각 끊어서 노둣돌 아래에 파묻어 두고 아가씨에게 사실대로 일렀다.

주자선생이 시주를 받아가고 난 다음, 하루 이틀이 지나고 달이 가고 또 지나갔다. 그런데 아가씨의 몸이 예전 같지 못하고 밥에서는 밥내, 국에서는 국내, 물에서는 펄내, 옷에서는 풀내, 장에서는 칼내가 난다면서 음식을 전혀 먹지 못했다.

"먹고 싶어라. 새콤새콤 언다래도 먹고 싶어라. 달콤달콤 오미자도 먹고 싶어라."

밥은 먹지 못하고 새콤한 과일만 찾아대자 하루는 느진덕정하님이 오미자와 연다래를 따오려고 깊고 깊은 산골짜기에 들어갔다. 하지만 높은 나무 가지에 달려 있어서 아무리 팔을 뻗어도 열매를 딸 수가 없었다. 그러자 간절한 마음으로 손을 모아놓고 기도를 했다.

"명천 같은 하늘님. 홀연한 광풍이나 한 번만 몰아주십시오. 오미자와 연다래가 떨어지면 방울방울 주어다가 우리 아가씨를 먹여 살리겠습니다."

이렇게 기도를 하자마자 홀연히 광풍 불어와 높은 나뭇가지에 달려있던 열매가 방울방울 떨어졌다. 그것을 주워 아가씨에게 가져다주었지만, 한두 방울 먹고는 풀내가 나서 먹을 수 없다고 내밀어 버렸다. 아무것도 먹지 못한 노가단풍자지명왕은 사경을 헤매었다. 더 이상 볼 수가 없었던 느진덕정하님은 임정국 대감과 김진국 부인에게 편지를 보냈다.

"아가씨가 사경을 헤매고 있으니 일 년에 마칠 일은 한 달에 마치고, 한 달에 마칠 일은 하루에 마쳐 어서 바삐 돌아오십시오."

편지를 받은 부모는 깜짝 놀라며 짐을 쌌다.

"이 벼슬 못 살면 말지, 귀한 자식 죽어 가는데 어서 바삐 집으로 가자."

임정국 대감 부부는 천황공사 지하공사 그만두고 집으로 돌아왔다. 일흔여덟 고무살창을 헐렁하게 열어 보니 아가씨 배가 큰 독같이 불러 있었다. 노가단풍자지명왕이 먼저 아버님 앞에 인사를 드리는데, 마음을 소곡소곡 졸이며 병풍 뒤로 가서 인사드렸다.

"왜 병풍 뒤로 가느냐?"

"남자 앞이니까 병풍 뒤에서 인사드립니다."

"네 말도 맞다. 어떤 일로 눈은 흘기고 가느냐?"

"아버지가 언제면 올까 구멍으로 살짝살짝 하도 바라보다 보니, 찬 공기 맞아서 눈을 흘기고 갔습니다."

"코는 어찌 말똥코가 되었느냐?"

"아버지가 보고파서 하도 울다보니 콧물이 자꾸 흘러내려서 계속 닦다 보니 이렇게 말똥코가 되었습니다."

"배는 어찌 둥그렇게 부어오른 배가 되었느냐?"

"느진덕정하님이 홉 삼시 하라고 하였는데, 되 삼시를 하여놓으니 식충이 되어 부어오른 배가 되었습니다."

"목은 어찌 홍두깨가 되었느냐?"

"아버지가 올까 하여 작은 키를 자꾸 늘리면서 바라본 게 홍두깨 되었습니다."

"그래. 그렇구나. 어서 어머니께 인사드리러 가라."

김진국 부인은 딸을 빨리 보고 싶은 마음을 애써 감추고 딸이 오기만을 기다리고 있었다. 딸이 자작자작 인사드리러 오니 어머니는 딸을 보며 말했다.

"배는 어찌 둥그렇게 부어올랐느냐? 이상하구나. 분명히 나도 해 본 일이다."

딸의 부풀어 오른 배를 이상하게 여긴 어머니가 노가단풍자지명왕의 옷가슴을 풀어 보니 유두가 검어지고 일흔여덟 젖줄이 서 있었다.

"아이고. 이 일을 어떡하면 좋으냐? 양반의 집에 사당 공사 났구나. 궁 안에도 바람이 들었구나."

그때부터 인간들 집에 무슨 일을 당하면 "궁 안에 바람이 들었구나."라고 말했다. 김진국 부인이 은대야에 물을 떠 은젓가락 두 개를 걸쳐놓고, 딸을 앉혀서 보니 배 안에 중의 아들 삼형제가 소랑소랑 앉아 있었다. 이 일을 숨겨둘 수 없어서 임정국 대감에게 일렀다.

"앞밭에 베틀 걸어라. 뒷밭에 작두 걸어라."

자강놈을 불러다 칼춤을 추어가며 딸을 죽이려 하자 느진덕정하님이 달려들었다.

"저를 죽여주십시오."

앞에 달려들어 몸부림을 하고, 느진덕정하님을 죽이려고 하면 딸이 달려들어 몸부림을 하며 막았다.

"이거 할 수 없다. 딸 하나를 죽이려 하다가 다섯 목숨 다 죽이겠구나. 부모 눈 바깥에 났으니, 느진덕정하님하고 내 눈 밖으로 나가거라."

노가단풍자지명왕과 느진덕정하님은 지금까지 입던 옷가지를 모두 챙겨 싸서 백옥 같은 얼굴에 염주 같은 눈물을 뚝뚝 흘리며 말했다.

"아버지, 잘 계십시오. 전생팔자 좋게 날 낳던 어머니, 안녕히 계십시오."

지내던 방에서 나와 문 밖으로 나가려고 할 때였다.

어머니는 검은 암소를 내어주며 말했다.

"입던 옷을 여기에 싣고 가라."

아버지는 딸을 내쫓으면서도 안타까운 마음에 금부채를 내어주었다.

"너희들 앞이 막막할 때, 이 금부채로 다리를 놓아서 넘어가라."

이렇게 문 밖으로 나서는데 검은 암소도 여자이고, 느진덕정하님도 여자요, 아가씨도 여자다. 세 여자가 대문 밖을 나가니 갈 곳이 어디인가. 해 지는 양 발 가는 양, 어서어서 가자.

느진덕정하님 앞에 서고 아가씨는 뒤에 서서 설렁설렁 넘어갔다. 남해산도 넘어가고, 북해산도 넘어갔다. 그럭저럭 가다보니 눈앞에 칼선다리가 서 있었다.

"느진덕정하님아. 무슨 일로 칼선다리가 있느냐?"

"아가씨. 부모가 우릴 죽이려 할 때 칼을 세워 죽이려 하면 칼선다리가 되옵니다."

칼선다리를 넘어가니 애달픈다리가 서 있었다.

"느진덕정하님아, 이번에는 무슨 일로 애달픈다리가 있느냐?"

"부모가 자식을 집 밖으로 내어놓을 때 애달픈 마음먹으면 애달픈다리 됩니다."

애달픈다리를 넘어가니 등진다리가 서 있었다.

"이건 어떤 다리냐?"

"부모 자식 이별하여 등을 지고 나오면 등진다리가 됩니다."

등진다리를 넘고 가니 옳은다리 있었다.

"이건 어떤 다리냐?"

"부모 자식 이별할 때 자식을 생각하는 마음으로 옳은 마음 먹어서 금부채를 내어주니 옳은다리 됩니다."

옳은다리를 넘고 가니 아래에서 위로 흐르는 물이 있었다.

"물은 위에서 아래로 흐르는 것인데, 무슨 일로 여기는 물이 아래에서 위로 흐르느냐?"

"부모 자식 간에 자식이 집을 나가니 거슬러 오르는 물이 됩니다. 아가씨, 아가씨. 지금 우리 저 산 위에 올라가서 시원한 바람에 바람 쐬고, 아가씨 머리나 올립시다."

"그래. 그렇게 하자."

둘은 높은 오름 위에 올라가 세 가닥 땋아 내렸던 머리를 여섯 가닥으로 갈랐다가 머리를 올렸다. 주변을 둘러보니 대정으로 가는 건지오름이 보였다. 건지오름을 지나고 대정고을에 들어서니 조심다리가 있었다.

"아가씨. 조심조심 지나십시오."

이때부터 대정고을에 조심다리가 생겼다. 조심다리를 지나니 청수바다에 도착하였다. 아버지에게 받은 금부채다리를 놓아 청수바다를 지나가고, 흑수바다에 도착해서도 금부채다리를 놓아 지나갔는데, 수삼천릿길에 도착하였다. 하지만 이곳은 금부채로 다리를 놓을 수 없었다. 아가씨와 느진덕정하님은 대성통곡으로 울었다. 둘은 울다 울다 그만 지쳐서 잠이 들었다. 그런데 흰 강아지 한 마리가 꼬리에 물을 적셔 오더니 아가씨 얼굴을 살살 쓸었다.

아가씨는 잠결에 얼굴이 선득선득해서 벌떡 일어나 보니 흰 강아지 한 마리가 있었다.

"너는 누구냐?"

"아가씨, 아가씨. 나를 모르겠습니까? 아가씨가 임정국에 있을 때, 애지중지 키우던 흰 강아지입니다. 병들어서 죽자 용왕이 있는 바다에 넣어줘서 용왕국의 거북사자가 되었습니다. 아가씨. 염려 말고 내 등에 올라타십시오. 느진덕정하님과 검은 암소도 올라타시오. 수삼천릿길을 넘겨드리겠습니다."

"그래. 그렇게 하자."

흰 강아지는 용왕 바다로 들어가 거북사자로 모습을 바꾸었다. 거북 등에 모두 올라앉아 수삼천리를 쉽게 넘어갈 수 있었다.

수삼천리를 건너 흰 강아지와 헤어진 뒤 길을 더 가고 있는데, 절이 보였다. 앞서 가던 느진덕정하님이 절 문을 보더니 말했다.

"아가씨. 저 절 문 앞을 보십시오. 귀 없는 고깔이 걸려있고, 한 쪽 귀만 있는 장삼이 걸려있습니다."

노가단풍자지명왕 아가씨가 시키는 대로 느진덕정하님이 절 안으로 들어가 말을 했더니, 주자선생이 나왔다.

"증거물을 내어놓아라."

아가씨가 내놓은 장삼 귀를 맞추어 보니 꼭 들어맞았다.

"날 찾아온 인간이구나. 그러나 날 찾아온 인간이라해도 찰벼 두 동이를 손톱으로 까서 올려야 날 찾아온 인간이 분명해진다."

느진덕정하님이 찰벼 두 동이를 머리에 이고 와서 절당 밖에 앉았다. 하지만 손톱으로 까자고 하니 손톱이 아파 못 까고, 발톱으로 까니 발톱이 아파서 깔 수가 없었다. 둘은 비새 같이 울다가 지쳐서 잠이 들고 말았다. 그때였다. 어디선가 새들이 날아오기 시작했다. 천황새도 모여들고 지황새, 인황새가 모여들더니 오조조조 찰벼 두 동이를 새 입으로 다 까놓았다.

까무룩 잠이 들었던 둘은 새소리를 듣고 벌떡 깨어났다.

"이 새야, 훠이! 저 새야, 훠이 날아가 버려라."

새들이 포르릉 날아갈 때 앞날개로 바람을 일으켜 쌀겨를 다 불어버리니 찰벼 두 동이가 오골오골 까져 있었다. 둘은 기뻐하면서 법당 안으로 이고 가니 주자선생이 말했다.

"날 찾아온 인간이 분명하구나. 하지만 중은 부부를 맺어 사는 법이 없으니, 불도땅으로 굽은 길을 놓아줄 테니 불도땅에 들어가서 살아라."

주자선생이 길을 놔주니 둘은 불도땅으로 들어갔다.

시간이 흘러 구월 팔일에 불도땅에 도착하는데, 노가단풍자지명왕 아가씨가 배를 부여잡았다.

"아야, 배야. 아이고, 배야!"

곧 큰아들이 태어나려고 했다. 큰아들은 어머님 아래로 나오려 하다가 멈추었다.

"아버님이 안 보이는 거뭇길입니다."

어머니 오른쪽 겨드랑이를 모질게 뜯어서 큰아들이 태어났다.

십팔일이 되니 둘째아들이 태어나려고 했다.

"아래로 낳으시려고 합니까? 아버님이 못 내본 거뭇이라 우리 형님도 안 나온 길입니다."

왼쪽 겨드랑이를 모질게 뜯어 태어났다.

이십팔 일이 되자 셋째아들 태어나려 했다.

"아래로 낳으시려고 합니까? 아버님 못 내본 거뭇이라 우리 삼형제 태어나고자 하니 어머님 가슴인들 안 답답하겠습니까?"

셋째 아들은 어머니의 애달픈 가슴을 모질게 뜯으며 태어났다. 태어난 지 사흘째가 되니 어머니가 목욕상잔 내어놓고 몸 목욕을 시키고, 아기바구니 세 대 차려놓고 아기들을 눕혔다.

"여드레 본명두 자장자장, 열여드레 신명두 자장자장, 스무여드레 살아살축 삼명두도 자장자장."

자는 것은 글소리요, 노는 것은 활 소리였다.

세월이 흘러 삼형제는 한두 살이 지나가고 다섯 여섯 살이 되었다. 홀어머니 밑에서 자라다보니 남의 자식들은 설이 되면 좋은 옷을 입고 우레같이 노는데, 삼형제가 더덕더덕 누빈 바지저고리를 입고 큰길로 나가면 남의 집의 아이들이 손가락질을 하면서 놀렸다.

"애비 없는 호로새끼."

이렇게 구박을 하니 삼형제는 비새같이 울며 집으로 돌아왔다.

"어머니, 어머니. 우리 아버지는 어디 있습니까? 아버지 계신 데를 가르쳐 주십시오."

"너희 아버지는 너희 삼형제 크면 찾아볼 수 있을 것이다."

이런 말로 삼형제를 달래며 키웠다.

어느덧 여덟 살이 되자 남의 자식들은 삼천서당으로 글공부를 가고 있었다. 하지만 삼형제는 너무 가난하여 글공부를 할 수가 없었다. 하루는 삼형제의 소식을 들은 삼천서당 선생님은 큰 아들은 삼천선비가 공부할 때 쓰는 벼룻물 놓기를 시키고, 둘째 아들은 선생님 방에 재떨이 비우고 방안 치우기를 시키고, 셋째 아들은 선생님 묵는 방의 굴뚝지기로 들였다. 삼형제가 맡은 일을 다 하면 굴뚝 어귀에 모여 앉아 손바닥으로 재를 평평하게 골라놓고, 하늘천 따지를 쓰면서 글을 배웠다. 그런데 이렇게 글을 배운 삼형제가 다른 집 아이들보다 훨씬 뛰어나게 공부를 잘했다. 글 솜씨도 장원이 될 정도로 잘 썼다.

하지만 서당에서 공부하는 삼천선비는 삼형제의 별명을 지어 불렀다. 불 옆에서 공부한다고 '잿부기 삼형제'라고 지어 부르면서 놀렸다.

잿부기 삼형제가 열다섯 살이 되었다. 삼천선비는 서울 상시관에 과거 보러 준비를 하고 있었다. 하지만 삼형제는 깨끗한 옷도 없고 돈도 없어 과거를 볼 수가 없자 어머니 앞에서 대성통곡으로 울었다. 아들들을 불쌍히 여긴 어머니는 곰곰이 생각하다가 삼형제를 삼천선비 짐꾼으로 붙여서 따라갈 수 있도록 했다.

젯부기 삼형제는 삼천선비가 내민 무거운 짐을 잔뜩 지고 방울땀을 흘려가며 묵묵히 따라갔다. 그러다가 지쳐서 떨어지면 욕을 하고 발길질을 했다.

"빨리 걸어라. 빨리. 왜 이리 떨어지느냐?"

삼형제는 갖은 구박을 참아가며 염주알 같은 눈물을 흘리면서 갔다.

한참을 가던 삼천선비가 자기들끼리 숙덕거렸다.

"잿부기 삼형제를 떨쳐두고 갑시다. 이놈들을 데리고 갔다가는 우리들이 과거에 낙방될 테니, 무슨 꾀를 내어서라도 떨쳐버리고 갑시다."

이런 의논을 하더니, 하나가 잿부기 삼형제에게 다가와서 말했다.

"너희들은 돈도 없는 것 같으니 배좌수 집의 배나무 밭에 가서 저 배 삼천방울만 따오너라. 그러면 우리가 한 방울씩 먹고 돈 삼천 냥을 모아 주겠다. 배 삼천 방울 따오기가 어떠하냐?"

"그렇게 하겠습니다."

삼천선비의 말을 곧이곧대로 믿은 삼형제는 배좌수 집의 배나무를 오르기 시작했다. 하나가 위로 오르면 뒤를 받치며 삼형제를 모두 나무 위에 올려놓고, 배 삼천방울 따는 사이에 삼천선비는 서울로 올라가 버렸다. 그것을 뒤늦게 안 삼형제는 배를 따서 바짓가랑이에 가득 넣어놓고 올라가지도 내려가지도 못하고 배나무 위에서 비새같이 울고 있었다.

그때 낮잠을 자던 배좌수가 현몽을 꾸었다. 배나무 위에서 청룡과 황룡이 틀어지고 얽어져 앉아 있었다. 잠에서 깬 배좌수가 배나무 위를 올려다보니 무지렁이 총각 셋이 올라 앉아 내려오지 못하고 있었다.

"당장 배나무 밑으로 내려오너라. 바짓가랑이의 배는 대님 풀어서 아래로 떨어지게 두고 그냥 내려오너라."

삼형제는 배좌수가 말하는 대로 배를 아래로 떨어트렸다.

"우리 삼형제 목숨은 끝이로구나. 불쌍한 어머님과도 이별이로구나."

삼형제가 벌벌 떨면서 배나무 아래로 내려오자 배좌수는 삼형제를 집으로 데려가서 모든 사실을 물어보았다.

"이 아이들 삼형제는 과거 볼 아이로다."

배좌수는 저녁밥을 차려 삼형제를 잘 먹인 뒤, 돈 열 냥씩 내어주면서 말했다.

"어서 가서 과거를 보아라. 종이전에 가면 종이 준다. 먹전에 가면 먹 준다."

삼형제는 배좌수의 도움을 받아 서둘러 과거 시험을 볼 상시관으로 올라갔다. 하지만 너무 늦게 도착하여 동서남북 문이 모두 닫혀 있었다.

삼형제는 문 안으로 들어갈 수가 없게 되자 절망에 빠져 비새같이 울고 있었다. 그때 연주문 바깥에서 팥죽 팔던 할머니가 다가왔다.

“무슨 일로 이렇게 울고 있습니까?”

“우리도 과거를 보러 왔는데, 먼저 들어간 삼천선비와 같이 못 와서 문이 닫혀 입참을 못해서 이렇게 울고 있습니다.”

“그러면 이렇게 하시오. 과거에 올릴 준비를 해 두십시오. 우리 집 딸이 삼천선비 벼룻물지기인데, 벼룻물을 길러 나오면 과거를 볼 수 있도록 하겠습니다.”

삼형제는 매우 기뻐하면서, 붓전에 가서 붓을 사고 먹전에 가 먹을 사고, 벼루전에 가서 벼루를 사왔다. 붓에 먹을 적셔서 큰 형님은 ‘천지혼합’, 둘째 형님은 ‘천지개벽’, 작은 동생은 ‘삼경개문’ 써 놓았다. 잠시 후에 문이 열리고 팥죽장사 할머니의 딸이 나와서 글 쓴 종이를 주었더니, 그 종이로 돌을 싸서 팽팽 뭉치더니 상시관 가슴으로 던져 맞췄다. 그러자 상시관은 뭉친 종일 펴서 보고 무릎 아래에 놓았다.

삼천선비는 과거를 치렀지만 모두 낙방이 되었다. 젯부기 삼형제 과거를 펼쳐본 상시관이 외쳤다.

“이게 누구 과거냐?”

아무리 부르고 외쳐도 어느 선비 나오지 않았다. 연주문을 열어서 연주문 뱃길을 보니, 팽나무 아래에서 삼형제는 잠을 자고 있었다. 그때 누구가가 외쳤다.

“젯부기 삼형제 과거입니다!”

이 소리에 삼형제가 깜짝 깨어나 보니 장원이 되어 있었다. 큰형님은 장원급제, 둘째 형님은 문선급제, 작은 동생은 팔도도장원이 되었다. 낡고 더러운 누비바지를 벗어두고 상시관이 내어주는 관복을 입었더니 일월이 노는 듯했다.

“이만 하면 우리 어머님이 얼마나 반갑고 기뻐하랴!”

삼형제가 기뻐서 어찌할 바를 몰라 하는데, 삼천선비가 상시관에 신원했다.

“중의 아들 삼형제는 과거를 주고 삼천선비는 왜 과거에 모두 낙방시킵니까?”

"어찌 중의 자식인 줄 알겠느냐?"

"도임상을 차려 줘 보십시오. 알 도리가 있습니다."

삼천선비의 말대로 도임상을 차려서 삼형제에게 주니, 주륙안주는 먹는 척하며 상 아래로 내려 놓았다. 이것을 본 상시관이 와서 외쳤다.

"젯부기 삼형제 과거낙방이오!"

삼형제가 관복을 벗어놓고 입었던 낡은 누비바지를 둘러 입고는 땅을 치고 팔목을 비틀어가며 대성통곡을 하면서 울었다.

그때 다시 상시관에서 명령이 나왔다.

"삼천선비 가운데서 연주문 맞추는 자가 있으면 과거합격을 주겠다."

삼천선비가 모두 활을 쏘는데 맞는 자가 하나도 없었다. 하지만 큰 형님이 화살 한 대를 쏘니 연주문이 요동하고, 둘째 형님이 쏘니 연주문이 열리고, 작은 동생이 쏘니 연주문이 저절로 설컹 넘어졌다. 이것을 본 상시관에서 호령했다.

"하늘에서 내린 과거로다. 과거를 내어 주어라. 청일산도 내주어라. 흑일산도 내주어라. 백일산도 내주어라. 벌련뒷개 쌍가마, 어수화 비수화, 삼만관속 육방하인, 일관노 일제석, 춤 잘 추는 저 광대, 줄 잘 타는 사령까지 모두 내어주어라."

"비비둥둥 비비둥둥……."

상시관의 호령에 풍악을 울리고 온갖 일이 펼쳐지니 삼형제는 손을 잡고 기뻐했다.

"이만하면 우리 어머니 얼마나 기뻐하겠느냐. 어서 바삐 어머니 계신 곳으로 가자."

삼형제가 집으로 돌아갈 채비를 느긋하게 하는 동안 삼천선비는 서둘러 고향으로 돌아갔다. 그리고 곧장 느진덕정하님을 불러 세워서 말했다.

"너희 상전 삼형제를 과거낙방시키면 종문서를 돌려주마."

삼천선비는 느진덕정하님에게 무슨 일을 어떻게 해야 할지 세세히 말해주었다.

"그렇게 하겠습니다."

이렇게 해서, 노가단풍자지명왕 아가씨는 삼천선비의 물명주 전대에 목이 걸려 삼천천제석궁 깊은 궁에 갇히고 말았다. 느진덕정하님은 머리 풀어헤치고 짚으로 꼬아서 머리에 묶어서, 아이고 하며 울고 있었다. 삼형제가 돌아오자 다가가서 말했다.

"상전님들아, 상전님들아. 어머니는 죽어서 출상하였는데, 과거를 하면 무엇합니까?"

삼형제는 이 말을 듣고는 너무 놀라서 펄쩍 뛰었다.

"어머님은 죽어서 세상을 버렸는데, 우리가 과거를 하면 무엇할까. 삼만관속 육방하인 일관노 일제석 다 돌아가라."

삼형제는 행전을 벗어두고 통두건을 쓰고, 아이고 아이고 울어가며 어머니 묻은 곳을 가보니 아무것도 없는 헛무덤이었다.

"어머니를 찾아야 한다. 어머니를 찾으려면 외할아버지 땅으로 찾아가자."

삼형제는 외할아버지 땅 임정국으로 들어갔다. 그때 외할아버지가 배석(陪席) 자리를 내어주었는데, 그때부터 신의 형방 굿을 할 때면 첫째 신제 배석 자리를 주는 법이 생겼다.

"어머니를 찾아주십시오."

삼형제가 외할아버지에게 애원했다.

"아버지를 찾아가라."

"아버지가 어디 있습니까?"

"황금산 도단땅 주자대선생이 너희 아버지다."

삼형제는 외할아버지가 알려주는 대로 황금산 도단땅 주자선생을 찾아갔다.

주자선생은 삼형제를 맞아주면서 말했다.

"너희가 전생팔자를 그르쳐야만 어머니를 찾을 수 있다."

"그렇게 하겠습니다."

삼형제가 모두 같은 말을 했다.

"가엾은 아들들아. 처음 나를 찾아올 때 제일 먼저 무엇을 보았느냐?"

"하늘을 보고 왔습니다."

하늘 천(天)자 마련했다.

"두 번째는 무엇을 보았느냐?"

"땅을 보고 왔습니다."

땅 지(地)자를 마련했다.

"세 번째는 무엇을 보았느냐?"

"골목 문을 보고 왔습니다."

문 문(門)자 마련하자 천지문이 되어, 아버지는 개천문을 마련했다.

"가엾은 아들들아. 과거 급제하여 올 때 무엇이 가장 좋더냐?"

큰아들이 말했다.

"도임상이 좋았습니다."

"큰아들은 초감제상 받아보아라."

초감제를 마련했다.

"둘째 아들은 무엇이 좋았느냐?"

"벌련뒷개 쌍가마가 좋았습니다. 육방하인이 좋았습니다."

"초신맞이 받아보아라."

초신맞이를 마련했다.

"작은 아들은 무엇이 좋았느냐?"

"남수와지 적쾌자에 늘러 붙은 갓끈에 관복이 좋았습니다."

시왕 대를 짚어 밟아나가도 시왕이요, 밟아 들어와도 시왕이요, 시왕맞이를 마련했다.

"너희 어머니는 삼천천제석궁 깊은 궁에 갇혀있다. 그러니 그냥은 못 찾는다. 저절로 죽은 소가죽 벗겨서 울랑국 범천왕을 마련하여 드리쿵쿵 내쿵쿵 계속 울리고 있으면 너희 어머니를 찾을 수 있을 것이다. 할 수 있겠느냐?"

북

"네, 할 수 있습니다. 그렇게 하겠습니다."

삼형제는 불도땅으로 돌아가 너사메의 아들 너도령을 만났다.

삼형제는 어머니가 입던 단속곳 한쪽 가랑이로 너도령까지 모두 나와서 형제 항렬 맺었다. 그리고 굴미굴산으로 올라가 오동나무 첫 가지를 베어다가 북통을 마련하고, 둘째 도막은 잘라서 동네북을 마련하고, 셋째 도막은 끊어다가 병든 망아지의 가죽을 벗겨서 북을 마련했다. 이렇게 삼동막에 살장구, 울징을 마련하여서 삼천천제석궁으로 들어갔다.

"불쌍한 어머니. 깊은 궁에 들어가셨거든 얕은 궁으로 나오십시오."

두이레 열나흘을 들여서 올려서 울리고 내려서 울렸더니 삼천천제석궁에서 문을 열어주었다.

"밤낮을 모르고 울어가고 울어오니 노가단풍자지명왕 아가씨를 궁 바깥으로 내어놓노라."

삼형제는 어머니를 살려서 나온 뒤, 어주에 삼녹거리의 탱자나무와 유자나무를 베어서 위로 높이고, 가지를 더 높여 천하대궐을 지어놓고 일천기덕 삼만제기를 연당(蓮堂) 위로 올리고 너사메 너도령은 연당 아래로 자리하게 했다.

"일천기덕을 지켜라"

너도령에게 일러두고 어머니는 천하대궐로 모시고 지켰다.

동해바다의 쇠철이 아들을 불러다 게상잔 게천문 천앙낙화 백모래로 형틀을 놓고 일월삼명두를 지어서 연당 위로 올리고 일월이 희롱하는 신칼의 위력을 마련하여 양반에게 원수를 갚으려고 삼시왕으로 올라갔다.

양반 잡던 칼은 일흔다섯 척 칼, 중인 잡던 칼은 서른다섯 척 칼, 하인 잡던 칼은 홑 다섯 척 칼로 마련하여, 일흔다섯 척 칼로 신칼의 위력을 보여 삼천선비에게 원수를 갚았다.

그때 아랫녘 유정승 따님아기가 여섯 살 되는 해에 육한대사가 지나가다가 엽전 여섯 푼을 내어주니, 아가씨가 장난감으로 가지고 놀다가 노둣돌 아래에 놓아둔 것이 일곱 살 되는 해에 눈이 어두워 죽었다가 다시 살아나고, 열일곱 되는 해에 죽었다가 살아나고, 스물일곱 해에 죽었다가 살아나고, 서른일곱에도 죽었다가 살아나고, 마흔일곱에도 죽었다가 살아나고, 쉰일곱에도 죽었다가 살아나고, 예순일곱에도 죽었다가 살아나고, 일흔일곱 되는 해에 대천국을 울리어 전생팔자를 그르쳤다. 그 법으로 전생의 팔자가 험악하니 전생팔자라 했다.

아랫녘 말젯자부장자집의 외동딸이 신병이 들어 죽어버리자 일곱 매듭으로 묶어놓으니, 유정승 따님아기가 찾아와서 물었다.

"무슨 일로 주인어른이 황천 울음을 합니까?"

"집안 외동딸이 죽어서 일곱 매듭으로 묶어놓고 대성통곡으로 울고 있습니다. 지나가는 사람이라도 와서 죽은 아기씨의 혈맥을 짚어보게 하는 게 어떻습니까?"

"죽은 사람 혈맥 짚어봐야 무슨 효과 있겠습니까?"

"그렇다 해도 우리 소원입니다."

유정승 따님아기가 혈맥을 짚고 말을 했다.

"이 아기씨는 삼시왕에 걸렸으니 백지 소지나 올려보십시오. 알 도리가 있습니다."

"그러면 이 아기가 살아날 수가 있겠느냐?"

"소지를 올려봐야 알겠습니다."

이렇게 대답했다.

"소지를 올리면 삽니다."

그때 이렇게 대답을 했으면 신의 신방들도 하늘 일, 땅 일을 모두 알 수 있었을 텐데, "굿을 해 봐야 압니다."라고 해버려서 반길반흉이 되었다. 어쨌든 이때 백지 소지를 드리니 죽었던 아기가 파릇파릇 살아났다.

"두 이레 열나흘 전새남을 하옵소서."

징, 징채

유정승 따님아기가 말하는 대로 전새남을 하려 하니 일천기덕이 없었다. 그래서 삼시왕에 신원하였다.

"천하대궐 금법당에 있는 일천기덕 삼만제기를 내어 주십시오."

불도땅으로 들어가 물명주 전대로 목을 걸어 대추나무 저울로 재어보니 유정승 따님아기는 백근이 가득 차니 금법당에서 일천기덕 삼만제기와 모든 악기를 내어주었다.

제석궁에는 신소무(神小巫)가 없으니 북선생은 조만손, 장구선생 맹철광대, 징선생 와랑쟁이, 꽹과리선생 징내손, 귀매(鬼魅)선생, 날매선생, 떡선생, 제물선생, 술선생 이태백, 보답선생 문선왕 마련하여, 두 이레 열나흘 전새남을 하는데 유정승 따님아기가 일흔일곱 굿을 잘하여 천하를 울려 좋은 전생팔자 그르치던 초공난산국 근원입니다.

— 원문출처: 현용준, 『제주도무속자료사전』, 신구문화사, 1980.

4. 원천강과 계절의 신 오늘이 〈원천강본풀이〉

옥 같이 고운 여자아이가 적막한 들에 외로이 나타났다. 아이를 발견한 이 세상 사람들이 아이에게 물었다.

"너는 어떤 아이냐?"

"나는 강남들에서 태어났습니다."

"성이 무엇이고 이름이 무엇이냐?"

"나는 성명도 모르고 아무것도 모릅니다."

"그러면 어떻게 지금까지 살아왔느냐?"

"내가 강남들에 태어날 때부터 어떤 학이 날아와서 한쪽 날개는 깔아주고 다른 한 날개는 덮어주고 야광주를 물어주며, 그리저리 살려주니 오늘까지 무사히 살아왔습니다."

"나이는 얼마냐?"

"나이도 모릅니다."

이런 저런 이야기를 들은 사람들이 아이에게 말했다.

"너는 태어난 날을 모르니, 오늘을 낳은 날로 하여 이름을 오늘이라고 하라."

여러 사람들에게 이름을 얻은 오늘이는 이리저리 들판을 돌아다니다가 박이왕의 어머니 백씨부인에게 갔다.

"너는 오늘이가 아니냐?"

"네 오늘이옵니다."

"네 부모가 누구인지 아느냐?"

"모릅니다."

"네 부모님은 원천강에 있다."

"원천강은 어떻게 갑니까?"

"네가 원천강으로 가려거든 서천강가의 흰 모래밭으로 찾아가거라. 그곳의 별층당에 앉아서 글 읽는 동자가 있으니, 그 동자에게 찾아가서 물어

보면 소망을 달성할 수 있을 것이다."

오늘이는 서천강가의 흰 모래가의 별층당으로 찾아갔다. 문 밖에서 종일토록 서 있다가 날이 저물자 성 안에 들어가서 불렀다.

"지나가는 사람입니다. 누구 안 계십니까?"

사람을 부르자 안에서 청의동자가 나왔다.

"누구입니까?"

"나는 오늘이라는 사람입니다. 도령님은 누구십니까?"

"나는 장상이라고 하는 사람인데, 옥황의 분부로 여기 앉아서 언제든지 글만 읽고 있어야 한답니다. 그런데 무슨 일로 이곳에 오셨습니까?"

"부모가 원천강에 계신다고 해서 그곳으로 가는 길입니다."

오늘이가 대답하니 청의동자가 친절하게 말했다.

"오늘은 날이로군요. 점을 보니 올라와서 이곳에서 쉬고 밤이 새거든 떠나시오."

장상이가 별층당으로 안내를 했다. 오늘이는 별층당으로 올라가서 인사를 하고 백씨부인을 만난 사실을 말하며 길을 알려주기를 간청했다.

"가다보면 연화못이 있는데, 그 못가에 연꽃나무가 있습니다. 연꽃나무에게 물으면 길을 잘 알려 줄 것입니다. 그런데 내 이야기도 하나 들어주십시오. 원천강에 가거든 왜 내가 밤낮 글만 읽어야 하고, 이 성 바깥으로 외출을 못하는지 그 이유를 물어다가 전해 주십시오."

이야기를 다 들은 오늘이는 날이 새자마자 장상이가 알려준 곳으로 길을 나섰다. 가다 보니 장상이가 말한 대로 연화못이 있었고, 연못가에 큰 연꽃나무가 있었다.

"연꽃나무야, 말 좀 물어보겠습니다. 원천강에 가려면 어디로 가야 합니까?"

"무슨 일로 원천강으로 가느냐?"

"나는 오늘이라는 사람입니다. 내 부모님이 원천강에 있다고 하니 찾아가는 길입니다."

"그것 참 반가운 말이로구나. 내가 길을 알려주면 내 팔자도 알아다 주시오."

"무슨 팔자입니까?"

"나는 겨울에는 움이 뿌리에 들고, 정월이 되면 몸속에 들었다가 이월이 되면 가지로 가고, 삼월이 되면 꽃이 되는데, 제일 높은 상가지에만 피고, 다른 가지에는 피지 않으니 이것이 무슨 팔자인지를 물어봐 다오. 원천강은 저쪽으로 가다보면 청수바닷가에서 천하의 큰 뱀이 누워서 구슬을 굴리며 놀고 있을 터이니, 가서 그 뱀에게 물어보면 네가 원하는 것을 얻게 될 것이다."

오늘이는 연꽃나무와 이별하고 청수바다로 갔다.

청수바닷가에 도착하니 구슬을 이리저리 굴리고 있는 큰 뱀이 있었다. 가까이 다가가서 인사를 하고 이름을 알려준 다음에 여기까지 오면서 지금까지 겪은 사실을 말해 주었다.

"어떻게 하면 원천강에 찾아갈 수 있는지 가르쳐 주십시오."

"길을 알려주기는 어렵지 않습니다. 하지만 내 부탁도 하나 들어주시오."

"그 부탁이 무엇입니까?"

"다른 뱀들은 야광주를 하나만 물어도 용이 되어 승천을 하는데, 나는 야광주를 세 개나 물어도 용이 못되고 있으니 어쩌면 좋겠는가 물어봐 주시오."

오늘이는 큰 뱀의 부탁을 들어주겠다고 했다. 큰 뱀은 오늘이를 등에 태워서 청수바다를 헤엄을 쳐서 건너편으로 넘겨주었다.

"이 길로 가다보면 매일이라는 사람을 만날 터이니 그 사람에게 물어보시오."

큰 뱀과 작별하고 알려준 길로 가다보니 청의동자 장상이가 글을 읽고 있던 별층당과 같은 곳이 보였다. 매일이는 그곳에서 글을 읽고 있었다. 오늘이는 매일이에게 인사를 하고 부모가 있는 원천강으로 가는 길을 알려달라고 부탁했다. 그러자 매일이는 흔쾌히 승낙하고 원천강에 가면 자기가 왜 항상 글만 읽고 있어야 하는 팔자인지 물어봐 달라고 부탁했다. 그곳에서 하룻밤을 지내고 작별할 때였다.

"가다보면 궁녀들이 눈물을 흘리고 있으니 그들에게 물어보면 소원을 성취할 것입니다."

매일이는 이렇게 말했다.

그렇게 해서 매일이가 알려준 대로 앞으로, 앞으로 가다 보니 궁녀들이 흐느끼며 울고 있었다. 오늘이가 다가가서 이유를 물었다.

그들은 하늘 옥황의 시녀였는데 우연히 죄를 지어 우물의 물을 푸고 있으며, 물을 다 퍼내기 전에는 옥황으로 올라갈 수가 없었다. 하지만 아무리 퍼내려고 해도 푸는 바가지에 큰 구멍이 뚫어져 있어서 물을 조금도 바깥으로 퍼 내지 못하고 있었다. 그래서 오늘이에게 도와주기를 청했다.

"옥황의 선녀가 못 푸는 물을 어리석은 인간이 어찌 풀 수 있습니까? 못합니다."

오늘이가 거절하자 선녀들은 더 크게 흐느껴 울었다.

그것을 본 오늘이는 선녀들에게 수풀에서 정당풀을 베어 오라고 했다. 선녀들이 정당풀을 베어오자 그것을 찧어서 바가지의 구멍을 막고, 거기에 송진을 녹여서 막은 곳을 칠했다. 튼튼히 칠하고 잘 말린 다음에 정성을 다하여 옥황상제에게 축도를 했다. 구멍을 막은 바가지로 오늘이와 선녀들이 물을 푸자 순식간에 우물이 말라붙었다.

선녀들는 사지에서 소생한 듯이 크게 기뻐하며 고마워했다. 그리고 오늘이가 원천강으로 가는 길을 동행하면서 길을 알려주겠다고 했다. 선녀들을 따라서 길을 가다보니 저 멀리서 별당이 보였다. 선녀들는 오늘이가 가는 곳에 행복도 가게 하여 달라는 축도를 하고나서 떠났다.

오늘이는 열심히 걸어서 별당으로 다가갔다. 별당 주위에는 높고 긴 만리장성이 쌓여 있었고, 정문은 문지기가 지키고 있었다.

"문을 열어 주십시오."

"너는 누구냐?"

"나는 인간 세상의 오늘이라는 사람입니다."

"무슨 이유로 이곳에 왔느냐?"

"이곳에 내 부모님이 있다고 해서 찾아왔습니다."

"문을 열어 줄 수 없다."

문지기는 냉정하게 거절했다.

불쌍한 오늘이는 하늘이 무너지는 것 같은 절망에 빠지고 말았다. 지금까지 수많은 힘든 고난을 이겨내면서 부모님이 있는 원천강 문 앞까지 왔는데, 더 이상 갈 수 없다는 말을 듣자 눈앞이 캄캄하고 머릿속이 새하얗게 변했다. 절망에 빠진 오늘이는 땅에 엎드려서 울었다.

"수백만 리 먼 인간 세상에서 아이가 혼자 외로이 온갖 산을 넘고 온갖 물을 건너고 온갖 고생 겪으면서 부모님이 있는 곳까지 찾아왔는데 이렇게도 박정하게 하는구나. 이 문안에는 내 부모가 있을 텐데, 이 문 앞에 내가 여기까지 왔건만 매일이는 소원성취 한다고 했건만 원천강 신인들은 너무 무정하구나. 빈 들에 홀로이 울던 아이가 천산만하를 넘어서 외로운 아이가 부모가 있는 문 앞에 왔는데, 외로운 아이는 부모는 다 보았나? 내 할 일 다 하였나? 강남으로 돌아갈까, 가면 무엇 하나? 여기서 죽자. 만난 이들의 팔자 부탁은 어찌하나? 모든 은혜를 어찌 하나? 박정한 문지기야, 무정한 신인들아. 그립던 어머니, 그립던 아버지!"

오늘이가 이렇게 말하며 흐느껴 우니 돌 같은 문지기의 마음에도 눈물의 동정이 일어났다.

문지기는 궁으로 올라가서 이런 사실을 말하니 벌써 부모는 이미 알고 있었다. 오늘이의 울음소리가 부모에게까지 들렸던 것이다. 문지기는 자기의 책임을 이야기했다.

"문을 못 열어 주었습니다. 그래도 이 일을 어떻게 해야 할지 여쭈려고 왔습니다."

"벌써 다 알고 있다. 들어오게 하여라."

절망의 끝에서 낙심하고 있던 오늘이는 갑자기 찾아온 의외의 기쁜 소식에 꿈인가 생시인가 하며 안으로 들어갔다.

기다리고 있던 부모 앞으로 가니, 아버지가 물었다.

"너는 왜 이곳에 왔느냐?"

오늘이는 학의 날개 속에서 살던 때부터 지금까지 지난 일을 모두 말했다. 부모는 기특하다고 칭찬하며 자신들의 자식이 분명하다고 하였다.

"너를 낳은 날에 옥황상제가 우리를 불러서 원천강을 지키라고 하니 어느 명이라 거역할 수 있겠느냐. 우리가 여기에 있었으나 항상 네가 하는 일을 다 보고 있었으며, 항상 너를 보호하고 있었다. 이리하여 구경이나 하라."

만리장성으로 둘러싸여 있던 곳을 곳곳마다 문을 열어 보았다. 그곳에는 춘하추동 사시절이 모두 있었다.

구경을 마치고 오늘이는 왔던 길로 다시 돌아가야 했다. 떠나기 전에 들었던 모든 부탁을 말하니 부모가 이렇게 알려주었다.

"장상이와 매일이는 부부가 되면 만년 영화를 누릴 것이요, 연꽃나무는 윗가지의 꽃을 따서 처음 보는 사람에게 주면 다른 가지에도 만발할 것이며, 큰 뱀은 야광주를 한 개만 물었으면 될 터인데, 너무 욕심을 많이 가져서 세 개를 물어버리니 용이 못 된 것이다. 그러니 처음 보는 사람에게 두 개를 뱉어주어 버리면 곧 용이 될 것이다. 너도 그 야광주들과 연꽃을 가지면 신녀가 될 수 있다."

돌아오는 길에 매일이를 만나서 부모에게 들은 대로 말했다.

"하지만 저는 장상이가 있는 곳을 모릅니다."

"내가 데려다 주겠습니다."

오늘이와 매일이는 함께 길을 갔다. 청수바닷가에서 기다리고 있던 큰 뱀을 만나서 사실을 말했다. 그러자 큰 뱀은 야광주 두 개를 뱉어서 오늘이에게 주었고, 바로 용이 되어 뇌성벽력을 치면서 승천하였다.

다음에 연꽃나무를 만나 말을 하니, 윗가지를 꺾어서 오늘이에게 주었다. 그러자 가지마다 고운 꽃이 피어서 아름다운 향을 뽐내게 되었다. 다음에 장상이가 있는 별층당으로 갔다. 그곳에서 매일이와 장상이는 부부가 되어 이 세상의 만년 영화를 누리게 되었다.

오늘이는 부모가 있는 곳을 알려준 백씨 부인을 찾아갔다. 반갑게 맞아주는 백씨 부인에게 오늘이는 야광주 하나를 선사하며 감사의 마음을 전했다.

그리고 오늘이는 옥황의 신녀가 되었다. 그때부터 오늘이는 계절마다 인간 세상으로 와서 다니며 원천강의 아름다운 모습을 그리게 하였다.

— 원문출처: 아키바 다카시, 아카마쓰 지조, 『조선무속의 연구』, 동문선, 1991.

용신

제3부

신과 인간의 대결

1. 염라대왕과 대결한 강림사제 〈차사본풀이〉

동경국의 버물왕에게는 아홉 형제가 있었다. 그러나 이 아홉 형제 중에서 한 날 한 시에 위로 삼형제와 아래 삼형제가 아무 병도 없이 죽어 버리고 가운데 삼형제만 살았다.

버물왕은 남은 자식을 지키고 싶은 마음으로 아들 삼형제를 십리 바깥에 있는 서당으로 매일 다니게 하면서 글공부를 시켰다. 이렇게 하면 없는 명과 없는 복을 지니게 하여 줄까 싶었다. 하루는 삼형제가 글공부 하고 오다가 정자나무 그늘에 도착해서 책보자기 세 개를 놓아두고 땀을 식히고 있었다. 그때 동개남 은중절에서 부처님을 모시는 대사님이 헌 당도 낡고 헌 절도 무너지자 시주를 받아서 수리하려고 내려오고 있었다.

대사님은 한 땀 바느질한 고깔과 두 땀 바느질한 얻은 장삼, 열다섯 자 긴 보자기와 일곱 자 자루를 왼쪽으로 둘러 오른쪽으로 매고 오른쪽으로 둘러 왼쪽으로 매고 인간 세상으로 소곡소곡 내려오고 있었다. 이때 버물왕 아들 삼형제가 노는 것을 본 대사님이 가까이 다가왔다.

"너희들, 낳기는 잘 낳았어도 열다섯 살에 생이 끝날 운명이로구나."

이렇게 말하고 지나갔다.

이 말을 들은 삼형제는 백옥 같은 얼굴로 염주알 같은 눈물을 주룩주룩 흘리면서 비새 울 듯 울었다. 울며불며 집으로 돌아온 삼형제는 디딤돌 위에 책보자기 세 개 놓아두고 디딤돌 아래로 엎드려서 울었다. 이를 본 버물왕이 물었다.

"오늘은 훈장님한테 채찍을 맞았느냐? 아니면 지적을 들었느냐?"

"훈장님한테 지적 듣고 채찍을 맞은 것은 서운할 것 있습니까? 우리 아홉 형제인데 위로 삼형제 아래로 삼형제 명이 짧아 죽어버리고, 우리 삼형제도 열다섯 살이 명이라고 합니다."

"어느 누가 이르더냐?"

"어떤 대사님이 지나가다가 말했습니다."

"그 대사님이 얼마만큼이나 가셨느냐?"

"얼마 안 갔습니다."

버물왕은 자식에 대한 마음으로 내달려서 갔다. 얼마 가지 않아서 대사를 만나 집으로 들어오기를 청했다.

"원천강 화상이나 가졌느냐? 화주역이나 가졌느냐?"

"부처님을 모시는 대사가 원천강 화상이나 화주역을 안 가질 리가 있습니까?"

"그러하면 이 애기들 사주팔자나 고하라."

대사님은 원천강 화주역 시주문서를 내어놓고 첫 장을 걷어서 누르고, 두 번째 장을 걷어서 누르고 난 다음 세 번째 장을 걷어서 말했다.

"이 애기들은 인간세상에서 세 번 죽고 나서 환생을 해야만 없는 명과 없는 복을 가진다고 나와 있습니다."

"그렇다면 이 애기들은 어떡하면 좋을꼬?"

"우리 절의 부처님이 영험하고 깨달음이 크니 수륙재를 드려보십시오."

"어떻게 수륙재를 드립니까?"

"큰 아들은 은기짐, 작은 아들은 놋기짐, 셋째 아들은 공단 비단짐을 차려놓으십시오."

대사님의 말에 버물왕이 대답했다.

"내 재산을 가지고 그것이야 어렵겠습니까?"

버물왕은 대사님이 말하는 대로 은기짐도 차려놓고, 놋기짐도 차려놓고, 공단 비단짐도 차려서 삼형제가 짐을 둘러지고 동개남의 은중절로 수륙 드리러 올라갔다.

삼형제는 절간으로 들어가 부처님 앞에 인사를 드리고 수륙재를 드리는데, 일 년 반을 드리니 부모님 생각이 났다.

하루는 일락서산으로 해는 떨어지고, 월출동령으로 달이 솟아오르자 삼형제가 마당에 나와서 노래를 불렀다.

"저 달이 곱기는 고와도 계수나무 그림자가 있어서 우리 부모님 얼굴만큼 아니 곱다. 저 하늘의 별은 모여서 송송 떠 있건마는 우리는 언제 이 원 수륙을 마치고 부모님과 밝은 얼굴로 상봉할까!"

삼형제가 노래를 부르고 방안으로 들어가니, 대사님이 와서 말했다.

"너희들, 이 절에서 삼 년만 수륙재를 드렸으면 명과 복을 지닐 것인데, 부모님이 보고 싶어 더 이상 수륙재를 못 드리니, 어쩔 수 없다."

이튿날 아침 해 뜰 무렵이 되자 대사님은 은기짐도 내어주고 놋기짐도 내어주고 공단 비단짐도 모두 내어주었다.

"너희들 삼형제가 집으로 가는 길에 마을마을 촌촌이 장사하면서 내려가다가 김칫골에 도착하거든 명심하고 기억해라. 김칫골을 지나면 바로 과양땅에 도달하니 과양땅을 조심해라. 과양땅에서는 잠도 자지 말고, 밥도 먹지 마라."

대사님의 당부를 기억하면서 삼형제는 마을마을 촌촌이 장사하면서 가다보니 어느덧 김칫골을 지나서 과양땅에 도착했다. 그런데 과양땅에 도착하니 난데없이 배가 고파서 걸을 수가 없었다. 주천강 연하못에 가서 은기, 놋기, 공단비단 짐을 내려놓고 삼형제가 물을 마시고는 소곡소곡 졸고 있는데, 과양땅의 과양생이 마누라가 물독을 지고 물 길러 오고 있었다.

발소리에 잠에서 깬 삼형제는 과양생이 마누라에게 말했다.

"은기 사려면 이 은기 사십시오. 놋기 사려면 이 놋기 사십시오. 공단비단 사려면 이 공단비단을 사십시오."

과양생이 마누라가 장사 짐을 살펴보더니 대답했다.

"우리 집으로 가면 은기, 놋기, 공단비단을 사겠습니다."

"이 마을에 술 주막이나 있습니까? 밥 주막이나 있습니까?"

"술 주막도 없어지고 밥 주막도 없어졌습니다. 우리 집으로 가면 술 주막으로도 좋고, 밥 주막으로도 좋고, 이부자리도 깨끗합니다."

과양생이 마누라는 은기, 놋기, 공단비단에 욕심이 나서 삼형제를 홀려서 자기 집으로 데려가려고 했다.

대사님의 충고를 잊은 버물왕 아들 삼형제는 과양생이 집으로 따라갔다. 들어가 보니 밥도 맛있고 이부자리도 깨끗하고 좋았다. 다음날 아침밥을 먹고 난 삼형제가 말했다.

"우리가 오늘 장사를 다니다가 올 것이니 저녁밥도 지어 주십시오."

과양생이 마누라가 기분 좋게 대답했다.

"그렇게 하십시오."

삼형제는 짐을 지고 나서는데, 큰 아들은 동문 바깥, 둘째 아들은 서문 바깥, 셋째 아들은 남문 바깥으로 제각기 장사를 하러 나갔다.

과양생이 마누라는 참누룩에 찹쌀을 쪄서 술을 빚었다. 그런데, 술을 고는데 아홉 불을 들여서 고고, 아홉 불에 고은 술은 열세 솥에 들이 고았다. 열세 솥에 들이 곤 술을 단 한 솥으로 들이 고았으니 고압 약주가 안 될 리 있겠는가. 그날 저녁, 삼형제는 장사를 다니다가 들어오니 과양생이 마누라가 밥을 하여 주어서 저녁을 잘 먹고 안 사랑방에서 잠을 잤다. 삼형제가 잠이 들고 야밤이 되어 개와 고양이도 잠드는 시간이 되자, 과양생이 마누라는 더러운 옷을 벗고 새 옷을 꺼내 입더니 술상을 차려서 삼형제 자는 안사랑방으로 가서 헛기침을 했다.

"귀신이오? 사람이오?"

"귀신은 무슨 귀신이 여기에 올 리가 있습니까? 주인아주머니입니다."

"주인아주머니가 무슨 일로 왔습니까?

"도령님들이 장사를 다니고 있으니 피곤하지 않겠습니까? 술상을 차렸으니 한 잔씩 하고 누워 주무십시오."

"문 밖에 그냥 놔두면 내일 아침에 일어나서 해장술이나 하겠습니다."

"해장술도 있습니다."

과양생이 마누라는 막무가내로 문을 열고 들어왔다.

"도령님들 장사하러 다니다 보니 어느 고을, 어느 동네가 좋았습니까?"

"아무 고을, 아무 마을, 아무 동네가 좋았습니다."

"이보십시오. 우리 앞으로 이렇게 하는 것이 어떻습니까? 도령님들과 내가 장사를 같이 다니면서 나는 거기에서 술장사나 하는 것이 어떻습니까?"

"그렇게 해도 되겠습니다."

삼형제는 과양생이 마누라가 한 잔씩, 한 잔씩 부어주는 술 석 잔씩을 마시고는 술에 흠뻑 취하여 지식지식 잠이 들었다. 이것을 본 과양생이 마누라는 자기 방으로 들어가서 새 옷을 벗어두고 입던 더러운 옷을 다시 입고서는 삼 년 묵은 참기름을 솥뚜껑에 펄펄 끓였다. 끓는 참기름을 가지고 다시 돌아오더니 삼형제 귀로 술술 들이 부었다. 삼형제는 못 견뎌서 펄떡 펄떡 뛰다가 픽 쓰러져서 죽어버렸다.

과양생이 마누라는 삼형제의 은기와 놋기, 공단비단을 이불로 감춰두고 안사랑에서 나가더니, 잠든 서방을 흔들어 깨웠다.

"잡니까?"

"예. 잡니다."

"우리가 돈을 많이 벌게 되었습니다. 버물왕 아들 삼형제가 들어와서 고압약주를 먹고는 축 쳐져서 죽고 있습니다. 내 말을 들어 보십시오. 돈 한 냥씩 줘서 지게꾼을 빌어다 주천강 연하못에 그냥 저것들을 집어넣어 버립시다. 그러면 은기와 놋기에 공단비단을 우리가 차지하면 천하거부 될 거 아닙니까?"

"아, 그러면 죄 짓는 것 아닙니까?"

"죄라고? 요놈 이 자식은 들어오는 복을 막대기로 치려 하는구나. 이 집에서 나가라. 살림을 나누겠다."

"아니, 살림을 나누고 할 것 있어? 하고픈 대로 그렇게 일을 하시오."

과양생이 마누라는 당장 이웃에 사는 지게꾼에게 달려갔다.

"길 가던 거지 세 놈이 우리 집에 와서 죽었는데, 그걸 연하못에 지어다 던져 넣어줘. 돈을 한 냥씩 주겠다."

"그럼 그럽시다."

지게꾼 셋은 버물왕 아들 삼형제의 시체를 하나씩 지고 주천강 연하못에 갔다. 물에 던져 넣은 시체가 떠오르기라도 할까봐 몸에 돌을 꽁꽁 달아매어 물로 던져버렸다. 지게꾼 셋은 돈 한 냥씩 주어 보내버리고 과양생이 마누라는 집에 달려와서 서방에게 말했다.

"우리 돈을 많이 벌었습니다. 이리 벌어서 무엇을 합니까?"

사흘이 지났다. 과양생이 마누라는 송장이 물에 뜨기라도 했을까봐 연하못으로 빨래하는 체하며 나갔다. 그런데 송장은 안 뜨고 물 한가운데 붉은 꽃이 둥실둥실, 노란 꽃도 둥실둥실, 파란 꽃도 둥실둥실, 꽃 세 송이가 떠올라 있었다. 저 몹쓸 욕심많은 과양생이 마누라는 예쁜 꽃을 보니 누가 가져가기라도 할까봐서 탐이 나고 아까웠다.

"나한테 인연 있는 꽃이거든 나한테 떠 오너라."

손으로 물을 찰랑찰랑 퉁기자 꽃이 둥실둥실 떠 왔다. 과양생이 마누라는 꽃 세 송이를 치맛자락에 집어넣어 집으로 돌아왔다. 집에 와서 한참 동안 꽃을 바라보다가 말했다.

"붉은 꽃은 대문에 꽂아 나가며 들어오며 바라보고, 파란 꽃은 사잇문에 걸어 나가며 들어오며 바라보고, 하나 남은 꽃은 뒷문에 걸어 나가며 들어오며 바라보자."

꽃 세 송이를 이렇게 걸어두었다.

그런데 대문에 건 꽃은 과양생이 마누라가 나가려고 하면 앞 머리채를 박 잡아당기고, 들어오려고 하면 뒷 머리채를 박 잡아당겼다. 사잇문에 건 꽃은 대문에 건 꽃을 본 받아 밥상 들어가면 앞 머리채를 박 잡아당기고, 들어오려고 하면 뒷 머리채를 박 잡아당겼다. 뒷문에 건 꽃은 사잇문에 건 꽃을 본 받아 장 뜨러 가려 하면 앞 머리채를 박 잡아당기고, 들어올 때는 뒷 머리채를 박 잡아당겼다.

과양생이 마누라는 화가 바짝 올랐다.

"이놈의 꽃, 곱기는 고와도 하는 짓이 나쁘구나."

꽃 세 송이를 확 빼어 돌화로에 팍팍 집어넣어버리고는 속옷 바람으로 마당에 나가 작대기로 검불을 긁었다.

그때 청태국 마구할멈이 불씨만 얻으러 왔다.

"과양생이 마누라야, 불씨 있어?"

"예, 있습니다. 돌화로에 가서 보십시오."

마구할멈은 돌화로에 가서 부삽으로 이리 저리 휘저어 보니 검은 재 속에 고운 구슬이 세 개가 보였다.

"아이고! 여기 구슬이 있어."

욕심이 많은 과양생이 마누라는 그 말을 듣자마자 달려와 잽싸게 빼앗았다.

"그건 내 구슬입니다. 내 깃이라고요. 이리 주십시오."

청태국 마구할멈이 불씨 담아 가 버렸다.

과양생이 마누라는 구슬을 손바닥에 올려놓고 동글동글 놀리다가 햇빛이 비추니 구슬이 방실방실 웃는 것 같아 저절로 웃음이 나왔다. 과양생이 마누라는 너무나 고운 구슬을 보면서 풀잎에도 쓸리지 마라, 손톱으로도 튕기지 마라 하다가 입에 넣었다. 입에 물고 혀로 동글동글 놀리는데, 구슬이 그만 목 아래로 슬그머니 내려가 버렸다.

과양생이 마누라는 그날부터 태기가 있었다. 시간이 흘러 아홉 달, 열 달 만삭 채우더니 한 날 한 시에 아들 삼형제를 낳았다. 아들 삼형제가 한 살, 두 살 자라니 기는 것도 글발이요, 걷는 것도 화수의 걸음이요, 우는 것도 글소리라. 열다섯 살이 되어 서당에 다니다가 과거시험을 보러 가게 되었다.

"어머니. 우리도 가서 과거 보고 왔으면 합니다. 어머니 생각은 어떻겠습니까?"

"그렇다면 그렇게 해라."

삼형제가 과거보러 올라가는데, 일천제자 일천선비는 모두 낙방을 하고 과양생이 아들 삼형제만 과거에 합격하여 벼슬을 하게 되었다. 큰아들은 문과급제, 둘째 아들은 평양감사, 셋째 아들은 팔도도장원이 되었다.

일흔여덟 홍보상, 서른여덟 창보상, 어수어나 비수어나 줄 잘 타는 재인광대 이구이청 거느리고, 소리 좋은 정자궁 나팔고동, 피리, 날라리, 통소, 북 비비둥당 울리면서 과양땅으로 가마 세 개가 내려왔다.

과양생이 마누라도 이 소리를 들었다.

"우리도 나가서 앉아 쉽시다. 과거 보러 간 아들들 소식이 올 것입니다."

"그렇게 합시다."

과양생이 마누라는 방안을 깨끗하게 치워두고 마당 옆 정자나무 아래에 가서 앉아 놀고 있으니, 동쪽으로 채롱짝 만한 청구름이 동글동글 떠올랐다.

"저거 어떤 놈의 새끼들이 과거하여 오는 가 보다. 저것들, 부엌바닥에 코를 박고 콱 죽어버려라. 그나저나 우리 아들들 삼형제도 모두 과거해서 왔으면 하지만 모두 하여질까?"

과양생이 마누라가 그 말을 다 마치지 못 하는데, 청가마 세 개가 너울너울 마당으로 들어왔다.

"우리 어서 안으로 들어갑시다."

과양생이 마누라와 남편은 집안으로 들어갔다. 과양생이는 바깥사랑에 들어가고, 과양생이 마누라는 부엌으로 들어가니 큰 아들이 과양생이한테 가서 절하고 과양생이 마누라를 부르며 부엌으로 들어갔다.

"어머님, 어머님. 전 문과급제하고 왔습니다. 둘째 동생은 평양감사를 했습니다. 작은 동생은 팔도도장원을 했습니다."

절을 하는데, 일어나지를 못하고 그만 앞으로 꺼꾸러졌다.

둘째 아들이 과양생이한테 가서 절을 하고 부엌의 어머니한테 들어가 보니, 형님이 엎어져 있다.

"형님은 어머니가 우리 삼형제를 한꺼번에 배어서 낳느라 공들었다고 이리 오래 절하는구나. 나도 얼른 절하고 일어나야겠소."

"어머님, 어머님. 형님은 문과급제를 하였습니다. 나는 평양감사를 하였습니다. 동생은 팔도도장원을 하였습니다."

그렇게 말하고 절을 하고 빨리 일어서보려고 하다가 폭삭 꺼꾸러져 일어나지 못했다.

작은 아들이 들어와 보니 두 형님이 엎드려 있었다.

"우리 형님들은 우리 어머니가 아들 삼형제를 배어 한 날 한 시에 낳은 것이 공들었다고 이처럼 오래 절을 하는구나. 나도 빨리 해야지! 저는 팔도도장원을 하여 왔습니다."

막내아들도 절을 하더니 푹 꺼꾸러져 일어서지를 못했다.

과양생이 마누라가 아들의 윗옷 멱살을 잡아서 뒤로 일으켜 보니 코에 하얀 가래침이 묻어서 새파랗게 죽었구나.

"명천 같은 하늘님아. 위로 하나나 중간으로 하나니, 씨 값이나 놔두고 잡아가야지. 내 사주에 내 팔자가 이런 것인가. 한 날 한 시에 아들 삼형제 낳고, 한 날 한 시에 아들 삼형제 잡아먹는 내 사주야, 내 팔자야."

과양생이 마누라는 삼형제 장사를 한꺼번에 치르게 되었다. 큰아들은 앞밭에 매장하고, 둘째 아들은 뒷밭에 가서 매장하고, 작은 아들은 옆 밭에 가서 매장하고 나서 앉아 생각을 하니 어처구니가 없었다.

과양생이 마누라는 당장 김칫골 김치 원님한테 물으러 갔다.

"우리 아들 삼형제는 한 날 한 시에 낳고 한 날 한 시에 과거급제를 하여 와서, 한 날 한 시에 모두 죽어버렸습니다. 무엇 때문에 이리 죽어버렸습니까?"

이렇게 물어 댔지만 김치 원님도 영문을 몰랐다. 사람들이 살아서 지은 죄라면 이유를 알 수가 있지만, 저승으로 가버린 문제가 되니 무슨 이유인지를 알지 못해 대답을 해 줄 수가 없었다. 대답을 듣지 못한 과양생이 마누라가 하루 한 장씩 소지장이 아홉 상자 반이나 되도록 올렸지만 이유를 말해주지 못해 김치 원님은 걱정이 컸다.

하루는 과양생이 마누라가 욕을 하면서 성 주변을 돌아다니고 있었다.

"김칫고을 김치 원. 내 아들놈이나 해라. 소지 조서 아홉 상자 반이나 들여 봐도 무엇 때문인지를 말 한마디 못하는 놈. 괘씸한 놈, 김치 원 놈."

성안을 돌아다니면서 욕설을 퍼부어대고 있었다. 뿐만 아니었다.

"저런 김치 원이. 소지 조서 한 장 못 내어주는 원님을 원님이라 하여 무엇을 하겠느냐!"

이 소리를 들은 김치 원님은 간이 콩알 만해지고 원님 소임을 못하고 나가야 하나 싶어서 근심이 되었다.

김칫골 원님이 도사령에게 물었다.

"우리가 소지 조서를 못 내주고 있으니, 자격미달이 되어서 자리를 내어놓아야 하겠구나."

걱정하며 말하니 도사령이 가만히 생각하다가 묘안을 꺼냈다.

"원님, 그럴 것이 아닙니다. 우리 김치 원의 강림사제 강파도가 문 안에도 아홉 각시, 문 밖에도 아홉 각시인데, 우리 열두 사령들을 숨을 못 쉬게 다룹니다. 그러니 강림사제에게 저승에 가서 염라대왕을 모셔 오라고 하면 좋겠다고 하십시오. 그리하여 염라대왕이 이승에 오면 죽은 이유를 알려 줄 것입니다."

"어떻게 염라대왕을 모시고 오라 할까?"

"어렵지 않습니다. 강림사제 강파도가 문 안에도 아홉 각시, 문 밖에도 아홉 각시, 열여덟 각시입니다. 내일은 제일 작은 장모 담젯날입니다. 강림이가 담제하고 그 음식을 먹고서 열여덟 각시 돌아보고 오자면 분명히 사관이 늦어질 것입니다. 우리 남은 사제에게는 시간 전에 사관을 받아버립시오. 강림사제가 사관을 드리면 늦었다는 핑계를 내놓으며 받지를 말고 '괘씸한 놈. 늦게 오고 싶으면 늦게 오고 빨리 오고 싶으면 빨리 오고, 사관을 네 마음대로 하느냐? 저 놈을 형틀에 올려 부쳐라!'라고 하면서 죽일 듯이 둘러싸십시오. 그 때 '네가 죽을 테야? 저승 염라대왕을 잡아 올 테야?'하면 엉겁결에 '염라대왕을 잡아 오겠습니다.'하고 말할 테고, 그때 재빨리 그렇게 하라고 하면서 패지를 주어버리십시오."

김치 원님은 그 말을 듣자니 과연 그대로 될 것도 같았다.

아니나 다를까. 강림사제 강파도는 다음날 아침 담제하고 열 여덟 각시들을 둘러보고 있었다. 김치 원님은 동이 트자마자 사제들의 사관을 모두 받아버리고, 일만 관숙 육방하인은 피리와 날라리, 나팔고동을 단절하게 불어댔다.

강림사제는 고을에 무슨 국변이 뒤집어졌는가 보다 하고, 장안 군복 서단쾌자를 입을 사이도 없이 팔뚝에 걸친 양 장안으로 들어갔다. 그러자 일만 관속 육방하인들이 나서서 강림사제를 둘러쌌다.

"강림이는 사관 미참이요."

이렇게 외치면서 강림사제를 잡아서 결박했다. 그대 김치 원님이 나와서 호령했다.

"앞밭에 베틀 걸어라. 뒷밭에는 장검 걸어라. 자강놈을 부르고 숙정기를 꽂아라."

죽일 판으로 둘러가니 강림사제는 어안이 벙벙했다.

"네가 이 고을에 목숨을 바칠 테냐? 저승 염라대왕을 잡아 올 테냐?"

김치 원님이 갑자기 소리치니 강림사제는 엉겁결에 대답하고 말았다.

"저승 염라대왕을 잡아 오겠습니다."

김치 원님은 대답이 나오자마자 큰 백지로 된 적패지를 내어주었다. 강림사제는 얼떨결에 적패지를 받아들고 보니 앞길이 막막했다.

"저승길이 어디라고 저승 염라대왕을 잡으러 갈까!"

강림사제는 형방청으로 달려갔다.

"소인을 살려주십시오. 저에게 저승 염라대왕을 잡아 오라고 합니다."

"상관에서 내린 명령이니 중관에서도 어찌 할 수 없다. 어서 가라."

이방청으로 달려갔다.

"제발 소인을 살려주십시오."

"상관에서 내린 명령이라 중관에서도 어찌할 수 없는데, 하관에서는 더 할 수 없다. 어서 가라."

사령방으로 달려갔다.

"늙도록 사신 동갑님네. 저승 염라대왕 잡아오라는 말을 어디서 들은 일이나 있습니까?"

"우린 늙도록 살아도 저승 염라대왕 잡아오라는 말은 듣지를 못했다."

"저는 저승 염라대왕을 잡으러 가야 하니, 우리 늙은 부모님 죽거들랑 백년장사로 잘 치러 주고, 동문 바깥에 열일곱 살 먹은 처녀를 건드렸더니, 아들을 낳은 것이 나이가 세 살 되었습니다. 열 살이 되거든 사령으로 들어오게 하고, 열다섯 살이 되거든 도사령을 시켜주십시오. 나 다니던 자국이나 밟아보게 해 주십시오."

"그래. 그렇게 하마. 그래도 강림사제야. 오늘 보면 언제나 다시 볼지 모르니 내가 주는 술 한 잔 먹고 가라."

술상이 길어지고 비 내리듯 잔을 내려도, 술을 아무리 마셔도 술은 안 취하고, 청산을 바라보니 흑산으로 보이고, 흑산은 바라보니 백산으로 보인다. 문 안에도 아홉 각시, 문 밖에도 아홉 각시, 열여덟 첩을 버려두고 동문 바깥의 열일곱 살 먹은 처녀를 건드려 아들을 낳아 나이가 세 살 되도록 쳐다본 척을 안 하다가 저승 염라대왕을 잡으러 간다고 작은 각시한테 갔다.

"강림이는 무슨 일로 저 문의 가시를 누가 걷어 줘서 오셨습니까?"

하지만 말대답조차 하지 않고 방안으로 들어가 세 살 난 아기를 무릎에 앉혔다.

"오늘 보면 예쁜 우리 아기를 언제 다시 만날 수 있을까?"

보름달 같은 얼굴에 눈물을 다륵다륵 흘리며 비새 울 듯 울어가니, 작은 각시가 물었다.

"조금 전에 내가 말한 것이 서러워서 웁니까?"

"그 말이 서러운 것이 아니다. 난 이제 큰 일이 나서 죽게 되었다! 아침에 사관이 늦었다고 김칫골 원님이 염라대왕을 잡아 올 테냐? 그냥 죽을 테냐? 하는데 엉겁결에 염라대왕을 잡아 오겠다고 했지."

"아이고! 당신은 죽은 것이나 마찬가지입니다. 염라대왕 있는 곳, 그 길이 어디입니까?"

강림사제 강파도는 작은 각시가 아침밥을 내밀어도 가슴이 먹먹하여 먹지를 못했다. 열일곱 각시한테 다 돌아다니면서 말해 봐도 한 놈이 한 말처럼 똑같은 말을 했다. 이젠 마지막 길이었다. 장가들고 시집갔을 뿐,

부부관계도 모르는 큰 각시 집으로 들어갔다.

강림사제가 들어오는 것을 본 큰 각시는 방아를 찧으며 말했다.

"서방님은 무슨 일로 저 골목에서 가시를 열고 왔습니까?"

강림사제는 그 말에 대답할 수 없었다.

방안으로 들어가 아랫목에 앉아서 탄식을 했다. 그 소리를 들은 강림사제 큰 각시는 보리방아 찧다가 놔두고, 열두 가지 고하반상, 아홉 가지 나물 젓갈, 안성놋기 통영칠첩 반상을 가득히 차려 아침밥상을 내놓았다. 밖으로 나와 보리방아를 찧으면서 가까이에서 바라보았다가, 멀리서 바라보았다가 하여도 강림사제가 밥상을 당길 생각조차 하지 않자 큰 각시는 다시 방안으로 들어가서 물었다.

"서방님은 무슨 일로 밥상을 안 받고 근심하고 있습니까?"

"부인님, 부인님. 나한테 수심이 있는 걸 말해본들 어떡할 수가 없습니다."

"서방님, 서방님. 문 안에도 아홉 각시, 문 밖에도 아홉 각시는 창옷 섶에 붙어온 각시고, 난 조강지처 아닙니까? 서방님이 죽으면 다른 가속들은 다 달아나도 난 조강지처 수절자리 아닙니까? 서방님이 죽을 일이 있으나 살 일이 있으나 나에게 말하지 않을 수가 있습니까?"

"부인님, 부인님. 그 말씀 들어보니 가련합니다. 부인님, 부인님. 이제 나는 죽게 되었습니다."

"무슨 일입니까?"

"어제는 작은 장모 담제를 해서 먹고 아침 사관에 늦었는데, 그 죄로 저승의 염라대왕을 잡아 오라고 하니 어떻게 해야 할지 걱정입니다."

"서방님, 서방님. 우선 밥상을 받으시오. 염라대왕 잡으러 갈 재주는 내가 마련하겠습니다."

"부인님, 부인님. 감사합니다."

강림사제는 큰 부인의 말을 들으며 비로소 아침 밥상을 받아먹었다.

"서방님. 그러면 적패지 받았습니까?"

"적패지는 대백지에 받았습니다."

"저승길은 비가 오나 눈이 오나 바람이 부나 뇌성벽력 생겨도 가야만 합니다. 이걸 가지고 가다가 증거품을 잃어버리면 저승길을 못 갑니다."

홍명주 석자를 꺼내주며 단단히 일렀다.

"이것을 가져가서 적패지를 다시 받고, 이레만 더 늦춰 달라 하십시오."

강림사제는 홍명주 석자를 가지고 김치 원한테 갔다.

"여기에 적패지를 하여 주고, 이레만 더 여유를 주면 염라대왕을 잡아 오겠습니다."

김치 원님은 강림사제를 가만히 바라보다가 물었다.

"이것을 누가 내어주더냐?"

"우리 집 큰 각시가 내어 주었습니다."

"이것이 보통 내기가 아니로구나! 석 달 열흘이고 여섯 달 열흘이고 원하는 만큼 줄 테니 염라대왕만 잡아 오라."

강림사제 큰 각시는 이레 동안에 강림사제에게 필요한 온갖 것들을 준비했다.

"서방님이 저승으로 가는 길에 살아생전 먹는 몫으로 의복이나 한 벌하여 입혀 보내자."

남방사주 남색 겹바지에, 북방사주 백색 겹저고리에, 남색 서란 쾌자에, 하얀 코잽이 버선에, 천포다리 대님에, 물명주 통허리띠, 병주발을 아무지게 잡아매고, 미투리 신에 종이감발 야무지게 매어두고, 진지 상모 달아놓고, 앞으로 홍볏 달고, 포승줄을 옆에 달고, 관장판을 등에 지고, 패지 끈을 품에 품어 놓았다. 서란 쾌자 옷 앞섶에는 바늘 한 쌈 찔러놓았다.

"서방님 저승으로 가는 길에 점심 요기나 할 떡도 보내자."

떡시루 세 개 쩌놓고, 메도 세 개 하여 놓고, 시루떡 하나와 메밥 한 그릇은 일문전에 들러놓았다. 다시 시루떡 하나 메밥 한 그릇은 조왕할머니에 들러 놓고, 놓고 남은 시루떡 하나에 메 한 그릇은 강림이한테 들러 놓았다. 강림사제 큰 각시는 향나무 삶은 물을 따라서 목욕하고 굽었다가 일어섰다가 절 삼배를 드렸다.

"강림이 저승으로 가는 길을 잘 찾아 가게 하여 주십시오."

준비를 모두 끝낸 큰 각시가 강림사제에게 당부했다.

"서방님. 김치 원에 들어가서 '나 갑니다'하고 하직하고 다녀오십시오."

동다리

"그렇게 하겠습니다."

강림사제는 큰 각시가 시키는 대로 김치 원에 들어갔다.

"염라대왕 잡으러 갑니다."

하직을 하니 김치 원님이 물명주 한 동을 내어주었다.

"가면서 이것으로 발감기도 하고, 땀수건도 하시오."

열두 사령은 모두 돈을 모아서 내어주었다.

"이것으로 술도 사 먹고 떡도 사 먹으시오."

열여덟 각시들이 배웅을 나와서 그 말 저 말 해가니까, 사시 행차에 오시 행차가 되어 점심 때가 되고 있었다. 옆에서 지켜보던 큰 각시가 강림사제를 떠밀었다.

"서방님, 어서 가십시오. 저승길 가다가 어른이나 아이나 보거들랑 절 삼배를 드리고 떡 한 층을 꺼내놓으십시오. 그러면 알 도리가 있을 것입니다."

강림사제는 저승으로 가려고 골목 바깥으로 나오니 백발노인이 앞에서 허울허울 걸어가고 있었다.

"저 할아버지랑 벗이나 하며 같이 걸어보자."

하지만 아무리 빨리 걸어도 따라잡을 수가 없었다. 한참을 그렇게 길을 가다가 할아버지가 연반석 좋은 쉼돌에 가서 앉으니 비로소 그 앞에 설 수가 있었다. 강림사제는 우선 절 삼배를 드리고 떡 한 층을 꺼내놓았다.

"나도 점심을 먹고 가야겠구나."

할아버지도 떡을 내어놓는데 같은 솜씨로 같은 시루에 찌어낸 것 같은 떡이었다.

"어떻게 할아버님 떡하고 내 떡은 같은 시루에 찌어낸 것처럼 솜씨가 같습니다."

"네가 나를 모르겠느냐? 나는 너희 집 일문전이다. 너희 큰 각시 정성을 봐서, 네가 저승으로 가는 길이라 하여 인도하러 나왔다. 이 고개 넘고, 저 고개 넘어 가다 보면 알 도리가 있을 것이다."

강림사제는 그 말대로 고개를 넘어 가다 보니 청태산 마구할머니가 앞에서 걸어가고 있었다.

"저 할머니랑 벗이나 하며 가 보자."

아무리 빨리 걸어 봐도 그 할머니는 일흔여덟 느릿느릿 걸음을 하며 가는데도 도무지 따라잡지를 못했다. 한참 걷던 할머니가 쉼돌 위에 앉아서 쉬어가니 강림사제가 겨우 따라잡았다. 우선 절 삼배를 드리고 떡 한 층을 꺼내었다. 그리하니 할머니도 떡 한 층을 꺼내었다.

"나도 점심을 먹고 가야겠구나."

강림사제는 그 떡을 보면서 말했다.

"어떻게 할머니 떡하고 내 떡은 같은 시루에 찌어낸 것처럼 솜씨가 닮았습니다."

"나는 너희 집 조왕할머니다. 네가 저승으로 가는 길을 가르치러 나왔다. 이 길로 가다 보면 길토래비 길감관이 석자 메운 땅을 닦고 있으니까, 점심 요기를 잘 드리고 물어보면 알 도리가 있을 것이다."

그 길을 따라 가다 보니 할머니가 말해준대로 길토래비가 길을 닦고 있었다.

"길을 닦으면서 고생인들 안 되며 시장기인들 안 납니까? 점심 요기나 하고 닦으십시오."

강림사제가 떡 한 층을 꺼내놓아 점심을 먹었다.

"이 길을 이렇게 닦으면 누가 다닙니까?"

"이 길은 일흔일곱 갈림길이 있습니다. 한 갈림길은 산신대왕 가는 길, 한 갈림길은 천지왕이 가는 길, 한 갈림길은 지부왕이 가는 길, 한 갈림길은 인앙왕이 가는 길, 한 갈림길은 혼합씨가 가는 길, 한 갈림길은 인앙만고가 가는 길, 한 갈림길은 할미왕 가는 길, 한 갈림길은 생불할미 가는 길, 한 갈림길은 북서왕 가는 길, 한 갈림길은 명도대왕 가는 길, 한 갈림길은 대별왕 가는 길, 한 갈림길은 소별왕 가는 길, 다 제하다가 한 갈림길이 남는데 거기가 염라대왕에게 들어가는 길입니다. 염라대왕의 길로 가다 보면 큰 대문이 있으니, 큰 대문을 잡아서 문틈에 패지 글을 집어넣고 거기 앉아 기다리고 있으면 알 도리가 있을 것입니다."

길토래비가 알려준 대로 가다 보니, 염라대왕이 들어가는 큰 대문이 보였다. 문틈에 패지 글을 접어서 꽂아두고 앞에서 기다렸다. 그때부터 인간세상에서는 제사와 명절 때, 축지방을 쓰게 되었으며, 강림사제가 만든 법이다.

문사이로 패지 글을 접어서 놓아두고 기다리는데, 자축간(子丑間)이 되어가니 영문사령이 국방문을 열고 나왔다가 문틈에 패지 글이 꽂혀 있어 그것을 염라대왕에게 가지고 갔다.

"염라대왕님. 강림사제가 김칫골 원님의 부름으로 염라대왕 잡으러 왔노라고 합니다."

"그냥 내버려둬라."

하늘옥황 원복장의 일곱 살 난 아이가 죽어가서 굿을 하는데, 염라대왕은 굿 구경을 간다고 청가마를 차려서 타고 열두 사령과 나서고 있었다. 막 대문을 나가려고 하는데 강림사제가 가마부출을 휘어잡고 놓아주지를 않았다.

"김칫골 김치 원님이 염라대왕을 청발하라고 하여 왔습니다."

강림사제가 외치자 열두 사령이 나와서 호통을 쳤다.

"너 강파도야, 아침밥은 다 먹었느냐? 너는 이제 우리 손에 죽는다."

하지만 강림사제가 콧방귀를 한 번 핑하게 내쉬자, 열두 사령이 다 휭하니 날아가 버렸다. 이것을 본 염라대왕이 말했다.

"강림사제 강파도야. 인간 세상에도 굿을 하느냐? 우리 옥황에서 굿을 하고 있으니, 오너라. 나하고 같이 굿 구경을 하러 가자."

"좋습니다. 그렇게 합시다."

강림사제는 염라대왕이 탄 청가마 부출에 매달려서 옥황으로 떠올랐다.

옥황의 원복장의 집에 가 보니 큰 굿을 하고 있었다. 염라대왕이 오리정에 도착하니 수조무(首助巫)가 나서서 맞아주었다. 삼시왕과 삼차사도 와 있었다.

"애타는 가슴 세홉 삼시 세 쌀죽, 서럽던 가슴 헤엄쳐 다섯 묶음, 서 홉 삼시 세 쌀죽, 청감주로 잦은 청주로, 잦은 소주로 대령해서, 지전도 만 냥을, 은화도 만 냥을 준비하고, 길에 맞는 노자도 받으시오. 명에 맞는 명전(命錢)도 받으시오. 안으로 청하여 안으로 열시왕 바깥으로 삼시왕 상당으로 떠오르시오."

윗자리에 오르니 수조무가 첫 잔은 청감주, 이 잔은 자청주, 삼 잔은 자소주로 하여서 일배, 일배, 삼주잔을 염라대왕에게 바쳤다.

"강림사제 강파도야. 내가 받은 술을 너도 마셔 보아라."

염라대왕이 술을 내밀어 강림사제가 받아 마시는 사이에 염라대왕의 행방이 묘연해졌다.

"염라대왕이 어디로 갔느냐?"

강림사제는 이리저리 샅샅이 뒤졌다. 그 옆에서 원복장의 애기업개가 섰다가 말했다.

"강림사제 강파도는 인간 세상에서는 영악하고 똑똑하다 하여도 저승에 와서는 어리석고 미련하구나. 염라대왕이 대들보가 되니 찾지를 못하는구나."

강림사제 강파도가 외쳤다.

"이 집 지은 주장(主匠)과 목수는 어디 갔느냐?"

"여기 있습니다."

"이 집에 기둥은 몇 개를 세웠느냐?"

"여든여덟 개 세웠습니다."

"네가 세운 기둥을 세어 보아라."

하나 두 개 세 개, 일흔여덟 상기둥을 세어 보았다.

"예, 한 기둥이 남았습니다. 이 기둥은 내가 세운 기둥이 아닙니다."

"대톱, 소톱 모두 가져오너라. 이 기둥을 잘라 버려라."

톱을 들고 설겅설겅 자르려고 하니 염라대왕이 팔짝 나서며 말을 했다.

"야, 난 툇기둥이 아니고 염라대왕이다."

강림사제는 염라대왕을 잡아 쇠사슬 줄을 꺼내어 사문결박 시켰다. 그러자 염라대왕은 강림사제를 달래며 말했다.

"강림사제 강파도야, 사지결박 풀어라. 너와 같이 가마."

이 말을 믿은 강림사제가 사지결박 풀어주자마자 염라대왕은 다시 감쪽같이 사라져버렸고, 강림사제는 또 이리저리 샅샅이 찾기 시작했다. 옆에 있던 원복장의 애기업개가 말했다.

"강림사제 강파도는 인간 세상에서는 영악하고 똑똑하다고 하지만, 저승에 와서 보니 미련하구나. 염라대왕은 저 문등에 마당비가 되어 세워져 있는데 찾지를 못하는구나."

강림사제는 대문을 쇠사슬로 사지결박 시켰다. 그러자 염라대왕이 또 말했다.

"강림사제 강파도야. 사지 결박 풀어다오. 너와 내가 술이나 한 잔 나눠 먹고 같이 가자."

이번에도 사지 결박 풀어주었다.

"이거 내가 받은 술이다. 한 잔 먹어라. 같이 가게."

술 한 잔을 먹는 사이에 다시 행방이 묘연해졌다. 이리저리 샅샅이 뒤지고 있는데, 원복장의 애기업개가 또다시 말했다.

"강림사제 강파도는 인간 세상에서는 영악하고 똑똑하다 하여도 저승에서는 할 수가 없구나. 염라대왕은 큰 깃대꼭지에 황지네 되어서 이리 발발 저리 발발 기고 있는데도 못 보는구나."

애기업개가 하는 말을 들은 강림사제가 큰 깃대꼭지에 달려들어 쇠사슬로 사지결박을 시키니 염라대왕이 펄쩍 뛰며 말했다.

"강림사제 강파도야. 먼저 내려가 있어라. 나는 모레 사오 시에 인간 세상에 내려가마."

하지만 이번에는 강림사제가 말을 믿지 않았다.

"인간 세상에 나만 가면 거짓으로 저승에 갔다 왔다고 하여 나만 죽게 될 것이니, 누가 뭐라고 해도 나는 염라대왕을 청발하여 함께 가겠습니다."

"그리 말아라. 먼저 인간 세상에 내려가 있어라. 그동안 너의 뜻을 알아보려고 이래저래 했던 것이다."

그래도 강림사제가 말을 듣지 않자, 염라대왕은 타일렀다.

"강림사제 강파도야. 내가 네 등짝에 모레 사오 시에 가겠다는 패지 글을 써 주마."

"그건 그렇게 하면 되겠지만 인간 세상으로 나가자고 해도 길을 몰라서 갈 수가 없습니다."

염라대왕은 앞발 두 개가 없는 흰 강아지와 저승 염라대왕의 영문사령을 내어주었다.

"서천강까지만 강림사제를 인도하여 줘라."

강림사제는 흰 강아지를 소매에 집어넣고 영문사령과 같이 길을 나섰다.

그런데 어떤 사람이 북을 뒤에 지고 서서 덩덩 두드리면서 돌고 있었다. 강림사제는 염라대왕의 영문 사령에게 물었다.

"저건 어떤 사람들입니까?"

"저것들은 근친상간한 자들이다. 저렇게 계속 돌리면서 남들 본보기로 보이는 것이다."

조금 더 걸어가니 산딸기나무 가시덤불 밭으로 돌을 지고 가서, 가시 돋은 몽둥이로 타작질을 하는 사람이 있었다.

"저건 어떤 자입니까?"

"저건 도둑질 한 죄를 다스리는 것이다."

제장

더 가다 보니, 좋은 안장에, 좋은 말에, 좋은 의복을 잘 차려입고 줄줄이 잡혀가는 사람이 있었다.

"저건 어떤 사람입니까?"

"그건 남의 것을 빼앗은 돈 많은 사람이야. 저것들은 과거에서 문과급제한 사람이야."

더 걸어가다 보니 공작 깃 갓을 쓰고 춤을 추면서 굿을 하는 곳이 있었다.

"저건 뭐하는 것입니까?"

"저건 인간 세상에서 죽어가는 사람을 살려내는 건데, 그 일을 저승에 와서는 저렇게 한다."

한참을 가다보니 이승과 저승을 가르는 서천강의 경계에 다다랐다. 지금까지 같이 오던 염라대왕의 영문사령이 마지막 인사를 했다.

"강림사제 강파도는 흰 강아지를 앞세워 가라. 강아지가 물로 들어가면 물에 들어가고, 산으로 오르면 산으로 오르고, 나무에 오르면 나무로 오르고 하면서 이 강아지가 가는대로만 가면 인간 세계로 나갈 수 있다."

염라대왕의 영문사령은 저승으로 돌아가 버리고, 강림사제는 흰 강아지를 앞세워 인간 세상으로 계속 올라갔다. 어떤 우물 앞에 도착하자 강아지가 그 우물로 뛰어들어서 강림사제도 뛰어들자 아래로 데구르르 떨어지더니, 도착한 곳이 인간세상이었다. 그렇게 인간 세상으로 돌아온 강림사제는 바로 큰 각시를 찾아갔다.

강림사제가 큰 각시 집으로 가 보니, 강림사제 강파도가 삼 년이 넘어도 돌아오지 않으니 죽었다고 생각하고, 소상을 넘고 대상을 넘어 다음 제사를 저녁에 올리려고 하던 참이었다. 그때 강림사제가 문밖에서 큰 각시를 불렀다.

"부인, 부인. 이 문을 열어주시오. 들어가겠습니다."

큰 각시가 방안에서 대꾸했다.

"뒷집의 김서방은 서방님이 돌아가시고 제삿날 저녁에 와서 이거 뭐하는 짓입니까?"

"나는 강림사제 강파도입니다."

"서방님이 어디 있습니까? 서방님이 지금까지 살아 있을 리가 있습니까?"

"못 믿는다 해도 나는 강림사제 강파도입니다."

"그러면 소란 쾌자 옷 앞섶을 창문구멍으로 내어 보십시오."

문구멍으로 들어오는 소란 쾌자 옷 앞섶을 손으로 만져보니 염라대왕 잡으러 나갈 때 앞섶에 바늘 한 쌈 꽂아두었던 것이 바싹 삭아 있었다. 강림사제 강파도가 분명했다. 큰 각시가 문을 열어주자 부부는 손목을 부여잡았다.

"염라대왕은 어떻게 하고 왔습니까?"

"염라대왕과는 약속을 하고 왔습니다."

"염라대왕은 언제 온다고 하였습니까?"

"모레 사오 시에 올 것이라고 했습니다."

그때 김치 원님의 사령 중 하나가 강림사제 큰 각시와 오입하려고 와서 보니 뜬금없이 강림사제 강파도랑 손목을 잡고 이야기를 하고 있었다. 창문 앞에서 엿듣고 있다가 김치 원님에게 가서 일렀다.

"강림사제 강파도는 저승 염라대왕 잡으러 간다고 하고서 낮에는 들판에 숨었다가 밤에는 열여덟 각시와 오입하면서 염라대왕 잡으러 안 갔습니다."

"무슨 말이냐? 그럼 지금 어디에 있느냐?"

"큰 각시한테 가 있습니다."

"이 말이 맞는지 다른 사제가 가서 확인해 보아라."

다른 사제가 가 봐도 강림사제는 큰 각시 집에 있었다.

"강림사제 강파도는 큰 각시와 노닥거리고 있습니다."

"강림사제 강파도를 당장 잡아오너라."

사령들이 모여들어 강림사제 강파도를 원님에게 잡아갔다.

"강림사제 강파도야. 네 이놈. 바른 대로 말해라."

김칫골 김치 원님이 호통을 치며 죽일 듯이 몰아붙였다.

"모레 사오 시까지만 기다려 주십시오."

"이 놈이 거짓말만 하는구나."

강림사제를 형틀 위에 올려 묶어놓고 방애칼을 탁 씌운 다음에 윗옷을 벗겨 보니 등짝에 모레 사오 시에 내려가겠다는 염라대왕의 대필이 큼직하게 쓰여 있었다.

이렇게 형벌을 씌우고 기다리다가 온다고 한 시간이 되었는데도 염라대왕은 오지 않았다.

"이 놈. 사오 시에 염라대왕이 왔느냐? 여기 어디에 있느냐?"

"조금만 여유를 주십시오. 분명히 올 것입니다."

강림사제를 죽일 듯이 둘러싸니 동쪽 하늘에서 푸른 구름이 파릇파릇 떠 오고, 천지가 진동하고, 지하가 요동을 하니 김치 원님은 겁이 났다.

"문을 잠가라. 안문도 잠그고, 바깥문도 잠가라. 곁문도 잠가라."

문을 모두 잠갔지만 홀연 강풍이 불어 잠근 문을 덜커덩 열어버리더니 염라대왕이 청가마를 타고 마당으로 들어왔다. 겁이 난 김치 원님이 엉겁결에 아궁이에 들어가 숨으려고 했다. 염라대왕은 김치 원님 침방으로 들어갔다.

"강림사제 강파도야. 너희가 모시는 김치 원님은 어딜 가셨느냐?"

"예, 소변보러 갔습니다."

"어서 불러오너라."

강림사제는 아궁이간에 들어가 김치 원님을 끌고 나왔다.

"김치 원님. 어서 나오십시오. 이게 무슨 꼴입니까?"

강림사제가 김치 원님의 손목을 잡고 일으켜 세워 침방으로 들어가니, 염라대왕이 물었다.

"김치 원님은 왜 손목을 걷고 그렇게 발발 떨고 있소? 이리 와서 앉으시오. 대체 무슨 일로 김치 원님은 나를 이승으로 잡아왔소?"

"잡아오지 않았고, 청발했습니다."

"그렇다면 무슨 일로 나를 청발하였소?"

"다름이 아니고, 이 마을 과양골에 사는 과양생이 마누라가 한 날 한 시에 아들 삼형제를 낳고, 한 날 한 시에 과거급제를 하여 오더니, 한 날 한 시에 죽어버렸습니다. 과양생이 마누라가 소지장을 아홉 상자 반이나 들여도 살아서 벌어진 일이면 어떻게 해보지만 죽어서 벌어진 일이 되어서 그 이유를 알 수가 없으니, 조서를 내어 줄 수가 없습니다. 그래서 염라대왕님을 청발하여 알아보고자 하였습니다."

"그럼 과양생이 마누라는 어디 있느냐? 과양생이 마누라를 이리 불러들여라."

명령이 떨어지자 사령들이 나서서 과양생이 마누라를 잡아왔다. 염라대왕은 과양생이 마누라에게 물었다.

"과양생이 마누라야. 너희 아들이 몇 형제가 되느냐?"

"한 날 한 시에 아들 삼형제를 낳고, 한 날 한 시에 삼형제가 과거급제를 하여 왔습니다. 그런데 삼형제가 한 날 한 시에 다 죽어 저승에 가니 원통하고 절통하여 김치 원의 원님한테 무엇 때문에 죽었습니까? 하고 소지장을 아홉 상자 반이나 드려도 소지 판결문을 한 장도 안 내어주니 절통합니다."

"그 아들 삼형제 죽고 나서 어떡하였느냐?"

"큰아들은 앞밭에 묻고, 둘째 아들은 뒷밭에 묻고, 작은 아들은 옆밭에 가서 묻었습니다."

"그렇다면 죽은 아들들의 뼈라도 있을 것 아니겠느냐? 가서 묻은 곳을 파 보자. 너희 자식이면 뼈라도 남아 있을 것이다."

과양생이 마누라가 그렇게 하겠다고 하자 염라대왕은 호통을 쳤다.

"이 괘씸한 년. 동경국 버물왕의 아들 삼형제 돈을 털어먹으려고 죽이지 않았느냐? 그게 너희 아들로 아느냐? 버물왕 아들들이 너한테 원수 갚으러 온 것이다."

과양생이 마누라를 끌고 가 삼형제 묻어둔 곳을 파 보니 아무것도 나오지 않았다.

"너, 이것 봐라. 너희 자식들이 어느 것이냐?"

염라대왕은 김치 원님에게 명했다.

"소 아홉 마리를 끌고 오고 머슴 아홉 데려 오너라. 일곱 궁예청을 불러 오너라."

소 아홉 마리를 끌고 오자마자 즉시 과양생이 마누라도 끌고 나왔다.

"과양생이 마누라를 아홉 소에 팔다리를 각각이 벌려서 매고, 소고삐를 잡고 사방으로 끌고가서 갈가리 찢어라."

아홉 머슴들이 소고삐를 잡았다. 그러자 일곱 궁예청은 소 뒤에서 서서 소들을 때리며 마구 몰아가니 과양생이 마누라는 갈가리 찢어지고 올올이 발겨지고 말았다.

염라대왕이 또 말했다.

"이 고을에 집집마다 식구들이 있는 대로 솔 바가지나 박 바가지나 무슨 기물이라도 하나씩 들고 주천강 연하못으로 나오너라."

그러자 온 고을 사람들이 기물을 하나씩 들고서 주천강 연하못으로 나왔다.

"이 연하못 물을 떠다가 너희가 먹어도 좋고 써도 좋으니, 무엇을 해서라도 이 물을 모두 퍼내라."

그렇게 해서 사람들이 연하못의 물을 모두 퍼내고 보니 물속에 삼형제가 청대기와집을 한 채씩 지어서 살고 있었다. 그 위로는 청대나무와 왕대나무가 옥황을 꿰뚫을 듯이 위로 마구 자라 올라 있었다.

염라대왕이 버물왕 아들 삼형제에게 말했다.

"너희들은 이제 옥황으로 올라가라."

"우리가 옥황으로 떠오르려고 해도 과양생이 마누라한테 다시 죽음을 당할까봐 이렇게 물 아래에서 살고 있습니다."

"이제는 염려 말고 옥황으로 떠올라라."

버물왕 아들 삼형제가 왕대줄을 타고 옥황으로 떠오르게 하고, 염라대왕은 저승으로 돌아갔다. 바로 그때 염라대왕이 김치 원님에게 말했다.

"김칫골 김치 원님아. 강림사제 강파도의 혼과 김치 원님이 차지한 몸을 나에게 주시오."

"그건 못합니다."

"그럼 혼은 나에게 주고 몸은 원님이 차지하시오."

"좋습니다. 그렇게 하십시오."

그러자 염라대왕은 강림사제 강파도의 상가마에서 머리카락 세 개를 빼서 가버리니 강림사제는 늙은 대나무를 짚은 것처럼 멍하니 서 있었다. 아직 아무것도 모르는 김치 원님이 강림사제에게 말했다.

"강림사제 강파도야. 지승 염라대왕 잡으러 갔다 온 말이나 해 보거라. 들어보자."

한 번 말해도 잠잠, 두 번 말해도 잠잠. 남은 사제들이 언짢은 듯이 따지면서 말했다.

"강림사제 강파도가 저승염라대왕 잡으러 갔다 와서는 대단한 척하며 대답도 안 합니다."

"그렇다면 저 놈 왼쪽 귀를 잡아 당겨라."

다른 사제가 강림사제의 왼쪽 귀를 잡아당기자 풀썩 땅바닥에 엎어져 버렸다. 가까이 가서 보니 강림사제는 새파랗게 죽어 있었다.

그 소식을 들은 강림사제의 큰 각시와 열여덟 작은 각시가 찾아와 김치 원님을 원망하면서 통곡을 했다.

"아이고, 김치 원님아. 강림사제가 무슨 일을 제대로 못해서 죽입니까? 저승 염라대왕을 잡아오라고 해서 잡아오지 않았습니까. 뭐가 부족해서 죽입니까? 강림사제를 살려내시오."

김치 원님도 갑자기 죽어버린 강림사제를 보면서 황당하기만 했다.

"내가 죽이려 해서 죽었느냐. 이 사람들아! 어쨌든 이걸로 사제님 옷 한 벌 만들어 입혀라."

물명주 한 동을 내어주어서 옷 만들어 입히자, 이번에는 삼베를 한 동 내어주었다.

"이걸로 시신을 감싸라."

삼베로 시신을 감싸고도 강림사제를 저승으로 보내는 것이 섭섭하여 적삼을 둘러서 초혼(招魂)하고, 없는 곡식 꺼내어 칠성판(七星板)을 내어놓았다.

"조관(朝冠)하고 입관(入棺)하라."

입관하고 성복제(成服祭)하고, 묻으려다가 택일(擇日)하고, 일포(日晡)하여, 조관(朝冠)하여, 동관(動棺)하여 들어나가 하관(下棺)했다.

"초우제(初虞祭)나 지내라."

묻고 난 뒤, 초우제를 지내고, 재우제와 삼우제, 졸곡, 초하루 보름 삭망에 시안상을 아침, 점심, 저녁으로 놓았다.

"소상, 대상, 담제, 제사, 명절을 지내라."

"강림사제 큰 각시는 조강지처로 수절을 지켜라. 남은 각시와 따라온 각시는 나가라."

이렇게 사람이 죽으면 초상을 치르는 법이 생겼고, 기일제사법은 이때 김치 원님이 만든 법이다.

그때, 염라대왕이 까마귀에게 말했다.

"병문천에 사는 오자부기 며느리 잡아오너라."

패지 글을 써서 까마귀 작은 날개에 접어서 꽂아주었다.

까마귀는 패지를 전해주러 가다가 보니 백정이 돼지를 잡아 창자를 꺼내고 있었다. 그것을 보고는 창자 한 조각을 얻어먹으려고 돌담 위에 턱하니 앉았다.

백정이 창자 한 조각을 툭 던져주자 그걸 먹으려고 아래로 조르르 내려가다가 패지가 그만 떨어지고 말았다. 하지만 그런 줄도 모르고 이리 조르르 저리 조르르 뛰어 다니면서 창자만 주워 먹고 있었다. 백정이 창자를 모두 썰어두고 돌아다보니 종잇조각이 보였다. 그걸 줍더니 반은 피 묻은 손을 박박 닦고 나머지 반은 담배를 말아서 피웠다.

까마귀는 창자 조각을 이리저리 주워 먹고 보니 잃어버린 패지를 찾을 수가 없었다. 백정이 담배를 말아서 피워버렸으니 주변을 아무리 둘러봐도 찾을 방법이 없었다.

어느 쪽의 누구를 잡아오라했는지 기억나지 않았고, 기억나는 사람도 누구를 먼저 잡아가야 할지를 몰라 눈만 말똥말똥 뜨고 한참을 있었다. 그러다가 할 수 없이 어느 동네에 사는 아이 같아, 그 아이를 잡아가버렸다. 그일 때문에 지금 세상에는 죽는 순서가 정해져 있지 않고, 어른보다 먼저 죽는 아이도 있고, 부모보다 먼저 죽는 자식도 생겨났다.

양반이 죽어서 저승으로 잡아갈 때면 까마귀가 나무 제일 윗가지에 앉아서 까악까악 운다. 중인을 잡아가자고 하면 까마귀가 나무 가운데 가지에 앉아서 까악까악 운다. 호반을 잡아가자고 하면 까마귀가 나무 아래 가지에 앉아서 까악까악 운다. 아이를 잡아가자고 하면 까마귀가 나무 맨 작은 가지에 앉아서 까악까악 운다. 상놈을 잡아가자고 하면 까마귀가 돌담 위에 앉아서 까악까악 운다. 마소는 죽어 가자고 하면 까마귀가 밭고랑에 앉아서 까악까악 운다.

강림사제 강파도는 부모 형제한테 물어보았다.

"저승 염라대왕 잡으러 가버린 사이에 어머님은 나에 대한 마음이 어떠했습니까?"

어머님이 대답했다.

"눈에 송송 박히더라."

"저승 염라대왕 잡으러 간 사이에 아버님은 나에 대한 마음이 어떠했습니까?"

"널 닮은 사람을 보면 생각나고, 가끔 생각이 나더라."

"형님은 나 없는 사이에 나에 대한 마음이 어떠했습니까?"

"너를 닮은 사람 보면 생각나고는 하더라."

이렇게 대답을 한 법으로 지금 인간 세상에 어머니는 죽으면 가시 잦은 나무로 상주지팡이를 짚고, 아버지는 죽으면 대나무로 상주지팡이를 짚고, 형제는 죽으면 수건도 망건 위에 쓴다.

"동생은 옷 위에 바람이라. 동생 죽음은 거른다."

상주 차리는 법은 이때 정해졌다.

— 원문출처: 진성기, 『제주도무가본풀이사전』, 민속원, 1991.

2. 자기 수명을 늘인 사만이 〈사만이본풀이〉

주년국 소사만이의 선조들은 모두 천하거부였다. 하지만 사만이 아버지 때부터 가난하게 살았다. 삼대독자 사만이가 태어나고, 한 살이 되었을 때, 어머니 무릎에 앉아 젖을 먹는데 어머니가 죽어버렸다. 두 살이 되었을 때는 아버지가 죽어버렸다. 세 살이 되자 친할머니가 죽어버렸다. 사만이는 친할아버지와 살았는데, 네 살 되니 친할아버지도 죽어버렸다. 다섯 살에는 외할머니가 죽어버렸고 여섯 살에는 외할아버지가 죽어버렸다. 친척부터 외척까지 모두 다 죽어 없어졌다.

그나마 단 하나 외삼촌이 살아 있었다. 그런데 일곱 살이 되니 그 외삼촌마저도 죽어버렸다. 그렇게 되자 사만이는 갈 데도 없고 올 데도 하나 없는 신세가 되고 말았다.

어느 날, 사만이는 작은 바가지를 하나 받아서 밥을 얻어먹으러 아랫녘으로 가고 있었다. 천하삼거리에 도착하자 아랫녘에 사는 조정승 딸이 바가지를 들고 오고 있었다.

"어디로 가는 아이입니까?"

"난 아랫녘 조정승 딸입니다. 이제 일곱 살인데 여섯 마을에 살던 친척, 외척 양쪽 집안 가족이 모두 사망해버려서 밥이라도 얻어먹으려고 윗녘으로 갑니다."

이야기를 들어보니 똑같은 처지였다.

"나도 같은 처지라서 얻어먹으러 아랫녘으로 가는 길입니다."

가만히 서서 바라보다가 서로 눈이 맞아서 사만이가 말을 했다.

"이렇게 하는 것이 어떻습니까? 우리가 같이 벗하면서 얻어먹으러 다니면 어떻겠습니까?"

조정승 딸이 대답했다.

"좋습니다. 그렇게 합시다."

이렇게 해서 사만이와 조정승 딸은 손을 잡고 같이 얻어먹으러 다니게 되었다. 가다 오다 날이 어두워지면 어느 방앗간 구석에서 손을 잡고 밤을 새며 지냈다. 그럭저럭 살다 보니 어느새 열다섯 살이 되었다.

하루는 사만이가 고민 끝에 조정승 딸에게 말했다.

"조정승 따님애기야. 너에게 말하고 싶은 게 있는데 부끄러워서 말을 못하겠구나."

"무슨 말입니까?"

"너하고 나는 일곱 살에 만나서 그럭저럭 함께 지내다가 벌써 열다섯 살이 되었다. 그동안 함께 지내면서 네 속은 내가 알고 내 속은 네가 아니 이제는 부부로 사는 것이 어떻겠느냐?"

"그렇게 합시다."

사만이와 조정승 딸은 그날부터 부부를 맺었다.

"우리가 평생 방앗간을 떠돌면서 살 수 있겠습니까? 산에서 나무라도 베어다가 작은 초막이라도 지어서 살아야겠습니다."

"그럼 그렇게 합시다."

둘은 깊은 산에서 나무를 베어오고, 억새 다섯 묶음과 띠 다섯 묶음을 들여서 지어 보니 작은 초막이 되었다. 거적문에 돌쩌귀를 달아 그럭저럭 살아갔다. 그러다가 조정승 딸이 태기를 가지고, 아홉 달이 지나고 열 달 만삭이 되니 하루는 귀동자가 태어났다. 아기를 안은 사만이는 기뻐했다.

"썩은 나무로 회초리 만드는 격이다. 썩은 나무에 싹이 나는 격이다."

그때부터 아기를 업고 다니고, 안고 다니고 하면서 얻어먹으러 다녔다. 그럭저럭 아기가 자라서 세 살이 되었다.

"아버지, 밥 주세요. 옷 주세요. 어머니, 젖 주세요. 옷 주세요."

매일 이렇게 비새 울 듯 울어댔다.

"이 자식아. 우린 뭐같이 빌어다가 너에게 먹여도 매일 그렇게 모자라서 옷 주시오, 밥을 주시오 하느냐. 이런 가혹한 일이 어디 있을까?"

사만이가 서러워하면서 울자 사만이 각시가 말했다.

"가장님아, 가장님아. 장사를 해 보십시오."

"부인님아, 부인님아. 장사를 하려고 해도 본전 없이 어떤 장사를 할 수가 있습니까?"

"내가 천년장자 집에서 돈 백 냥만 빚져 올 테니 그걸 본전 삼아서 장사를 하십시오."

사만이 각시가 천년장자 집에 가서 보증을 하고 돈 백 냥을 빚져 오니, 사만이는 그 돈을 짊어지고 물건 사러 아랫녘으로 갔다. 그런데 가다 보니 동지섣달 설한풍에 어린 아이 둘이 눈이 빨갛게 되도록 울고 있었다.

"아이고! 이 아기들은 날 닮은 아기들이로구나."

사만이는 아이들의 손을 잡고 주막에 들어가 밥을 사주고, 옷과 신도 사주었다. 또 길을 가다 보니 백발노인 두 늙은이가 한 막대기 짚고 걸어가는 것이 보였다. 춥고 배고픈데다 눈물, 콧물까지 다 흘리면서 가는 걸 보니 불쌍해서 그냥 갈 수가 없었다.

"날 닮은 노인네들이구나."

노인들의 손을 잡고 주막에 들어가 술과 밥을 사주고, 옷과 신발도 사주다보니 돈 백 냥은 온데간데없이 사라지고 없었다. 어쩔 수 없이 빈손으로 집으로 돌아왔다.

사만이 각시는 문 앞에 서서 남편이 오기를 기다리고 있었다.

"가장님아, 가장님아. 장사가 어떻게 되었습니까?"

"부인님아, 부인님아. 본전 없이 장사할 수가 없습니다."

"가지고 간 돈 백 냥은 어떡했습니까?"

"백 냥을 가지고 장사하러 아랫녘으로 가는데, 불쌍한 아이들이 있어서 주막에 가서 밥 사주고, 옷 사주고 넘어가다 보니, 백발노인 두 소경이 한 막대기를 짚고 눈물, 콧물 흘려가며 가는 것이 하도 불쌍해서 밥 사드리고, 옷 사드리고, 신 사드렸더니 돈 백 냥이 온데간데없이 없어졌습니다."

이야기를 다 들은 사만이 각시는 하는 수 없이 손칼로 쉰대자 참비단같은 앞머리를 쓱쓱 베어 내밀었다.

"이 머리를 장에 가지고 가서 팔아 보십시오. 그 돈으로 쌀도 사고 장도 봐 오십시오."

"부인님아, 부인님아. 감태같은 검은 머리를 쓱쓱 막 베어버리니 단 서 푼도 안주겠습니다."

머리를 받아들고 탄식을 하니 사만이 각시가 대꾸를 했다.

"가장님아, 가장님아. 앉아서 그리 울어본들 머리가 길어지지 않습니다. 내일 장에 가서 이 머리를 팔아 쌀도 사오고 장도 봐 오십시오."

뒷머리는 놔둬서 어디 쓰겠는가 하면서 뒷머리까지 잘라냈다. 사만이는 감태같은 검은 머리를 잘 싸들고 아침 일찍 장에 나갔다. 하지만 점심때가 다 지나도록 머리를 사는 사람이 없었다. 저녁 때가 다 되어서 마지막으로 한 번 더 돌아보자고 할 때였다.

"이 머리 파는 것입니까?"

"예. 팔려고 가지고 온 머리입니다."

"값은 얼마나 합니까?"

"여덟 냥, 여덟 돈, 칠 푼, 오리를 받고자 합니다."

흥정이 잘 되어 부르는 대로 돈을 받았다.

"이 돈으로 쌀 사고 장을 봐서 가면 한 사흘은 연명하겠지만, 그 다음은 어떡하지? 큰 시장을 돌아보고 장사할 물건이나 있나 보자. 장사가 잘 되면 본전하고 이익이라도 남을 것 아닌가?"

사만이는 계산을 해 가면서 큰 시장을 돌아보았다. 한 번 돌고, 두 번 돌아도 눈에 드는 물건이 없었다. 세 번째 돌고 있는데, 멋진 사냥총이 보였다.

"이 물건은 쇠로 만든 물건이오. 만년은 보장할 수 있는 물건이오. 끈은 가죽이라 아주 단단합니다."

"주인장, 이건 파는 물건입니까?"

"예. 팝니다."

"값은 얼마입니까?"

"은도 백 냥, 지전도 백 냥, 금 백 냥이라. 삼백 냥이 됩니다."

"아이고! 좋은 물건 있지만, 돈이 없어서 못 사겠구나."

사만이는 안타까워 탄식을 하고 있으니, 물건주인이 물었다.

"돈이 얼마나 있습니까?"

"여덟 냥, 여덟 돈, 칠 푼 오리밖에 없습니다."

"그러면 그 돈을 주고 이 총을 사 가시오. 부족한 것은 벌 때마다 갚으시오."

"아이고! 감사합니다."

사만이는 물건 주인에게 돈 갚을 날을 정해 흰 종이에 검은 먹으로 잘 써서 표시해 빚을 잡혀두고 총을 받았다.

"사만이는 이제 부자가 되겠습니다. 사만이 대에서 먹고 쓰고 남은 것은 아들에게 길이길이 물려줘 부자 되고, 딸에게는 주고 또 주게 될 것입니다."

사만이가 물었다.

"어떡하면 우리 대에 먹고 남아 아들에게 물려주고, 딸은 주고 또 줄 수가 있습니까?"

"산에 올라 하도리에서 굽어보며 봄두더지 한 방, 가을두더지 한 방, 중도리에 돌아보면 큰 노루도 한 방, 작은 노루도 한 방, 상도리에 바라보며 큰 사슴도 한 방, 작은 사슴도 한 방에 잡습니다. 방아쇠 한 번을 살짝 당기면 삼천 마리도 죽고, 방아쇠 두 번을 슬쩍 당기면 오천 마리도 죽습니다. 그걸 장자집에 실어가서 팔면 논과 밭도 주고, 옷도 주고, 간장도 주고, 쌀도 주고, 돈도 주면 먹고 쓰고 남은 것은 아들에게 물려주고, 딸에게는 주고 또 줄 수 있습니다."

멋진 사냥총을 둘러매고 집으로 돌아오니까, 부인은 남편이 쌀을 사고, 장을 봐서 오는가 보다 하고 문밖에 서서 기다리고 있었다. 그런데 맨 몸에 총 하나만 덜렁 메고 오고 있었다.

"가장님아, 가장님아. 어느 것이 장입니까? 어느 것이 쌀입니까?"

"부인님아, 부인님아. 이제는 평생 부자로 잘 살 방법을 찾았습니다."

"어떻게 잘 삽니까?"

"부인의 감태같은 검은 머리를 팔아서 여덟 냥, 여덟 돈, 칠푼 오리를 받았습니다. 하지만 그 돈으로 쌀 사고 장을 받아오면 한 사흘밖에 먹지 못할 것이라 큰 장에 가서 멋진 사냥총을 사 왔습니다. 우리 대에 먹고 쓰고 남으면 아들에게는 물려주고, 딸에게는 줄 것이 생기는 물건입니다."

"어떡하면 우리 대에 먹고 쓰고 남을 수가 있습니까?"

"깊은 산에 올라가 하도리에서 굽어보면 봄두더지 한 방, 중도리에서 굽어보면 큰 노루도 한 방, 작은 노루도 한 방, 상도리에서 바라보면 큰 사슴도 한 방, 작은 사슴도 한 방, 큰 돼지도 한 방, 작은 돼지도 한 방, 총 한 방을 슬쩍 쏘면 한 총알에 삼천 마리도 죽고, 두 방을 살짝 쏘면 오천 마리도 죽습니다. 장자집에 싣고 가면 쌀도 주고, 장도 주고, 논과 밭도 주고, 돈도 주고, 의복도 주고 그렇게 해가면 우리 먹고, 쓰고, 남아서 아들에게는 물려주고, 딸에게도 주고 또 줄 것이 생길 것입니다."

사만이 각시는 이 말을 믿고서 다달이 갚을 빚으로 쌀 두 되를 앞집과 뒷집에서 빌려와 저녁밥을 해 먹고, 사만이는 옆에 앉아서 밤을 새고 있으니, 천왕닭은 목을 들어 울고, 지왕닭은 고개 꺾어 울고, 인왕닭은 날개를 탁탁 치면서 울었다.

먼동에 새벽이 오니, 사만이 각시가 밥을 하여 점심밥을 싸 두고 사만이한테 아침 밥상을 들여놓았다.

사만이는 아침밥을 잘 받아먹고 사냥총을 둘러메고 점심밥을 받아들고 사냥을 나갔다. 그런데 하도리에서 굽어봐도 잠잠하니 아무것도 없고, 중도리에서 굽어봐도 잠잠하고, 상도리에서 바라봐도 잠잠했다. 해를 보니 어느새 서산에서 다 내려가고 있었다. 하는 수 없이 굴에 들어가 모닥불을 피우고 앉아서 밤을 새고 있었다. 밤이 점점 깊어가고 자정이 가까워올 무렵이었다. 앞산으로 가는 언덕으로 백년해골이 땡땡땡그르릉 굴러오면서 우는 소리를 하며 불렀다.

"주년국 소사만아!"

사만이는 대답하지 않았다.

"주년국 소사만아!"

두 번을 불렀지만 대답하지 않았다.

"주년국 소사만아!"

세 번을 부르자 비로소 대답했다.

"예. 무슨 일입니까?"

"너는 내일 진사시에 내 손에 죽을 명이다."

"예? 이것이 무슨 말입니까? 저는 아무 죄도 없습니다. 살려주십시오."

"나는 서울 백정승 아들인데, 백년해골이 되었노라. 내가 은도 백 냥, 금도 백 냥, 지전 백 냥, 삼백 냥을 주고 그 멋진 사냥총을 사서 이 산중에 왔다. 날짐승을 맞춰 밥반찬을 하려고 와서 사냥총을 세워두고 언덕을 오르락내리락 누비고 있었는데, 번개 같은 도둑놈이 몰래 와서 방아쇠 한 방을 슬쩍 쏴서 내 가슴을 맞추더니 사냥총을 들고 간 뒤로 두문불출이다. 그렇게 된지 이제 열두 해가 지나서야 내 눈에 띄었구나. 그 물건이 내 물건이다. 내 물건을 가졌으니 네가 도둑놈이 아니냐?"

"아이고! 저는 도둑놈이 아닙니다. 저는 어제 큰 시장에서 은도 백 냥, 금도 백 냥, 지전도 백 냥, 삼백 냥을 주기로 빚을 잡히고 사온 물건입니다. 저는 정말로 도둑이 아닙니다. 살려주십시오. 정 그러하다면 이것이 도둑질한 물건이 아니라 장에서 사온 물건이긴 합니다만 당장 가져가십시오."

"사만이는 참 염치를 두고 셈도 없구나."

"그러면 어떡하라는 것입니까?"

"나를 너의 조상으로 잘 모셔라. 내가 너희 집안을 자손창성하고 우마번성하며, 오곡풍성하여 만석꾼 부귀영화를 누릴 수 있도록 해주마."

"제가 어떻게 조상으로 모시면 됩니까?"

"그건 내가 시키는 대로 해라. 나는 앞동산 언덕에서 죽어 백년해골이 되어 있고, 내 입에서 나는 건 왕대나무와 잔대나무 그루터기에 가시덤불이 무성하고, 코에서는 것은 산딸기나무 덤불이 무성하고, 눈에서 나는 것은 눈비애기 거친 솔이 얽혀져서 틀어져 있다. 내일 아침 인묘시가 되면 총자루로 눈비애기 거친솔과 산딸기나무를 양 옆으로 제쳐두고 대공단 손칼로 왕대나무와 잔대나무 그루터기를 베어 내고, 청감주로 목욕하고, 자소주로 닦아서 물명주 부대에 싸서 너희 집으로 모셔다오. 너희 집으로 들어가서 조왕으로 들어가면 조왕으로 대접하면서 모셔라. 안으로 들어가면 비자나무 은선반에 매어서 참실 밧줄로 엮은 선반 위에다 나를 조상으로 모시고 초하루, 보름, 삭망 기제사 하고, 삼명절 기제사를 잘하여 주면 네 집안의 자손창성하고 우마번성하고, 오곡풍성하여 만석꾼 부귀영화를 시켜주마."

"좋습니다. 그렇게 합시다."

사만이는 잠이 안 와서 앉아서 밤을 새었다. 먼동이 트자마자 사냥총을 둘러메고 앞동산을 가보니 아니나 다를까 입으로 나는 것은 큰대나무와 잔대나무 그루터기가 무성하고, 코에서는 산딸기나무 가시덤불 얽어지고 틀어지고, 눈은 눈비애기 거친 솔에 얽어지고 틀어져 있었다. 대공단 손칼로 큰대나무와 잔대나무 그루터기, 산딸기나무 가시덤불, 눈비애기 거친 솔을 양 옆으로 베어두고, 청감주로 목욕하고, 자소주로 닦아 물명주 부대에 싸고 보니 큰 노루, 작은 노루, 큰 돼지, 작은 돼지, 큰 사슴, 작은 사슴, 봄두더지, 가을 두더지가 놀고 있었다. 방아쇠 한 번 슬쩍 당기니 모든 짐승이 순식간에 도망가 버렸다. 해는 보니 서산에 다 내려가 있었다.

"그만 집으로 돌아가자."

백년해골을 둘러메고 사냥총을 둘러메고 집으로 돌아오다가, 문 앞에 도착하니 생각 하나가 떠올랐다. 백년해골을 가지고 집안으로 들어가면 각시가 사냥한 고기라고 할까봐, "잘 하였습니다"하고 말할까봐 노둣돌에 걸어두고 사냥총만 메고 안으로 들어갔다. 각시는 문에 서서 기다리다가 사만이에게 말했다.

"어느 것이 큰 노루입니까? 어느 것이 작은 노루입니까? 어느 것이 봄두더지입니까? 어느 것이 가을두더지입니까? 어느 것이 큰 사슴입니까? 어느 것이 작은 사슴입니까? 어느 것이 큰 돼지입니까? 어느 것이 작은 돼지입니까?"

"부인, 부인. 어제는 멸망일에 나가니 재수가 없어서 날짐승 하나 구경 못하였으나 내일은 큰 노루, 작은 노루, 큰 돼지, 작은 돼지 잡아 올 것입니다."

사냥을 다니다가 돌아온 사만이는 힘들고 지쳐 멍한 눈에 잠이 왔다. 밤이 깊어 자정이 되어가니 문 앞 노둣돌에 있던 백년해골이 사만이를 부르면서 울었다.

"주년국 소사만이야. 나를 있던 곳으로 데려다 다오. 나를 조상으로 잘 모시면 자손창성에 부귀영화를 시켜주려고 했는데, 노둣돌에 걸어두고 찬바람, 찬이슬이나 맞혀 달라고 하더냐? 내가 있던 청맹덩굴나무 아래로 데려다 다오."

백년해골은 사만이를 부르며 한 번 말해도 잠잠하고, 두 번 말해도 잠잠했다. 세 번째 말하니 사만이 각시가 앉아서 듣고는 사만이를 흔들어 깨우면서 말했다.

"백년해골이 노둣돌 위에서 우는 소리를 내면서 있던 곳으로 데려다 달라고 당신 이름을 세 번 부릅니다. 조상으로 모셨으면 자손창성에 부귀영화를 시켜주려고 하는데, 찬이슬, 찬바람만 맞고 있다고 합니다."

"아이고! 부인님, 부인님! 어제 나는 하마터면 죽을 뻔했다가 살아왔습니다."

"무슨 일이 있었습니까?"

"사냥을 나가서 하도리에서 바라봐도 잠잠, 중도리에서 바라봐도 잠잠, 상도리에서 바라봐도 잠잠하기만 했습니다. 날이 저물어 굴에 가서 불을 피우고 밤을 새우고 있는데 자정이 되어갈 때 서울 백정승 아들 백호라는 백년해골이 나를 세 번을 부르고 이만저만 하여 노둣돌에 걸어두었습니다."

"그렇게 하였으면 모시고 들어오지 그랬습니까. 귀신 대접해서 나쁜 데 있습니까?"

사만이 각시는 정성들여 열두 폭 금새호리 대공단 홑단치마를 둘러 입고 미투리 신에 코재비 버선을 신고 문 밖으로 나가서 넙죽 절을 했다.

"저에게 인연 있는 조상님이면 이 치마로 들어오십시오. 저에게 인연 아닌 조상님이면 저기 문 밖으로 나가십시오."

한 번, 두 번, 세 번을 절하니 백년해골이 치마폭으로 굴러 들어왔다.

사만이 각시는 백년해골을 안고 집안으로 들어와 문전으로 대접을 하고, 조왕으로 들어가니 조왕으로 대접하고, 안방으로 들어가니 유자나무 선반, 비자나무 고운 선반에 참실 밧줄로 매어 백년해골을 선반 위에 모셔 놓고 차려 놓은 것은 아무것도 없이 찬물 한 그릇 떠 놓고 향촉을 밝혀 두었다.

다음날 사냥을 나가자 큰 사슴, 작은 사슴, 큰 돼지, 작은 돼지, 봄두더지, 가을두더지가 수없이 나오더니 방아쇠 한 번 살짝 당기니 삼천 마리 쓰러지고, 방아쇠 두 번을 살짝 당기니 오천 마리도 죽어간다. 그렇게 그 짐승들을 모두 장자집으로 싣고 가니까 쌀도 주고, 장도 주고, 돈도 주고, 갈아입을 옷도 주고 논과 밭도 내어 주었다.

사만이는 순식간에 큰 부자가 되었다. 사만이는 자손도 창성이요, 우마도 번성이요, 오곡도 풍성이요, 고대광실 높은 집에 남쪽에는 밭이고, 북쪽에는 논이 쌓인 천하거부자가 되었다.

하루는 사만이가 사냥을 나가고, 사시행차를 하는데 점심준비가 늦어지고 있었다. 사만이 각시에게 윗집 아주머니가 불 얻으러 왔다.

"사만이네는 소문 기별 없이 갑자기 어떻게 이리 큰 부자가 되었소?"

"우리 집에 귀신을 모시고 있습니다."

"어떤 귀신입니까?"

"우리 집 가장이 사냥을 갔다가 서울 백정승 아들 백호라고 하는 백년해골을 주워 와서, 안방 높은 선반 제사상에 모셔놓고 조상으로 잘 받들어 모시니 이렇게 부자가 되었습니다."

"우리도 주워 와서 부자 되자."

불 빌리러 왔던 윗집 아주머니는 그냥 가버렸다. 조금 있으니 백년해골이 선반 아래로 땡땡땡그르릉 하면서 굴러왔다.

"사만아! 네가 없이 나는 못살고 내가 없이 너 못 살 것이다. 오늘 하루 네가 없어도 저승사자가 사시(巳時)에 행차하시는데 대접할 점심이 늦어지고 있다. 나 있던 곳으로 데려다 다오."

이 말을 들은 사만이 각시는 불 때던 부지깽이를 둘러메고 안방에 가서 문지방을 탁탁 두드리며 윽박질렀다.

"조상은 흉사 들먹이지 마시오."

"이년아. 흉사가 아니다. 너희 남편은 모레 사오시에 명이 끊어질 운명이다. 벌써 삼차사가 내려왔다."

사만이 각시는 부지깽이로 백년해골 아가리를 콱 박고 머리빡 두드리며 윗녘의 보리밭으로 튕겨버리니 백년해골은 보리밭 가운데서 눈이 붓도록 울기만 했다. 사만이는 그날 사냥 가서 그 많던 날짐승을 한 마리도 구경하지 못했다. 해가 서산으로 다 내려가 집으로 돌아오는데, 윗녘 보리밭 가운데서 백년해골이 눈이 붓도록 울고 있었다. 사만이는 백년해골에게 달려갔다.

"조상님은 이게 어떻게 된 일입니까? 어서 집으로 갑시다."

"사만아! 나 없어도 너 못 살 것이고, 너 없어도 나 못 살 것이다. 네가 오늘 하루 없어도 사시행차 하시는지 점심채비도 늦어지더라. 나 있던 곳으로 돌려다 달라고 하니 너희 각시가 흉사를 들였다고 하면서 나를 불 때던 부지깽이를 내 아가리 박고 머리빡을 두드리며 부지깽이로 이렇게 던져버리니 길고 긴 삼사월 해에 하루 종일 울었다."

"조상님, 조상님. 남자로 태어나면 어머니, 아버지가 못 고치는 행실은 서당에 가면 훈장님이 가르칩니다. 여자는 태어나서 어머니와 아버지가 못 가르치는 행실은 시집을 가면 서방이 가르치는 법인데, 제가 제 아내 행실을 못 가르쳐서 그렇습니다. 저의 죄입니다. 살려주십시오. 어서 오십시오. 내가 업어서 가겠습니다."

"너는 모레 사오시면 명이 끊어지는 운명이다. 널 잡아 가려고 벌써 삼차사가 내려왔어."

"조상님! 조상님! 조상님의 힘으로 못 할 일이 있습니까? 제가 죽을 줄은 알고, 살릴 줄은 모릅니까? 살려주십시오. 어서 집으로 갑시다. 집으로 가면 부인네 행실을 제가 잘 가르치겠습니다."

사만이는 백년해골을 업고 집으로 돌아갔다. 원래 모셔 두었던 선반 위로 다시 모시고 각시를 불렀다.

"이년아, 저년아. 죽일 년아. 잡을 년아. 어째서 조상님을 이리 박대하였느냐?"

"낭군님아! 눈으로 안 본 소리는 하지 마시오. 흉사를 얼마나 들였는지 아십니까?"

백년해골이 불쑥 나섰다.

"이년아. 흉사가 아니다. 네 남자는 모레 사오시에 명이 끝나느니라."

"아이고! 조상님. 살려주십시오. 차마 그런 일인 줄을 몰랐습니다. 소녀의 낭군님을 이번만 살려주십시오."

손을 모아 국궁 사배를 삼 세 번을 드렸다.

"내 말을 들으면 네 남편이 살 수 있을 것이다."

"살려주십시오. 죽으라고 하든지 살라고 하든지 하는 말씀을 다 듣겠습니다. 마른 띠를 지고 불로 들어가라고 해도 그렇게 하겠습니다. 맷돌을 지고 물로 들어가라 해도 그렇게 하겠습니다."

"정말로 내가 하는 말을 듣겠느냐?"

"예. 하는 말을 듣겠습니다."

"그러하면 너희 집에 좁쌀 천 섬 있느냐?"

"예, 있습니다."

"쌀 천 섬 있겠냐?"

"예, 있습니다."

"대가리 온전한 생선 세 마리가 있느냐?"
"예, 있습니다."
"청감주 세 잔이 있느냐?"
"예, 있습니다."
"금찻물 세 동이가 있느냐?"
"예, 있습니다."
"갈아입을 윗옷 있느냐?"
"예, 있습니다."
"갈아입을 가운데 옷 있느냐?"
"예, 있습니다."
"갈아입을 아래 옷 있느냐?"
"예, 있습니다."
"관복 삼배가 있느냐?"
"예, 있습니다."
"각띠 삼배가 있느냐?"
"예, 있습니다."
"당혜 삼배가 있느냐?"
"예, 있습니다."
"띠 삼배가 있느냐?"
"예, 있습니다."
"백마 세 필이 있느냐?"
"예, 있습니다."
"은도 만 냥 있느냐?"
"예, 있습니다."
"지전 삼천 권 있느냐?
"예, 있습니다."
"가는 명주 한 동이 있느냐?"

산대·상잔

"예, 있습니다."

"강명주 한 동 있느냐?"

"예, 있습니다."

"명에 맞는 명사슬이 있느냐?"

"예, 있습니다."

"목에 맞는 복실이 있느냐?"

"예, 있습니다."

"명에 맞는 무명 한 필 있느냐?"

"예, 있습니다."

"복에 맞는 복다리 있느냐?"

"예, 있습니다."

"길에 맞는 무명 한 길 있느냐?"

"예, 모두 있습니다."

"그러하면 살 수 있을 듯하다. 빨리 차려라. 빨리 그렇게 차려서 마당에 큰 대 세우고, 차사님한테 인정을 걸면서 제사 지내라. 일이 급하니 떡은 못해도 퉁누기 메밥을 찌고 더운 메, 단 메 정성을 들여라. 삼차사에게 인정 걸면서 차리라고 한 것 모두 차려 높은 산으로 가서 백보 바깥으로 엎드려 있어라. 한 번 부르면 대답하지 말고, 두 번 불러도 대답하지 말고, 세 번을 부르면 대답해라."

사만이는 백년해골이 말하는 대로 차렸다. 마당에 큰 대 세우고, 만물 초반상에 정성껏 차려놓고, 향불을 동쪽으로 밝혀 두고 백보 바깥으로 가서 엎드려 있으니, 삼차사가 내려오고 있었다.

앞에 오는 차사는 명찾이, 두 번째 오는 차사는 복찾이, 뒤에 오는 차사는 운명찾이였다. 삼차사가 나오면서 차례로 말하는데, 첫 번째 오는 차사님이 먼저 말했다.

"나는 명찾이를 해야 하는데 다리가 아파서 갈 수가 없으니, 말이나 한 필 주었으면 없는 명을 지니게 해줄 듯하다."

두 번째 오는 차사가 말했다.

“형님은 그게 무슨 말씀입니까? 누가 들으면 어떡하려고 그런 말을 합니까? 밤 말은 쥐가 듣고 낮말은 새가 듣는 법입니다. 사실 저도 누가 이런 때에 신발이나 한 벌 주었으면 없는 복을 지니게 해 줄 듯합니다. 신발이 떨어져서 갈 수가 없습니다.”

마지막에 오는 차사가 말했다.

“형님네들, 이게 무슨 말씀입니까? 밤 말은 쥐가 듣고 낮말은 새가 듣는 법입니다. 그러다가 누가 들으면 어떡하려고 그런 말씀을 하십니까? 그렇다 해도 저 역시 배가 고파서 갈 수가 없으니 누가 밥이나 한 상 차려주었으면 없는 운명을 지니게 해 줄 듯합니다.”

삼차사가 이 말, 저 말을 말하면서, 이 고개 넘고, 저 고개를 넘으며 오다보니 향냄새가 솔솔 나고 있었다.

“야! 향불 냄새가 납니다.”

“그래?”

“아이고! 이리 와서 보시오. 열두 가지 고하반상, 아홉 가지 나물젓갈, 안성놋그릇 통영 칠반에 일곱 가지 칠첩반상 가득 벌여 있습니다.”

“우리가 배고픈데 이런 음식을 보면 그냥 넘어갈 수 있습니까? 한 술씩 먹고 갑시다.”

삼차사가 밥 한 술씩 떴지만 바로 입에 넣지 못했다.

“우리가 이런 주인 모르는 음식을 먹어서 어떡할까?”

“글쎄 말입니다.”

“형님들, 들어보십시오. 급히 소문을 들어보니 사만이네 집에서 서울 백정승 아들 백년해골 귀신을 모시고 산다고 합니다. 큰형님이 주년국 소사만이를 불러보십시오.”

“주년국 소사만아!”

잠잠했다.

“주년국 소사만아!”

두 번째 온 차사가 불러도 대답이 없었다. 마지막에 온 차사가 나섰다.

"형님. 또 한 번만 더 불러보십시오. 삼판이 하나이니, 이번에 불러서 대답을 안 하면 누가 차린 음식인 줄 모를 것입니다."

"주년국 소사만아!"

세 번째 불렀다.

"예."

그제야 대답을 했다.

"사만아, 사만아. 더운 밥, 단 밥이 맛이 좋구나. 이 밥은 누가 해서 올렸느냐? 대가리가 온전한 바닷고기는 누가 하여 올렸느냐? 청감주 삼 배는 누가 하여 올렸느냐? 자소주 세 잔은 누가 하여 올렸느냐? 금찻물 세 동이는 누가 하여 올렸느냐? 관복 삼배는 누가 하여 올렸느냐? 각띠 삼배는 누가 하여 올렸느냐? 당혜 삼배는 누가 하여 올렸느냐? 백마 세 필은 누가 하여 올렸느냐? 가는 명주 삼배는 누가 하여 올렸느냐? 갈아입을 윗옷은 누가 하여 올렸느냐? 갈아입을 가운데 옷은 누가 하여 올렸느냐? 갈아입을 아래옷은 누가 하여 올렸느냐? 명에 맞는 명다리는 누가 하여 올렸느냐? 복에 맞는 복다리는 누가 하여 올렸느냐? 길에 맞는 무명 실은 누가 하여 올렸느냐? 지전 삼천 권은 누가 하여 올렸느냐? 은화 삼천 권은 누가 하여 올렸느냐? 은전 삼천 냥은 누가 하여 올렸느냐?"

"예! 삼시왕 삼차사 삼관장님이 저를 잡으러 오실 때에 길인들 험하지 않았겠습니까? 땀수건 손수건, 마흔 대자 상보석, 서른 대자 중보석, 스물 대자 하보석, 열 대자 길닦이 천, 일곱 자 직보자루, 석 자가 발감기, 한 자 두 치는 땀수건. 이렇게 하여서 제 인정을 드리고 있습니다. 삼신전 오시는 길에 배고프지 않으며, 가슴인들 쓰리지 않겠습니까? 만족하시며 받으십시오. 풍족히 받으십시오."

차려놓은 것을 삼차사가 모두 나누어 가지자 사만이가 엎드리고 말을 했다.

"삼차사 관장님. 저는 삼대독신입니다. 집에는 어리고 자라지 못한 처

자식이 있습니다. 집으로 가서 하직하고 가는 것이 어떻습니까?"

한 번 사정하고, 두 번 사정하고, 세 번째 재차 말하려니 마지막 차사님이 나섰다.

"형님네들. 우리가 놈의 인정을 이렇게 받았는데 그 인정을 나 몰라라 해서 되겠습니까? 사만이 집으로 가서 하직하고 가는 게 옳습니다."

"네 말도 들어보니 옳구나."

"백마 세 필을 들어 매어라."

세 차사가 모두 말을 타니, 사만이가 앞의 차사가 탄 말의 줄을 잡고 삼차사를 모시고 집으로 돌아갔다. 그때 백년해골이 말했다.

"사만이 각시야. 너희 집에 삼차사가 가까이 오셨다. 안으로 열시왕 바깥으로는 삼시왕, 이구 십팔 열여덟 굿 제물을 차려라. 큰 깃발, 작은 깃발을 길쭉한 입구에서 양선기 나부껴라. 소리 좋은 열두 악단을 거느려라."

백년해골이 말하는 대로 굿을 하고 무당들이 신을 청하는데, 삼차사가 바깥 정주문에 닿았다. 큰무당이 나서서 청감주로 대접하고, 자청주로 대접했다.

"명에 맞는 명다리 받으십시오."

다시 인정을 걸어가니 차사들이 집 안으로 들어온다. 그때 큰무당이 차사에게 말했다.

"상당으로 들어오십시오."

차사가 상당으로 들어와 앉으니 수소무가 술잔을 대령했다.

"첫 잔은 청감주, 둘째 잔은 자청주, 셋째 잔은 자소주."

사만이 각시는 서울 놈의 남병, 시골 놈의 대나무병, 알쏭달쏭 유리병, 초벌 고아 자소주에, 두 벌 고아 독한 소주에, 세 벌 고아 아주 독한 소주에, 억누잔에 억누대에 부엉잔에 부엉대에 안성놋기 통영칠반에 돼지고기 안주 차려놓아서 부어드리고, 부어드리고 했다. 차사들이 술에 흠뻑 취하자 사만이 각시는 엎드려서 애원했다.

"삼차사 관장님. 소녀의 남편은 삼대독신입니다. 소녀의 남편 대신 제가 가겠습니다. 소녀의 남편이 가버리면 집이 망해버립니다."

굽었다가 일어서고 굽었다가 일어서고 하면서, 중 목에 걸린 염주알 같은 눈물이 뚝뚝 비가 내리듯 내렸다. 사만이도 엎드려서 애원했다.

"차사님, 차사님. 소년은 삼대독자 입니다. 그래도 저는 제 명에 가겠습니다. 소년의 부인네를 달고 가면 어린 자식을 어느 누가 보살피며 키울 수가 있습니까."

중 목에 걸린 염주알 같은 눈물이 뚝뚝 흘러가니, 삼차사는 술김에 바라보아도 너무 불쌍해보였다. 마지막 차사가 앞에 온 차사에게 말했다.

"옛이야기를 관장한테 가서 계속 재미있게 말하십시오. 그러면 관장이 듣다가 시간이 오래가면 잠이 쓱 들 것입니다. 잠들어버린 틈에 살짝 이승 문서를 싹 걷어 와서 소사만이 삼십 년이 명이고, 유사만인 삼천 년이 명이니, 유사만이의 글자 한 자를 지워버리고 소사만이의 글자 한 자를 살려 주면 소사만이는 삼천 년을 살고, 유사만이는 삼십 년을 살아 서로 명이 바뀔 것이니 몸과 명을 바꿔 줍시다."

"그럼 그렇게 합시다."

삼차사가 술김에 말하고 보니 소사만이와 유사만이가 닮아 보였다.

"좋다. 그렇게 하자. 오늘은 소사만이 각시한테 인정이나 많이 받자."

"사만이 각시야. 우리 인정이나 많이 다오. 네 남편은 살려주마."

"그렇게 하십시오."

사만이 각시는 차사들 앞에 청감주를 대령하고, 자청주도 대령하고, 자소주도 대령하고, 불소주도 대령하고, 은도 만 냥 가져 오고, 금도 만 냥 가져 오고, 지전 삼천 권 가져 오고, 말 양식, 노자를 차려서 대령했다. 삼차사는 주

꽹과리

바라

년국 소사만이 명부를 찢어버리고 유사만이를 데려갔다. 삼차사가 저승으로 들어가니 문서를 보는 재판관이 삼차사에게 방애를 씌워 감옥으로 내려 앉히려고 했다.

"주년국 소사만이를 잡아오라고 했는데 유사만이를 잡아 왔구나. 주년국 소사만이는 서른 해가 명이고, 유사만이는 명이 삼천 해를 지녔다. 잘못 잡아왔으니 오히려 너희가 죄를 지었다."

"그런 것이 아닙니다. 문서를 한 번 펴 보십시오."

"문서를 펴 보나마나 유사만이가 삼천년이다."

재판관은 삼사차에게 방애칼 씌워 감옥으로 보냈고 이틀 후에 죽이기로 했다.

"앞밭에 장칼 걸어라. 뒷밭에 베틀 걸어라. 자강놈을 불러라. 숙적기도 꽂아라."

죽일 듯이 둘러대고 있을 때, 재판관의 심부름꾼 기둥통인과 몸통인이 주먹밥을 가져 왔다. 출입문 구멍으로 삼차사를 주니 방애칼을 씌워 우뚝우뚝 앉아 있는 것이 불쌍하게 보였다. 그때 삼차사가 기둥통인 몸통인에게 부탁했다.

"기둥통인. 몸통인아. 우리 삼차사를 살려다오. 우리가 주년국 소사만이한테 인정을 많이 받았다. 너한테 반을 나눠주마."

"어떡하면 우리가 삼차사를 살릴 수가 있습니까?"

"저녁에 문서 재판관이 너희에게 방에 가서 자라고 한 뒤에 너희들이 가고 나면 재판관도 잠을 잘 것이다. 그때 그냥 가지 말고 있다가 재판관이 옛이야기를 좋아하니 옛이야기 한마디 드리고 가겠습니다 하면, '그렇게 하라'고 기뻐하거들랑 너희가 양 옆에 앉았다가 먼저 기둥통인이 말하고 그 다음에 몸통인이 말하고, 몸통인이 말하고 나면 기둥통인이 말하고 하면서 같은 말은 빼버리면서 들을 맛이 나게 계속 이야기를 하면 재판관이 앉아서 듣다가 자정이 되어 가면 졸려서 앉아 꾸벅꾸벅 졸 것이다. 그때 인명부 책을 떼어내어 몸통 뒤로 돌려놓고, 첫 장 걷어서 보면 주년국 소사만이는 서른이 명이니까 변경을 시켜서, 소사만이는 삼천 해를 지니게 해두고, 다시 세 장을 걷어 보면 유사만이가 삼천 해를 지니게 되어 있으니, 거기 가로줄 두 줄을 그어서 막음을 해버려라."

그러자 기둥통인과 몸통인은 그렇게 하기로 마음을 먹고 재판관한테 가서 일을 했다. 날이 어두워지자 재판관이 말했다.

"너희 방으로 가서 자거라."

"네, 그렇게 하겠습니다."

대답을 하고서 재판관 가까이에 가서 이야기를 꺼내놓기 시작했다. 기둥통인 몸통인은 삼차사가 시킨 대로 인명부 문서를 변경시키고 재판관 옆에 살짝 놓아두고 나왔다.

이틀 후, 오후가 되자 재판관은 호령했다.

"기둥통인 나서라. 몸통인 나서라. 앞밭에 장검 걸고, 뒷밭에 베틀 걸어라. 자강놈을 불러라. 삼차사를 끌고 나오너라."

바로 죽이려고 하자 기둥통인과 몸통인이 양 옆에 서서 문서 재판관에게 말했다.

"인명부를 한 번 걷어 봄이 어떻습니까?"

"왜 그 책을 걷어 보느냐?"

"그러다가 실수라도 하면 어떡합니까? 애매한 몸만 죽어 버리면 어떡합니까?"

기둥통인과 몸통인이 한 번, 두 번, 세 번을 말했다.

"그렇다면 애기업개 말도 귀담아 들어라 하였으니, 어서 책을 걷어 보아라."

첫 장 펼치니, 소사만이가 삼천 해가 새겨져있었다.

"이거 보십시오. 소시만이가 삼천 해가 아닙니까?"

다시 세 장을 걷어 보았다.

"이거 보십시오. 유사만이가 서른 명이 아닙니까?"

재판관은 깜짝 놀랐다.

"아뿔싸! 기둥통인, 몸통인 말 안 들었으면 애매하게 삼차사를 죽일 뻔 했구나. 유사만이를 저승으로 들여놓아라."

그렇게 해서 삼차사는 풀려났다.

그런데 그 후에 저승에서는 소사만이를 잡지 못 하고 있었다. 관장이 소사만이를 잡아오라고 차사를 보내어도 끝내 잡지 못하였다. 관장은 강림차사가 재주가 좋다는 소리를 듣고서 불러들였다.

"강림아, 강림아. 네가 소사만이를 잡아만 오면 내가 괴로울 일이 없을 것 같다."

강림차사는 이승으로 와서 소사만이를 잡으러 다녀오지만 찾을 수가 없었다.

하루는 꾀를 내어 우물을 파서 숯을 한가마니 가져다 물에 넣고 훌렁훌렁 씻기 시작했다. 조금 지나자 소사만이가 말 물 먹이러 왔다가 숯 씻는 것을 보았다.

"지금 뭐 하는 것입니까?"

"숯이 하얗게 되도록 씻습니다."

"하! 별 놈을 다 보네. 내가 사만 삼천 년을 살아도 숯이 하얗게 되도록 씻는 놈은 처음 보네."

비웃으면서 이렇게 말하자 강림차사가 바로 다가와서 물었다.

"그러면 당신이 소사만입니까?"

"그렇습니다."

대답을 하자마자 강림차사는 홍사슬을 꺼내어 꽁꽁 결박하고 저승 감옥 걸쇠를 걸었다. 이렇게 겨우 소사만이를 저승으로 잡아갔다.

— 원문출처: 진성기, 『제주도무가본풀이사전』, 민속원, 1991.

3. 명신손님에게 맞선 인간 〈손님굿〉

이 거리에 잡아서 오시는 성관(星官)님은 강남 대왕국의 맑고 맑은 명신손님이다. 제경아, 대동 안에 들어오신다. 자시에 하늘 여신 분 하늘님이 생겨나시고, 축시에 땅을 여시어 땅님이 생겨나시고, 사람이 나오라 하시니 사람이 모두 다 생겨나실 적에, 일월이 순지건곤에 태평성대를 마련하실 때이다.

옛날 저 아침에, 갓 날이라 저 아침에. 아장주야 설법 시절에, 숭덕 씨가 말 몰든 시절에, 배판두가 고리배판 하시고, 서리배판 내 배판 하실 적에, 그때 그 시절에 석가여래 세존님은 불도법을 마련하시고, 미륵님은 유도법을 마련하시고, 공자 맹자님은 글을 마련하시고, 헌원 씨는 배를 내어 물에서 아직 통하지 않을 적에 그물 망자를 지어내어 구년치수 맑은 물에서 고기잡이 마련하시고, 신농 씨는 농사법을 마련하실 적에 높은 곳에 가서 밭을 치고, 저 낮은 데는 가서 논을 쳐서 농사법을 마련하셨다.

그때 그 시절에, 강남 대왕국 명신손님네 맑고 맑은 손님네, 해와 달이 맑다 해도 손님네 같이 맑으며, 별과 달이 맑다 해도 손님 같이 맑으리요? 누구보다도 맑고 어진 손님네요. 손님네가 나온 곳, 그 어디가 본입니까?

강남 대왕국에 아좃대, 자좃대, 왕대야, 시늘이대야. 세천산에서 손님네 나왔네. 몇 분이나 나왔던가? 세 분이 나왔다. 강남 대왕국은 연잎 같이 넓은 나라라도 음식 치레를 둘러보려고 하면 밥은 피밥이고, 조밥이고, 손가락만한 채소다. 떡개구리 탕이요, 곰배 산적이고, 옷은 공단 비단이라도 벌레 속에서 나왔다고 더럽다고 마다하신다. 우리 세상으로 나오실 적에 음식 치레를 둘러보니, 밥 치레를 둘러볼 것 같으면 앵두 같은 팥을 삶고, 오이씨 같은 건 쌀밥이고 나무 채소를 둘러볼 것 같으면 올라가면 올고사리고, 내려오면 늦고사리, 삼박, 이박 호박나물이고, 자주비단 가지나물이고, 너울 펄럭 일산나물에 팡팡 돌았다 도라지나물이고, 한 푼 두 푼 돈잎 나물이고, 반찬 치레를 둘러 볼 양이면 황소머리에다 도끼를 걸고 죽은 소머리에 칼을 꽂고, 앞다리 선각에 뒷다리 후각에 바나산적 양산적에 외깔님아 젓갈님아.

동해바다 널리 달려 서방에 대방이며, 입 크다 통대구며, 작은 문어야 큰 문어야, 울고 간다 우래기며, 꽁지 넓다 널광어며, 작은 명태며 큰 명태며, 작은 오징어며 큰 오징어며, 이렇게 반찬도 찬란하고. 과일을 돌아보니, 모두 다 이렇게 찬란하더라. 산에 올라 산채다리며, 들에 내려서 외기다리며, 송추 배나리, 왕밤 대추며, 제분에 곶감도 차려 놓고요, 인물적간 거래적간 나오실 때, 어떤 손님네 나오시는가?

강남국은 연잎 같이 넓은 나라라도 손님네 한 분도 없으면 안 된다 하고, 쉰 분은 쉬고 계시고, 다만 세 분이 나오신다. 어떤 손님네가 나오시는고? 세존손님, 호반손님, 각시손님네가 나오시는데, 세존손님네 치레를 둘러보니 이렇게 차렸다.

중스님이 내려온다. 중대사가 내려온다. 저 중의 거동 보소. 저 중의 호사 보소. 얼굴은 형산백옥 같고, 눈은 소상강 물결이라. 서리 같은 두 눈썹은 팔자로 그려있네. 두 귓밥은 축 쳐지고, 한 자 한 치 호고깔, 두 귓밥이 축 쳐져서 숙수간을 하셨는데, 실구라 청감투는 두 귀 흠뻑 눌러쓰고, 백결포 큰 장삼은 홍띠를 둘러 띄고 백팔 염주 목에 걸고, 단주는 팔에 걸고, 묘리백두 은장도는 고름에 넓게 차고 소상반죽 열두 마디는 쇄골에 길게 달아 흐늘거리고 내려온다. 석가산 봄바람에 흔들거리고 내려온다. 중의 근본이 무엇인고. 절간에 올라도 염불, 마을에 내려도 염불, 염불하고 내려온다. 염불치고 내려온다.

> 신모장군 대다리니 다모라 다나다라 야야남마 일약바로 기지야
> 세바라야 모찌 사투바야 마라 사두바야 마하가로 네가야 오옴살바
> 바이야 예수다라 나가라야 닷사명 나마가리 다바 계엠알약바로 계제
> 새바라야 다바야 가나다야 마하 하리나야 마발타 이사미 사발타 사다남

소오반야 해여 살바 보다남 바밤마 바수다감타 야타 오옴 아루개 아롱아 마찌 로가찌 베란찌 헤에 하레마 마하모찌 사다바 사마라 하리나

이렇게 염불공로로 내려오시고, 그 뒤에는 호반손님네, 각시손님네 이렇게 두 분이 오신다.

에헤~ 손님네 각시야. 손님네 치레를 둘러보니 얼굴은 형산백옥이고, 얼굴은 복색이요. 삼단 같은 머리를 동백기름으로 광을 내고, 얼레빗으로 고이 빗어 휘휘 틀어서 바르게 얹고, 분을 얼굴에 바르고, 옷치장을 둘러보니 명명지 고두바지고, 물명주 단속곳에 대왕 비단 겹치마, 거칠 비단은 일광단 안을 대고, 범나비 주름을 잡아 용구영천 마주 댕기를 달아 무지개로 말을 달아 의주 압록강에 도착하니 배 한 척이 없구나. 한 편을 바라보니 배 한 척이 있구나.

"공아 공아, 도사공아. 배 잠깐 빌려 달라."

도사공이 말한다.

"여보시오, 손님네요. 우리나라 배 있던 것, 임진년 난리 때에 모든 배가 파산하고, 다만 한 척이 남았는데, 우리나라 서자동만 타는 배입니다."

이렇게 말하다가 이놈의 도사공이 각시손님네 가마 문을 배꼼이 열고 보더니 또 말했다.

"여보시오, 손님네요, 손님네요. 각시손님네가 내가 자는 방에서 하룻밤만 수청 들면 배 삯 없이 건네주겠소."

그 말을 듣고 손님네는 화통에 불을 내고 부통에 화를 내었다. 도사공에게 집주소를 물어 대답하자, 도사공의 목을 쳐서 의주 압록강에 던져버렸다. 그리고 사공 집에 찾아가서 아들 삼형제를 찾아서 맏이는 목을 쳐서 죽막동으로 만들고, 둘째 놈은 목을 쳐서 삭막동으로 만들고, 셋째 놈은 목을 쳐서 까막손으로 만들어 마루문에 달았다.

"너는 무슨 죄가 있겠느냐? 좋은 가문에 시집가서 또 자식 낳고 살아라."

사공 각시는 살려주고 돌아왔다.

손님네들은 돌아와서 배를 몰고 강을 건너려고 했다. 나무배를 타려니 밑이 썩어서 못 타겠고, 흙배를 타려니 풀어져서 못 타겠고, 철배를 타려니 자석이 붙어서 못 타겠고, 돌배로 모아 타려니 가라앉아서 못 타겠다. 이 배, 저 배를 다 버리고 뒷동산에 올라가서 은도끼를 둘러메고 뒷동산에 올라가서 배닢 하나로 배를 만들어서 배를 서로 모아서 타고 이 강아, 열두 강이고, 저 강도 열두 강이다. 의주 압록강을 건너오시는데, 그 배는 돛도 없고 닻도 없고, 치목도 없는데, 염불도덕으로 건너온다.

용신가로 건너오실 때, 배고조 천년법심 비로야 잔나부, 원나마 보시나 노산 나부 천백에 하실 석가보인불 동방야사 유리광불 서방 극락도산 아미타불 비우야 우마사 시래동동아. 유래 가득 싣고 방대 침대로 높이 달아 이산 저산 만산 중에서 개심 심심아 왕래하던 성비융신이 그 배를 타고 우리는 세상으로 이리 저리 건너오니, 건너와서 소문을 들으니 경치가 좋다는 말을 듣고, 노정기를 밟아오는데, 이렇게 밟아온다. 노정기를 밟아온다.

서축을 다 지나 관동 오백리 소상강 팔백리 근처 육백리 악양루 고수대. 설산 가산 악양루 고수대 소백산을 돌아들어 곤륜산 구백사십 리, 한공 몽몽아 동강 마해수 지내야 설산 가신 십일 고개를 넘어 가산아 백철아, 진도 건너 청천강이 합수되고, 기자 이내야 반고 성아 비로강에 채봉이고, 나무는 문정이요, 여인은 일색이라. 평양의 백호들아 부벽루를 구경하고, 모란봉은 공덕 얻다 을밀대 굽어서 장송은 백고초하니, 닷새 엿새 일곱 칠석 일월성신 구경하고 놀기 좋은 봉래산의 적송자 놀던 곳에서 청문을 바라보니 번계사 쇠북소리는 충심으로 나건만, 모인몰가 광산기경 두루루루 구경하고 송도 송악산에 와서 가만히 살펴보니, 제정아 대동안에 우별신 들이시려고 모두 역천하고 도문하는 일이로다.

손님네가 우리 세상으로 나와 어디 갈 곳이 딱히 없어서 서울 장안에 억만 장안에 팔만 가호라는 말을 듣고 서울로 차차 올라오다보니 해가 지고 있었다. 손님네는 집 있다고 집 있는 곳으로 다 찾아가는 것이 아니다. 손님네 마음에 드는 집으로 찾아가는데, 한 편을 바라보니 조그마한 오두

막살이 집이 있어 그 집으로 찾아갔다.

"여보시오. 이 집 주인 계십니까?"

안에서 노구할미가 나와 손님네를 언뜻 보더니 손님네들을 알아보았다.

"강남 대왕국 명신손님이라 어진 손님네요, 거기 잠깐 서 있으십시오."

잠깐 문 밖에 세워놓고 방안으로 들어가서 방 안 네 구석, 부엌 네 구석에 앉은 먼지 선 먼지를 다 털어서 쓸어내고, 갈아놓은 자리는 거적자리일망정 더러운 먼지 다 땅에 털고, 쓸고, 새로 깔아놓고 부엌도 이렇게 묻은 것을 다 털어서 깨끗이 해 놓고, 손님네 세 분을 집안으로 모셨다.

손님은 모셔놨는데, 집이 하도 가난해서 대접할 것이 아무것도 없었다. 그래서 저 건너 김장자 집에 가서 나락을 빌려 와서 찧어서 성의껏 손님네 대접을 했다. 손님네가 보기에 아무것도 없는 살림에 이렇게 정성껏 대접하니 노구할미의 은혜를 그냥 보고 넘어갈 수가 없었다. 그 집에서 이삼일 머물다가 떠나려고 할 때, 노구할미에게 물었다.

"노구할미에게 아들이 있소? 며느리 있소? 딸이 있소? 사위가 있소? 친손자가 있소? 외손자가 있소?"

노구할미가 대답했다.

"아이고, 손님네요, 손님네요. 내 팔자가 기구하여 영감도 일찍 잃고, 아들도 없고 며느리도 없습니다. 딸도 없고, 사위도 없소. 손자라고 나는 없습니다. 나는 나 혼자뿐입니다. 내가 이렇게 사는 것이 저 건너 김장자댁 철웅이가 태어났을 때, 철웅이 유모로 들어가서 키웠습니다. 이렇게 사는 것도 철웅이 덕입니다. 오두막집도 철웅이 덕이요, 먹고 사는 것도 철웅이 덕이니, 우리 철웅이 한상 후에 정구 치고, 두상 후에 앉는 딱지, 연지딱지 가벼운 딱지 되도록 정구 치고 가십시오."

손님네가 들어보니 노구할미는 너무 착한 사람이었다.

"그러면 그리하시오. 노구할미."

노구할미를 앞세우고 손님네는 뒤를 따라간다. 김장자네 집에 도착하니 손님네는 대문 밖에 서 있고, 노구할미는 김장자에게 가서 이 사실을 말했다.

“김장자요, 김장자요. 강남 대왕국 명신손님네가 나와서 우리 철응이 한상 후에 정구 치고, 두상 후에 오르는 모든 딱지가 연지딱지가 되도록 가볍게 정구치고 간답니다.”

말을 하자마자 김장자가 버럭 소리를 질렀다.

“에끼! 이 요망한 년. 우리 양반의 집안에 손님네가 가당키나 하냐? 당장 썩 나가라.”

대문 밖에 서 있던 손님네가 그 말을 듣고 생각하니 분하고 화가 났다. 그냥 가버리려고 하다가 김장자 집으로 다시 돌아왔다.

그때 김장자는 손님네가 올까봐 온갖 닭똥과 더러운 것을 모아 문 앞에 갖다놓고, 문밖에는 쑥을 가져와서 뜨고, 변소 똥물을 막 흩어놓고, 매운 고춧가루도 막 뿌리고 다니며 구석구석에 흩어놓았다. 그런 식으로 손님네를 못 오게 한다고 겁먹고 안 갈 손님네도 아니었다. 김장자가 그러거나 말거나 손님네들은 집으로 들어가서 책방에서 공부하고 있는 외아들 철응에게 학을 넣고 탈을 넣었다.

조용히 공부하던 철응이가 갑자기 배를 싸잡고 뒹굴었다.

“아이고, 머리야. 아이고, 다리야. 아이고, 배야. 아이고, 이를 어째?”

공부를 못하고 식음을 전폐하고 계속되는 고통으로 앓았다.

“아이고, 어머니. 아이고, 아버지. 아이고 나 그만 죽겠어요.”

김장자는 앓는 철응이를 보며 펄쩍 뛰었다.

“아이고, 손님네가 여기 왔구나.”

손님네가 온 줄 알아차리고 철응이를 그냥 업고 뒷동산의 연하사 절로 피했다.

“안에 스님 계십니까? 우리 철응이를, 강남 대왕국에서 명신손님네가 나와서 정구 쳐 갈라고 이렇게 앓아버리는데, 손님네가 못 들어오게 막아주시오. 우리 철응이를 스님 자는 방에 가만히 데려다가 숨겨놓고 손님네가 오시거들랑 모르겠다 하고 막아주시오.”

하지만 각시손님은 철응이 어머니 모양을 하고서 그들을 뒤따라갔다.

김장자는 철응이를 절에 숨겨놓고 안심하고 있는데, 각시손님은 철응이 어머니 모습으로 옷을 덮어쓰고 연하사로 갔다. 절 앞에 가서 어머니 목소리로 철응이를 불렀다.

"철응아, 철응아!"

철응이를 계속 부르는데, 안에 있는 철응이가 아무리 들어봐도 자기 엄마 목소리였다. 밖으로 후다닥 뛰어나가서 두리번두리번 살피지만 어머니는 보이지 않고, 싸늘한 바람만 불고 있었다. 철응이는 주변을 살펴보다가 어머니가 없어 다시 절간으로 들어가려고 했다.

각시손님이 아무 사람에게나 보일 리가 없었다. 문 앞에 서 있는 철응이를 한 차례 들고 때리고, 한 차례로 훑고 때렸다. 그러자 그때부터 다시 통곡을 했다. 각시손님이 다리를 훑어 때리자 다리가 아프고, 머리를 두 차례 때리니 머리가 아프고, 배를 때리니 배가 아파서 절간을 굴러다니며 앓았다.

"아이고, 머리야. 아이고, 다리야. 아이고, 배야. 나 죽겠네. 스님, 안에 계신 스님. 우리 아버지한테 알려 주시오. 내가 죽어도 집에 가서 죽고, 내가 살아도 집에 가서 살아야겠습니다. 나 집으로 가겠소. 우리 어머니, 아버지 있는 데로 가겠습니다."

스님들이 어쩔 수없이 김장자 집에 알리자, 앓는 철응이를 다시 집으로 데리고 왔다. 그 때부터는 손님네가 철응이 머리맡에 앉아서 온갖 병을 다 둘러 넣었다. 그러면 물이라도 떠놓고 손님네에게 자꾸 잘못했다고 빌고, 빌어야 했다. 그러면 손님네도 아이를 살려주고, 홍역도 빨리 끝을 내게 하는데, 이놈의 김장자는, 미련한 김장자는 외아들이 그렇게 앓고 있으니 자꾸자꾸 빌어야 하는데, 손님네한테 빌지는 않고, 끝까지 손님네를 이기려고 기를 쓰고 달려들었다.

그래도 손님네는 김장자가 오늘은 잘못을 빌고 용서를 빌까, 내일은 잘못했다고 용서를 빌까 기다려도 빌기는커녕 계속 버티고 고집을 부렸다. 그러니 철응이만 죽을 상황이었다.

넋배

"아이고, 아버지. 아이고, 어머니. 나는 죽겠네. 날 조금만 살려주세요. 아버지, 날 좀 살리세요. 어머니, 나 좀 살려주세요. 이제 나는 갑니다. 갑니다. 손님네 따라 나는 갑니다. 뒤 창고에 있는 양식은 나 죽은 뒤에 누가 먹으며, 앞 창고에 있는 저 재물은 나 죽고 난 다음에 누구를 주렵니까? 아이고, 아버지. 나는 갑니다. 저 언덕 너머에 글 배우던 선생님께 못보고 간다고 안부 전하시오. 아이고, 아버지."

이렇게 통곡해도 저 미련한 김장자는 끝까지 잘못을 빌지 않고 버텼다.

착한 노구할미를 생각해서 지금까지 기다려주던 손님네는 철웅이를 그냥 잡아서 가기로 했다. 못돼먹은 욕을 해대는 김장자를 옆에서 목에는 꺽쇠 지르고, 입에는 자물쇠를 지르고, 아무 말도 못하게 문 닫아도 소용없었다. 삼대독자 외아들이 어떻게 되는 줄도 모르고 김장자는 끝까지 우기고, 욕하고, 고집을 부렸다.

"네 놈은 전생에 사람이 아니고, 지금은 마소보다 못하니 너 같은 사람한테는 이런 자식도 과하다."

손님네들은 철웅이를 그만 잡아서 가 버렸다.

— 원문출처: 서대석, 『동해안무가』, 형설출판사, 1974.

제 4 부

신이 된 가족

1. 문전신 녹두생이와 집지킴이 신들 〈문전본풀이〉

남선고을 남선비와 여산고을 여산부인이 결혼하여 살았다. 집안은 너무나 가난하고, 아들은 일곱 형제가 태어났다. 하루는 가난을 참다못한 여산부이 남선비에게 말했다.

"우리가 자식들도 많아서 지금처럼은 살 수가 없습니다. 곡물장사를 하는 것이 어떻습니까?"

"좋소. 그렇게 합시다."

남선비는 배를 따로 마련하여 장사할 곡물을 모두 싣고 처와 어린 자식과 헤어져서 남산고을을 떠났다. 바람 부는 대로 물결 일어나는 대로 가다가 보니 오동나라 오동고을에 들어갔다. 오동나라 오동고을에 사는 노일제대귀일이 남선고을 남선비가 배를 몰고 곡물장사 왔다는 소식을 듣고 급히 오동나라 선창가로 갔다. 남선비가 배 한척에 곡물을 가득 싣고 와 있는 것을 보더니, 없던 아양을 사뭇 내면서 다가갔다.

"남선비야, 남선비야, 우리 심심한데 장기나 두면서 놀음놀이나 해 봅시다."

"좋소, 그렇게 해 봅시다."

남선비가 장기를 벌여놓고 이리 두고 저리 두고 놀다보니, 입고 간 물명주 두루마기까지 팔고 삼백도리 진사 양 갓도 팔아먹었다. 나중에는 싣고 간 곡물과 타고 간 배까지 모조리 팔아버렸다. 그리고는 노일제대귀일과 나무돌쩌귀 거적문, 수수깡 외기둥으로 된 아주 작은 초막에서 살게 되었다.

"이 개야, 저 개야, 저리 가라."

거적문 앞에서 겨죽 단지를 옆에 끼고 앉아서 개를 쫓으며 꾸벅꾸벅 졸고 있다.

그때 여산부인은 오지 않는 남선비의 소식을 삼 년을 기다리고 있었다. 기다리다가 지친 여산부인은 아들들을 불러 모았다.

“너희 일곱 형제가 빨리 신 일곱 켤레 삼아내라.”

일곱 아들에게 이 일을 시킨 여산부인은 가는 대바구니를 지어서 바닷물 가에 가서 섬돌에 들뛰면서 외쳤다.

“남선비야, 남선비야! 살았거든 내게 돌아오너라. 죽었거든 꿈에 현몽이나 해라.”

한 사흘을 그렇게 나가자, 이를 본 큰아들이 동생들에게 말했다.

“어머니가 어디 서방질하러 다니고 있는 모양이다.”

이 말에 셋째아들이 펄쩍 뛰며 대꾸했다.

“형님, 못할 소리 마십시오. 우리 내일 저녁에 어머니 뒤를 쫓아 가봅시다.”

그래서 다음날 어머니 뒤를 몰래 쫓아갔다. 어머니는 바다에 가서 섬돌에 매달려서 마구 들뛰며 아버지를 부르고 있었다. 아들들은 어머니 몰래 다시 집으로 돌아왔다.

“그거 보십시오. 우리가 못 할 소리를 하였습니다.”

이튿날은 다시 어머니가 아들 일곱 형제를 불러 말했다.

“애들아, 빨리 신을 삼아 다오.”

“어디를 가시려고 합니까?”

“너희는 그렇게 말하면서 신을 안 삼아 줄 거면, 나무라도 해 오너라. 너희 아버지가 곡물장사를 갔는데, 여태 지금까지 안 오는 걸 보니 무슨 일이 있는 것이 분명하다. 깊은 산에 올라가 곧은 나무를 베어다 배 한 척을 지어주면 너희 아버지를 찾아와야겠다.”

일곱 형제는 어머니가 말하는 대로 깊은 산에 올라가서 곧게 자란 나무를 베어서 배 한 척을 지었다.

“나는 너희 아버지 찾으러 갈 것이다.”

배가 완성되자 어머니가 나섰다.

“우리가 가겠습니다.”

“내가 가겠다. 너희들은 가다가 바닷물에 빠지면 상헌제집사 전대전손 만대유전 소분벌초 누가 하느냐? 나 하나 빠지는 건 그것뿐이니 내가 가겠다."

여산부인도 일곱 형제와 이별하고 남산고을을 떠나 바람이 부는 대로, 물결이 이는 대로 가다보니 오동나라 오동고을에 배가 도착했다.

배에서 내려 오동고을에 들어가니 아이들이 기장 밭에 새를 쫓으며 노래를 부르고 있었다.

"이 새, 저 새 너무 약은 체 말아라. 남선비 약은 깐에도 노일제대귀일의 꾐에 들어서 타고 온 배 한 척을 다 팔아먹고 주먹만한 작은 초막에 앉아 겨죽 단지 옆에 놓고 이 개, 저 개, 저리 가, 개 하면서 개만 쫓아내고 있지. 이 새, 저 새, 저리 가라. 새!"

여산부인이 그 말을 듣고 기장 밭에 새 쫓는 아이한테 물었다.

"지금 너희들이 한 말이 무슨 말이냐? 지금 한 말을 알려주면 영초댕기를 달아주마."

"아무 말도 안 했습니다."

"그러지 말고 한 번 말해 다오."

"방금 이 새, 저 새, 너무 약은 체 말아라. 남선비 약은 깐에도 노일제대귀일의 홀림에 빠져 배 한 척 다 팔아먹고 겨죽단지 옆에 차고 앉아 이 개, 저 개, 저리가라 한다고 말했습니다."

"얘들아, 남선비가 어디 사는지 아니? 남선비 사는 데를 가르쳐 다오."

"여기 고개 넘어 가세요. 저 고개 넘어 가세요. 이 고개 넘고 저 고개 넘어 가다 보면 거적문에 나무돌쩌귀 단 아주 작은 초막이 있어요. 남선비는 거기에 살아요."

여산부인은 아이한테 영초댕기 달아주고, 이 고개 넘어 저 넘어 가다보니 남선비 사는 집에 도착했다. 여산부인이 들어가며 물었다.

"길 넘어가는 사람이오. 날이 다 저물어서 그러는데, 손님으로 받아줄 수 있습니까?"

그러자 안에 있던 남선비가 말했다.

"아이고, 여기 부인님아, 우리 집은 집안도 좁고 해서 손님 맞을 데가 없습니다."

"그게 무슨 말입니까? 사람이 밖으로 나다니면 집을 지고 다닙니까? 부엌이라도 빌려주시오."

그 말도 그럴 듯하여 남선비가 허락을 했다.

여산부인이 부엌에 들어가 솥을 열어 보니, 겨죽이 바짝 눌러 붙어있었다. 날카로운 조개껍질로 두 번 세 번 씻어서 밥을 해 안성놋기 통영칠반 나주영산 하얀 쌀에 모래갯기름나무 신김치에 옥돔 생선 미역국을 차려 들고서 남선비 앞에 가져가니 남선비가 첫술을 들면서 눈물을 주르륵 흘렸다.

"여기 부인님아, 이게 어떤 일이랍니까? 나도 옛날에는 이런 밥을 먹었습니다. 나도 본래는 남선고을 남선비입니다. 곡물장사를 하러 왔다가 노일제대귀일에게 홀려서 배 한 척을 다 팔아 먹고 죽지도 살지도 못하는 이 지경이 되었습니다."

가만히 말을 듣고 있던 여산부인이 말했다.

"남선비님아, 나를 모르겠소? 내가 여산부인입니다."

"아이고! 우리 큰 부인네가 왔구나!"

남선비는 반가움에 이를 바가 없었다. 여산부인은 물을 데워 앞밭의 수세미와 뒷밭의 수세미 걷어다가 남선비의 몸을 깨끗이 목욕시켜서, 남방자주 저고리에 북방사주 솜바지, 한산모시 벌집 같은 행전, 물명주 도포에 잘 차려 입혔다.

"어서 집으로 갑시다."

채비를 차리고 있으니 노일제대귀일이 어디서 남의 품팔이를 팔아 치맛자락에 겨 한 바가지를 싸서 골목길로 들어서고 있었다.

"이 놈, 저 놈, 죽일 놈아. 난 어디 가서 죽듯 살 듯 겨 한 바가지라도 빌어 와서 죽을 쑤어 배 불리 먹여 놓으면 길 넘어가는 년을 맞아서 다정한 이야기를 나누고 있구나."

욕을 하면서 들어오자 남선비가 그 말을 막았다.

"여기 부인님아. 그리 욕을 하지 말고 어서 들어와 보시오. 들어오면 모든 일을 저절로 알게 되오."

노일제대귀일이 방으로 들어가니 남선비가 바로 말했다.

"여산고을 큰 부인이 나를 찾아왔구나."

그 말을 들은 노일제대귀일의 딸은 여산부인의 손을 덥석 잡았다.

"아이고, 우리 형님이 오뉴월 한 더위에 우릴 찾아오느라 얼마나 고생을 하셨습니까? 어서 우리 시원한 목욕이나 하고, 같이 저녁밥이나 지어먹고 놀면 어떻습니까?"

아무것도 모르는 여산부인은 이 말을 참말로 여겼다.

"그래. 그렇다면 그리 하자."

두 사람은 주천강 연하못으로 목욕을 하러 같이 갔다. 물 앞에 도착하자 노일제대귀일이 말했다.

"우리 형님아. 옷을 벗으시오. 등에 물이나 부어 드리지요."

"난 싫다. 아이들이 기다리고 있다. 빨리 씻고 빨리 가야 한다."

"아이고, 형님아. 이 샘물에 목욕하면 온갖 병이 없어집니다. 형님이 먼저 들어가세요."

노일제대귀일이 재촉하자 여산부인은 쉰대자 수패건지며, 옷이며 모두 벗겨두고서 물에 들어갔다.

"등에 물을 놓아드리겠습니다."

노일제대귀일은 이렇게 말하면서 여산부인을 이리저리 떠밀어댔다. 그러다가 큰 부인이 물 위로 나오려 하면 꼭 누르고, 나오려 하면 꼭 누르고 하여, 여산부인의 감태같은 머리를 산발로 흩어놓고 주천강 연하못에 속으로 밀어 넣어버렸다. 그리고는 노일제대귀일은 여산부인이 입고 왔던 옷을 자기가 입고 남선비에게 갔다.

"우리 낭군님아, 노일제대귀일의 행실이 괘씸해서 주천강 연하못에 빠트려 죽이고 왔습니다."

그러자 남선비가 손뼉을 쳤다.

"하하, 그 년 잘 죽였다. 내 원수를 갚았구나. 갑시다. 우리 고향으로 돌아갑시다."

남선비와 노일제대귀일은 배를 타고 오동나라를 떠나왔다.

남선고을 수평선에 가까워오니, 남선비 아들 일곱 형제가 부모님이 온다고 선창으로 마중 나와 있었다. 부모님 오시는데 무엇으로 다리를 놓을까 하다가 큰아들은 망건 벗어 다릴 놓고, 둘째아들은 두루마기 벗어 다릴 놓고, 셋째아들은 적삼 벗어 다릴 놓고, 넷째아들은 중의 벗어 다릴 놓고, 다섯째아들은 행경 벗어 다릴 놓고, 여섯째아들은 버선 벗어 다릴 놓았다. 그런데 똑똑하고 현명한 막내아들 녹두생이는 칼선다리를 놓았다.

형님들이 녹두생이에게 말했다.

"어떤 일로 부모님 오시는데 칼선다리를 놓느냐?"

"형님. 아버지는 우리 아버지지만 어머니는 우리 어머니가 아닙니다."

"어떡하면 알아낼 수 있지?"

"어머니가 우리 어머니인지 아닌지 맞는지 알 수 있는 건, 배에서 내려 집을 찾아가는 것을 보면 알 수 있을 겁니다."

부모님이 선창가에서 내려 부모 자식 간에 고생한 많은 이야기를 나누었다.

"아버지, 어머니. 집으로 들어가십시오."

아니나 다를까. 집을 찾아가는 노일제대귀일은 이 집에서 이리 배꼼, 저 집에서 저리 배꼼, 이 골목으로도 들어가고 저 골목으로도 들어가고 했다. 이것을 지켜본 일곱 형제는 탄식을 했다.

"우리 어머니가 아니구나."

이렇게 해서 알아차리게 되었다. 또 집으로 들어가 밥상을 차려 놓는데 아버지 앞에 가던 상은 자식한테 가고, 자식이 받던 상은 아버지 앞에 가고는 했다.

"우리 어머니가 확실히 아니구나."

일곱 형제는 모든 것이 확실해졌다. 그날부터 일곱 형제는 어머니가 그리워 눈물로 세월을 보냈다.

"우리 어머니는 어느 고을에 가셨는가?"

하루는 일곱 형제가 삼거리에 나가 어머니를 생각하면서 울고 있었다. 그것을 알아차린 노일제대귀일은 방 안에 드러눕더니 갑자기 배를 잡고 방구들 네 구석을 팽팽 뒹굴었다.

"아야, 배야. 아야, 배야."

사경을 헤맬 듯이 되어갔다. 그러자 남선비는 잔뜩 겁을 집어 먹었다.

"어찌하면 좋으랴."

노일제대귀일은 당장 죽을 듯이 울부짖었다.

"이 남자야, 날 살리려거든 이리 요리 가다 보면 큰길 노상에서 멱서리를 쓰고 앉아서 점을 치는 사람이 있을 테니 점이나 보아 주시오."

남선비가 점을 치려고 문 밖으로 나가자마자 노일제대귀일은 뒷담 넘어 작은 길로 지름길을 잡아 큰길에 달려가 멱서리를 쓰고 앉았다. 곧 남선비가 왔다.

"점이나 봐주십시오."

"어떤 점이 필요합니까?"

"우리 부인이 갑자기 병이 생겨 사경을 헤맵니다. 어느 신령의 죄명인지 점을 봐 주시오."

손가락을 오그렸다 폈다 했다.

"남선비님, 아들 일곱 형제 있소이까?"

"예, 있습니다."

"일곱 형제의 간을 내어 먹으면 병에 좋을 것입니다."

남선비는 그 말 듣고 집으로 돌아왔다. 노일제대귀일은 왔던 지름길로 되돌아가서 먼저 돌아와 있었다.

"아야, 배야. 아야, 배야."

아까보다 더 죽을 듯이 앓는 소리를 하고 있었다. 남선비가 방안으로 들어가자마자 물었다.

“점을 치니 뭐라고 했습니까?”

“일곱 형제 간 내어 먹으면 병에 좋다고 했네.”

“아이고, 남자야. 이게 무슨 말입니까? 이리이리 가다 보시오. 이번은 종이 바른 바구니를 둘러쓰고 앉아 점치는 사람이 있을 겁니다. 거기 가서 점을 쳐 보시오. 아야, 배야. 아야, 배야.”

남선비가 먼저 그 길을 찾아 나가자마자 노일제대귀일은 지름길을 잡아서 먼저 갔다. 종이 바른 바구니 둘러쓰고 앉았으니 남선비가 달려왔다.

“점이나 봐 주시오.”

“어떤 점입니까?”

“우리 부인이 갑자기 병에 들어서 죽을 사경을 당하고 있습니다.”

손가락을 오므렸다 폈다 하며 뭔가 하는 척을 했다.

“아들 일곱 형제 간 내어 먹이면 병이 나을 것이오.”

남선비가 집으로 돌아오자, 노일제대귀일은 지름길로 앞에 먼저 와서 더 크게 끙끙 앓았다.

“아야, 배야. 아야, 배야. 거기서는 뭐라고 했습니까?”

“일곱 형제 간 내어 먹으면 낫는다고는 했소.”

“이 낭군님아. 그러면 일곱 형제 간 내어 주면, 내가 살아나 한 배에 셋씩, 세 번만 낳으면 형제가 더 붙어 아홉 형제가 될 것 아닙니까?”

그 말에 남선비는 은장도를 실금실금 갈았다. 그때 뒷집 청태산 마구할멈이 불 빌리러 왔다가 남선비에게 물었다.

“남선비야, 무슨 일로 칼을 가느냐?”

“우리 집의 부인님이 갑자기 병에 들어 죽을 사경 당하여서 한두 번 밖에 가 점을 보니 일곱 형제의 간을 내어 먹으면 낫는다고 해서 칼을 갈고 있습니다.”

그 말을 들은 청태산 마구할멈은 겁이 나서 집을 나와 앞길로 나갔다. 네거리를 바라보니 남선비 아들 일곱 형제가 있었다.

"애들아. 너희 집에 가보니 너희 아버지는 일곱 형제 간을 꺼내려고 칼을 갈더라."

말을 들은 일곱 형제는 대성통곡을 하며 울었다. 그때 똑똑한 녹두생이가 말했다.

"형님들, 그리 울지 마시오. 형님들은 여기 있으면 아버지 가는 칼을 어떡하든지 내가 빼앗아 오겠습니다."

형님들을 네거리 세워 두고 녹두생이는 집으로 들어갔다.

"아버지, 아버지. 무슨 일로 칼을 갑니까?"

"그런 것이 아니라, 너희 어머니가 병들어 사경에 이르니, 어디 가서 점을 보니 너희 일곱 형제의 간을 내어 먹으면 좋다고 해서 간 꺼낼 칼을 갈고 있다."

"아버지. 그건 좋은 일입니다. 하지만 아버지, 아버지 손으로 우리 일곱 형제 간 내면 우리 육신을 흙 한 삼태기씩 끼얹으려고 해도 일곱 삼태기가 아닙니까? 그 칼을 저에게 주시면 여기 형님들을 깊은 골짜기, 깊은 골에 데리고 들어가 여섯 형님의 간 내어 와서 어머니를 먹여 봐서 사력이 있거든 나 하나는 아버지 손으로 간을 내십시오."

"그래. 그럼 그렇게 하자."

남선비는 아들에게 칼을 내어주었다.

녹두생이는 형님들을 데리고 깊은 산 올라갔다. 울다보니 배도 고프고, 양지바른 곳에 앉아서 졸고 있었다. 아득한 곳으로 가던 어머니가 일곱 형제의 꿈에 현몽을 하였다.

"불쌍한 아들들아. 당장 눈을 뜨고 주변을 보아라. 산중에서 노루 한 마리가 내려오고 있으니 그 노루를 잡아서 죽일 듯이 휘둘러라. 그러면 좋은 방법이 생길 것이다."

일곱 형제 눈을 떠 주변을 살펴보니 아니나 다를까, 정말 노루 한 마리가 내려오고 있었다. 형제들은 그 노루를 잡아서 죽일 듯이 둘러섰다.

"여기 도령님들아. 날 죽이지 말고 내 뒤로 멧돼지 일곱이 내려오니 어미는 씨를 잇게 놔주고 새끼 여섯 마리의 간을 내어 가십시오."

"거짓말 아니냐?"

이때 노루 꼬리를 끊고 백지 한 조각을 내어와 노루 꽁무니에 붙였다. 그때부터 노루 몸뚱이가 알롱달롱하고, 노루 꼬리는 짧아졌다.

정말 노루가 말한 대로 멧돼지 일곱 마리가 산에서 내려오고 있었다. 노루가 말한 대로 어미는 놔주고 새끼 여섯 마리의 간을 내어 뚤뚤 싸서 네거리에 도착했다.

"형님들은 동서남북 중앙으로 떨어져서 기다리고 있으십시오. 내가 큰 소리를 내거든 동서로 달려드십시오."

형님들은 사방으로 다 벌여 세워 두고, 녹두생이는 간 여섯을 안고 집으로 들어갔다.

"어머니, 이걸 잡숴 보시오."

"여기 아기야. 중병 든 데 약 먹는 거 아이가 보는 거 아니다. 너는 나가 있어라."

녹두생이는 방에서 나와 손가락에 침 발라서 창구멍 뚫어두고 안의 거동을 보았다. 간 여섯 개를 먹는 척하면서 앉은 자리 아래로 소롱소롱 묻어버리고, 피는 입술에 바르는 척 마는 척했다. 녹두생이는 다시 방으로 들어갔다.

"어머니, 약 다 먹었습니까?"

"응, 다 먹었다."

"어머니, 병이 어떻습니까?"

"조금 나은 것 같다마는 하나만 더 먹으면 아주 활짝 좋아질 듯하다."

"어머니, 그러면 이리 하십시오. 마지막으로 제가 어머니 머리의 이나 잡아드리겠습니다."

"중병 든 데 이 안 잡는다."

"그러면 방안이나 치워 드리지요."

"중병 든 데 방 안 치운다."

그때 녹두생이는 화를 발딱 내면서 노일제대귀일의 쉰대자 머리채를 좌우로 핑핑 감아 한편으로 잡아 제껴두고, 한쪽 손에 간 세 개씩 여섯 개 쥐어 가지고 지붕 뒤 상마루 꼭대기 높은 곳에 올라가 외쳤다.

"동네의 어른들아. 계모 계자 있는 사람들아. 모두 날 보십시오. 여기 형님들, 동서로 달려드시오."

형제들이 동서로 와락 달려드니, 남선비는 달아날 길 잃고 맨 위에 내닫다가 정살에 목 걸려 죽고, 노일제대귀일은 바람벽을 쥐어뜯이 구멍을 뚫어서 뒷간에 들어가 쉰대자 머리채를 버텀목에 목을 매어 죽어 버렸다. 일곱 형제가 달려들어 죽은 이의 원수를 갚고자 양각을 뜯어서 디딤돌을 마련하고, 머리를 잘라서 돼지 밥그릇 마련하고, 머리카락은 잘라서 던져 버리니 저 바다에 해초가 되고, 입을 잘라서 던져 버리니 솔치가 되고, 손톱 발톱을 잘라서 던져 버리니 쇠굼벗 돌굼벗 되고, 배꼽을 잘라 던져 버리니 굼벵이 되고, 하문은 잘라 던져 버리니 대전복 소전복이 되고, 육신은 박박 빻아서 바람에 날려버리니 각다귀와 모기로 환생했다.

일곱 형제는 서천꽃밭 올라가 황세곤간 달래어 도환생꽃을 따다가 오동나라 주천강 연하못에 달려갔다.

"명천 같은 하늘님! 주천강 연하못을 마르게 하여 주십시오. 어머니 몸이나 찾겠습니다."

주천강 연하못이 갑자기 줄어드니, 어머니 죽은 뼈가 고스란히 있었다. 차례차례 모아 와 도환생꽃을 놓고 금부채로 후리니, 감태같은 머리 풀어 치면서 눈을 떴다.

"아이고, 봄잠이라 늦게 잤구나."

어머니가 인간으로 되살아났다.

"어머니 누웠던 자리인들 내버리랴."

흙을 차례차례 모아놓고 여섯 형제 돌아가며 주먹으로 한 번씩 찍은 게 여섯 구멍이 터지고, 녹두생이가 화를 벌떡 내면서 뒤치기로 한 번을 찍은 게 상고망이 터졌다. 그때부터 떡시루에 일곱 구멍을 내게 되었다.

형제들은 어머니를 살려서 집으로 돌아왔다.

"어머니는 춘하추동 사시절 물에만 살았으니 몸인들 안 시립니까? 어머니는 하루 종일 삼 세 번 더운 불을 쪼이며 조왕신으로 앉아 얻어먹기 하십시오."

고리짝

녹두생이는 어머니를 삼덕조왕으로 모셨다.

"아버지는 정살에 걸려 죽었으니 위의 주목 정살지신으로 들어서고, 큰 형님은 동방청대장군으로 들어서고, 작은 형님은 서방백대장군으로 들어서고, 셋째 형님은 남방국 적대장군으로 들어서고, 넷째 형님은 북의 흑대장군으로 들어서고, 다섯째 형님은 중앙황대장군으로 들어서고, 여섯째 형님은 뒷문전으로 들어서십시오."

고리짝 채

마지막으로 녹두생이는 일문전으로 들어섰다.

그때부터 삼명일 기일제사 때, 문전제 지내면서 윗제반은 지붕 위로 올리고, 아랫제반은 어머니 삼덕조왕으로 올린다. 노일제대귀일은 측도에 가서 죽었으니, 측도부인이 되었다.

그때부터 변소와 조왕이 마주보면 좋지 못하게 되었고, 조왕의 것은 변소에 못 가고, 변소의 것은 조왕으로 못 가게 되었다.

— 원문출처: 진성기, 『제주도무가본풀이사전』, 민속원, 1991.
현용준, 『제주도무속자료사전』, 신구문화사, 1980.

오방신장

2. 서천꽃밭 꽃감관 사라대왕 가족 〈이공본풀이〉

김정나라 김정국은 윗녘에 살고 임정나라 임정국은 아랫녘에 살았다. 임정국은 천하부자이고 김정국은 가난했지만, 이웃 간에 서로 의좋게 살았다. 하루는 임정국이 김정국과 장기를 두면서 놀다가 말했다.

"우리가 삼십이 넘도록 자식이 없으니 사라나라 신령한 산으로 가서 수륙불공을 드려 자식이나 봅시다."

김정국이 대답했다.

"난 돈이 없어서 수륙불공 드리러 갈 생각이 없습니다."

"그러지 말고 가서 먹을 양식이나 들이면 수륙불공 비용은 내가 대겠습니다."

"아이고, 감사하고 고마운 말씀입니다."

김정국이 집으로 돌아와 부인에게 그 소식을 전했다.

"임정국이 수륙불공을 드려 아기를 받자고 합니다. 같이 가는 것이 어떻습니까?"

"이게 무슨 말입니까? 한 끼, 두 끼 먹어서 되는 일도 아닌데, 어떻게 수륙불공을 드립니까?"

"부인님, 그런 것이 아닙니다. 우리는 먹을 양식만 준비하면 수륙불공 비용은 임정국이 대주겠다고 합니다."

"아이고! 감사합니다. 이런 일이 어디 있습니까?"

그날부터 양식을 장만해 김정국과 임정국은 같이 수륙불공을 드리러 갔다. 석 달 열흘 동안 백일을 수륙불공 드리고 돌아오면서 임정국이 말했다.

"우리가 한 날 한 시에 같이 가서 수륙불공을 드렸으니 서로 낮 바꾸어서 아기를 낳으면 다른 데 허혼을 말고, 구덕혼사를 합시다."

"좋습니다. 그렇게 합지요."

집으로 돌아온 김정국과 임정국은 같은 마음을 먹고 살아갔다.

두 집안 다 태기가 있더니 아홉 달, 열 달 만삭을 채워 출산하게 되었다.

아이를 낳고 보니 김정국은 남의 비용으로 수륙불공을 드려서 아들을 낳고, 임정국은 자기 비용으로 남의 비용까지 대면서 수륙불공을 들여서 딸을 낳았다. 그들은 아이들의 이름을 '사라도령'과 '원강아미'로 지었다.

두 아이가 점점 자라서 열다섯 살이 되었다. 김정국은 임정국에게 구덕혼사 하자던 말을 꺼내고 싶은 마음이 간절했지만, 자기는 가난하고 임정국은 부자이다 보니 미안함이 커서 차마 말을 꺼낼 수가 없어서 그 날 저 날 속으로만 걱정하고 있었다.

하루는 김정국이 임정국과 장기를 두면서 혼사를 말하려 했지만 그날도 끝내 말하지 못하고 돌아오고, 다시 말하러 갔다가도 끝내 입 밖에 그 말이 안 나와서 되돌아오고 했다. 임정국의 딸 원강아미가 이상하다는 눈치를 챘다.

"아버님. 김정국 나리님이 아버지한테 무슨 말을 할 듯 말 듯 하다가 그냥 가십니까?"

"착한 애기야. 네가 알 필요가 없는 일이다."

"아버님. 어디 아들이 있습니까? 죽으나 사나 겨우 나 하나뿐인데, 아버님이 죽을 일이 있으나, 살 일이 있으나 저한테 말 못할 일이 있습니까?"

"예쁜 애기야. 사실은 그런 게 아니다. 나도 애기 없고, 김정국도 애기가 없을 때, 같이 수륙불공을 드리고 돌아오면서 내가 '한 날 한 시에 가서 수륙불공을 드렸으니 후에 다른 아기를 낳으면 다른 데 허혼을 말고 우리 구덕혼사를 합시다.' 말했단다. 이제는 너희가 크니 혼사를 하자고 말하고 싶어도 말을 못하는 것 같다."

"점잖은 어른이 약속을 이행하자는 말을 하지 못하고 있으니 오죽 속이 상하고 있겠습니까? 딸자식 하나 안 낳은 셈 치고 허혼하여 버리십시오."

"아이고! 착한 애기야, 고맙구나. 우리 딸애기가 그렇게 말하니 약속을 지킬 수 있겠구나."

다음날도 김정국이 찾아왔다.

"예전에 우리가 약속하였던 말대로 해서 이제는 혼사를 합시다."

"아이고, 고맙고 황송합니다."

드디어 택일을 하고, 혼사를 하여 살아가는데, 첫 자식을 임신하였다.

그렇게 기쁜 나날을 보내고 있는데, 서천꽃밭에서 연락이 왔다.

"김정국의 아들, 사라국 사라도령은 서천꽃밭으로 와서 꽃을 지키어라."

연통이 한 번 오라, 두 번 오라, 세 번을 오라고 왔지만, 사라도령은 가지 않았다.

하루는 사라국 원강아미가 물동이를 지고 물 길러 삼거리에 나가는데, 서천꽃밭에서 삼차사가 내려서 오다가 마주치고 말았다.

"말 좀 묻겠습니다."

"예, 무슨 말입니까?"

"이 고을에 사라국 사라도령이 어디쯤 삽니까?"

"아이고, 거긴 가려고 하면 멉니다. 거기는 저렇게 가야 합니다."

원강아미는 삼차사를 멀찌감치 보내어 두고, 물도 긷지 않고 서둘러 집으로 돌아왔다.

"아이고, 사라국 사라도령아. 서천꽃밭에서 삼차사가 잡으러 오고 있습니다."

"그러니까 어디로 갔습니까?"

"저리로 가야 합니다하고 멀리 아랫목으로 보내버렸습니다."

"그거 왜 데리고 오지 않았습니까. 아무렇게 한다고 안 가도 되는 길입니까?"

"아이고, 사라도령아! 오면 점심식사라도 해서 놓아야 할 것 아닙니까? 점심 쌀이나 꾸어올 시간 벌자고 다른 데로 보내었습니다."

"아이고. 그렇게 하였으면 이제 어떻게 해야 합니까?"

원강아미는 잠깐 생각을 하더니 말했다.

"어머님한테 가서 쌀이나 있으면 얻어서 오십시오."

사라도령은 어머니한테 달려갔다.

"어머니, 어머니. 서천꽃밭에서 날 잡아 가려고 삼차사가 내려왔습니다."

"아이고, 불쌍한 아들아. 이게 무슨 말이냐!"

"어머니. 쌀 두 되만 있으면 주십시오. 점심이나 차려서 놓아야겠습니다."

"불쌍한 아들아. 쌀이 어디 있니? 두 되는커녕 한 되도 없다."

"이를 어찌할까!"

사라도령은 그냥 되돌아와서 원강아미에게 말했다.

"부인은 여기서 살고 있으시오. 나는 서천꽃밭에 갑니다. 차사님이 오는데 안 갈 수가 있습니까?"

"아이고, 이거 무슨 말입니까. 나도 같이 가겠습니다. 나 혼자서 어떻게 삽니까?"

"지금 임신을 해서 함께 가지 못합니다. 여기 살고 있으십시오."

"아닙니다. 나는 죽으나 사나 같이 가겠습니다."

거세게 막아 보아도 소용이 없었다. 할 수 없이 보따리를 꾸려서 삼거리에 나서는데, 삼차사가 집 앞에 도착했다.

"말 좀 묻겠습니다."

"예, 무슨 일입니까?"

"이 고을에 사라국 사라도령이 어디쯤 삽니까?"

"나입니다."

"그러니까 어디로 가려고 나섰습니까?"

"차사님이 오는데, 같이 가려고 나왔습니다."

"이 놈, 저 놈, 괘씸한 놈. 우리가 와서 밥 한 상이라도 차려낼까 싶어서 미리 나왔구나."

차사님이 쇠몽둥이로 사라도령 윗 어깨뼈를 힘껏 내갈기니까 사라도령은 기도 쓰지 못하고 거꾸러지더니 정신이 흐릿하여 기절해버렸다. 그것을 본 원강아미가 울면서 빌었다.

"아이고, 삼차사님. 살려주십시오. 우리가 가난하고 너무 가난하여 차사님이 우리 집에 와도 밥 한 상도 올리지 못할 형편이라서 이렇게 나왔습니다."

“그렇게 하더라도 갈 곳으로는 가야 한다. 어서 가자.”

사라도령은 기절하여 아직도 일어나지 못하고 있었다. 원강아미가 물을 떠 와서 사라도령에게 뿌리니 겨우 정신이 돌아왔다. 곧장 차사와 같이 서천꽃밭으로 출발했다. 그런데 차사들은 앞서서 훌쩍 가버렸다. 사라도령은 부인을 부축하면서 함께 걸어갔다. 한참을 가다보니 해가 떨어져서 밤이 되었다. 길가에 억새풀이 자라고 있어서 억새풀을 기둥을 삼아서 밤을 새는데, 원강아미가 억새줄기를 보며 말했다.

“이건 날 닮은 억새풀이로구나.”

억새풀을 이리저리 안고 앉았으니 멀리서 천황닭이 꼬끼오하며 울었다.

“사라도령님. 저게 누구 집 닭입니까?”

“천년장자 집 닭입니다.”

조금 있으니까 지황닭이 꼬끼오 울었다.

“저건 누구 집 닭입니까?”

“천년장자 집 닭입니다.”

또 조금 지나 인황닭이 울었다.

“저건 누구 집 닭입니까?”

“천년장자 집 닭입니다.”

조금 지나자 이번에는 개가 멍멍 짖었다.

“저건 누구 집 개입니까?”

“천년장자 집 개입니다.”

“그러면 천년장자 집에 가서 나를 종으로 팔고 가십시오.”

“그게 무슨 말입니까?”

“아무래도 나는 이 길을 더 이상은 못 가겠습니다.”

“그러니까 나서지 말라고 하지 않았습니까.”

“지금 그 말해도 소용없습니다. 나는 이제는 발이 부어서 걷지 못하겠습니다.”

“그러면 뭐라 말하면서 종으로 팝니까?”

"천년장자 집에 가서 요리저리 하여서 팔고, 내 이름은 원강댁이로 바꾸십시오."

먼동이 트자마자 천년장자 집으로 가는 골목에 들어서니 개가 멍멍 짖었다. 그러자 사라도령이 외쳤다.

"앞이마에는 햇님이고, 뒷이마에는 달님이고, 양어깨에 옥새별이 오송송이 그린 듯한 종을 사십시오."

이 소리를 천년장자가 들었다.

"큰딸아기야, 나가 보아라. 네 마음에 들면 사주마."

큰딸이 나갔다가 돌아왔다.

"나는 싫습니다. 떠돌이를 사서 놔두었다가는 집안 망하게 합니다."

다시 조금 있으니까 같은 소리가 들려왔다.

"앞이마엔 햇님이오, 뒷이마엔 달님이오, 양어깨에 옥새별이 오송송이 그린 듯한 종이나 사십시오."

"둘째딸아기 나가 보아라. 네 마음에 들면 사 주마."

나가서 보고 돌아와 말했다.

"나는 싫습니다. 떠돌이를 사서 놔두면 집안 망칩니다."

조금 있으니까 다시 들려왔다.

"앞이마엔 햇님이오, 뒷이마엔 달님이오, 양어깨에 옥새별이 오송송이 그린 듯한 종이나 사십시오."

"셋째딸아기야. 나가서 보아라. 네 마음에 들면 사 주마"

나갔던 셋째딸이 들어와서 말했다.

"아버님, 사 주십시오. 종은 종이라고 집안에서 다스려볼만 합니다."

"그러면 아기야, 이리 불러라."

셋째딸은 골목으로 나갔다.

"이 댁 어른이 오라고 하시니 이리 들어오라."

안으로 들어오니 천년장자가 물었다.

"그러니까 값은 얼마나 받으려느냐?"

"임신된 아기는 삼백 냥만 주고, 어미는 백 냥만 주십시오."

돈 사백 냥을 내어놓으니 돈을 세어서 묶었다.

"이름은 무엇이냐?"

"원강댁입니다."

이 말 저 말을 나누다가 원강댁과 사라도령은 갈라서게 되었다. 그때 원강댁이 천년장자에게 말했다.

"이 댁 법은 어떻게 해야 하는지 모르겠으나, 우리 댁 법은 주인이 종을 팔아서 갈라설 때는 밥상을 차려줍니다."

"그렇다면 너희 법대로 해라."

열두 가지 구애반상에 아홉 가지 나물전, 안성녹기, 토용칠첩반상을 차려서 사라도령에게 들여 놓고, 원강댁에게는 바가지에 보밀을 타서 홍합 조개껍질로 떠먹으라고 주었다. 원강댁은 밥 먹을 생각이 없어 홍예에서 물이 쏟아져 흐르듯 눈물을 흘리고, 비새 울 듯 울다가 말했다.

"이 댁 법은 어떻게야 하는지 모르나, 우리 댁 법에는 주인이 종을 팔고 갈라서려고 하면 한상을 차려서 마주 앉아서 먹습니다."

"그러면 너희 댁 법대로 해라."

원강댁이는 사라도령과 마주 앉아서 밥을 먹자고 하니 사라도령도 기가 막혀서 밥을 먹을 수가 없어, 홍예다리에서 물이 쏟아져 내리듯, 파초잎에 비가 오듯 눈물을 흘리니 밥상이 눈물로 넘쳐났다. 사라도령은 도저히 밥을 먹을 수가 없어, 돈도 갖지 않고 빈손에 그냥 잽싸게 나가버렸다. 그러자 원강댁이 천년장자에게 말했다.

"이 댁 법은 어떻게 하는지 모르겠으나, 우리 댁 법은 종과 주인이 갈라서 나갈 땐 먼 문으로 나가서 잘 가십시오하고 치성을 합니다."

"그러하면 어서 너희 댁 법대로 하여라."

원강댁은 먼 문에 나가서 울며 말했다.

"사라도령아, 사라도령아. 이 배인 아기는 낳으면 무엇으로 이름을 짓습니까?"

"아들을 낳으면 신산만산 한락궁이로 이름을 지어라. 딸을 낳으면 한락댁이로 이름을 지어라."

"증거물은 무엇으로 줍니까?"

그러자 사라도령은 주머니를 확 풀어서 얼레빗 하나 꺼내더니 가운데를 뚝 꺾어서 반쪽을 주고, 참실 한 묶음을 꺼내어 반으로 잘라서 주었다.

"아들로 낳으면 이걸 주시오."

"예."

원강댁은 참실과 얼레빗을 받아서 집안으로 들어오고, 사라도령은 서천꽃밭으로 떠났다. 사라도령이 서천꽃밭으로 가는 걸음이, 한 발자국을 앞으로 나가면 두 발자국을 뒤로 물러서고 하면서 서천꽃밭으로 들어갔다.

원강댁은 집안으로 들어와서 천년장자에게 말했다.

"이 댁 법은 어떻게 하는지 모르겠느나, 우리 댁 법은 종을 사서 살려고 할 때 집을 짓든지 사든지 하여, 울타리 안에서 살지 않고 울타리 바깥에서 살게 합니다."

천년장자는 새로 들인 종의 얼굴이 천하일색이라 달아나 버리지 않을까 하는 생각이 들었다.

"그래. 그러면 너의 댁 법으로 하여라."

울타리 바깥에 집을 지어서 원강댁을 살게 했다.

천년장자는 새로 들어온 종이 얼굴이 너무 고우니까 도둑이나 들까 싶어서 울타리 바깥을 늘 돌아보았다. 하루 저녁에는 디딤돌 위에 서서 보니까 원강댁이 방에 앉아서 불을 밝히고 바느질하고 있었다. 그걸 보니 그냥 쳐다볼 수가 없어서 비신에 철각철각 지팡이를 짚으며 가서 툇마루에 질칵 올라섰다. 그러자 원강댁이 옆에 놓아두었던 몽둥이를 들었다.

"요 개, 저 개. 지나간 밤도 조반 쌀을 놔뒀더니 다 먹었던데, 오늘 저녁에 또 조반 쌀 먹으러 왔구나."

방문을 확 열어서 몽둥이로 내어갈겼다.

"야, 나는 개가 아니라 천년장자다."

"아이고, 상제님! 어떤 일로 오셨습니까?"

"멀리서 보니까 네 모습이 좋아져서 네 불등잔을 두고 벗하려고 왔다."

"아이고, 상제님. 이 댁 법은 어떻게 하는지 우리 댁 법은 배인 아이를 낳아서 기어 놀아야 남녀구별법을 합니다."

"그러면 어서 너희 댁 법대로 하여라."

천년장자는 그냥 나갔다. 그 애기가 달이 차서 낳아서, 기어 다니며 노는 날이 왔다. 하룻밤은 천년장자가 지팡이를 짚고 툇마루에로 잘칵 올라서니까 원강댁은 옆에 놔두었던 몽둥이를 휘둘렀다.

"요 개, 저 개. 지나간 밤도 조반 쌀을 놔뒀더니 먹었던데, 오늘 저녁도 또 조반을 쌀 먹으러 왔구나."

몽둥이로 내려 후리치려고 했다.

"아! 난 개가 아니라 천년장자다."

"아이고, 상제님은 무슨 일로 오셨습니까?"

"너 예전에 했던 말을 기억하느냐?"

"상제님, 상제님. 이 댁 법은 어떻게 하는지 몰라도, 우리 댁 법은 이 애기가 커서 책가방을 둘러메고 일천서당에 다녀야 남녀구별법을 합니다."

"그럼 너희 댁 법대로 하라."

원강댁이 얼굴이 너무나도 고우니까 억지로 잡으면 달아날까 봐 그냥 돌아왔다. 그 애기가 커서 예닐곱 살 되어서 책가방 둘러메고 글공부를 하러 다니게 되었다. 하루 저녁은 천년장자가 지팡이를 짚고 툇마루에로 질칵 올라섰다.

"요 개, 저 개. 지나간 밤에도 조반 쌀을 놔뒀더니 먹었던데, 오늘 저녁에 또 조반 쌀을 먹으러 왔구나."

창문을 열면서 몽둥이로 내어 후리려고 했다.

"야, 난 개가 아니고 천년장자다."

"아이고, 상제님. 상제님. 이 댁 법은 어떻게 하는지 몰라도 우리 댁 법은 이 애기가 커서 용잠 때 지어서 세경땅에 밭을 갈러 다녀가야 남녀구별

법이 있습니다."

"에잇! 괘씸한 년. 그 번에도, 저 번에도 사람을 속이고 넘기려 하더니. 죽여 버리겠다. 앞밭에 가서 장검을 걸어라. 뒷밭에 가서 형틀을 걸어라. 숙정기도 내세우고, 자강놈도 불러라."

원강댁을 죽이려고 몰아붙이는데, 천년장자 셋째딸이 달려왔다.

"아버님, 무슨 일입니까?"

"얘야! 별 일이 다 있다. 저년이 이번에도 저번에도 사람을 속이기만 한다."

"아이고, 아버님. 자기 종이라도 사람을 죽이면 역적 아닙니까. 어떻게 사람이 사람을 죽일 수 있겠습니까? 그렇게 하지 말고 저것들을 벌역이나 시키십시오."

"무슨 벌역을 시키느냐?"

"한락궁이에게는 낮에는 나무 쉰 바리 해오라고 하십시오. 밤에는 새끼줄 쉰 동을 꼬아내라고 하십시오. 한락궁이 어머니는 낮에는 물명주 닷 동 매라고 하고, 밤에는 가는 명주 두 동을 짜라고 하십시오."

"네 말을 들어보니까 딱 좋구나. 그 말대로 그렇게 하라."

그날부터 한락궁이 어머니는 낮에는 가는 명주 닷 동을 매고, 밤에는 가는 명주 두 동을 짰는데, 가는 명주 석 동을 매면 나머지 두 동은 저절로 매어지고, 가는 명주 두 동은 저절로 짜졌다. 한락궁이는 낮에 숲에 가서 나무 한 바리를 하면 마흔아홉 바리는 저절로 되어있어서 묶기만 해서 마소에 실어 와서 바치고, 밤에는 새끼줄 한 동을 꼬면, 마흔아홉 동은 저절로 삭삭 꼬아져서 감겨져 있어 바치기만 하면 되었다. 이처럼 말썽이 없이 바치면서 벌역하며 살아갔다.

하루는 비가 내렸다. 천년장자 셋째딸이 말했다.

"아버님, 저것들 불쌍합니다. 오늘은 비가 오고 있으니 쉬라고 하십시오."

"그래. 그것들에게 쉬라고 해라."

쉬게 된 한락궁이 어머니는 심심해서 헌옷을 꺼내어 바느질을 하고, 한락궁이는 짚신을 삼았다. 한낮이 되니 한락궁이가 어머니에게 말했다.

“어머님. 콩이나 볶아주십시오.”

“애야, 콩이 어디 있어서 볶느냐?”

“어머님은 참 간이 작습니다. 장자집의 콩깍지를 떨어서 보십시오. 콩 한 섬이 없겠습니까? 팥깍지를 털어 보면 팥 한 섬 없겠습니까? 녹두깍지를 털어 보면 녹두 한 섬 없겠습니까? 조깍지를 털어 보면 조 한 섬이 없겠습니까? 나락깍지를 털어 보면 나락 한 섬 없겠습니까? 산도깍지 털어 보면 산도 한 섬 없겠습니까? 메밀깍지 털어 보면 메밀 한 섬 없겠습니까?”

이 말을 듣고 한락궁이 어머니가 천년장자 셋째딸에게 물었다.

“아이가 콩을 볶아달라고 합니다.”

“볶아달라고 하면, 볶아 줄 콩이 있으면 볶아 줘요.”

“콩이 어디 있느냐고 말하니까 장자집에 콩깍지 털어서 보면 콩 한 섬이 없겠습니까? 팥깍지를 털어 보면 팥 한 섬 없겠습니까? 녹두깍지를 털어 보면 녹두 한 섬 없겠습니까? 조깍지를 털어 보면 조 한 섬이 없겠습니까? 나락깍지를 털어 보면 나락 한 섬 없겠습니까? 산도깍지 털어 보면 산도 한 섬 없겠습니까? 메밀깍지 털어 보면 메밀 한 섬 없겠습니까? 그렇게 말하고 있습니다.”

“볶아 줘요. 볶아 줘요.”

한락궁이 어머니가 콩깍지를 털어 보니 콩이 한 섬이 소복이 나온다. 서너 되 걸러다가 키질하고, 솥에 올리자 볶아지는 소리가 난다. 그때 한락궁이가 왔다.

“어머님, 상제님이 부르고 있습니다.”

한락궁이 어머니는 콩 볶다가 내버려두고 문 밖에 나가버린 사이에 콩 볶는 죽젓개를 잽싸게 숨겨두었다.

“어머님, 콩이 타고 있습니다. 저으십시오.”

한락궁이는 상제님이 부르지도 않은 어머님을 부르고 있다고 해서 밖에 나가게 하고서는 사이에 콩 볶던 죽젓개를 숨겨두고 같이 찾는 것처럼 했다.

"어머님, 콩이 모두 타고 있지 않습니까. 빨리 저으십시오."

옆에서 계속 재촉했다.

"애야, 금방 젓던 죽젓개는 어디를 갔느냐?"

"손으로라도 저으십시오. 콩이 타고 있지 않습니까."

한락궁이 어머니가 황급하게 손으로라도 저으려고 하자, 한락궁이가 달려들어서 어머니의 손을 꾹 눌렀다.

"앗, 뜨거워라. 이거 손을 놓아라."

"어머니. 우리 아버지가 누구입니까?"

"천년장자가 너의 아버지 아니냐."

"천년장자가 우리 아버지라면 왜 내게 이런 벌역을 시킵니까? 우리 아버지를 찾아주십시오."

"저 문에 정주목이 네 아버지다."

"정주목이 내 아버지라면 왜, 내가 그렇게 울면서 나가고 울면서 들어와도 너 울지 말라는 소리를 아니합니까? 우리 아버지를 당장 찾아주십시오."

"아이고, 애야! 네 아버지 성춘성편은 김정나라 김정국이고, 네 아버지는 저승 꽃감관이다. 외조외편은 임정나라 임정국이다. 사실 이렇게 저렇게 되어서 지금 이렇게 되었다."

"그러면 아버지가 남기신 증거물이 있습니까?"

"물론 있다."

원강댁은 용얼레빗 한 쪽과 참실 반 묶음을 내어놓았다.

"네 아버지 갈 때 이것도 주고, 네 이름도 지었다."

"어머님. 이것을 왜 진작 안 주셨습니까? 전에 주셨으면 우리 아버지를 찾아서 떠났을 것 아닙니까? 지금이라도 아버지를 찾아서 가겠습니다. 그러니 메밀을 갈아서 가루 닷 되에 소금 닷 되 섞어서 범벅을 만들어 주십시오. 콩도 서너 되 볶아주십시오. 가면서 먹겠습니다."

원강댁은 콩을 볶아서 싸고 범벅도 만들어 주었다.

"어머님. 제가 가버리면 어머님은 이번에는 죽게 됩니다. 그렇다 할지라도 제가 가는 곳을 절대로 말하지 마십시오."

하직인사를 하고 바로 떠났다. 조금 있으니 천년장자가 일을 시키려고 불러댔다.

"한락궁이야. 마소에게 먹이 줘라."

잠잠했다. 조금 있다가 천년장자가 또 불러댔다.

"한락궁이야. 마소에게 먹이 줘라."

잠잠했다. 조금 있으니까 또 불렀다.

"한락궁이야. 마소에게 먹이 줘라."

이번에는 원강댁이가 대답을 했다.

"일찍 소 먹이 주러 나갔습니다."

하지만 천년장자가 화를 냈다.

"언제 나갔느냐?"

"아이고, 상제님. 일찍 나갔습니다."

"이 년, 저 년. 평생 거짓말만 해 왔지. 당장 살아 넘길 계산만 하지. 이 년, 죽일 년. 앞밭에 가서 장검 걸어라. 뒷밭에는 형틀을 걸어라. 숙정기를 꽂고 자강놈도 불러라."

죽이기로 결정하고 원강댁을 형틀에 묶어두고 첫 형틀을 틀면서 말했다.

"바른 말을 하라."

"말해도 그 말입니다."

두 번째 형틀을 틀었다.

"바른 말을 하여라."

"그래도 같은 말입니다."

세 번째 틀었다.

"바른 말을 하여라."

"그래도 그 말입니다."

똑같은 대답만 하자 이번에는 목을 확 틀어서 환도로 잘라버렸다. 천년장자는 원강댁의 머리를 청대밭에 던져버리고, 천리통이 개를 불렀다.

"천리통아, 신산만산 한락궁이를 물어서 끌고 와라. 죽여 버리겠다. 도망간들 천리를 더 갔겠느냐?"

그때 한락궁이가 서둘러 길을 가는데 물이 발등에 차올랐다. 물을 넘어가려고 하는데 개가 쫓아왔다.

"아이고! 천리통이 왔구나. 이 범벅이나 먹어라."

범벅을 한 주먹 떼어 주니까 개가 덥석 받아먹었다. 그 짜디 짠 것을 먹어 놓으니 물이 너무 먹고 싶어서 물 먹으러 간 시이에 한락궁이는 그 고비를 넘어갔다. 개가 혼자 집에 돌아오자 천년장자가 더 크게 화를 냈다.

"아! 그놈의 자식 천리를 더 갔구나. 이번에는 만리통아, 네가 가라. 아무리 간들 만리를 갔겠느냐. 가서 한락궁이 물어서 와라. 죽여 버리겠다."

그때 한락궁이가 가는 길에 물이 무릎까지 차오르고 있었다. 거기에 만리통이까지 쫓아왔다.

"어머나! 만리통이 왔구나. 이 범벅이나 먹어보아라."

범벅을 한 주먹 주니까 만리통이 덥석 받아먹었다. 그 짜디짠 범벅을 먹고 나니 물먹고 싶어서 물먹으러 가버린 사이에 한락궁이는 무사히 거기를 넘어갈 수 있었다. 만리통은 어쩔 수 없이 그냥 집으로 돌아오자 천년장자는 분해했다.

"아! 그놈의 자식이 어디까지 갔는가? 벌써 만리를 넘어갔구나."

그때 할락궁이는 길을 계속 가는데, 이번에는 노란 물이 자개미까지 차올랐다. 그래도 멈추지 않고 거기를 넘어가는데 나무 위에 까마귀가 앉아서 "까옥까옥" 울었다.

"요 까마귀야. 왜 나뭇가지에 앉아서 까옥까옥 울고 있느냐? 날 닮은 까마귀로구나!"

그래도 물살을 헤치면서 넘어가다 보니 빨간 물이 잔등이까지 차오르다가 차차 팔에까지 차올라왔다. 그때 서편으로 쳐다보니까 하얗게 차려입은 어떤 여자가 앉아서 빨래를 하고 있다.

"말 묻겠습니다."

"……."

또 다시 말했다.

"말 묻겠습니다."

"……."

대답이 없어서 그냥 거기를 지나가는데 물이 목까지 차올랐다. 물길 가운데를 보니 배나무가 있어서 그 위에 올라앉았다. 품속에서 참실을 꺼내 손가락을 쓱 베어서 피를 내고 배나무 잎에 글을 써서 물위에 띄웠다.

그 물 위쪽에서는 꽃감관이 꽃을 지키고, 두세 살 난 애기들은 꽃 장난을 하면서 놀고 있었다. 대여섯 살, 예닐곱 살 난, 열다섯 살이 안 된 아이들이 그 물을 길어다가는 꽃에 주었다. 그런데 아무리 물을 주어도 꽃은 시들어갔다. 그러자 꽃감관이 아이들 가운데 제일 큰 아이에게 물었다.

"너, 이것을 보아라. 꽃에 물을 주는데, 어떻게 하여 꽃이 가뭄을 타서 시드는 듯이 꽃이 시들고 있느냐?"

"무슨 귀신인지 사람인지 모르겠으나, 어떤 도령이 배나무 위에 앉아서 별의별 마술을 부리고 있습니다."

"가서 물어봐라. 귀신이냐, 사람이야?"

제일 큰 아이가 배나무로 갔다.

"거기 배나무 위에 앉은 것이 귀신입니까? 사람입니까?"

"귀신이 무엇하러 이곳에 있겠느냐? 사람이다."

그러자 아이는 꽃감관한테 달려가서 그 말을 했다.

"그러면 이리 불러오라."

제일 큰 아이가 다시 가서 그 도령을 불러왔다. 꽃감관이 도령에게 직접 물었다.

"너 여봐라. 너는 누구냐?"

"예. 저의 성준성편은 김정나라 김정국, 외조외편은 임정나라 임정국이고, 우리 아버지는 서천꽃밭 꽃감관 사라도령입니다. 어머니는 임정나라 원강아미인데, 천년장자의 원강댁이가 됩니다. 저는 신산만산 한락궁로

부친을 찾아왔습니다."

"그러면 네가 한락궁이라는 증거물이 있느냐?"

"예, 있습니다."

"내어놓아라. 내가 보겠다."

한락궁이가 가지고 있던 용얼레빗 한 쪽과 참실 반 묶음을 내어놓았다. 꽃감관은 자기가 가진 것과 맞추어 보니 딱 맞아떨어졌다.

"네가 내 자식이 분명하구나. 여봐라, 내 자식이 왔으니 내가 먹는 것과 같이 밥상을 차려오너라."

이때 한락궁이가 말했다.

"아버님, 아버님! 제가 아버님 무릎에 한 번 앉아보지도 못하였는데 아버님과 똑같은 밥상으로 갖추어 온들 그 상을 받을 수가 있습니까?"

"그러하면 내 무릎에 앉아보아라."

한락궁이는 바로 아버지 무릎에 앉아서 오줌을 누는 체, 똥을 누는 체, 일천 어리광을 모두 부리고 나서 밥상을 받았다.

잠시 후 꽃감관이 말했다.

"너희 어머니는 네가 떠나오고 난 다음에 죽었다."

"예? 그게 무슨 말씀입니까?"

"네가 이리로 올 때, 발등까지 물이 아니 차오르더냐?"

"그랬습니다."

"그건 네 어머니의 초다짐 눈물이다. 오다가 보니까 물이 무릎까지 차오르지 않더냐?"

"차올랐습니다."

"그건 네 어머니의 두 번째 다짐의 눈물이다. 오다가 보니까 노랗게 된 물이 자개미까지 차오르지 않더냐?"

"차올랐습니다."

"그건 네 어머니의 세 번째 다짐의 눈물이다. 다시 잔등이에 빨간 물이 뜨지 않더냐?"

"떴습니다."

"그건 네 어머니가 목을 베일 때의 피다. 오다가 보니까 까마귀가 까옥까옥 하지 않더냐?"

"예, 하였습니다."

"그건 네 어머니를 잡아간 차사이다."

"그런 줄 알았으면 돌멩이로 맞춰 버릴걸."

"그런 게 아니다. 인간의 혼을 잡아가는 것을 본 까마귀가 까옥까옥 우는 것이다. 오다가 보니까 윗물에 하얗게 차려 입은 어떤 여자가 빨래를 하고 있더냐?"

"하고 있었습니다."

"그건 너의 어머니 영혼이다."

"어머니의 영혼인데 말 묻겠습니다고 하여도 대답을 하지 않았습니다."

"인간의 혼은 목숨이 떨어지면 말을 하지 못하는 법이다."

"너 벌역을 할 때에 나무 한 바리 하면 마흔아홉 바리가 하여지고, 마소 쉰 바리에 실어지고 하지 않더냐?"

"그랬습니다."

"그건 내가 인간 세상에 머슴들을 내려 보내서 그렇게 하라고 한 것이다."

"예."

"천년장자가 새끼줄 쉰 동 꼬라고 할 때, 한 동 꼬는 사이에 마흔아홉 동이 그냥 꼬아지지 않더냐? 그건 내가 새끼줄을 꼬아 사려준 것이다. 너의 어머니 벌역할 때, 명주 석 동 매면 닷 동은 저절로 매어지지 않더냐?"

"예, 그랬습니다."

"그것은 내 신령으로 매어 준 것이다. 명주 한 동 짜면 한 동은 저절로 짜진 것도 내 신령으로 그렇게 한 것이다."

"예."

"네 어머니는 죽어서 이젠 뼈만 앙상하였다. 네 어머니에게 가서 뼈라도 찾아서 오너라."

꽃감관 사라도령은 아들 한락궁이를 서천꽃밭으로 데리고 가서 꽃구경을 시켜주고 꽃을 따 주었다.

"이것은 뼈오를 꽃이다. 이것은 살오를 꽃이다. 이것은 요장육부 간과 쓸개를 만들 꽃이다. 이건 웃음 웃을 꽃이다. 이건 말할 꽃이다. 이것은 시들을 꽃이다. 이것은 생불 꽃이다. 이것은 불붙을 꽃이다. 이것은 멸망꽃이다. 이것은 악심꽃이다."

꽃감관이 가리키는 대로 한락궁이는 그 꽃을 모두 따서 소매 속에 넣었다. 꽃감관은 제일 나중에 때죽나무 회초리 하나를 한락궁이에게 내밀었다.

"이걸 가지고 어머니한테 가라. 가지고 가되, 천년장자 집으로 바로 가지를 말고 청태국 마구할멈한테 먼저 가서 천년장자 셋째딸을 불러달라고 해서 네 어머니 시체를 찾아 살려내라."

"예."

"그리고 이 꽃으로 이리저리 하여 보라."

한락궁이는 아버지가 말해주는 것을 모두 듣고, 시키는 대로 왔던 길을 돌아가 마구할멈 집으로 들어갔다. 그러자 마구할멈이 놀라며 물었다.

"너 왜 왔느냐? 천년장자 집에서는 너를 찾아서 죽이려고 하고 있다. 어서 달아나버려라."

"네, 그렇게 하겠지만 우선 천년장자 셋째딸을 이리로 불러주십시오."

"그래. 그건 그렇게 해주마."

천년장자 셋째딸이 오자마자 말했다.

"아이고! 너 왜 왔느냐? 우리 아버지가 너를 죽이지 못하여서 난리가 나 있다. 어서 달아나라. 너의 어머니도 우리 아버지가 죽여 버렸다."

"그렇게 해도 되지만, 난 인정과 은혜를 보답할 돈이 많습니다. 그 사이에 돈을 많이 벌어 왔습니다."

한락궁이는 셋째딸과 집으로 들어갔다. 그러자 천년장자가 한락궁이를 죽일 듯이 몰아쳤다.

"이놈 어디 갔다가 왔느냐? 앞밭에 장검 걸어라. 뒷밭에 형틀 걸고 자강놈을 불러라."

"상제님, 상제님. 저야 이제 죽을 놈입니다만, 인정과 은혜를 갚을 보답품이 있습니다. 돈을 많이 벌어서 저 바다에 실어서 왔으니, 저 돈이나 퍼서 받아놓고서 날 죽이십시오."

그러자 천년장자는 한락궁이의 돈이 탐났다.

"그래? 어떻게 하면 배에 가서 돈을 퍼올 수 있니?"

"삼족일가를 모두 모여서 앉히십시오. 삼족일가가 모두 가야 돈을 가지고 올 수가 있습지요. 그전에는 가져올 수가 없습니다."

이 말에 천년장자의 삼족일가가 모두 모여 앉았다. 한락궁이는 그 자리에서 웃음 웃을 꽃을 내놓았다. 그러자 삼족일가가 모두 해삭해삭 창자가 끊어지도록 웃었다. 다음으로 멸망꽃을 내놓으니 모두 뱃전에 멸치 떼 쓰러지듯 삼족일가가 모두 죽어갔다. 그러자 천년장자 셋째딸이 와서 빌었다.

"한락궁이 상제님아. 날 살려주십시오."

"네가 상제지, 내가 상제냐?"

큰딸과 둘째딸은 나오라 해서 불붙는 꽃을 내어놓으니까 모두 불에 타서 죽었다. 한락궁이는 셋째딸에게 말했다.

"우리 어머니 죽은 곳을 가리켜라."

셋째딸이 가리키는 데를 가보니, 어머니는 뼈만 앙상하게 남아 있고, 머리 위에는 오동나무가 울창하고, 손앞으로는 대나무가 울창하였다. 은장도로 아래 위를 모두 베어내고, 뼈를 차곡차곡 모았다. 그리고 살오를 꽃, 뼈오를 꽃, 말할 꽃, 숨쉴 꽃, 오장육부 만들 꽃을 모두 꺼내어서 올려놓고, 때죽나무 회초리로 세 번을 쓸어 때리니 어머니가 부스스 일어났다.

"아이고, 우리 아기야. 내가 봄잠을 너무 잤구나."

한락궁이는 어머니가 죽어서 뼈를 놓았었던 곳의 흙을 파서 모았다.

"우리 어머니 살이 썩은 흙이다."

그 흙으로 고리동반을 만들고, 어머니를 모시고 천년장자 셋째딸과 같

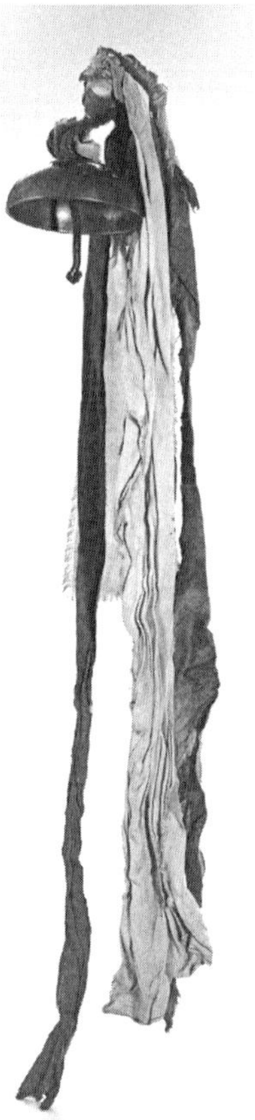
요령

이 서천꽃밭을 들어갔다. 어린 애기들이 여전히 꽃장난을 하면서 놀고 있고, 조금 큰 우두머리가 된 애기들은 꽃에 물을 주고 있었다.

그 애기들 중에 인간 세상에서 놋 사발에 밥 먹던 애기는 놋 사발로 물을 떠다가 꽃밭에 주려고 하면 손이 시려서 울고 있었다. 사기 사발로 밥 먹던 애기는 사기 사발로 물 떠다가 손에 힘이 빠져서 사기사발이 깨어지면 비새 울 듯 울고 있었다. 바가지에 밥 먹던 애기는 바가지로 물을 사뿐사뿐 잘 들고서 가서 꽃밭에 물을 잘 주면 칭찬을 받고 있었다. 채그릇에 밥 먹던 애기는 채그릇으로 물을 들면 주르르하니 모두 빠져버리면 꽃밭에 물을 못주어서 꽃감관한테 때죽나무 회초리로 매를 맞아 울고 있었다. 그때부터 종의 신분에서 풀려난 원강댁은 다시 원강아미가 되어서 서천꽃밭에서 어린 애기들에게 밥 주고 물 주면서 어린 아이들을 키우면서 살게 되었다.

한락궁이는 아버지가 앉았던 방석에 앉아서 꽃감관을 하고, 사라국 사라대왕은 저승 아버지가 되고, 원강아미는 저승 어머니가 되었다.

그때 생긴 법으로 이 세상에서 할아버지 살던 곳에 아버지가 살고, 아버지가 살던 곳에 아들이 대물림하면서 차차 전대전손하게 되었다.

— 원문출처: 진성기, 『제주도무가본풀이사전』, 민속원, 1991.

3. 집안의 최고신 성조 안심국 〈성조풀이〉

1

홀연히 천지개벽한 후에 삼황오제 시절이었다. 천황씨가 처음 나와 목덕(木德)으로 임금이 되니 일월성신으로 비추니 해와 달이 밝아지고, 지황씨 다음으로 나와 토덕(土德)으로 임금이 되니 풀과 나무를 돋아나왔다. 인황씨 다음으로 나와 형제 아홉 사람이 아홉 마을을 나누어 다스려 인간 세상으로 나와서 인간 문물을 마련하였다.

수인씨 다음으로 나와 처음으로 나무를 뚫어 불을 내어 사람에게 화식(火食)을 가르치고, 유조씨 다음으로 나와 나무를 엮어 집을 만들고, 나무 열매를 먹고, 나무를 얽어 집을 삼고, 추운 겨울을 피하였다.

헌원씨 다음으로 나와 높은 산의 나무를 베어 서너 척 배를 만들어, 만경창파에 띄워놓고, 억조창생(億兆蒼生)을 두루 다스려서 그물 맺고 그물 지어, 고기잡이를 마련하고, 신농씨 다음으로 나와 역산의 나무를 베어 극젱이와 쟁기를 만들어 농사법을 가르치고, 온갖 풀을 맛보며 약을 지어서 치병생활을 다스렸다.

복희씨는 성군이라 창해(滄海)같은 의견으로 하도낙서(河圖洛書)를 풀어내고, 낮에 제자를 모아 만물의 사고팔기를 가르치고, 팔괘를 그려 음양을 가르칠 때였다. 남자가 아내를 얻는 법과 여자가 출가하는 법을 반드시 예로서 가르치시어 부부를 정했다.

여와씨가 다음으로 나와 오색 돌을 고이 갈아 하늘을 수놓은 후에 여자에게 바느질과 김쌈을 가르쳐 남녀 의복을 마련했다. 법주씨 법을 내고, 도당씨 역서(曆書)를 내어, 춘하추동 사계절, 가을 추수와 겨울 저장법을 마련하고, 공자님 출생하여 시서백가(詩書百家) 삼강오륜(三綱五倫), 인의예지(仁義禮智), 선악반상(善惡班常), 유식무식(有識無識)을 가르쳤다.

그때 그 시절에 성조본이 어디인가? 중원국도 아니오, 조선국도 아니요, 서천국이 정본이라. 성조부친 천궁대왕, 성조모친 옥진부인, 성조조부

국빈왕씨, 성조조모 월명부인이다. 성조님 외조부는 정반왕씨이며, 성조님 외조모는 마야부인이며, 성조님 실내부인 계화부인이다.

2

성조부친 천궁대왕 나이 서른일곱이고, 성조모친 옥진부인 나이 서른아홉이다. 두 분 나이 마흔에 가깝도록 슬하에 혈육이 하나 없어, 매일 부부가 한탄하는데, 하루는 점쟁이를 불러 점을 쳤다.

"서른 살 전의 자식은 팔자로 두거니와 마흔 살 전의 자식은 선한 마음으로 공을 들여, 불전에 정성을 들이면 아들을 낳고 부귀를 얻는다."

부인이 그 말을 듣고 온갖 공을 다 들였다.

높은 산에 송죽을 메어 하늘에 기도하고, 땅에 금토를 뿌리고, 금은비단 갖추어서 수레에 높이 싣고 운문사로 찾아 들어가 지성으로 공을 들였다. 명산대천의 영신당과 고미축수 석가산, 제불보살 미륵님께 지성으로 발원하며, 칠성불공, 나한불공, 백일산제, 제석불공, 대해마다 용왕제며, 천제당에 천제 드리기, 스님마다 가사 시주, 다기 시주, 연등 시주, 노구마중 집짓기며, 길거리 송장 초상 치루기, 가난한 사람 해산할 때 미역 양식 시주하며, 조왕세존, 후토신령, 당산, 처용, 지신제를 지극정성 빌었더니 공든 탑이 무너지며, 심은 나무가 꺾어질까?

부왕과 부인이 길일을 간택하여 동방화촉으로 바른 잠 잘 때였다. 초경(初更)에 꿈을 꾸니 검정새 두 마리가 푸른 벌레를 물고 베개 좌우에 앉는 것이 보이고, 국화꽃 세 송이가 베개 위에 피었다. 이경(二更)에 꿈을 꾸니 삼태육경 자미성, 부인 앞에 내려오시고, 금쟁반에 붉은 구슬 셋이 구르는 것이 보였다. 삼경(三更)에 꿈을 꾸니 공중 방안에 오색구름이 모여들고, 어떤 선관(仙官)이 황학을 타고 빛 고운 구름에 싸여서 문을 크게 열고 부인 곁에 앉으며 말했다.

"부인은 놀라지 마십시오. 나는 도솔천 천궁의 왕이입니다. 부인의 공덕과 정성이 지극해 천황이 감동하고 부처님이 지시하여 자식을 주려고 왔습니다."

선관은 일월성신 정기를 받아 동자를 마련하여 부인에게 주었다.

"아기 이름은 안심국이라 지으시고, 별호는 성조씨라 합니다."

부인은 동자를 받으며 한없이 기뻐하다가 무정한 바람 소리에 홀연히 꿈에서 깨어났다. 주변을 보니 선관은 간 곳 없고, 촛불만 밝히고 있었다. 부인이 꿈을 왕에게 이야기하니, 국왕도 기뻐했다.

3

다음날 날이 밝자마자 해몽가를 급히 불러 꿈 이야기를 했다.

"초경의 검정새 두 마리가 푸른 벌레를 물고 있는 것은 왼쪽은 대왕의 직성이고, 오른쪽은 부인의 혼령입니다. 푸른 벌레 두 마리는 원앙비취의 즐거움일뿐더러, 국화 꽃 세 송이는 나라에 삼태육경이 날 꿈입니다. 이경에 얻은 꿈은 삼태육경 자미성은 삼신제불(三神諸佛)이 대왕을 모신 형상이요. 금쟁반에 붉은 구슬 셋은 나라에 득남할 꿈입니다. 삼경에 얻은 꿈은 선관이 부인의 침실에 좌정한 것은 이는 곧 지양이라. 성신의 정기를 받아 동자를 마련하여 부인에게 주신 것으로 나라에 왕자가 태어나면 높이 이름을 떨칠 것이니 꿈 걱정은 생각하지 마십시오."

4

과연 그 말처럼 그달에 잉태하여, 한두 달에 이슬 맺고, 서너 달에 사람 모습이 생겨, 다섯 달에 살갗 생기고, 여섯 달에 육부 생겨, 일곱 달에 뼈와 살이 굳어지고, 여덟 아홉 달에 남녀 분별, 삼만 팔천넷 핏줄과 사지수족 골격이 생기며, 지혜총명이 마련되었다. 열 달을 채워 지양이 내려와서 부인이 품은 아이, 세상으로 인도할 때, 명덕왕(命德王)은 명을 주고, 복덕왕(福德王)은 복을 주고, 분접왕(分接王)은 가랑이 들고, 금탄왕은 열쇠 들고, 부인을 침노하니, 부인이 혼미한 중에 금광문(金光門) 고이 열어 아기를 낳았다.

딸이라도 반가운데, 옥 같은 귀동자였다. 부인이 정신 차려 이부자리에 의지하고 아기를 살펴보니, 얼굴은 관옥(冠玉)같고, 풍채는 두목지(杜牧之)였다.

5

부인이 크게 기뻐하여 관상쟁이를 급히 불러 아이 관상 살펴보았다. 눈꽃 같은 흰 종이에 황모필을 풀어서 홍연에 먹을 갈아 섬돌 아래 엎드려서 초중말년 부귀공명 흥망성쇠 길흉화복, 하나하나 기록하였다.

천정이 높으시니 소년공명할 것이오, 콧대가 높으시니 부귀공명이 하나같으나, 양 미간이 깊으시니 전처를 소박할 것이요, 일월각이 낮으시니 이십 되기 전 십팔 세에 산도 없는 천리, 사람 없는 곳, 황토섬에 삼 년 귀양하게 되었다고 썼다. 관상쟁이가 보기를 다 한 후에 상서를 올리거늘 부인이 살펴보고 간장이 끊어지도록 하염없이 슬피 울었다.

"들인 공이 아깝구나! 이럴 줄 알았으면 생기지나 말 것을……. 네 팔자 용렬하고, 내 복이 그뿐이라. 내 나이 마흔에 지극히 공을 들여, 독자 너를 얻을 적에 부귀영화 하자고 했더니, 이십 전 십팔 세에 삼 년 귀양을 간다는 말이냐? 제불보살이 야속하고, 삼신지양이 무정하다. 누구를 원망하며, 허물을 씌운들 무엇하리?"

목 놓아 애통해 슬피 우니, 모시는 시녀들과 탯줄 가르는 모든 부녀 눈물을 금치 못했다.

부인을 달래면서 좋은 말로 위로하니, 부인이 애통해 하다가 꿈을 생각하고 눈물을 그치며, 아이 이름을 안심국이라 정하고, 별호는 성조라 불렀다.

6

성조가 무병장수하여 날로 달로 자라나 두 살 먹어 걷기를 시작하니 못 가는 곳이 없었다. 세 살 먹어 말을 하니 소진(蘇秦)과 장의(張儀)의 말솜씨 같았다. 네 살 먹어 예를 행하니 효제충신(孝悌忠信) 본을 받고, 다섯 살에

서당에 들어가니 예민하고 총명하였다.

세월이 흘러 어느덧 장성하니, 성조 나이 십오 세였다. 시서백가 만권 서책, 통하지 않고 모르는 것 없었다.

하루는 성조가 속으로 생각했다.

"장부로 세상에 나와서 무슨 공을 얻어서 천추에 빛나는 이름, 벽상에 올리리요?"

7

그때 마침 지하궁을 살펴보니 새와 짐승도 말을 하였다. 까마귀와 까치도 벼슬을 하고, 나무와 돌도 굽혔다 일어서고, 옷 나무에 옷도 열리고, 밥 나무에 밥이 열리고, 쌀 나무에 쌀이 열리고, 국수 나무에 국수 열리고, 온갖 과일이 다 열려서 세상 사람들이 궁핍한 이가 없었다.

그러나 사람들의 운명은 풍족하나 집이 없어서 수풀에 의지하고 유월 염천 더운 날과 백설한풍 추운 계절을 힘들게 피하고 있었다. 그것을 본 성조가 생각했다.

"내가 지하국에 내려가서 공산의 나무를 베어 사람이 살 집을 짓고, 추위와 더위를 피하게 하고 신분의 높낮이를 가르치면 성조의 빛난 이름을 수만 년 전하겠다."

이런 생각으로 부모 앞으로 가서 사람에게 집이 없음을 가엽게 여겨 집을 짓겠다고 말하니, 부모가 허락하였다.

지하국에 내려가서 무주공산 다다르자 온갖 나무 다 있다. 그런데 어떤 나무를 바라보니 산신이 좌정하여 그 나무는 못 쓰겠고, 또 한 나무를 바라보니 당산을 지키는 나무라서 그 나무도 못 쓰겠고, 또 한 나무를 바라보니 오작짐승이 집을 지어 그 나무도 못 쓰겠다. 또 한 나무를 바라보니 국사당을 지키는 나무라서 그 나무도 못 쓰겠고, 나무 한 그루도 쓸 수 없었다.

베어 낼 나무가 없는 사정을 낱낱이 기록하여 상소 지어 손에 들고, 입은 은혜에 절을 하고, 천은을 사례하여, 천상옥경 높이 솟아 옥황님 앞에 엎드려 상소를 올렸다. 옥황님이 상소를 받아 살펴보시고, 성조를 기특히 여기면서 제석궁에 내리시니 솔씨 서 말, 닷 되, 칠 홉 오작을 내렸다.

성조가 솔씨를 받아 지하궁으로 다시 내려와서 무주공산에 도착해 여기저기 심어놓고 보니 환국할 때가 머지않았다. 그리고 성조 나이가 십팔 세가 되는 해가 삼 년도 남지 않았다.

8

대왕과 부인이 성조의 장성함을 기특하게 여겨, 하루는 만조제신을 모아 국사를 의논한 후에, 성조의 혼인을 위한 간택령을 내렸다. 그때 좌정승이 엎드려 아뢰었다.

"황휘궁에 한 공주가 있는데, 여자로서의 솜씨가 뛰어나고, 아름답고, 숙녀의 기상을 갖추었으니, 그곳에 청혼하십시오."

대왕이 그 말을 옳게 여겨 황휘궁에 청혼하니, 황휘궁에서 허혼했다. 사주단자 날을 받아 황휘궁에 보낸 후에 납폐를 봉하고 혼인날이 되었다. 성조는 위엄 있는 모습으로 나오는데, 금관조복을 단정히 입고, 사모관대를 높이 쓰며, 옥교에 좌정하고, 삼태육경 모든 신하, 좌우로 시위하고, 밖에 삼천, 안에 팔백이 앞뒤로 나열해 서서 황휘궁에 들어가서 옥교를 놓았다. 그때 성조는 정례석에 들어서서 복희씨가 만들어둔 법대로 오리를 전하고 북향사배를 한 후에 금실로 인연을 맺어, 여필종부하며 정례를 마쳤다.

그때 성조가 상방으로 들어가니 해가 서산으로 져서 황혼이 되었다. 부인을 영접하여 상방으로 모시고 술과 안주로 잔을 나누고, 화촉동방에서 백년 인연을 맺었다.

그런데 그날 밤을 보내는 것이 하늘이 정해준 바가 통하지 않았다. 연분이 부족하였는지, 계화 부인을 소박하고 박대가 점점 심해졌다.

9

그 무렵부터 성조는 주색에 방탕하고 화류에 빠져 나랏일을 모르고 살았다. 서너 달이 지나가니 조정의 간신들이 이 사실을 대왕에게 아뢰었다. 대왕이 어떻게 할 도리가 없어 대전통편(大典通編)을 들여놓고 법전을 찾아보았다.

그 글에는 삼강오륜 모르는 놈, 부모에게 불효하는 자, 현처를 소박 놓고, 이웃에 정이 없고, 친척 간에 화목하지 못한 자는 낱낱이 진실을 파헤쳐 국법으로 시행하되, 산 없는 천리, 사람 없는 황토섬에 삼 년 귀양을 보내야 한다고 정해져 있었다. 대왕이 생각하니 천지가 아득하고 일월이 빛을 잃고 말았다. 그래도 국법을 시행해야 했다.

성조를 급히 불러 귀양 가라고 재촉하니 성조는 어쩔 수 없이 부왕의 명을 받고, 남별궁에 들어가서 어머니 앞에 하직인사를 했다.

"불효자 안심국이 부왕 앞에 죄를 지어, 천리 산도 없고 사람도 없는 황토섬에 삼 년 귀양을 갑니다. 어머님은 존체무양하옵소서. 소자가 다행히 귀양 살고 돌아오면 대왕대비 모시고 백 세까지 봉양하겠으나, 소자가 만일에 황토섬에서 죽으면 오늘이 모자 간에 영영 이별하는 날입니다."

목 놓아 통곡하며 슬피 우니, 부인이 듣고 기절하듯 엎드려서 손을 잡고 통곡을 했다.

"국아, 안심국아. 너의 팔자 용렬하고, 내 복이 그뿐이랴. 대왕님도 무정하고, 조정 간신 야속하다. 무슨 죄가 그리 무거워서 이십 전 어린 것을 인척도 닿지 않는 곳에 삼 년 귀양 보낸다는 것이 웬 말이냐. 천지일월성신님, 밝은 하늘이 감동하여 우리 태자 안심국이 사정을 살피시고 무사히 귀양 살고 돌아오게 하옵소서. 국아, 안심국아. 너 대신 삼 년 귀양 내가 살고 돌아오마."

아무리 만류하나 국법이 중한지라 성조는 어머니를 달래었다.

"부모 대신 자식이 가는 법은 예로부터 있지만, 자식 대신 부모가 귀양 가는 법은 천추에 없사오니, 모친은 존체무양하옵소서."

눈물을 흘리며 하직하고, 궐문 밖으로 나가니 삼태육경 모든 신하, 잘 가라고 하직하며, 멀고 가까운 친척일가들도 잘 가라고 하직하며, 삼천궁녀 나인들도 잘 가라고 하직하는데, 울음소리가 낭자했다.

그때 무사들이 성조를 모셔내어 수래 위에 높이 싣고, 장안의 큰 길을 따라 행색 없이 지나가 강변에 다다랐다. 성조를 경강선에 실어놓고, 삼 년 먹을 양식과 의복을 이물에 실어놓고 순금 비단 양 돛을 갈라서 달고, 닻 감고 배 띄웠다. 그때 성조는 고물 높은 곳에 앉아서 좌우 산천을 살펴보는데 이리지척 저리지척하는 중에 물 가운데로 떠나간다. 가면서 바라보니 서천국은 벌써 멀어가고 황토섬은 가까워 온다.

"무정하다. 동남풍아. 경강선을 독촉하지 마라. 산도 예보던 산이 아니요, 물도 예보던 물이 아니구나. 날짐승과 들짐승이 흔한 곳이고, 인적은 닿지 않는 곳이라, 삼 년 귀양 누구를 바라며 살아날까? 대왕님도 무정하고, 조정간신 야속하고, 내 팔자 용렬하다. 내 무슨 죄가 이리 커서 이십 전 십팔 세에 황토섬 무인도에 삼 년 귀양 웬 말인고?"

산천초목, 날짐승과 들짐승도 눈물을 흘리는 듯, 선인들도 통곡하며 성조를 위로했다. 몇 날 며칠을 배질하여 황토섬에 도착하니, 삼 년 먹을 양식과 의복을 섬 가운데 내려놓고, 선인들은 곧바로 떠나가려 했다.

"여봐라. 선인들아. 고국에 돌아가서 불행한 짓 하지 말고, 삼강오륜, 인의예지, 선악을 생각하고, 평생을 평안하게 살아가라. 내 삼 년 귀양 살고, 고국으로 돌아가면 다시 상봉할 것이고, 내 운이 불길하여 이곳에서 죽게 되면 너희들도 영영 이별이구나."

성조가 하늘을 보며 탄식하며 슬피 우니, 배에 있던 선인들도 목 놓아 통곡하며 성조를 위로했다.

"삼 년 정배 무사히 마치시고, 몸 평안히 환국하옵소서."

손을 모아 절을 하고 난 뒤, 배를 띄워 고국으로 돌아갔다. 성조는 떠나가는 선인들을 하염없이 바라보았다.

10

눈물을 친구 삼고, 새와 짐승을 벗 삼아 하루, 이틀, 한 달, 두 달, 일 년이 잠깐이었다. 이년 이태 귀양을 살다보니 세월이 흘러, 삼 년 귀양 잠깐이었다.

오늘이나 소식 올까, 내일이나 풀려날까 고국에서 올 소식을 기다렸다. 답답한 심정으로 부왕이 보내올 소식을 기다리는데 곧 사년이 되어 가는데, 아무런 소식도 없었다.

삼 년을 보내고 나니 입을 옷이 부족했다. 쓸쓸한 동풍 찬바람에 흰 눈도 어지럽게 날리는데, 입을 옷조차 없어서 추위에 떨었고, 삼 년 양식이 떨어지니 배가 고파서 견딜 수가 없었다.

한 때 굶고, 두 때 굶어도 모진 목숨에 죽지는 않고, 배고픔과 추위가 점점 심해져서 견딜 수가 없었다. 해변의 청산에 올라가서 소나무 껍질을 벗겨 먹고, 바닷가에 내려가서 해초와 산나물을 캐어서 겨우 연명은 했지만, 여러 달 여러 날을 익혀서 먹지 않으니, 온 몸에 털이 나서 짐승인지 사람인지 분간할 수가 없었다.

11

시간이 흘러 어느덧 갑자년 춘삼월이었다. 거친 가지에서 속잎 새로 나오고, 온갖 화초가 만발했다. 촉나라 두견새와 농산앵무, 오작 짐승이 만경창파 푸른 물 위로 날아오르고, 서로 사랑하지 못하는 것을 원망하는 원앙새, 왕사당 앞 저제비며, 끼이끼익 길게 우는 백학이며, 나를 위해 고향사람에게 자주 편지 하랬다더니, 소식 전하던 청조새가 성조 앞에서 우짖었다. 그때 성조는 고향이 생각났다.

"슬피 우는 두견새로구나. 나도 이곳에서 죽으면 저런 넋이 되겠지."

홀로 탄식하고 통곡하다가 날아오는 청조새를 바라보며 말했다.

"반갑다. 청조새야. 어디 갔다가 이제 왔느냐. 인적도 없는 곳으로 봄빛을 따라 왔거든, 편지 한 장 전해다오. 서천국으로 돌아가서 명월각에 부쳐다오. 명월각의 계화부인이 내 백년님이다."

부탁 한 마디를 던져놓고 편지를 쓰려고 하는데, 지필묵이 없었다. 그래서 떨어진 관대 자락 떼어서 앞에 놓고, 무명지를 깨물어서 피를 내어 혈서를 썼다.

"두 분 부모님 옥체무양하옵시며, 부인은 헤어진 지 여러 해에 부모님 모시옵고 귀체안녕하십니까? 저는 황토섬 정배 후로 곤란이 극심한 가운데, 삼 년 먹을 양식과 의복이 다 떨어시니 배고픔과 추위가 심합니다."

설움이 가득한 쓰기를 마친 후에 청조새에게 부탁했다. 그러자 청조새는 편지를 덥석 물고 두 날개를 훨훨 치며 날아올랐다. 서천국을 바라보고 둥둥 떠 높이 날아, 만경창파 훌쩍 건너, 장안 큰길로 날아들어, 명월각을 바라보고 훨훨 날아 들어갔다.

그때 계화부인이 봄빛을 구경하려고 봉황루에 높이 올라 좌우산천 구경하고 있었다. 나무에서 잎 나고, 가지마다 봄빛이었다. 못에 가득한 가을물 속의 홍련화와 은근히 향기를 풍기는 월계화며, 소식 전하던 단명화, 삼월춘풍 해당화, 도리화, 목단화, 두견화가 만발하여 산천에 어리었고, 남쪽 뜰의 풀밭에는 나비들이 꽃을 보고 반기는 듯 쌍쌍이 날아들고, 동쪽 뜰의 복숭아꽃, 오얏꽃이 봄빛을 띄니, 곳곳마다 봄빛이었다.

또 한 편을 바라보니 청강녹수 원앙새는 비취와 짝을 지어 음양으로 떠 있고, 기산조양 봉황새, 님 그리워하는 기러기, 끼익끼익 우는 백학, 나뭇가지에서 울지 못하게 해야 할 꾀꼬리, 소리마다 피울음인 두견새, 작지작난 오작과 어여쁜 채란새, 강왕명월 저황새, 구만장천 대붕새, 왕사당 앞 저제비, 호반새와 뻐꾹새며, 적벽화전 원한의 새들이 봄빛을 따라 날아들었다.

작년 가을에 이별한 왕사당 앞의 저제비는 이번 춘삼월 삼짇날에 옛 주인을 찾아왔다. 그러나 성조는 황토섬에 귀양간지 사년이 지나도록 명월각에 못 오고 있었다.

계화부인이 눈물을 흘리고 탄식하며 슬피 우는데, 서왕모 청조새가 하늘에서 우짖었다. 계화부인이 새를 바라보았다.

"새야, 청조새야. 정이 있는 짐승이라. 천하를 두루 다니다가 황토섬에 들어가서 가군태자 성조님이 죽었는지 살았는지, 생사존망 알아다가 내게 부쳐주게."

말을 마치기 전에 청조새가 입에 물었던 편지를 부인 무릎에 뚝 떨어뜨리고 날아갔다. 계화부인이 이상하게 여기면서 편지를 받아 열어보니, 남편의 필적이 분명했다. 눈물이 흘러 글자를 살피지 못하고, 겨우 그친 후에 편지를 집어 들고, 남별궁으로 들어갔다.

그때 성조 모친 옥진부인은 나이 사십에 온갖 큰 공을 들여 공자 성조 낳아 사랑스럽고 귀하게 길러 밤낮으로 사랑스레 여겼다. 하지만 문득 조정의 참소를 만나 황토섬으로 정배를 보낸 후로 성조를 생각하고 나날이 탄식하다가 병이 들고 말았다.

시름에 상사병이 들어 침석에 의지하여, 눕고 일어나지 못하고 있었다. 인삼녹용 고량진미로도 낫지 않았다.

그때 계화부인이 편지봉투를 집어 들고 부인 곁에 앉았다.

"시모님은 정신을 차리고, 태자 편지를 살펴보십시오."

부인이 이 말을 듣고 깜짝 놀랐다.

"이것이 무슨 말이냐? 꿈이거든 깨지 말고, 생시거든 변치 마시오."

태자 편지를 얻어 보니, 슬프고 즐거웠다. 편지를 뜯어 열어보니, 종이 가득 글을 썼는데, 글자마다 설움이 보여 옥진부인이 통곡했다.

"대왕님도 무정하고 조정간신도 무심하다. 우리 태자 성조가 귀양 간 지 수삼 년에 해배할 줄을 모르시는가? 옷이 없는 저 인생이 엄동설한 찬바람에 추워서 어떻게 살았으며, 양식이 떨어지니 삼사월 긴긴 해에 배가 고파 어찌했는지. 참혹하구나."

이렇게 슬피 우니 삼천궁녀들도 같이 눈물을 짓고 곡성이 흘러나왔다.

그때 천궁대왕이 용상에 앉아 신하를 모아 국사를 의논하는데 곡성이 들려왔다.

"이 곡성이 어떤 곡성이냐?"

노신이 엎드려 말했다.

"황토섬으로 귀양 가신 태자의 편지가 왔습니다."

말을 들은 대왕이 편지를 급히 가져오라 하여 사연을 살펴보니 글자마다 설움이라, 대왕이 마음이 아려 눈물을 흘리며 후회했다.

"간신을 멀리 유배 보내고, 금부도사에게 명령하여 좌우승상 모시고, 황토섬 태자 성조의 귀양을 풀어 입시하라."

재촉령을 내리자마자 금부도사가 명을 받아 일등목수 불러들이고 황장목 베어내어 여덟아홉 칸 배를 만들어 순금비단 돛을 달고, 스물네 명 선인들과 도사공에게 호령했다.

"황토섬이 어디냐? 지금 당장 행선하라."

도사공이 명을 듣고 짐대 끝에 국기를 달고, 격군들을 지휘하여 황토섬으로 출발했다. 바람도 순하게 불고 물결도 잠잠하니, 만경창파 대해 가운데로 떠나갔다.

12

그때 태자 성조는 청조에게 편지 전한 후로 계화부인의 답장이 오기를 아침저녁으로 바라고 있었다. 그런데 난데없는 경강선이 국기를 높이 달고 어딘가로 가고 있었다.

"어허! 그 배, 반갑구나. 지나가는 과선인지, 장사하는 상선인지? 시절이 요란하니 군량 싣고 가는 배인지? 십리장강 벽파상, 왕래하는 거룻배인지? 태백이 기경비상천하니 풍월 싣고 가는 배인지? 동강칠리탄에 엄자릉의 낚싯배인지? 적벽강 가을밤에 소자첨이 놀던 배인지? 만경창파 욕모천에 천어환주하던 배인지? 기산영수 맑은 물에 소부 허유 놀던 배인지 알기가 어렵구나. 어느 배인지 알아볼까? 저기 가는 선인들에게 고국소식 전해달라고 해볼까?"

가장 높은 봉우리에 높이 올라 소리 크게 외쳤다.

"저기 가는 선인들아. 배고픔과 극심한 추위에 죽게 된 이 인생을 구원하고 돌아가시오."

선인들이 바라보니 모양새는 짐승인데 음성을 들으니 사람이었다.

"네가 짐승이냐 사람이냐?"

사공이 이렇게 물어보자 성조가 대답했다.

"여봐라, 선인들아. 나는 다른 사람이 아니라 서천국 태자 성조이다. 부왕님 앞에 죄를 짓고 귀양 온지 수삼 년에 양식을 먹지 못해서 몸에 털이 나서 알아볼 수 없지만, 나도 틀림없는 사람이다."

금부도사가 그 말을 듣고 서두르자, 좌우승상은 금관조복과 사모관대로 군신의 예를 차리고, 스물네 명 격군들은 배를 돌려 황토섬에 배를 대어 성조를 모셔 높은 자리에 앉혔다.

성조가 얼떨떨한 정신을 차리고 승상을 돌아보며, 국가흥망과 부모의 존망, 모든 신하의 안부를 낱낱이 물었다. 그 다음 성조에게 인삼녹용과 고량진미를 나날이 봉양하니, 온 몸에 났던 털이 순식간에 다 빠졌다. 정화수에 목욕시켜 의복을 갖추어 입으니 남중호걸이 분명하고, 청삼옥대 어사화를 머리에 꽂고, 배 가운데에 앉으니 선관이 분명했다.

출항일이 다다르니 도사공이 고사를 지내려고 상을 차렸다. 어동육서 남과북채 차례대로 올리고, 큰 돼지 잡아 수족 묶어 산 것 같이 차려놓고, 온갖 제수 갖추어서 지성으로 제를 지냈다. 옆에서는 북채를 잡고 북을 둥둥 울렸다.

"사해용왕, 사두칠성, 오악산령, 일월성신, 명명한 천지간에 내려와 밝게 비추소서. 헌원씨 배를 만들어 통하지 못한 곳 모두 다닌 연후에 후손이 본을 받아 모두 각기 위업을 이루니 막대한 공이 아닌가? 하우씨 9년 치수, 배 아니면 어찌 다스리며 서천국 태자 성조, 황토섬에 들어올 때 배 아니면 어찌 오며, 삼 년 귀양 후에 다시 환국 하오시니, 바람도 순하게 불고, 물길도 잔잔하여, 무사히 도달하기 천만 번 엎드려 빕니다. 광풍도 막아주고, 난파 없도록 점지하옵소서."

빌기를 다한 후에 배를 띄워 고국으로 출발했다. 닻 감고 돛을 달아서 어기여차 소리하며 북을 둥둥 울려대니, 어찌 원포귀범이 아니냐?

그때 성조가 황토섬을 바라보며 말했다.

"해변청산 잘 있거라. 나무 돌도 잘 있거라."

일희일비 하직하며 고국으로 돌아오는데, 칠월 보름이라 백로는 희고 달빛은 명랑했다. 강 위의 갈매기들은 이리저리 날아다니고, 청풍은 천천히 불고, 물결은 잔잔했다.

백빈주 갈매기는 홍요 안으로 날아들고, 삼산의 기러기는 한수로 돌아들 때, 심양강에 도착하니 백락천이 떠난 후에 비파소리 끊어지고, 적벽강 지나오니 소동파 놀던 자취 옛날같이 한가히 노는 나그네는 있건만, 조맹덕과 같은 일세의 영웅은 지금 어디 있는가.

달이 지고 까마귀 우는 깊은 밤에 고소성에 배를 매니, 한산사 종소리가 객선에 들려왔다. 고기 낚는 어부들은 강태공의 낚싯대 빌리고, 엄자릉의 긴 줄을 얻어 범여의 배를 빌려 타고 오락가락하며, 외로운 밤 먼 곳에서 온 손님, 겨우 든 잠 깨우고, 탑 앞의 노승들은 팔 폭 장삼에 고깔을 쓰고 꾸벅꾸벅 읍을 하니, 한산사 저녁 종 풍경이 아니랴? 소상야우, 동정추월, 평사낙안, 어촌낙조, 황릉애원, 원포귀범이 아니냐?

팔경을 지나오며, 수궁의 아름다운 경치를 다 본 후에 며칠 동안 배를 저어 서천국에 다다르는데, 고국산천이 반가웠다.

선창에 배를 대고, 성조가 궐 안으로 입시하자 승상들이 부축하여 호위하며, 육조 제신들이 나와서 맞이하고 어전사령이 내려서고, 삼현풍악 권마성은 큰길 위에 진동하고, 태자의 행렬이 놀라웠다. 성조가 부왕님 앞에 가서 절을 하니, 대왕이 부자의 애정과 군신 간의 절개로 일희일비 기특히 여기고, 감옥에 갇힌 죄인, 수삼 년 귀양 죄인을 석방하고 큰 잔치를 베풀었다.

옥진부인은 성조의 귀양이 풀린다는 말을 듣고, 수삼 년 깊이 든 병이 몇 달 만에 완치되어 옥경루에 높이 올라 성조가 들어오기만을 기다리고 있었다. 그때 성조가 남별궁으로 들어오는 것을 보고 급히 내려가 성조의 손을 잡고, 수 삼 년의 고생을 만 번이나 위로했다. 성조는 어머니 앞에 그

동안의 일을 설명했다.

이날 밤 삼경이 되어 성조는 명월각을 찾아갔다 계화부인과 삼사 년 못 보던 애정을 낱낱이 풀어 말하며 술과 안주를 나누고, 원앙침과 비취금에 음양을 희롱하며, 만단수회 위로하면서 그 밤을 지낼 적에, 도솔천궁 지양님이 성조의 집으로 들어와서 열 자식을 마련했다.

일남자 탄생, 이남자 탄생, 삼남자 탄생, 사남자 탄생, 오남자 탄생하니 아들 다섯 분명하고, 일녀 탄생, 이녀 탄생, 삼녀 탄생, 사녀 탄생, 오녀 탄생하니 딸 다섯 분명하니 남녀 열 자식이 충실하게 자라난다. 일취월장 장성해 갔다.

13

그 무렵 성조 나이가 일흔이 되어가니 백발이 되었다. 정월에 성조가 과거사를 생각하니 오호라 슬프구나. 하루살이와 같은 삶을 천지에 기탁하고, 아득히 넓은 바다 속의 작은 쌀알 같은 인생이다.

꽃 같은 청춘소년들아. 어제 소년이 오늘 백발인 것을 내 어이 모르리. 서산에 지는 해는 내일 아침에 다시 돋건마는 동해로 흐른 물은 다시 오기 어려워라. 홍안이 백수 되니, 다시 젊어지지 못하리라.

소년 시절에 천상궁에 올라가 솔씨 얻어 심은 햇수를 헤아려보니 사십구 년이 되었구나. 그 사이에 어떤 나무로 자라서 숲을 이루었는지, 구경하러 내려가서 집이나 지어볼까?

성조는 아들 다섯, 딸 다섯, 열 자식을 거느리고 지하궁으로 내려와서 종남산 높이 솟은 나무들을 살펴보니 철쭉과 진달래나무, 늘어진 장목이며, 휘어진 고목과 객사청청 버드나무, 촘촘한 박달나무, 군자절 소나무, 일출봉 부상목, 달 속의 계수나무와 노가지 향나무, 목질 좋은 오동나무와 음양 상충 살구나무와 잣나무, 석류나무가 잘 자라 있는데, 연장 없이 저 나무를 누가 베어낼까?

성조거리

성조가 한 꾀를 생각하고, 열 자식을 거느리고 시냇가에 내려갔다. 왼손에 함지박, 오른손에 쪽박 들고, 첫 철을 일어보니 사철이라 못 쓰겠고, 두 번째 다시 일어 상쇠 닷 말, 중쇠 닷 말, 하쇠도 닷 말이다. 열 닷 말을 일어내어 대등에 대풀무며, 중등에 중풀무며, 소등에 소풀무며, 풀무 세 채를 차려놓고 온갖 연장을 장만한다.

대도끼, 중도끼, 소도끼, 대자귀, 중자귀, 소자귀, 대톱, 중톱, 소톱이며, 대집게, 중집게, 소집게며, 대끌, 중끌, 소끌이며, 대망치, 중망치, 소망치며, 대칼, 중칼, 소칼이며, 대대패, 중대패, 소대패며, 대송곳, 중송곳, 소송곳, 대자, 중자, 소자이며, 괭이, 호미, 낫 연장과 대중못, 소중못까지 온갖 연장 갖추어 각각 쓸 곳을 마련했다.

목수를 골라서 집을 짓는데 서른세 명의 목수들이 금도끼를 둘러메고, 대산에 대목 베고, 중산에 중목 베고, 소산에 소목 베어, 굵은 나무는 작게 다듬고, 작은 나무는 굵게 깎아 집 지을 나무로 만든 후에, 주과포혜 갖추어서 천지성신께 제를 올렸다.

상목은 국궁 짓고, 중목은 관사 짓고, 남은 나무를 골라내어 부귀빈천 백성들의 집을 지어 맡기시는데, 집터를 살피시고, 용머리에 터를 닦고 학머리를 꼬리 삼아, 역군들을 다스려, 꿩의 머리 돌 치우고, 삽머리 흙 고르는데, 높은 데 낮게 하고, 낮은 데 높게 하여, 평평하게 터를 닦아 집을 한 칸 짓기 시작한다.

오행으로 주춧돌 놓고, 인의예지 기둥 세워, 삼강오륜 들보 얹고, 팔괘로 서까래 걸고, 구궁으로 박공 걸고, 팔조목 도리 얹고, 육십사괘의 법으로 서까래를 얹고, 삼백팔십사효 법으로 기와 얹어, 하도낙서의 산자널을 얽고, 일월로 창호 내고, 태극으로 단청하고, 음양으로 널빤지 짜고, 만권서적 마루 놓고, 오십토로 벽을 바르고, 오채로 영창 달아 고대광실 높은 집에, 생남생녀 부귀공명 갖춰지게 짓고, 삼팔목으로 동문을 내고, 이칠화로 남문을 냈다.

그때 성조가 패철을 내어놓고 이십사방을 조화롭게 할 때, 동쪽을 바라보니 청룡산이 화답하여 화재의 신 막아내고, 황조, 벼, 콩과 팥, 기장과 조, 곡간이 찰 것이다.

남쪽을 바라보니 주작산이 화답을 하여, 관재구설 막아내고, 삼정승 육판서며, 조관(朝官)과 사대부가 날 것이다. 서쪽을 바라보니 백호산이 화답을 하니, 백호는 산신이라 이 집 지어 맡기시면 아들은 장성하고 지식이

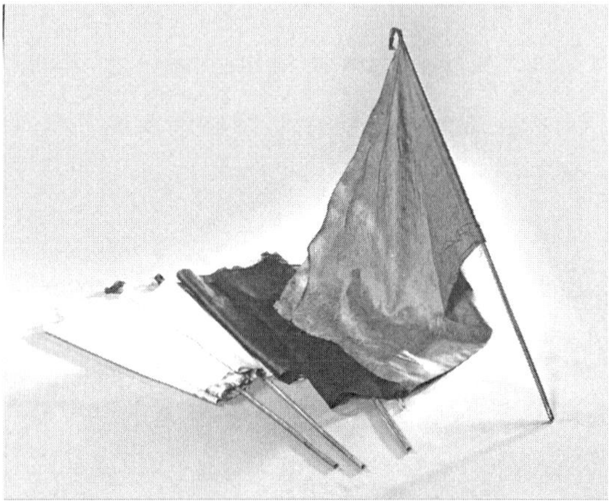
오방기

넉넉하여 정부대신 지낼 것이요, 딸은 장성하면 숙녀의 절개로서 다른 집으로 출가하면 정렬부인 될 것이다.

북쪽을 바라보니 현무산이 화답을 하여, 실물손재 막아내고 금은전과 논과 밭을 해마다 불려가고 물처럼 재물이 늘어나, 취해도 금할 사람 없고, 써도 마르지 않으니 소원성취할 것이다. 그때 성조가 집과 터를 칭찬하고 입춘을 써 붙일 때, 문을 여니 온갖 복이 오고, 마당을 쓰니 만금이 나왔다.

하늘이 세월을 더해 사람은 나이를 먹고, 하늘과 땅에 봄이 가득하고 집에 복이 가득하다. 요임금과 순임금 때의 시대와 세상이라 태평성대요. 대청 위의 머리 흰 부모님은 천 년을 사시고, 자손들은 만세의 영화를 누리리라.

상량문에 이르기를 해와 달과 별의 빛이요, 인간의 오복이 갖춰질 것이다. 입춘을 붙인 후에 성조가 입주 성조신이 되고, 계화부인, 몸주 성조되며, 수많은 백성들에게 집을 지어 맡기니, 하해와 같은 덕이요, 태산과 같은 공이다.

삼가 비오니, 성조님은 이 상량식을 받으옵소서.

— 원문출처: 손진태, 『조선신가유편』, 박이정, 2012.

4. 성주신 황우양과 터주신 황우양부인 〈성주굿〉

성주로다, 성주로다. 성주본이 어디요? 경상도 안동 땅 제비원이 본입니다. 나오실 때 솔씨 서 말, 서 되, 서 홉을 받아내어 조선 전체에 다 뿌리고 서 말, 서 되 남은 것은 서쪽과 동쪽에 던져 놓으니 그 솔이 점점 자라나서 작은 소나무도 되고, 큰 소나무도 되었다. 낮이면 태양빛을 쬐고, 밤이면 밤이슬 맞아 청장목과 황장목이 되었으니, 이 터가 명당으로 적당하니 집이나 지어보자.

천하궁의 천달애기와 지하궁의 지탈부인이 혼인매탁 맺고 나니 두세 달에 피를 모아, 다섯 달 반짐 재워, 열 달이 되자 천지문 화병에 물 쏟듯이 아기가 탄생한다. 인물이 걸출하고, 재주가 비상하니 만고일색 귀남자인데, 어려서 자랄 때에 놀아도 나무를 깎아 집 짓는 장난, 흙을 돋아서 집 짓는 장난을 하면서 놀았다.

아이 이름은 황우양이라 지었다. 천하궁에 세동풍이 불었는데, 대성주를 이룰 수 있는 이가 없고, 만조백관이 다 모여도 성주를 이룰 수가 없었다. 동문 밖에 사는 심판사가 하는 말이 황산뜰에 사는 황우양을 데려 오면 이 성주를 이룰 수 있다고 해서, 키 크고 날쌘 차사에게 분부했다.

"황우양을 잡아오면 만금으로 상을 줄 것이요, 네가 못 잡아오면 군법으로 다스릴 것이다."

명이 떨어지자마자 차사는 남색 바지에 백색 저고리, 남색 쾌자를 입고, 빛나는 비단을 안에 받친 전립을 눌러쓰고 적패지를 손에 들고 이런들 저런들 소진들 지나 황산들에 도착했다.

황우양은 그날 저녁 꿈자리가 좋지 않아 철갑투구를 두르고 봉황의 눈을 부릅뜨고 대청 큰 마루에 앉아있었다. 그때 차사가 찾아와 잡아가려고 왔는데, 황우양의 풍채가 몹시 엄해서 잡아가지 못했다.

그때 조왕할아버지와 조왕할머니가 앉아 있는 것을 본 차사가 인사를 했다. 그 인사를 조왕이 반갑게 받아주자 차사가 말을 했다.

"일천 지달애기 질천난강 자달애기 사옵더니 천하궁에 난데없는 세동풍이 불어 대성주 이루려하는데, 동으로 기울어져 팽군팽성주요, 서로 기울어져 패군패성주요. 조왕할머니 소에서 황우양씨 죄단 죄목을 들어봐라."

"어디 갔다 오면 길목에서 조왕 위로 신던 버선 던져 올리고, 초하루 보름에도 밥 한 번 올려놓는 법이 없고, 조왕에 식칼 던지기가 일쑤고, 내일 아침 정마정시에 잡아가라."

황우양이 그 이튿날 아침 정마정시에 문 밖으로 나오니 차사가 바람같이 달려들었다. 황우양은 깜짝 놀라 입던 적배자와 청배자를 떨어트리며 말했다.

"천하궁이 우리 아버지 땅이요, 지하궁은 우리 어머니 땅이요. 어느 궁에서 날 잡으러 왔소?"

"천하궁에 세동풍이 불었는데 성주를 이룰 이가 없다. 만조백관이 의논하여 황우양을 잡으러 왔으니 어서 바삐 갑시다."

황우양이 급하게 말했다.

"가기 전에 쓸 연장을 마련해야 하니 석 달 말미만 주십시오."

"석 달 말미는 너무 멀다. 삼일 말미만 주겠다."

"그렇게 하겠습니다."

차사는 거들먹거리며 천하궁으로 올라갔다.

황우양은 그때부터 달게 자던 잠도 안 오고, 달게 먹던 밥도 먹지 못하고, 걱정과 시름에 잠겨 누워있었다. 황우양 부인이 그 모습을 보고는 물었다.

"황우양님. 무슨 일을 걱정하며 누워있습니까?"

차사가 찾아온 일을 있는 그대로 말해주었다.

"사내대장부가 무슨 걱정이 있습니까? 달게 주무시고, 진지도 달게 잡수시오."

황우양의 부인도 인물이 뛰어나고, 재주가 비상했다. 당장 베틀을 대령하여, 도포장삼을 내어 수를 놓으니, 앞에는 청학백학이 날아드는 듯하게 수를 놓고, 뒤에는 청룡황룡이 머리를 풀어 하늘로 올라가는 것처럼 수를 놓고, 관대 속대를 떼어놓고 나가보니 해는 한나절 반이 지나 있었다.

"무슨 연장을 가지고서 성주 이룩을 갑니까?"

황우양이 한마디 하자 황우양 부인은 천하궁으로 소지 한 장 올리고, 지하궁으로 소지 한 장을 올렸다. 그러자 난데없는 풀무쟁이가 풀무독을 걸머지고, 땜쟁이는 땜통을 걸머지고, 동구 밖에 도착했다. 바깥마당을 둘러보니 참쇠 다섯 말, 구리쇠 다섯 말, 무쇠 다섯 말, 열에 열다섯 말이 있다. 큰 마당에 대풀무독을 묻어 놓고, 소 마당에 소풀무독을 묻어 놓고, 대끌 소끌 장만하고 큰 칼도 마련했다.

"밥도 지어놓고 반찬도 마련해 놨습니다. 밥반찬 챙기고, 도포장삼 입으시고 길을 떠나시오."

부인 말에 깜짝 놀라 깨고 보니, 동쪽 창문에 사흘째 해가 벌겋게 솟아오르고 있었다. 길을 나서는 황우양을 따라서 소산어귀까지 따라오던 황우양 부인이 당부했다.

"부인 말이라고 허사로 듣지 마시오. 천하궁으로 성주 이룩을 가시는 길에 아이가 말을 물으나 어른이 말을 물으나 말대답 하지 마십시오. 그 말에 대답을 하시다가는 생명이 위태로우니 말대답을 하지 말고 돈단무심 가십시오."

황우양은 끌과 망태기를 실은 마소를 끌고 적토마를 집어타고 황산뜰을 지나고 소진뜰에 도착했다. 그때 난데없이 소진양이 다가왔다. 겹치마에 겹배자를 입고 나막신을 신고 댕댕이 저고리에, 댕댕이 바지를 입고서 비루먹은 말을 타고 다가왔다.

"어디로 가는 군왕님이오?"

한 번 불러도 대답이 없고, 두 번 불러, 세 번 불러도 대답이 없으니, 소진양이 욕을 했다.

"애비 없는 호로자식이구나."

그때 황우양이 가던 길을 멈추고 돌아보았다.

"그 누가 날 찾았소? 나는 천하궁으로 대성주 하러 가는 길이오."

"앞으로 봐도 군왕이요, 뒤로 봐도 군왕이십니다. 하지만 천하궁으로 성주이룩을 가시는데, 가는 자취는 있어도 오는 자취는 없을 것이오."

소진양이 말에 황우양이 놀라며 물었다.

"그러면 내가 이 길을 가서 죽는다는 말이 아니냐? 너는 누구냐?"

"저는 소진뜰의 소진양입니다."

"무엇을 하는 사람이오?"

"지하궁에서 삼 년 동안 조약돌로 성을 쌓은 소진양입니다. 천하궁으로 가셔서 성주 이룩을 하실 때, 나무에서 목살이 퍼지면 머리가 깨져 죽을 것이요, 돌에서 석살이 퍼지면 다리가 터져 죽을 것입니다. 황우양님, 제가 입던 겹치마 입으시고, 황우양님 입던 의관은 저를 주시고 가십시오."

황우양은 입던 청량도포는 소진양이가 입고, 소진양이가 입던 집바지와 저고리, 댕댕이 망근은 황우양이 입고서 천하궁으로 올라가간다.

말도 서로 바꿔 타고, 의관을 바꿔 놓으니 소진양이 거동 봐라. 황우양이 입던 청량도포를 입고 황우양의 집안으로 당도하는구나. 황우양 부인이 재주가 비상하고, 인물이 뛰어나며, 문필이 좋다하기에 황우양 집으로 자리동품하려 갔다.

그때 황우양 부인은 남편을 성주 이룩하러 보내놓고 뒷동산 꽃놀이, 잎놀이, 물명주 단속곳을 거듬거듬 안고 꽃놀이하고 있었다. 그런데 난데없는 방울소리가 들려왔다. 요령 소리도 들려왔다.

"문지기야, 문 닫아라. 쇠지기야, 쇠 닫아라."

문지기는 문을 닫고, 쇠지기는 쇠를 닫는데, 정광철쇠와 구리쇠, 광중문을 덜컹 채웠다. 그러자 황우양의 옷으로 바꿔 입고, 황우양 부인을 겁탈하러 온 소진양이 말했다.

"여보시오. 부인이라 하는 것이 요망도 떠는구나. 남자가 하루 저녁 없었기로 열어놓은 문 닫는 법은 무슨 법입니까?"

"여보시오, 여보시오. 우리 황우양님은 천하궁으로 성주 이룩을 가셨는데 어째서 닫아놓은 문을 열어 놓으라 하십니까? 여보시오. 거기 있는 당신이 황우양님이거든 입던 옷을 벗어 쉰 길 담 너머로 던져 보시오."

그러자 소진양은 바꿔 입은 황우양의 옷을 쉰 길 담 너머로 던져 주었다.

"깃 달린 모양새, 바느질은 내 솜씨라고 하거니와 땀내는 우리 황우양님의 땀내가 아닙니다. 도적의 땀내가 납니다."

황우양이 천하궁으로 성주 이룩을 가고 나니, 난데없는 도적이 들어오려고 했다. 밖에 있는 소진양이 대꾸했다.

"여보시오, 여보시오. 땀내가 우리 황우양님 땀내가 아니라고 하는데, 땀내가 변한 것이오. 밤이면 이슬을 만나 인내도 변하고 땀내도 변해 놓았소."

"그렇다면 여보시오. 우리의 친정에 좋지 않은 일이 생겨서 이승공사를 하고 있습니다. 오늘은 친정의 아버지 기구를 들여놓고, 내일은 친정의 어머니 기구를 들여놓아 양 이틀 부모님 기구를 모셔야 합니다. 옛날부터 부부각각 내외 각방을 하였는데 어떻게 객을 문전에 들이게 합니까? 그만 멀리 가십시오."

그러자 소진양이 화를 내며, 왼손 무명지 손가락을 깨물어 열 개(開)자를 세 번 써서 잠긴 문에 대고서 적구야, 적구야, 삼 세 번을 부르니 잠겼던 문이 크러렁 열리고 말았다. 안으로 들어온 소진양은 한 손에는 칼을 들고, 한 손은 부인의 멱살을 추켜들고 자리동품 하자고 요구했다.

"그러면 여보시오. 내 몸에는 지금 일곱 가지 귀신이 범접해 있습니다. 이 몸이 귀신을 떼어내려면 개똥밭에 지함을 파고, 가실성을 둘러쌓고, 구메밥 삼 년 먹어야 합니다. 귀신이 마지막 가는 길에 백일 제사를 지내놓고 나면 그대 시중을 들겠습니다. 그때는 그대 시중을 들 것이고 그대 부인 노릇을 할 것입니다. 그러니 여보시오. 어서 바삐 뒷동산에 올라가서 개똥밭에 지함파고 백일 제사를 지낼 수 있도록 해 주시오. 모두 가고 나면 백일 밀린 것까지 그대 부인 노릇을 하겠소."

그러자 소진양이는 얼마나 좋았던지 뒷동산에 올라가 개똥밭에 지함을 파는데, 하루만 파도 여든 길씩 파고, 아흔 길 씩 파고 있었다. 그리고는 그날, 저 날 하면서 연 이레 만에 세간 살림을 다 싣고 소진뜰로 내려갔다.

황우양은 천하궁에 올라가 대성주를 이루고 있었다. 작은 나무는 어리다고 먼 곳에 있는 나무를 가져오는데, 경상도 안동 땅의 제비원에 들어가서 솔씨 세 말, 세 되, 서 홉을 받아 전체 조선에 다 뿌리고, 세 되, 서 홉 남은 것은 동편서편으로 던져놓았더니 그 솔이 밤이면 이슬 맞고, 낮이면 태양 쏘여 대부등이 되었고, 창장목이 되었다.

충청도는 안변목, 함경도는 원산목, 금강산 금띠 띠고, 은띠 띠어 이 집 지을 성주목이 분명하다. 굽은 나무 굽 다듬고, 젖은 나무 젖 다듬어 육십 사괘 융목 걸고, 효자충목 기둥 깎아, 밑동 베어 상기둥, 중동 베어 중기둥, 끝단목은 베어 보아 들보 마련했네. 술 한 잔, 포 한 장, 정이 부어 산신제를 정리하고, 양구양천 흐르는 물에 어기여라 뗏목이요, 양구화천 들어가이 덤불 저 덤불, 칡을 끊고 만년대 묵은 싸리를 베고, 천연 묵은 칡을 끊어 어기여라, 뗏목이요. 어기영차 뗏목이다.

김정식 네 잡우실 둥덩섬붓 실어다가 이집 마당 뿌렸구나. 안채 좌향 둘러보니 한양 잡을 적에 서울을 둘러보니 옛날 지관이 전혀 없어 강남서 나오신 부항나귀, 무학이라 하신 중생 단골용세 띄워 놓고, 귀도세 품에 품어 이 터 왼쪽을 둘러보고, 앞머리 당산 바라보니, 관우와 장비가 춤을 추고, 뒷머리 주산 바라보니 석가모니 잠을 자는 형국이요. 동녘을 둘러보니 칠천석 노적봉에 조그마한 청애동자 오복을 안은 형상이요.

이 터 왼쪽을 바라보니, 문필쟁이 붓대를 들은 형국이니 대대전전 장원 급제가 날 것이요. 이 터 명당 둘러보니 충성 충자, 효도 효자, 아들 자자, 부유할 부자, 반드시 필자 여기저기 놓였으니, 효자충신도 날 것이요. 노인봉 비쳤으니 백수상수 할 것이요. 안채는 사십 칸, 행랑채는 오십 칸 지었구나.

황우양은 한 달 할 일 보름하고, 보름 할 일 하루에 하는데, 하루는 난감한 꿈을 꾸어 머리가 어지러워서 문복법사 찾아가서 물었다.

"여봐라. 엇그저께 꿈을 꾸었고 간밤에도 꿈을 꾸었는데, 먹던 수저 부러지고 쓰던 갓이 부서지고 신던 세자가 흙 함에 묻혔으니 이 꿈이 무슨 꿈인가? 해몽을 해봐라."

"먹던 수저 부러진 꿈은 황우양님 부인을 이별한 괘요, 신던 세자가 흙 함에 묻힌 꿈은 황우양 부인이 남의 품 안에 들어갈 수요, 쓰던 갓이 부서진 꿈은 집안이 뒤집힌 형상이니, 황우양님은 어서 바삐 집으로 당장 돌아가십시오. 성주 이룩을 가시는 길이면 성주 이룩을 가시지, 길에서 소진양이 말을 듣다가 집안에 변고가 났으니 황우양님, 황우양님. 어서 집안으로 당장 돌아가십시오."

황우양은 기가 막혀서 말을 타고 겹치마에, 댕댕이 저고리에, 댕댕이 바지를 입고서 집안으로 들어와 보니, 살던 집은 비어 있고, 기둥은 좀이 먹어 방산주초가 물러나 놓았는데 안마당을 둘러보니 거울같이 파놓은 연못에, 대접 같은 금붕어도 물이 없어서 날뛰다가 마른 걸 보니 심정이 미어져서 못 보겠고, 뒤뜰 아래 심어둔 것도 물이 없어 겉까지 마른 걸 보니 심정이 미어지고, 갖은 화초도 아침저녁에 물을 주었는데, 화초도 다 말랐으니 그것도 보니 심정이 미어진다. 부인은 간 곳 없으니 상기둥을 붙들고서 방성통곡을 하다가 지쳐서 잠이 들었다. 그때 꿈을 꾸는데 무슨 꿈을 꾸었는가? 하늘에서 하얀 옥황님이 내려와서 말을 했다.

"여보시오, 황우양님. 무슨 잠을 고이 주무시오리까? 노둣돌 밑을 파 보면 부인 표적이 있을 거요. 노둣돌 밑에 상기둥 밑을 파 보면 부인표적이 묻혀 있을 테니, 어서 깨어서 이 꿈을 해몽을 하시오."

노둣돌 밑을 파고 보니, 황우양이 쓰던 식기에 덮개를 덮어 놓았는데 열어 들어 보니, 황우양 부인의 속적삼이 착착 개어 들어 있었다. 활활 털어 펴보니, 무명지에 혈서로 쓴 부인의 표적이 들어 있었다.

"우리 황우양님 살아있으면 소진뜰 정자나무 우물에서 만나고, 죽었으면 황천에서 만납시다."

황우양은 혈서를 주머니에 집어넣고 소진뜰로 달려갔다. 그때 소진양은 남의 부인을 겁탈하려고 꾀를 부리고 있었다. 개똥밭에 지함파고 가지

신칼

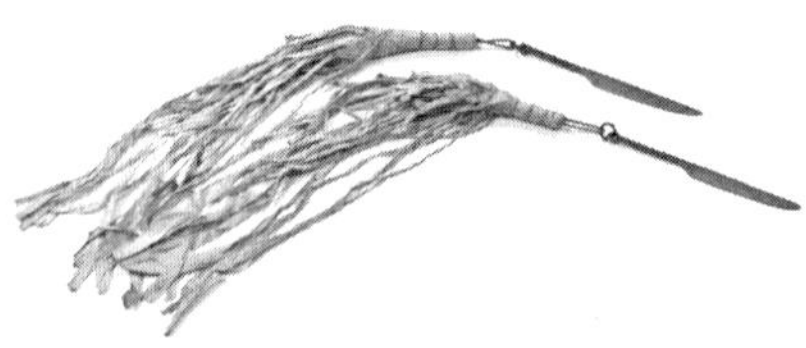
대신칼

산을 둘러쌓고, 몸에 범접한 일곱 가지 귀신에게 구메밥 석 삼 년 먹여서 마지막 가는 길에 백일 제사 지내려고 시중을 들겠다고 한 황우양 부인의 말을 믿고 기다리고 있었다.

황우양 부인은 소진양의 마음을 가라앉혀 주자고 없는 정이 있는 듯하게 등도 긁어 주는 척하고, 어깨도 만져주는 척하면서 있는데, 황우양이 소진뜰 정자나무에 도착하고 있었다.

황우양 부인은 물 한바가지 떠서 허공에 뿌리고 '군왕님 살아있으면 허허 웃어 내리시고, 돌아가셨으면 황천에서 만나세요.'라고 생각하면서 소진양에게 말했다.

"나비궁을 챙겨 꾸려 우리가 여러 말이 많으면 한 칼에 죽을 테니, 청새 홍새가 되어서 주리 폭폭 안겨 그 원수를 갚읍시다."

부인이 자리동품하자는 말에 소진양이 좋아서 어쩔 줄을 모르고 있는데, 황우양이 와락 달려들었다. 정수리를 꽉꽉 물고 양다리를 꽉 물어 소진양이를 잡아 죽인 뒤, 육시처참 했다. 소진양의 자식은 동네 바깥에 장승으로 세워놓고 소진양 부인은 길거리 서낭으로 만들어 오가는 행인 침을 받아먹고 살게 했다.

보복을 끝낸 황우양과 부인은 산천 좋은 경계로 올라가서 치마 벗어 행장치고, 속곳 벗어 깔아놓고, 둘이서 잠을 잘 때에 물었다.

"부인은 나 없는 동안 무슨 재주를 배웠소?"

"군왕 떠나보내시고 누에를 한 잠, 두 잠, 세 잠, 다섯 잠 재워 명주실을 만들고, 실을 담은 광주리를 들고 왔다 갔다 했습니다. 군왕님 도포 마련할 때, 앞으로는 청학백학이 날아드는 듯하게 수를 놓고 뒤에는 청룡황룡이 하늘로 승천하는 듯이 수를 놨지요."

성주가 떠나자면 지긋지긋 눌러서 경사영화로 도와주시고, 지신님 떠나자면 지긋지긋 눌러서 도와주시오.

황우양 부인은 밥이면 백가지 풀을 뜯어 음식을 먹고 살게 마련을 하여 놓고, 황우양 안당으로 들어 성주신 되실 적에 안은 합작궁을 떨치고 삼각수 거느리고 경기도 안성 땅으로 들어가 성주신 되실 때, 당산은 터를 눌러 터주마누라가 되시고 황우양은 안당으로 들어서서 성주신이 되었다.

— 원문출처: 현용준·김영돈, 『한국구비문학대계』, 한국정신문화연구원, 1980~1988.

장구

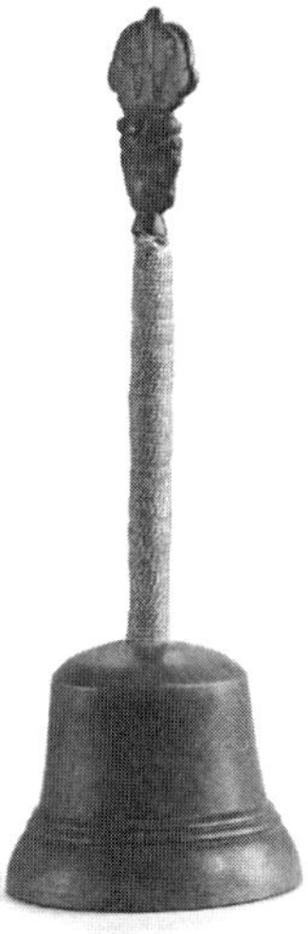

요령

5. 전쟁 영웅의 귀향 〈궤네깃당〉

가운뎃당의 소로소천국은 아랫송당 고부니마루에서 태어났고, 백주또는 강남천자국 흰모래밭에서 태어났다. 인간으로 탄생하여 천기를 짚어보니 천상배필이 될 배우자가 조선국 제주도 송당리에 탄생해야 된다고 나와서 백주또는 제주도 송당리를 찾아가서 소천국을 만나 천상배필을 맺었다.

아들을 낳는데 우선 오형제가 탄생하고, 여섯 째 아들은 뱃속에 있을 때였다. 살아갈 앞날을 생각하며 백주또가 말했다.

"소천국님. 아기는 이리 많이 낳았는데 일을 하지 않고 살 수 있겠습니까?"

"어떻게 하면 좋겠습니까?"

"농사를 지으십시오."

오봉이굴을 뒤져보니 볍씨도 아홉 섬지기, 피씨도 아홉 섬지기 있어서 이것으로 농사를 짓기로 하고, 소천국은 소를 몰고 쟁기를 지어서 밭을 갈고 있었다. 백주또가 점심을 준비하여, 국 아홉 동이와 밥 아홉 동이, 열여덟 동이를 밭을 가는 데로 가지고 갔다.

"점심은 소길에 두고 내려가시오."

백주또는 점심을 내려놓고 집으로 돌아가고 소천국은 밭을 갈고 있었다.

"밭 가는 선관님!"

태산절 중이 넘어가다가 불렀다.

"잡숫던 점심이나 있으면 한 술 주십시오. 시장기나 면해서 가겠습니다."

중이 먹어본들 다 먹어버릴까 생각하면서 대답했다.

"그러하면 소길을 둘러보아라."

말하는 곳을 둘러보니 국 아홉 동이, 밥 아홉 동이가 놓여 있었고, 태산절 중은 이것을 모두 먹어버리고 달아나버렸다. 소천국이 밭을 갈다가 배가 고파서 점심을 먹으려고 보니, 밥이고 국이고 한 술도 남겨놓지 않고 중이 모두 둘러먹고 달아나버리고 없었다.

소천국은 배가 너무 고파서 할 수 없이 밭 갈던 소를 때려 죽여서 잡아가지고 찔레나무 꼬지에 고기를 꿰어 구워 먹었다. 첫 요기를 못 면해 묵은 각단 밭을 바라보니 검은 암소가 있어서 그 놈을 잡아와서 잡아먹으니 비로소 요기를 면했다. 소머리도 두 개요, 소가죽도 두 개요, 배때기로 밭을 갈고 있으니 백주또가 와서 보고 물었다.

"어라! 소천국님! 소는 어쩌고 이렇게 배때기로 밭을 갑니까?"

"그런 것이 아니고 태산절 중이 넘어가다가 국 아홉 동이와 밥 아홉 동이 열여덟 동이를 다 둘러먹고 달아나버렸습니다. 할 수 없이 밭 갈던 소를 잡아먹고 남의 소까지 두 마리를 잡아먹고 나니 요기를 면해서 내가 이렇게 배때기로 밭을 갈고 있습니다."

백주또가 화를 벌컥 내면서 말했다.

"당신 소를 잡아먹은 것은 떳떳한 일이지만, 남의 소를 잡아먹었으니 소도둑놈이 아니냐? 소도둑놈하고 살 수 없으니 오늘부터 살림을 나누자."

백주또는 바람 위로 올라서서 당오름에 좌정하고, 소천국은 바람 아래로 내려와서 아랫송당 고부니마루에 좌정했다. 소천국은 총질에 사냥질을 배웠으니, 조준이 잘 되는 마상총에 귀약통 남날개 둘러메고 산천으로 올라가서 큰 사슴, 작은 사슴, 공작, 노루 사슴, 큰 돼지, 어린 돼지 많이 맞춰서 헤낭곳 굴밭에서 정동갈 집의 첫 딸을 소첩으로 삼아 고기를 삶아 먹고 살게 되었다.

백주또의 뱃속의 아기가 태어나서 세 살이 되어서, 포대기로 아기를 둘러메고 소천국을 찾아 헤낭골 굴밭으로 가 보니, 농막 안에서 연기가 나서 들어가 보니 소천국이 있다.

백주또가 아기를 내려놓으니, 아기가 아버지 수염을 잡아당기고 가슴을 짓두드렸다.

"이 자식, 뱃속에 있을 때도 운이 없어서 살림을 나누게 하더니, 나와서도 이런 나쁜 행동을 하는구나. 죽이자 해도 차마 죽일 수는 없고, 동해바다로 띄워 버려라."

무쇠석함에 세 살 난 아들을 집어넣고, 서른여덟 통자물쇠로 채워가지고 동해바다로 띄웠다.

무쇠석함이 용왕국으로 들어가 산호나무 윗가지에 걸려버리니, 무쇠석함에서 여러 재난을 일으키는 풍문조화가 나왔다. 재난이 세어지니 용왕국 대왕이 딸들을 불러 말했다.

"큰딸아기가 나가 보아라. 여러 재난이 세어지게 하는 게 있느냐?"

"아무것도 없습니다."

"둘째아기 나가 보아라. 여러 재난이 세어지게 하는 것이 있느냐?"

"아무것도 없습니다."

"작은아기 나가 보아라. 이 재난, 저 재난이 세어진다. 밖에 무엇이 있느냐?"

작은 딸아기가 나가 보고는 대답했다.

"산호나무 윗가지에 무쇠석함이 걸려 있습니다."

"큰딸아기가 내려라."

"한 귀퉁이도 달싹하지 않습니다."

"둘째아기가 내려라."

"한 귀퉁이도 달싹 못하겠습니다."

"작은딸아기가 내려라."

작은딸아기는 가뿐히 들어내려 놓았다.

"큰딸아기가 문을 열어라."

못 열었다.

"둘째아기가 문을 열어라."

역시 못 열었다.

"작은딸아기 문 열어라."

작은딸아기는 꽃당혜 신은 발로 삼 세 번을 돌아가며 둘러차니 저절로 스르륵 열렸다. 석함 안에는 옥 같은 도령이 책을 한 상 가득이 앉아 읽고 있었다. 용왕국 대왕이 물었다.

용왕

"어느 나라에 사느냐?"

"조선 남방국 제주도에 삽니다."

"어떻게 왔느냐?"

"강남천자국에 국난이 났다고 하여 세상의 변을 막으러 가다가 풍파에 쫓겨서 용왕국으로 들어 왔습니다."

이 말을 들은 용왕국 대왕은 도령이 천하 명장이라고 생각했다.

"큰딸 방으로 들어가시오."

도령은 대답을 하지 않았다.

"둘째딸 방으로 들어가시오."

이번에도 대답하지 않았다.

"셋째딸 방으로 들어가시오."

도령은 서른여덟 잇몸이 훤히 보이도록 웃으며 셋째딸 방으로 들어갔다. 작은 딸이 칠첩반상으로 상을 차려 들여가니, 거들떠보지도 않았다. 셋째딸이 물었다.

"조선국 장수님아. 무엇을 잡숫겠습니까?"

"내 나라는 작아도 돼지도 통으로 먹고, 소도 통으로 먹고, 술도 통으로 먹고 산다."

셋째딸이 아버지에게 가서 말하니 용왕국 대왕이 말했다.

"내 기구를 가져서 사위 손님 하나 못 대접하겠느냐?"

날마다 돼지를 잡고 소를 잡아가니, 동창, 서창이 다 비어갔다. 용왕국 대왕이 생각하니 사위를 계속 옆에 두었다가는 용왕국이 망할 듯했다.

"너 때문에 얻은 시름이다. 여자라는 건 출가외인이니 남편 따라 가거라."

용왕국 대왕은 두 사람을 무쇠석함에 들여 놓아서 물 바깥으로 내띄웠다.

강남천자국 흰 모래밭으로 간 무쇠석함이 갖가지 풍문조화를 부리는데, 밤에는 초롱횃불이 밝혀지고, 낮에는 글 읽는 소리가 하늘까지 들려왔다. 천자국 안에 풍문조화가 자꾸 들려오자 천자님이 신하에게 명령했다.

"어찌 궁궐에 풍문조화가 넘치느냐? 하인에게 명령하여 해변을 살펴보아라."

잠시 후 신하들이 돌아왔다.

"돌아보니 무쇠석함이 바다에서 떠올랐습니다. 이 무쇠석함 안에서 풍문조화가 일어납니다."

"황봉사를 불러라."

황봉사에 점을 치고 말했다.

"무쇠문을 열려면 천자님이 모대각대를 차리고, 촛불을 밝히고, 북방사배를 드려야 문이 열릴 것입니다."

할 수 없이 천자는 모대각대를 차리고, 북방 사배를 드렸다. 그러자 정말 무쇠문이 스르륵 열렸다. 석함 속에는 옥 같은 도령님과 아기씨가 앉아 있었다.

"너희들은 어느 나라에 살던 자들이오?"

"조선 남방국 제주도에 삽니다."

"어찌하여 오셨는가?"

"소장은 여기 온 이유는 남북에 있는 적을 격파하고 세 번의 변을 막기 위함입니다."

마침 그때 북쪽의 적이 강해져서 천자국을 치려고 호시탐탐 노리던 중이었다. 천자가 도령의 손목을 잡고 궁 안으로 데리고 들어갔다.

천자가 무쇠투구 갑옷과 언월도, 작두, 나무활, 모래활, 기치창검 내어주고, 억만 대병을 내어주니 싸움하러 나갔다. 처음에 들어가서 머리 둘 달린 장수를 죽이고, 두 번째 들어가서 머리 셋 달린 장수를 죽이고, 세 번째 들어가서 머리 넷 달린 장수를 죽이니 다시는 대항할 장수가 없었다. 세 번의 변과 원수를 막아내니, 천자가 크게 기뻐했다.

"이 장수는 천하에 없는 장수로다. 땅 한 쪽과 물 한 쪽을 떼어 주니 땅세와 국세 받아먹으면서 사시오."

"그건 싫습니다."

"천상금에 만호후를 봉하라."

"그것도 싫습니다."

"그러면 소원을 말하라."

"소장은 본국으로 가겠습니다."

천자의 허락을 받아서 관솔을 베어서 전투배 한 척을 지어내고, 산호나무 양식을 한 배 가득 싣고, 백만 군사를 대동하여 조선국으로 가고자 나왔다. 경상도라 칠십칠관, 전라도라 오십삼관으로, 일제주, 이거제, 삼남해, 사진도, 오강화, 육관도로 해서 제주로 들어왔다.

제주 바다에 배를 놓으니 들물은 떨어지고 썰물을 만나서 우도 진질깍으로 배를 대니, 우도의 좌우에서 섭선이 나와서 그 배를 끌어다가 우도 모살내기로 끌어 올렸다. 궤눼깃 한집이 예물로 와서 영기를 세워 우도를 둘러보니 말과 소만 가두어서 먹일 곳이었다. 뭍섬으로 들어가 보니 종달리 두머니개는 소금만하여 팔아먹을 곳이었다.

붉은 자갈로 큰 자갈을 들고 멀미오름, 징겡이오름, 웃다랑쉬, 아랫다랑쉬, 비자나무숲 올라가 천하를 요동하고, 지하도 요동하게 방포일성 탕천하자 소천국과 백주또가 하녀에게 물었다.

"무슨 일로 방포일성이 이렇게 크게 나느냐?"

일을 살펴 본 하인이 말했다.

"세 살 적에 죽으라고 무쇠석함에 띄워 보낸 상전님이 아버지를 찾아

들어오고 있습니다."

"에, 이 년, 고약한 년이구나. 그 사이에 무쇠석함이 다 녹아 없어졌을 텐데, 여섯째아들이 살아오기가 만무하다."

하지만 방포일성하면서 여섯째아들이 들어오니, 아버지는 무서워서 아랫송당 고부니마루로 가서 죽어 좌정하고, 어머니는 공작머리를 짊어지고 겁이 나서 도망가다가 당오름에 가서 죽어 좌정했다. 그때부터 어머니는 정월 열사흘 날 대제일을 받아먹고, 아버지는 살아서 사냥질을 잘 하고 사냥고기를 좋아했으니, 각 마을로 각 리마다 사통 돌려 포수들을 다 불러서 사냥을 하여 큰 사슴, 작은 사슴, 공작, 노루, 배오 사슴, 큰 돼지, 작은 돼지 많이 잡아서 아버지 앞으로 제사를 지냈다. 방광오름에 가서 방광을 세 번 쳐서 백만 군사를 흩어두었다.

"백만 군사는 본국으로 돌아가라."

군사들과도 작별했다.

"한라영산이나 구경 가자."

꿩앗인존제, 매앗인존제, 복오름, 체오름, 다리앞벵 뒤 뒷곳으로 아랫소남당, 웃소남당, 태역장오리 가서 물 먹고 좌우로 자리를 둘러보니, 여기가 이름난 장수가 날 듯하다. 바람 위로 찾아가자.

김녕리가 바람 위다. 웃소남당으로 알소남당으로 다리앞벵뒤로 지레기뒌밭 백해골밭, 서리밭, 오름새끼, 한가름, 어대오름, 씰곳, 만젱이거멀, 남산거멀, 어욱돋은못, 희연못, 화수리, 지미산전, 성시물에 와서 좌정하려고 하지만, 옷 벗은 여자가 목욕을 했으니 더러워서 못쓰겠다. 앉아서 좌우를 살펴보니 김녕 입산봉은 두 일산 심은 듯, 괴살미는 영산 홍산으로 불린 듯하다. 아끈다랑쉬, 한다랑쉬, 초초일산 불린 듯하다.

웃궤네기를 들어가니 위로 든 바람은 아래로 나고, 아래로 든 바람은 위로 나고, 알궤네기를 굽어보니 별 송송, 달 송송해서 좌정할 만하겠다. 좌정할 터를 정해두고 사장을 내리달아 보니, 시월동당 과거 줄만 하다. 만민 거자들이 시월동당 과거 볼만하다.

나마리는 매우 조용하여, 젱핌은 말빨이 세어, 당올레 인빨이 세어, 식닥빌레 개짐승이 세다.

망태목 천포단 군막을 둘러치고, 사흘 이레 동안을 좌정해서 마흔여덟 상단골, 서른여덟 중단골, 스물여덟 하단골, 열두 풍운조화를 불러주었다.

"소천국 여섯째 아들이 옥황의 명령을 받아 김녕리 신당으로 상을 받아 만민백성에게 풍운조화를 주겠다."

당시 상통천문하고 하달지리했던 무당들이 물었다.

"그러면 어디로 좌정하겠습니까? 좌정할 땅을 말씀하옵소서."

"나는 알궤네기로 좌정하겠다."

"무엇을 잡숫습니까?"

"소도 통으로 먹고, 돼지도 통으로 먹는다."

"가난한 백성이 어찌 소를 잡아서 위할 수가 있겠습니까? 집집마다 돼지를 잡아 위로하겠습니다."

"그래, 그렇게 하라."

"한동지를 불러라. 문동지를 불러라. 문좌시를 불러라."

알궤네기에서 자리를 고르고, 당반 설립과 제청을 잘 차려서, 모든 백성들이 일 년 일도에 남도리 아래에 청룡 돼지, 백호 돼지, 검은 돼지, 흰 돼지 네발 공상, 흑색출물 백근 무게 재어서 수육으로 삶아가지고 열두 뼈 상을 나누고, 열두 설반 물 한 점도 안 떨어지도록 위하여 섬기는 신당이 되었다.

— 원문출처: 현용준, 『제주도무속자료사전』, 신구문화사, 1980.

제 5 부

신들의 사랑과 운명

1. 엉킨 운명을 풀어가는 도랑선비와 청정각시 〈도랑선배 청정각씨〉

청정각시의 아버지는 화덕 중군황청사요, 어머니는 구토부인이었다. 각시는 어떤 양반의 집으로 시집을 가게 되었다. 그 신랑은 도랑선비라는 사람이었다.

청정각시와 도랑선비가 혼사를 위해 예단과 편지를 보냈다. 혼사일은 제일 좋은 날은 물려놓고 나쁜 날을 받았다. 집에 홍초롱에 불 켜고, 청초에도 불을 켰다. 기미 축시부터는 편지를 보내고 보니 천불이 내려 붙고, 지하의 불이 올려 붙었다.

그 불이 땅으로 자리 잡아 내려앉을 때, 함을 지는 사람이 죽어 가려고 했다. 가지고 온 함에 든 것은 타고 만 빈 함이었다. 그러나 그 양반의 집에서 좋은 일을 할 때, 연락하는 말이 너무 많으면 일이 틀어진다고 말을 하지 않고 있었다.

옛날에는 땅나들이라는 것이 있어서 남자가 여자 집으로 먼저 장가를 드는 법이었다. 그 날을 받아서 기미 축시부터는 바깥출입을 못하는데, 말 위에 앉아서 한 고개를 넘어가니 대신님이 말했다.

"오늘밖에는 날이 없을까?"

또 한 고개를 넘어가니 용이 나타나 말했다.

"도랑선비, 오늘밖에는 날이 없나?"

세 번째 고개에 오르니 까마귀와 까치가 날아들어 말했다.

"오늘밖에는 날이 없나?"

신랑은 성대한 혼수와 많은 하인을 데리고 위풍당당하게 신부의 집에 이르렀다. 대문을 들어서려고 할 때, 신랑은 무엇이 뒤통수를 내려치는 것 같았다.

"두통이야. 아이고, 머리야!"

그때부터 머리에 열이 올라와 정신을 차리지 못했다.

신랑은 대례식을 겨우 마치고 큰 상을 받았지만 먹으려고도 하지 않고, 드러누워 버렸다. 신부 집안의 사람들은 신랑을 거만한 자라고 생각했다. 말을 걸어 보았지만 신랑은 대답도 하지 않았다.

"아무리 어린 신랑이라도 그렇지. 그래도 신부가 들어오면 일어나는 법이지 누워서 저렇게 있으니……. 아무리 자기가 양반의 자식일지라도 어쩌면 저리도 무례할 수가 있나?"

신부 집안의 사람들은 속으로 분해하였다. 밤이 되어도 신랑은 정신을 차리지 못하고 아프다는 말도 못하고 누워있었다.

"내 색시를 보게 하여 주시오."

한밤중이 되자 겨우 말을 꺼냈다.

신부 어머니는 딸을 차려 입히고 신방에 들여보냈다. 신랑은 신부가 들어오는 것을 보고도 못 본체하고 누워만 있었다. 신부는 돌아앉아 있고, 장모는 배알이 나서 신방에서 나가버렸다.

"아무리 양반의 자식이라고 해도 이런 법이 어디에 있을까?"

신부는 가만히 앉아서 행여나 어쩔까 하고 앉아 있었다. 그냥 그대로 누워있는 신랑에게 신부가 가서 간절한 손으로 허리를 흔들흔들 흔들며 말했다.

"여보시오, 여보시오. 아무리 고단해도 그렇지. 오늘 낮에는 그렇다고 하겠지만 지금은 좀 일어나십시오."

신부가 골을 내었지만 신랑은 대답하지 않았다. 그렇게 한참을 있다가 신랑은 겨우 말했다.

"각시님, 손을 빌려주시오."

신부가 손을 잡자, 가는 소리로 말하였다.

"내가 아까 대문을 들어서려고 하였을 때 이러~하야 한참 동안, 정신이 혼미하였소. 그러나 때때로 돌아오는 일도 있소."

신부는 곧 '정짓방'으로 달려가서 들은 사실대로 어머니에게 말씀드렸다. 신부의 부모는 크게 놀라서 즉시 큰 무당을 불러서 점을 쳤다. 큰 무당이 말했다.

"혼수 중에 부정한 삼색이 있었기 때문이오. 즉시 혼수 전체를 모두 태워버리면 나을 것이오."

혼수를 모두 태워버렸다.

그러자 신랑의 병이 조금 나아지는 듯 했으나, 여전히 혼미하여 정신을 차리지는 못하였다. 일어나 앉지도 못하고 누워 있다가 신부에게 옆에 누우라고 말해놓고 밤을 그렇게 지새웠다.

아침이 되자 신랑이 말했다.

"내가 타고 온 말을 내어 주시오."

말을 내오자 신랑은 데리고 왔던 하인들과 함께 집으로 떠나고자 했다. 그러자 신부는 물론 신부 집안의 사람들은 울며불며 난리였다. 떠나기 직전에 신랑은 신부에게 일렀다.

"내일 오시(午時)에, 저 너머 불칠고개로 단발한 놈이 넘어오거든, 내가 죽은 줄 아시오."

정표로 대모 살쩍밀이를 색시에게 주었다. 색시는 옥반지를 신랑에게 주며 통곡하였다.

신랑이 떠난 뒤, 신부는 첫날밤에 폈던 이부자리를 편 채로, 꾸민 신방은 꾸며진 그대로 두고 정화수를 떠 와서, 신랑이 무사하기를 하늘님과 부처님에게 치성으로 기도하였다.

신부는 다음날 사시까지 빌기를 계속하였다. 사시가 되어도 단발한 자는 고개 너머로 보이지 않았다. 오시가 되어도 보이지 않았다. 해시가 되니, 고개 너머로 단발한 사람이 숨을 헐떡이면서 달려와 대문 앞에서 주인을 청하였다. 신부는 빌기를 멈추고, 신부 옷을 입은 채 나가서 사자를 맞았다.

"서방님의 병은 어떠하냐?"

사자는 정화수를 청하여 그 앞에서 소지를 올리고 두 번 절을 한 후에 부고를 전했다. 그 내용을 들은 신부 집안은 한순간에 통곡소리가 일어났다. 그 소리는 산천초목도 슬픔을 머금은 듯하였다. 신부는 검은 머리를 풀어 산발하고 시가로 가게 되었다.

퍼런 치마를 둘러 입고 백봉하고 시댁이라고 가마를 타고 오고 있었다. 문 앞에 도착을 하니 신랑의 집에서 신부가 온다고 야단법석을 하면서 어디다 모실지 말하니까 외삼촌이 나섰다.

"무슨 빛나고 빛난 사람이라고 어디다 모실까 어디다 모실까 말하느냐?"

냉정하게 말하면서 고개를 돌렸다.

"바닥문으로 허리문으로 모시면 되지."

그때 문 밖의 가마에 앉아 그 신부가 말했다.

"미안하오다만 그래도 그럴 수 있소? 나는 첫걸음이니까 방문까지 모셔 주시오."

신부의 요구에 따라 그대로 방문으로 모셔 주었다. 신부는 방문에 내려서자마자 삼단 같은 머리를 풀어서 발상하고 앉아서 발 벗어 버리고 앉아서 남편의 이름을 불렀다.

"어리고 어린 도랑선비야, 불쌍한 도랑선비야. 그지없이도 이렇게 갔느냐, 세상에……."

시가로 간 각시는 삼일 동안 오직 물만 마시며 슬피 울었다.

신랑이 죽은 지 삼일 만에 시체를 매장하였다. 각시는 밤낮으로 울기만 하였다. 그 곡성은 하늘의 옥황상제에게까지 들렸다.

"나는 지금까지 이렇게 처량한 여자의 울음소리를 들은 적이 없다. 이것이 어디서부터 들리는 소리인지 조사하여 올려라."

황금산에 있는 성인에게 명령하였다.

황금산 성인은 이유를 자세히 알아내려고, 폐의파립 차림으로 방방곡곡을 돌아다녔다. 한참을 다니던 중에 경상도 어떤 곳에, 길 위의 쌍 대문집이요, 길 아래는 외 대문집이오, 석자 세치 검은 머리를 풀어 산발하고 슬피 우는 한 여자를 찾아낼 수 있었다. 성인은 스님의 모습을 하고는 그 집 문 앞에서 동냥을 빌었다. 때는 삼구월(3월 눈으로 9월 예견) 사시월이었다. 한 여자가 버선발로 나와 맞으며 땅에 엎드려 말했다.

"동냥이면 얼마든지 드리겠습니다. 말로 달라면 말로 줄 터이오, 되로 달라면 되로 줄 터이니, 스님. 아무쪼록 도우셔서 우리 남편 한 번 만나게 하여 주십시오. 첫날밤부터 서로 이별을 하여서 홀로 갔습니다. 그래서 도랑선비를 보자고 그럽니다."

"얻어먹는 중이 어찌 그런 일을 할 수 있겠소?"

성인은 거절하였다. 그러자 신부는 다시 땅에 엎드려 애걸하였다. 신부를 불쌍히 여긴 성인은 됫박을 내주었다.

"그러면 이것으로 정화수를 길어서, 묘 앞에 가서 첫날밤의 이부자리를 거기에 펴고, 첫날밤 입었던 옷을 입고, 혼자서 삼일 간 기도를 하시오."

이렇게 말하고는 종적을 감추었다.

신부는 성인이 가르친 대로 삼일 동안 기도를 계속하였다. 그러자 정말 삼일 만에 남편이 나타났다. 신부는 너무 좋아서 남편의 손을 잡으려고 하니, 남편은 화난 얼굴을 했다.

"나는 인간과 다른데, 어찌 이러오?"

남편은 바로 사라져버렸다.

거기서 신부는 소리 높여 울며 스님을 불렀다. 그러자 어디에서 오는지 스님이 앞에 나타나자 다시 스님 앞에 엎드려, 남편과 또 한 번 만나게 해달라고 애걸하였다.

"너의 머리카락을 하나씩 뽑아서 삼천 발, 삼천 마디가 되게 줄을 꼬아, 안내산 금양절에 가서 그것의 한 끝은 법당에 걸고, 또 한 끝은 공중에 걸고 두 손바닥에 구멍을 뚫어, 그 줄을 손바닥에 꿰어, 삼천궁녀가 죽을 힘을 다하여 올려 훑어 내려 훑어 아프다는 소리를 안 해야 만날 수가 있으리라."

스님은 이렇게 말하고 사라졌다.

신부는 스님의 말대로 하였다. 유혈이 흘러 내를 이루었으나 결코 아프다고 하지 않았다. 정말 남편의 모습이 다시 나타났다. 신부는 아 하고 남편을 안고자 하였을 때, 남편의 모습은 다시 사라져버렸다.

신부는 땅에 엎드려 울며, 또 스님을 불렀다. 스님은 세 번째 신부 앞에 나타나서 말했다.

"네가 그렇게 남편을 만나고 싶거든 참깨 다섯 말, 들깨 다섯 말, 아주까리 깨 다섯 말로 기름을 짜서, 그 기름에 손을 적셔, 찍어 말리고, 말려 찍고 하여, 그 기름이 없어지거든, 열 손가락에 불을 붙여 그 불로 불전에 발원하면 되리라."

신부는 또 그렇게 하였다.

열 손가락은 피이~ 하고 탔다. 그래도 아픈 줄도 모르고, 그 불로 불전에 발원하였다. 그때 염라왕은 금상절에 불이 난 줄 알고 도랑선비에게 불을 끄고 오라고 명하였다.

거기서 두 사람은 다시 만나게 되었다. 도랑선비가 부처님 뒤에서 나타나자 신부는 또 남편을 안고자 했고, 남편의 모습은 다시 사라져버렸다. 신부는 다시 스님을 불러 애걸하였다. 스님은 네 번째 이렇게 말하였다.

"그래도 그렇게만이라도 보게 되는 것은 네 정성 때문이다."

"그러면 한 번을 붙들고 하소연하게 해주시겠습니까? 어떻게 해야 만날 수 있습니까?"

"그런 것이 아니다. 네가 가서 높은 도를 닦아야 한다. 높은 산에 길을 닦아 보아라. 아흔아홉 굽을 닦아야 한다. 도랑선비도 아흔아홉 굽을 닦아 오고 너도 아흔아홉 굽의 길을 닦아야 된다. 굵은 돌은 뽑아 내뜨고 잔돌은 배겨 놓고 아흔아홉 굽을 닦아야지만 만난다."

"그것을 못 하겠습니까? 도랑선비 남편을 만자나면 그것을 못하겠습니까?"

신부는 불에 타고 남은 손가락으로 풀을 뽑고 돌을 치우고, 흙을 고르면서 길을 닦기 시작하였다.

고개 꼭대기에 이르렀을 때, 오랫동안의 피로 때문에 그 자리에서 기절하여 쓰러져버렸다. 한참 지나 겨우 정신이 돌아왔을 때, 자기 주위를 둘러보고 깜짝 놀랐다. 인적 없는 깊은 산 중에 홀로 누워 있었다. 지금까지 옆 눈도 안 팔고, 무서움도 두려움도 모두 잊고 한 마음으로 길만 닦고 있었기 때문에 어디에 있는지 전혀 모르고 있었다.

신부는 다시 길을 닦아야겠다고 생각하고, 이어서 흙을 고르고 풀이며 돌을 걷어치우기 시작하였다.

한참 뒤, 무심히 고개 밑을 내려 보았다. 거기서도 초립을 쓴 한 소년이 역시 길을 닦으면서 올라오고 있었다. 점점 가까이 와서 보니, 틀림없는 도랑선비였다. 신부는 가만히 생각하였다.

"이번에는 모른 체하고 있다가 옆에 오거든 꼭 껴안고 놓치지 않도록 하리라."

그렇게 하여 신부는 옆에 온 남편을 껴안았다. 그 남자는 깜짝 놀라며 물었다.

"남녀가 유별한데, 당신은 대체 누구입니까?"

하지만 자세히 보니 첫날밤에 보았던 신부가 분명했다.

"그대의 치성에 하늘이 감동하여 염라왕이 나로 하여금 이 고개의 길을 닦게 하였소. 이것이 다 되면 부처님 덕으로 인간으로 환생할 수 있게 되었소. 이제는 길도 다 닦았으니 지금부터는 둘이 함께 살 수 있소."

둘은 서로 손을 마주잡고 산을 내려가 집으로 돌아가는데, 다리를 건너게 되었다. 그것은 아주 위태한 다리였다. 거기서 도랑선비는 신부에게 이렇게 말하였다.

"이것은 튼튼한 다리니 그대가 먼저 건너시오. 나는 뒤에 건너가겠소."

둘은 서로 사양하다가 신부가 먼저 건너게 되었다.

신부가 다리를 건너 뒤를 돌아보았을 때, 홀연히 북쪽에서 검은 구름이 일어나며, 큰 바람이 불어왔다. 그 바람은 도랑선비를 휘휘 감아 다리 아래 물속으로 처 넣어버렸다. 신부는 거의 실신하며 아~ 하고 비명을 질렀다. 그때 도랑선비는 물속에서 손을 치면서 높은 소리로 말하였다.

"나하고 같이 살려거든 집에 돌아가서 석자 세치 명주실로 오대조가 심은 노가지 향나무에 한 끝을 걸고, 한쪽 끝은 네 목에 걸고 죽으시오. 죽어서 저승에서라야 우리 둘이 잘 살 수 있소. 나는 우리 할아버지가 재물 탐한 죄로 이렇게 되었소."

신부는 비로소 죽는 법을 알게 되어 크게 기뻐했다. 집으로 돌아가서 도랑선비가 가르쳐준 대로 목을 걸고 자결하였다.

신부는 저승문 앞에 섰다.

"나는 청정각시오. 내 도랑선비를 보게 해 주시오."

그때 마침 금상절 부처님이 염라왕에게 보낸 편지가 염라대왕 문 앞에 떨어졌다. 염라대왕이 편지를 펴 보았다.

"청정각시에게는 아무 일도 시키지 말고, 좋은 곳에 있게 하라. 각시는 이 천하에 최고의 치성을 드린 사람이라."

편지에는 이렇게 씌어 있었다.

그때 도랑선비는 저승 서당에서 아이들에게 그림을 가르치고 있었다. 신부는 초당문을 열고, 안으로 달려 들어갔다. 도랑선비는 크게 기뻐하며 신부를 맞아 두 사람은 거기서 행복하게 지냈다. 뒤에 둘은 다시 인간 세상에 환생하였고, 죽어서 신으로 모시게 되었다.

속가에서 망묵굿을 할 때에 올리는 세 상 가운데 양쪽의 두 상은 도랑선비와 청정각시 부부가 받는 것이고, 또 절간에서 제사를 지낼 때 올리는 제상 중에서 첫 상은 부처님이 받는 것이고, 뒤에 오르는 상은 도랑선비와 청정각시가 함께 받고 있다.

— 원문출처: 손진태, 『조선신가유편』, 박이정, 2012.

2. 고산국과 바람운의 사랑과 배신 〈서홍리본향〉

제주도 설매국에 바람을 다스리는 신 일문관 바람운이 있었다. 바람운이 화살 하나를 쏘면 삼천 군병이 솟아나고, 또 하나를 쏘면 삼천 군병이 쓰러져 돌아갔다.

어느 날 일문관 바람운이 멀리 중국에 비 오라고 비오천리 홍토나라 홍토천리라는 곳이 좋다는 소문을 듣고는 그곳으로 유람을 갔다. 신이라 일반 사람의 집으로는 갈 수가 없어서, 대신의 집에서 머물기로 했다. 그 집에서 주인 대신과 바둑을 두는데 대변이 마려웠다. 대변보러 가는 도중에 예쁜 처녀를 보았다. 방으로 돌아와 보니 바둑 둘 정신이 없었다. 그 예쁜 처녀는 그 집 대신의 딸이었다.

"딸을 달라고 요청하면 모가지가 달아날 것인데……."

이렇게 생각하면서 대신 없을 때 편지로 글을 써서 바둑판 아래에 넣어 두었다.

"잠깐 어디에 다니러 갑니다."

사흘 만에 돌아와 보니, 주인 대신이 그 편지를 보고 물었다.

"왜 직접 말하지 않고 편지를 썼느냐?"

"엄중해서 차마 말하지 못했습니다."

"허락한다."

그렇게 그 대신의 집에서 모두 준비해서 바람운과 고산국을 결혼시켜 주었다.

결혼을 하던 날은 신부가 너울을 쓰고 있어서 얼굴 한 번 볼 수가 없었다. 그날 밤 아삼경에 누워 잘 때가 되어서 너울을 벗고 보니, 얼굴이 볼 나위가 없는 박색이었다. 처음 볼 때의 얼굴이 아니었다. 도저히 한자리에 들어가 잠을 잘 수가 없어서, 책상에 엎드려서 밤새 글만 읽었다. 날이 새고 아침이 되자 하인이 밥상을 들여왔다.

"하나만 물어보자. 이 집에 처녀가 둘이냐?"

"예, 둘입니다."

"나와 결혼한 처녀는 몇째 딸이냐?"

"제일 큰딸입니다."

"어이쿠! 내가 본 처녀는 내 부인의 동생이었구나."

바람운은 신부 얼굴의 비밀을 비로소 알게 되었다. 그리고는 다른 생각이 들었다.

"언제쯤 처제의 얼굴을 볼 수 있을까!"

그럭저럭 시간을 보내다가 얼굴을 볼 수 있는 좋은 기회가 생겼다.

그런데 얼굴을 보자마자 두 사람은 서로에게 반해버려 언약을 맺었다.

"부모님이 알면 우리 둘 다 모가지가 날아갈 것이니, 도망칩시다."

"어디로 도망칩니까?"

"당신이 살던 고향으로 도망칩시다."

곧바로 달아나 고향 제주도를 향해 도망쳤다. 둘이 달아나고 난 다음 일어난 고산국이 세수를 하고 하늘의 별자리를 보다가 깜짝 놀랐다.

"이런 역적 놈이 어디 있으랴? 내 서방이 내 동생을 유혹하여 도망을 쳤구나."

화가 난 고산국은 방으로 들어가, 입고 있던 예복을 벗어두고 남자 옷으로 갈아입었다. 그리고 천근 들이 무쇠 활과 백근 들이 무쇠 화살을 둘러들고 옥황에 축수를 했다.

"역적이 도망치는 방향을 알려 주십시오."

대축기를 꺼내어 달아보니 제주도를 향해 불어갔다. 고산국은 천문에 정통하고 지리에 능한 신이었다. 고산국은 대축기가 불어가는 방향으로 좇아갔다. 축지법을 사용하여 백리 길을 오리에 달리며 뒤쫓았다. 앞서 도망가던 둘이 뒤를 바라보니, 고산국이 코앞까지 좇아와있어 곧 잡혀 죽을 지경이었다.

일문관 바람운은 가지고 있는 재주를 이용해서 풍운조화를 부렸다. 갑자기 동서남북이 캄캄하고, 안개가 끼고, 비가 내렸다. 뒤를 좇아오던 고산국은 동서남북 방향을 찾을 수가 없어서 그 자리에 멈추고 앉았다. 가만히 보니 앉은 자리는 층암절벽 곁이었다. 문득 정신을 차리고 보니 절벽 저쪽 끝에 둘이 손을 맞잡고 서로 꼭 끌어안고 앉아있었다.

"에잇! 나쁜 역적 놈아. 화살 받아라."

고산국이 활시위를 당겼다. 그러자 고산국의 동생이 도술을 부려 다시 안개가 자욱하게 피어올라 몸을 가눌 수가 없었다. 고산국의 동생도 능력이 아주 뛰어난 신이었던 것이다.

"이 몰인정한 것아. 내가 아무리 화가 나고 너희가 아무리 죄를 지었다고 해도 설마 너를 죽이겠느냐. 설마 죽이기로 했더라도 네가 나를 이런 함정에 빠뜨릴 수가 있느냐? 미안하지도 않으냐? 나는 차마 너를 죽이지 못할 것이니, 서로 해치지 말기로 하고, 이 안개를 거두어라."

주변을 가만히 살펴보니 층암절벽 중턱에 죽은 구상나무가 있었다. 자세히 살펴보니 단단한 나무였다. 일어서서 구상나무를 끌어내려 썩은 부분을 잘라내고 베어내고 나서 둥치와 가지가 남은 것을 이리저리 손질하다 보니 닭 모양이 되었다. 그 나무를 처음 있었던 자리에 갖다 놓으니, 자축 야삼경이 되어가니 목을 들어 울고 날개를 치고 소리를 쳤다. 그 닭이 소리를 치는 바람에 짙은 안개가 걷혀졌다.

그러자 둘은 땅바닥에 엎드리고 빌었다.

"살려주십시오."

생각을 해 보니 둘이 역적이 되었지만, 남편을 죽일 수가 없었다. 일단 마음을 진정시키고자 화살 두 개를 분질러 앞에 놓아두고 앉아서 생각을 하니 마음이 진정되었다.

"인간처나 찾아보자."

고산국은 혼자 길을 나섰다. 엎드려서 벌벌 떨고 있던 둘도 일어나서 고산국의 뒤를 좇아왔다. 서로 말 한 마디도 하지 않고 아래쪽으로 내려갔다. 산중을 벗어나 보니 넓은 풀밭이 나왔다. 거기서 동서남북을 바라보았지만, 인간이나 짐승의 소리가 들리지 않았다. 작은 새소리조차 안 들렸다.

"내가 갈 길이나 찾아보자."

혈기를 짚어보니 살오름으로 혈기가 이어지고 있었다. 살오름으로 뛰어가 보니 앞에는 육지가 바다 가운데로 튀어나온 부분이 보였다. 다시 가만히 앉아서 생각을 하니, 지치기도 해서 청제를 치고 앉았다. 동쪽으로는 백제를 치고 남편 바람운이 앉았다. 남편이 앉은 자리 동쪽으로는 그 못된 동생이 흑제를 치고 앉았다. 고산국은 이 지역의 인간을 차지하려고 살피다 보니, 남쪽에서 한 사람이 개 두 마리를 데리고 올라오고 있었다. 그 사람은 사냥을 하러 다니는 김봉태라는 사람이었다. 고산국이 김봉태에게 말했다.

"인간이면 내 곁으로 오너라."

인간은 어디서 소리가 나는지 사방을 자세히 살펴보니 살오름에 신인 백관이 앉아있는 것이 보였다. 그러자 얼른 엎드려서 절 삼배를 드렸다.

"어떤 인간이냐? 빨리 오너라."

"어떤 신입니까?"

"나는 홍토나라 홍토천리에서 들어온 고산국이다."

고산국은 자신이 여기까지 온 내막을 말하기에는 너무 부끄러워서 차마 꺼내지 못했다.

"그냥 유람차로 왔다. 내가 머물기 좋은 땅인 것 같은데, 어디 인간처나 있겠느냐?"

"예. 있습니다."

"그러면 인간처 있는 곳으로 길을 잘 알려주면 네가 살 수 있는 일을 시켜 주마."

김봉태는 고산국의 명령을 받아들였다.

"제가 가는 대로만 오시면 인간처를 찾아 드리겠습니다."

고산국은 김봉태가 가는 대로 뒤를 따라갔다. 김봉태는 서호리 가시마루 외돌 앞에 섰다.

"사방을 살펴보십시오. 인간이 많이 사는 곳입니다."

"이 동쪽에 있는 마을의 이름은 무엇이냐?"

"동홍리라고 합니다."

"서쪽에 있는 마을의 이름은 무엇이냐?"

"서홍리라고 합니다."

"저 바다 쪽에 있는 마을은 이름이 무엇이냐?"

"하서귀입니다."

그제야 고산국은 멀찌감치 뒤에 서 있던 바람운에게 말을 했다.

"아무리 생각을 해도, 열 번 백 번을 생각을 해도 당신하고 살 수가 없소. 부부 간의 정이라 해도 내 손으로 한 밥은 먹을 수 없을 것이오."

바람운은 가만히 듣기만 했다.

"따로 살아야겠으니 인간도 가르고, 땅도 가르고, 물도 가르겠소."

"그 명령에 따르겠습니다. 부인부터 먼저 땅을 가르시오."

고산국이 활을 쏘아 땅의 경계를 가르니 남편은 갈 데가 없었다. 막대에 돌을 끼워 뿡개로 휘두르니 돌이 학담으로 날아갔다.

"학담 위로는 인간도 내 것이고, 땅도 내 것이요, 물도 내 것이요, 산에 있는 나무도 내 것이요, 산짐승도 내 것이다. 이제부터는 이곳으로 나다니는 일을 하지 마라."

일문관이 화살을 쏘니 서귀포 문섬으로 날아가서 한가운데에 화살이 꽂히니 하서귀를 차지하기로 했다. 하지만 나쁜 동생이 갈 곳은 없었다.

"내 갈 곳은 형님이 가르쳐 주십시오."

"네가 갈 곳은 나는 모른다."

동생이 자신의 잘못을 진정으로 사과했다. 고산국이 생각하여 보니, 동생도 불쌍했다.

"그렇다면 네가 성을 바꾸어라. 그러면 내가 너 갈 길을 가르쳐 주마."

"성은 무엇으로 바꿉니까?"

"내가 왜 그것까지 알려줘야 하느냐? 네 입으로 일러라."

"예. 그러면 지(地) 가로 하여 지산국이라고 짓겠습니다."

"아무렇게나 해라. 그건 네가 알지 난 모른다."

"이제부터 동홍리 가서 인간을 차지하라."

고산국은 땅의 경계를 갈라놓고 바람운과 지산국에게 일렀다.

"너희들이 차지한 인간은 내가 차지한 인간과 결혼 못 한다. 너희가 차지한 인간까지 내게는 적이다. 너희 인간이 내가 차지한 곳의 나무를 베어다가 집도 못 짓는다. 만일 내 명령을 어기고 나무를 베었다가는 단숨에 죽게 될 테니 그리 알아라."

그렇게 해서 세 신은 각자 자기 갈 곳으로 갔다.

바람운과 지산국은 자신들이 다스리는 곳에 와 보니 그 땅에 사는 사람들이 살 집이 없어서 걱정하고 있었다. 바람운은 고산국의 명령을 어기고 사람들에게 말했다.

월도

"너희들은 산에 가서 나무를 베어다가 집을 지어서 살아라."

사람들은 기뻐하면서 나무를 베러 나갔구나. 도끼를 메고, 소리를 외치며 한 번, 두 번, 세 번을 치고, 나무를 찍었다. 그러자 고산국이 말한 영험이 있어서 한 날 한 시에 모두 즉사하고 말았다. 그것을 보고 생각을 하니, 바람운과 지산국은 겁이 났다. 당장에 서홍리 고산국을 찾아가 잘못했다고 사과를 올렸다.

"나하고 당신하고야 적이 됐지만 분수 모르는 인간들이 무슨 죄가 있소?"

고산국은 그 말을 들어보니 틀린 말은 아니었다.

"분수 모르기는 해도 인간은 죄가 없구나. 그건 허락해 주겠다. 하지만 나무를 베어갈 때는 나한테 먼저 알리고 나무를 베어가라. 그리고 내가 차지한 인간과 네가 차지한 인간은 결혼을 하지 마라."

그렇게 해서 서홍리 사람과 동홍리와 서귀리 사람들은 지금도 결혼을 하지 않고, 해도 잘 되는 법이 없다.

— 원문출처: 진성기, 『제주도무가본풀이사전』, 민속원, 1991.

3. 저승길과 이승길을 막아버린 콩데기 〈허궁애기본〉

옛날에 한 사람이 결혼을 해서 딸 하나 콩데기를 낳아서 키우다가 부인이 그만 죽어버렸다. 얼마 지나지 않아서 후처를 얻었는데, 역시 딸 하나 팥데기를 낳았다. 전처의 딸 콩데기에게는 항상 콩만 삶아 주어서 얼굴이 매끈하니 곱고, 후처의 딸 팥데기에게는 항상 팥만 삶아 주어서 박박 얽고 궂었다. 하루는 어머니가 딸들을 불렀다.

"콩데기야, 들에 나가서 소 먹이면서 삼을 삼아오너라. 팥데기는 집에서 돼지 먹이 가려주면서 삼을 삼아라."

어머니가 시키는 대로 콩데기가 소를 몰고 꼴 먹이러 가는데, 소가 곡식밭으로만 들어갔다.

"소야, 이 소야. 그리 곡식만 먹으려 하지 마라. 삼 못 삼고 집에 가면 새어머니가 욕 하면서 날 때리면 어떡하니?"

그러자 소가 콩데기한테 말했다.

"삼을 이리 가져 와라. 내가 먹어서 삼을 삼아 주마. 삼을 삼아 주마."

그 말을 믿고 삼을 가져다주니 소가 우걱우걱 먹어버렸다.

"아이고! 이 소야. 삼은, 그거 다 먹으면 집에 가서 새어머니가 '삼 어디에 버렸어?'하고 날 때리면 어떡할 거야?"

"내 뒤에 도시락짝으로 받아라 도시락짝으로 받아라."

콩데기가 소 뒤꽁무니에서 도시락짝을 받으니, 도시락짝으로 삼이 삼아져 줄줄이 사려져서 나왔다. 그것을 가지고 집으로 왔다.

"어떻게 해서 삼을 이렇게 곱게도 삼았을까?"

삼을 보던 팥데기가 물었다.

"아이고! 언니는 어떻게 이렇게도 삼을 잘 삼았습니까?"

콩데기는 풀 먹이러 간 소가 곡식밭으로 자꾸 들어가려 해서 못 들어가게 막자, 삼 삼아준다고 해서 먹이니 고운 삼을 삼아준 이야기를 했다.

"소 뒤꽁무니에서 도시락짝으로 받으니 이리 고운 삼이 사려져서 나오더라."

"그러면 내일은 언니는 집에서 돼지 먹이 주면서 삼 삼고, 나는 소 먹이러 가서 삼을 삼겠어요."

"그렇게 하고 싶으면 그렇게 해라."

그리하여 다음날은 팥데기는 소 먹이러 가서 풀 먹이면서 삼 삼고, 콩데기는 집에서 돼지 먹이 주면서 삼을 삼기로 했다. 그런데 그날은 소가 곡식밭으로 들어가지도 않고 길가에서 꼴만 박박 뜯어먹었다. 그런데도 팥데기가 소에게 말했다.

"이 소야, 이 소야. 곡식밭으로 들어가지 마라. 집에 가면 삼 안 삼았다고 날 욕하면 어떡할 거야?"

곡식밭에는 들어가지도 않은 소에게 그렇게 하니, 소가 말했다.

"그러면 내 앞으로 가져와라. 내가 삼 삼아 주마."

팥데기가 당장 소 앞으로 삼을 가져다 놓으니, 질겅질겅 다 먹었다.

"이 소야. 삼을 그렇게 모두 먹어버리면 집에 가서 너 주인한테 욕 들으면서 매 맞으면 어떡할 거야?"

"그러면 내 뒤꽁무니에서 치맛자락으로 받아라. 치맛자락으로 받아라."

소가 말하는 대로 뒤로 가서 치맛자락을 대니 물소똥을 착착착 갈겨냈다.

"요놈의 소. 집에 가면 잡아먹을 거다! 잡아먹어버릴 거다."

"어서 날 잡아먹어라. 어서 날 잡아먹어라."

화가 난 팥데기는 소를 몰아 집으로 들어와 어머니한테 일렀다.

"풀 먹이러 간 소가 곡식밭에 하도 들어가려고 해서 삼 못 삼으면 어떡하느냐고 걱정하니까 삼 가져오라고 해서 가져가니 먹더니 치맛자락에 물똥만 갈겼습니다. 저 소 잡아먹어요. 저 소를 잡아먹어요."

"어서 잡아먹어라. 어서 네가 잡아먹어라."

소를 잡아먹기로 했다. 다음날 팥데기가 말했다.

"콩데기가 소 먹이러 가면 나는 가서 백정 데리고 오지."

소를 끌고 꼴 먹이러 가는 콩데기가 소한테 말했다.

"팥대기가 널 잡아먹으려고 백정 데리러 갔어."

"날 잡으면 자기 모녀는 살코기를 먹고, 너한테는 삶았던 국물하고 빈 뼈만 줄 거야. 뼈를 주거든 먹는 것처럼 하다가 청대밭에 가서 부어버려라. 국물을 주거든 먹는 것처럼 하다가 찬장으로 가서 부어버려라."

그날 팥데기가 백정을 데려다가 소를 잡았다. 아니나 다를까 자기네는 살코기를 먹고 콩데기는 국물과 빈 뼈만 주었다. 콩데기는 국물은 먹는 것처럼 하다가 찬장에 부어버리고 뼈는 청대밭으로 가서 부어 버렸다.

다음날은 하늘옥황의 원복장네 집에서 큰굿을 한다고 하여 모두가 굿 구경을 가는데, 팥데기 모녀도 곱게 차려입고 나가면서 말했다.

"콩데기는 기장 다섯 말 찧어두고 오너라."

기장을 내어 놓으며 기름을 묻혀서 주며 또 말했다.

"물 항아리도 하나를 가득 채워두고 오너라."

그런데 콩데기가 기장을 찧으려고 하니 미끄덩미끄덩 해서 끝내 찧지를 못했다. 볕에 널어서 조금 말려 찧을 생각이었다. 기장이 마르는 동안에 물이나 길어다 항아리나 가득 채워 두자고 물동이에 물을 지어 오는데, 멍석에 새가 와서 앉아 있었다.

"후워~. 너희가 기장 모두 먹어버리면 주인이 와서 욕하면 어떡하니?"

새를 쫓으니 모두 날아갔다. 하지만 물을 항아리로 길어다 부어 봐도 차지 않고, 물을 길어오다 보면 새는 멍석으로 한가득 앉아 있었다.

"훠~이~ 이 새야, 저 새야. 기장을 모두 먹어버리면 주인이 와서 날 욕먹게 할 새들아. 훠이~"

물은 길어다 부어 봐도 차지를 않았다. 그때 까마귀가 와서 말했다.

"항아리를 굽어봐라. 항아리를 굽어봐라."

항아리를 굽어보니 항아리는 밑이 터진 항아리고, 땅 속으로 굴을 파 놓아서 물을 길어오면 그 속으로 모두 들어 스며들어 가버렸다. 그때 물지게 벗어서 물항아리를 받쳐 놓고 물 한 항아리 길어다 놓으니 가득 찼다.

이제는 기장을 찧어서 굿 구경을 가자고 보니 새가 앉아서 기장을 모두 까놓았다. 이 하나 안 나가고 겨만 고스란히 남으니 불려서 항아리에 놔두었다. 팥데기와 팥데기 어머니가 굿 보러 갈 때, 콩데기는 팥데기 어머니에게 물었다.

"굿 보러 갈 때 나는 무엇을 쓰고 갑니까?"

"창구멍 막은 누더기를 쓰고 오너라."

그렇게 말해두고 간 누더기를 찾으려고 창구멍으로 가니 까마귀가 다가왔다.

"청대밭을 굽어봐라. 청대밭을 굽어봐라."

콩데기는 까마귀가 말하는 대로 청대밭으로 가서 굽어보니, 고운 상자가 있었다. 상자를 열어 보니 고운 옷들이 가득했다. 바지와 저고리, 코제비 버선, 치마, 태사혜도 들어 있었다. 가져다가 모두 차려 입고 있으니 까마귀가 다시 말했다.

"찬장 아래로 굽어보아라. 찬장 아래로 굽어보아라."

찬장 아래를 굽어보니, 궁초댕기가 달린 땋은 머리가 걸려 있었다. 그렇게해서 옷을 입고 땋은 머리 얹고, 코제비 버선에 태사혜를 신고 옥황으로 굿 구경을 살랑살랑 갔다. 그때 먼저 갔던 팥데기가 말했다.

"어머니. 저기 오는 게 콩데기 닮았습니다."

"이 애가. 콩데기가 뭐가 있어서 저리 차리느냐?"

"음! 아무리해도 콩데기 닮았습니다."

그렇게 말하고 있는데, 콩데기가 굿하는 곳에 도착했다. 팥데기 모녀가 다가가서 보니 콩데기가 맞았다. 팥데기가 콩데기에게 물었다.

"언니는 어디 있어서 그리 고운 것을 입었습니까?"

팥데기 어머니도 물었다.

"콩데기야. 그리 고운 옷이 어디서 나서 입었니?"

콩데기는 무슨 일이 있었는지 말해주었다. 콩데기가 굿 구경을 하고 있으니, 청의도령이 태사혜를 한 켤레 가지고 찾아왔다.

"누구든지 이 신이 발에 맞으면 내 부인이 되리다."

콩데기가 신으니 발에 딱 맞고, 팥데기가 신으니 신이 너무 컸다.

"내 발에 바드득 바드득."

팥데기 어머니도 신었지만 신이 작아서 들어가지 않았다.

청의도령이 콩데기를 부여잡고 데려갔다. 이렇게 해서 콩데기는 청기와 집에, 처마 네 귀에 풍경을 단 좋은 집에 가서 잘 살아가고 있었다.

하루는 남편이 바깥에 볼 일이 있어서 나가면서 말했다.

"부디 팥데기나 팥데기 어머니가 와서 문 열라고 해도 절대로 문 열지 마시오."

이렇게 부탁하고 나갔다. 콩데기는 문을 잠그고 비단을 짜고 있었다. 조금 지나니 팥데기가 찾아왔다.

"언니, 나오세요. 안에만 앉아있으니 갑갑하지 않습니까? 밖에 나와서 잠깐 바람이라도 쐬고 하세요."

"난 싫다. 너희 형부가 나가면서 절대로 문 열지 말라고 했다."

"언니는 갑갑하지도 않습니까? 이렇게 합시다. 연하못에 가서 몸이나 씻고 옵시다."

"너희 형부가 가면서 더우면 은동이에 물을 떠 놓고 몸을 씻고, 절대로 나가지 말라고 했다."

"에휴! 그래도 오십시오, 형님! 시원하게 가서 멱을 감게."

"난 싫다. 더우면 시원히 은동이에 물을 떠 놓고 멱을 감을 것이다."

"형님! 날 보십시오."

그 말에 쳐다보니까 개똥을 가지고 와서 얼굴에 착착 발라버렸다.

"아이고! 형님도 더럽기는! 저런 개똥을 은동이에서 씻자고? 아이고! 투, 투투. 오세요. 연하못에 가서 몸을 씻게."

계속 그렇게 졸라대니 문을 열고 나갔다. 함께 연하못으로 가니 팥데기가 먼저 물에 들어갔다.

"어서 오세요. 여기서 옷 벗고 멱 감게."

"난 썰렁하고 추우니 멱은 안 감을 것이다."

"아이고! 형님! 이게 무슨 말입니까? 그럼 이렇게 합시다. 내가 등에 물이라도 부어 주겠습니다."

"난 썰렁하고 추워서 등에 물도 안 붓겠다. 너나 부어라. 내가 부어 주겠다."

"아이고! 언니는 이 물에 멱을 감으면 삼 년 먹을 양식 십년도 먹고, 하루 먹을 양식을 삼 년도 먹고 합니다. 오세요. 등에 물 붓게!"

"난 싫다니까. 썰렁하다. 너부터 먼저 물을 부어라."

"아이고! 언니도! 물도 차례가 있습니다. 어서 언니부터 부으세요."

자꾸 졸라대니 사세부득으로 거절할 수가 없었다.

"머리에 물 부으니 머리채도 벗으세요. 저고리도 벗으세요. 바지도 벗으세요. 치마도 벗으세요. 버선도 벗으세요. 수건 하나만 입고 물 부으세요."

입은 것 다 벗겨두고 물에 들어갔다.

"엎드리시오. 물을 붓게."

팥데기가 물을 한 줌 떠서 부으며 미는 척, 두 줌 떠서 부으며 미는 척, 세 번째는 떠서 붓는 척 하다가 갑자기 떠밀어버리니 콩데기는 연하못 아래로 그만 가라앉았다. 팥데기는 바로 콩데기가 입었던 옷을 다 주워 입고, 그 머리에, 그 버선 할 것 없이 모두 주워 입고 집으로 왔다. 비단 틀에 앉아 비단을 짜는 척 하고 있으니 남편이 들어왔다.

"에이그! 팥데기가, 그 년이 와서 연하못에 멱 감으러 가자고 졸라댔지만 문을 안 열었소. 팥데기 어머니가 와도 문 안 열었소."

남편은 콩데기가 그렇게 말하는 것을 들었지만, 속으로는 밥을 해 오는 것이나 얼굴을 봐도 콩데기와 닮지 않았다고 생각하고 있었다.

하루는 남편이 말에게 물 먹이러 연하못에 가니 푸른 나비가 말 위로 올랐다가 아래로 내렸다가 하다가 가장 위로 올랐다가 내렸다가 했다.

"아따! 이 나비가 이렇게 고운 나비가 오르락내리락 하고 있는가?"

나비가 너무 예뻐서 톡 잡으니 잡혔다. 집으로 가져 와 대문 앞 집 처마에 넣어두니, 팥데기가 나가려고 하면 나비가 앞 머리채를 박 당기고, 들어오려 하면 다시 뒷머리채를 박 당기고 했다.

"이 나비, 저 나비 괘씸한 나비. 불에 넣어 태워버리자."

그러더니 나비를 뽑아다가 봉덕화로에 집어넣으니 파르릇 타서 죽더니 구슬이 되었다.

"아이고! 이거 고운 구슬이다. 내 아기 낳으면 옷고름에 매달아야지."

팥데기는 궤짝 속으로 가져다 넣었다. 그런데 사람이 아무도 없을 때 구슬이 밖으로 나와 말했다.

"저 년의 팥데기를 죽여주시오."

어느 날, 남편이 밖에 갔다가 들어와서 그 소리를 들었다.

"하늘님께서 저 팥데기를 죽여주시오."

소리가 들리는 곳에 사람이 보였다가 궤짝 속으로 파르르 기어들어가니 궤 속을 열어 보아도 아무것도 없었다.

"그것도 이상하다."

하루는 어디 나가는 것처럼 하고 몰래 서서 들어보는데, 궤 속에서 여자가 나왔다.

"저 팥데기를 죽여주시오. 하늘님! 하늘님!"

이렇게 말하면서 손을 마주 비비고 있었다. 몰래 오는 것처럼 하지 않고 바로 가서 뒷머리 채를 덥석 잡았다.

"너는 귀신이냐, 산 사람이냐?"

"나 콩데기요"

"콩데기, 너 어떡해서 이렇게 되었느냐?"

콩데기는 지금까지 있었던 일을 모두 말했다.

"다시 사람으로 환생하여 살려고 해도 저 년한테 또 죽임 당할까봐 이리하고 있소."

"그것은 염려 말아라."

당장 팥데기를 잡아 만든 소금 젓을 항아리에 담았다. 그리고 팥데기 잡은 고기를 삶고 밥을 해서 팥데기 어머니를 불러 먹였다. 거의 다 먹어 가다가 고기에서 손톱과 발톱이 나왔다.

"이건 내 아기 손톱하고 닮았다. 이건 내 아기 발톱하고도 닮았다."

"삶아낸 고기가 그러합니다. 별 소리 말고 드시오."

팥데기 어머니는 주는 대로 모두 먹었다.

"네 몸으로 낳고, 네 몸으로 너희 아이 고기를 모두 먹었으니 나가거라."

이렇게 해서 다시 살아난 콩데기는 딸 형제를 낳고 잘 지내면서 살았다. 그런데 아기들이 자라 한 살, 두 살, 세 살이 되어 가는데, 저승에서 연락이 왔다.

"콩데기를 데려오너라"

저승의 염라대왕이 오라고 한 일이라 안 갈 수가 없었다. 할 수 없이 저승을 갔는데, 일하면서도 울고 밥 먹으려 해도 울고, 아기들을 생각하며 수심 근심으로 울기만 했다.

"어찌하여 너는 밥도 안 먹고 성을 못 올리느냐? 무슨 걱정이 있느냐?"

염라대왕이 이렇게 물었다.

"말도 말고 이르지도 마십시오. 어린 애기들, 한 살 난 아기, 두 살 난 아기, 세 살 난 아기에, 부모 초상 백발 노장도 모시고 있었는데, 아기들 생각에 수심이 되고 근심이 됩니다."

"그렇다면 낮에는 저승에 들어오고, 밤에는 인간 세상에 나가서 그렇게 부모들 공경하고 아기들 보살펴라."

"너무나 감사합니다."

그 후로부터는 콩데기는 밤에는 인간 세상에 나와 한 살 난 아기는 젖 주고, 두 살 난 아기는 밥 주고, 세 살 난 아기는 옷 만들어 주고 머리 빗어 땋아주었다. 그렇게 하니 남들이 보기엔 어머니 없는 아기들 같지 않고 아기들이 아주 잘 자랐다.

하루는 동네 사람들이 놀러 왔다가 아기들의 할머니에게 물었다.

"어떻게 이 아이들은 어머니 없는 아기 같지 않게 이렇게 머리며, 옷이며 곱게 하고 있을까? 할머니가 이렇게 해 줍니까?"

그러자 옆에 있던 큰 아기가 대답했다.

"우리 어머니가 왜 없습니까? 우리 어머니 있습니다."

"어머니가 어디 있니?"

"밤에 와서 우리 옷도 지어 주고, 밥하여 주고, 머리 빗겨 주다가 낮에는 갑니다."

그렇게 말하는데도 동네 사람은 믿지 않았다. 사람들이 모두 돌아간 뒤 할머니가 손자에게 물었다.

"너희 어머니는 밤마다 오느냐?"

"예, 옵니다."

"오늘 저녁에 너희 어머니 오거든 나한테 말해라. 너희 어머니가 못 가게 하게."

"어떻게 할머니에게 말합니까?"

"네 손목에 참실 졸라매고 내 손목에 참실 졸라매고 있다가 어머니가 오면 종긋종긋 참실을 잡아당겨라."

"할머니, 할머니. 손목에 참실을 졸라매면 문에 걸려서 당길 수가 없습니다."

"그러면 오줌 마렵다 하고, 밖으로 나와서 당겨라."

그렇게 약속을 해 두었다. 그날 저녁에도 어머니가 왔다.

"어머니, 나 오줌 마렵습니다."

"저 요강에 그냥 누어버려라."

"냄새가 나서 안에서는 눌 수가 없습니다."

"어머니, 똥이 마렵습니다."

"그러면 변소에 가서 누어 버려라."

그렇게 똥 누러 나가는 핑계를 하고는 나와서 참실을 종긋종긋 당겨 할머니에게 알렸다. 그러자 바로 할머니가 왔다.

"아이고! 불쌍한 며느리야. 네가 왔구나! 다시 가지 마라. 다시 가지 마라."

"안 갈 수 있습니까? 아무리 그러셔도 가야 합니다."

"가지 마라. 가지 마라."

"어떻게 안 갈 수 있습니까?"

"너는 문 안에 앉아서 문을 잠그고, 우리는 먼 골목에 가시담장을 쌓으면 차사들이 못 온다. 우리가 못 오게 하마."

그렇게 해서 다음날은 저승으로 가지 않고 문을 잡고 앉았다. 큰딸아이는 방을 쓸어서 불사르고, 마루를 쓸어서 불사르고, 부엌도 쓸어서 불살랐다. 시어머니는 바깥에서 자물쇠를 채워 걸어두고, 먼 골목에 가시 베어다 쌓아 두었다. 하루, 이틀이 지나 여러 날을 저승으로 가지 않았다.

계속 기다리고 있던 염라대왕은 며칠째 계속 오지 않으니 차사에게 잡아오라고 명령했다. 그날 밤에 차사들이 바로 콩데기 집으로 찾아왔다.

"여기 허궁애기가 어디 있습니까?"

그때 시어머니가 나와서 대답했다.

"그년, 저승으로 안 가려고 골목에 가시 쌓고 문 잠그고 들어앉았습니다."

"그러면 어떡하면 그 년을 잡아갈 수 있습니까?"

"지붕 상마루로 가서 혼이나 뽑아서 가시오."

그렇게 말하는 대로 차사가 지붕 상마루로 가서 혼을 빼 가버리니 콩데기는 그만 죽어버리고 말았다. 그리고 다시는 허궁애기 콩데기가 이승으로 돌아오지 못하게 되었다. 그때부터 지금까지도 인간이 죽으면 다시 세상으로 오지 못하고, 시어머니와 며느리는 사이가 나빠졌다.

— 원문출처: 진성기, 『제주도무가본풀이사전』, 민속원, 1991.

4. 현명한 명월각시와 궁상맞은 궁상이 〈궁상이굿〉

궁상이는 원래 신선세계의 선비였다. 많은 일에 재주가 있어서 재물은 장자의 수륙같이 많았다. 언제부턴가 배선이는 궁상이를 만나서 친구로 삼았다.

궁상이는 마음이 어질고 충신 같지만, 배선이는 마음이 아주 험하고 험했다. 궁상이는 재산도 많았지만 부인 명월각시의 인물도 아주 절색이었다. 그런 명월각시를 탐낼 정도로 배선이는 마음이 아주 험악하고 험악했다.

그런데도 궁상이는 배선이와 함께 앉아 아주 친절하게 대하면서 노름을 하고 놀았다. 고패 말을 떼어 놓고, 바둑 말을 떼어 놓고 하면서 한 치, 두 치하면서 밤낮을 함께 놀았다. 그렇게 놀다보니 궁상이의 재산이 자꾸 설렁설렁 나가고 있었다.

하루는 집에 들어와서 쉬고 있었다. 명월각시가 간밤에 꿈을 꾸었는데, 궁상이가 밥을 먹는 식기에 곰팡이가 피고, 가지고 있는 금부채의 몸체가 부서지는 꿈이었다.

"대감님. 여자 말이지만 그래도 들어보아야 합니다."

"무슨 말이냐?"

"꿈입니다."

"꿈같은 이야기는 하지도 말아라."

"그래도 한 번 들어 보시오."

"하지도 말아라. 여자 말은 듣지 않는다."

이렇게 말하고서는 나가 버렸다.

그날도 배선이와 노름을 하고 노는데, 그 많던 재산이 모두 사라지고 없었다. 궁상이가 내놓을 재산이 없다고 하자 배선이가 말했다.

"그러면 여자가 있지 않는가? 여자 걸고 내기를 하자."

그렇게 해서 내기에서 지면 여자를 내어주기로 했다.

다른 날처럼 노름을 하는데 한 치, 두 치 앉아서 떼고 보니까 또 지고 말았다. 여자 내기에서 진 궁상이가 집으로 돌아왔지만 맥이 풀려서 방 안에 들어가서 불도 켜지 않고 낙심하고 있었다. 그때 명월각시가 들어와서 물었다.

"무슨 일입니까? 그래도 알기는 해야지. 가장이 들어와서 좋은 일이나 궂은 일이나 이야기를 해야지, 말도 하지 않고 밤낮 그렇게 있으니 어쩌겠어요?"

"배선이와 내가 한 치씩, 두 치씩 바둑놀이와 고패놀이 하다보니까 재산이, 내 재산이 다 들어가 버렸습니다. 다 들어가고 없는데, 오늘은 배선이가 하는 말이 부인을 걸고 내기를 하자고 했습니다. 그래서 부인 내기를 했는데, 결국 내가 지고 말았습니다. 글로도 쓰고, 말로도 한다고 해놔서 정말 그럴 수밖에 없게 되었습니다."

"걱정 마시오. 내가 해결하겠습니다. 그래. 언제 오겠다고 했습니까?"

"이레 만에 오겠다고 했습니다."

"우리 집 하녀가 인물이 아주 예쁩니다. 이 하녀에게 제 옷을 입혀서 단장해서 꽃방석에 앉혀 놓고, 저는 헌 옷을 입고서 세수도 하지 않고 얼굴에다 거미줄을 이리저리 쓸게 하고 먼지를 쳐 놓겠습니다."

이레 만에 배선이가 집으로 찾아왔다. 어슬렁어슬렁 집으로 들어서면서 보니까 아무리 낡은 옷을 입고 대충 덮어 쓰고 있어도 명월각시의 귀한 인물은 숨길 수가 없었다.

"여보시오. 내가 아무리 내기를 했지만, 그래도 남의 부인을 데려가겠습니까? 저기 먼지 쓴 여자로 바꿔 주시오. 지금 저 하녀를 바로 데리고 가겠습니다."

궁상이는 그게 아니라고 할 수도 없고, 사실대로 알릴 수도 없었다. 그때 배선이의 꿍꿍이를 알아챈 명월각시가 나서서 말했다.

"그런 것이 아닙니다. 남의 집 식구를 데려가는데 어떻게 바로 데려갈 수 있단 말입니까? 살던 정을, 백년을 살자 천년을 살자하던 그 정을 어떻게 한 번에 모두 내려놓고 간다는 말이오. 그리고 갈 때가 되면 내가 가겠습니다. 석 달 열흘만 참아 주시오. 그때는 내 발로 가겠습니다."

그렇게 하여 석 달 열흘을 더 기다리기로 하고 배선이는 돌아갔다.

배선이가 나가자 명월각시는 남편에게 말했다.

“아주 좋은 소만 한 마리 사 주시오.”

“소 한 마리 사서 무엇을 어쩌자고 그럽니까?”

“그저 소만 한 마리 사서 주면 내가 다 할 것입니다.”

궁상이는 명월각시에게 소를 한 마리 사 주었다. 명월각시는 자기 손으로 고기를 점점이 다 뜨고, 밤낮을 앉아서 포육을 떴다. 고기를 떠서 말리고, 자꾸 그렇게 포육을 뜨고 나니 소 한 마리가 마치 솜처럼 됐다. 그렇게 솜 같이 된 것을 남편의 옷을 가져와 안에 넣고 낚싯대도 넣어서 기우고, 행낭도 열두 개를 만들었다.

행낭에는 낚싯줄을 후려 넣으면서 석 달 열흘을 채우니 배선이가 명월각시를 데리러 왔다.

안 가자고 해도 안 갈 수도 없었다. 명월각시는 떠나가면서 물명주 한 필과 자기 결혼 첫날에 입었던 옷을 다 걷어서 넣고, 나삼과 족두리도 다 가지고 함에다 넣어서 가지고 나왔다.

“여보시오. 어떻게 살던 정을 버리고 가겠습니까? 불쌍한 궁상이를 저렇게 두고 어떻게 가겠습니까? 그러니까 마당이라도 쓸게 우리가 데리고 갑시다.”

배선이는 명월각시의 말에 혹해서 데리고 가기로 했다. 하지만 가다가 다시 생각해보니 찜찜했다.

“물 가운데 넣어서 버리고 가면 어떻겠어?”

강 한가운데 가서 물속에 집어넣겠다고 하니 명월각시는 가슴이 철렁 내려앉았다.

“그럴 수 있겠습니까? 같이 살던 사람인데, 그냥 데리고 가서 마당도 쓸게 하고 종처럼 부리면 되지 어떻게 물속에 집어넣을 수 있습니까?”

하지만 배선이는 무조건 안 된다고만 말했다.

“그럼 배 조각 하나 떼어서 띄워 넣읍시다. 그러면 어느 갯가에 걸리든지 갈대밭에 걸리든지 고기밥밖에 더 되겠습니까?"

그렇게 말하고서 살며시 일어서서 물명주를 꺼내 들었다.

"하느님, 오늘 궁상이는 이 배에서 버려져서 강물의 밑바닥에 들어가 고기밥이 되니 좀 봐주시오. 저는 이렇게 이별하고 갑니다. 궁상이는, 불쌍한 궁상이는 이제 고기밥이 됩니다."

이렇게 외치면서 땅에 엎드리고 있다가 배 한 쪽을 떼서 가지고 있던 물명주를 배 쪽에다 동동 감아서 물에다 집어넣었다. 그러자 갑자기 거북이가 물 위로 나타나더니 넓은 등으로 훅 받아 업고 너울너울 떠갔다. 병월각시는 어쩔 수 없이 배선이와 함께 배를 타고 떠나갔다.

며칠 동안 길을 가서 배선이 집에 도착했다. 그 날부터 명월각시는 자기 방으로 들어가 속앓이를 했다. 밤낮을 가리지 않고 속이 아프다고 끙끙 앓고 있는데, 배선이는 또 밤낮을 가리지 않고 사기를 치고 다녔다.

집에는 다른 여자 한 명이 갇혀 있었다. 밤이면 마을을 지나가는 사람에게 사기를 치고, 내기에 진 사람들이 떠나고 난 다음에 데려다 놓은 여자였다. 방문을 밖에서 열쇠 채워 잠그고, 명월각시에게 열쇠를 주었다.

"소변이나 보겠다면 열어 주고, 절대로 열어주지 말아라."

이런 당부를 하고 배선이는 또 밖으로 나가버렸다. 문 밖에서 여자 목소리가 들리자 방 안에 있던 여자가 말했다.

"여보시오. 아가씨. 아가씨는 어떡하다가 붙잡혀 왔소?"

"그런 것이 아니다. 나는 다른 일로 해서 여기 오게 되었다."

명월각시는 자기가 겪은 일을 말해주었다.

"지금 문을 열어줄 테니 내가 하라는 대로 하시오. 나중에 배선이가 들어오면 내가 말을 할 테니 신을 신고 그저 무조건 산을 넘어서 가시오. 빨리 가시오. 올 시간이 다 되었으니 빨리 가시오."

그렇게 뒷문으로 달아나라고 문을 열어주었다.

방안에 있던 여자는 이 집으로 잡혀오던 날에 가지고 있던 신을 신고 명월각시가 알려주는 산으로 뒤도 안 돌아보고 허겁지겁 달려갔다. 산으로 달아나던 여자는 마을을 벗어나자마자 수풀에서 잠시 쉬었다가 다시 달렸다. 조금 더 가니 큰 우물이 보였다. 이렇게 가다가는 금방 따라와서 잡힐 것만 같았다. 여자는 우물 앞에 신고 있던 신을 가지런히 벗어놓고 다시 산으로 달려갔다.

그때 배선이는 숱한 방탕한 짓을 하고 술에 잔뜩 취해서 집으로 돌아오고 있었다. 산을 넘어서 마을이 눈앞에 보였다. 목이 말라서 물이라도 마시려고 우물로 갔다가 낯익은 신발 한 켤레를 보게 되었다. 배선이는 정신이 번쩍 들면서 집으로 달려갔다. 역시 방에 가둬두었던 여자는 이미 도망가고 없었다.

"여기 있던 여자는 어떡했냐?"

화가 난 배선이가 명월각시에게 물었다.

"그런 것이 아니요. 그 사람이 대변, 소변을 보겠다며 열어 달라고 해서 내가 열어 주었소. 그대가 그때는 열어주라고 하지 않았소? 문을 열어 주면 대변, 소변을 보고 들어오겠다고 하더니 어디로 갔는지 아직 오지 않았소."

명월각시가 천연덕스럽게 말하자 배선이는 눈이 뒤집어졌다. 다시 우물로 달려가서 안을 들여다보니 너무 깊어서 어찌할 수가 없었다.

다음날 해가 뜨자마자 배선이는 동네 사람을 다 불러 모아서 그 우물을 퍼내자고 했다. 사람들이 들고 온 물통과 온갖 그릇에다 우물 물을 퍼내어 줘도 깊은 우물 속에서 물은 청수바다로 자꾸 솟아올랐다. 모여 든 사람이 모두 힘을 써서 퍼내어 물이 좀 줄어 들었나하고 들여다봐도, 물은 조금도 줄어들지 않고 오히려 점점 더 올라오고 있었다.

여자가 우물에 빠져 죽은 줄 알고 배선이가 우물 물을 푸고 있는 사이에 여자는 산중으로 들어갔다. 그리고 산중에 있는 절간으로 들어가서 숨었다.

그 무렵 궁상이는 명월각시가 던져준 배쪽에 매달려 있다가 갑자기 나타난 거북이가 업어다 준 갈대밭에 도착했다. 거북이의 도움으로 살아나기는 했지만 배도 고프고 쓸쓸했다.

바람에 우거진 참대가 스릉스릉 소리를 내니 마음은 더 슬퍼졌다. 가만히 있자니 이런저런 생각이 들어서 참대를 칼로 깎아다가 주머니 안에 넣으려고 손을 넣으니 주머니에 낚시 줄이 있었다. 참대를 베어 가지고 낚싯대로 삼으려고 하다가 배가 고파서 저고리 섶을 입에 물고 질근질근 씹으니까 맛이 돋아나왔다. 그걸 떼어서 먹어보니 솜은 아니었다. 명월각시가 소를 잡아서 포육을 뜬 것으로 지은 옷이었다. 그것을 뜯어 먹으니 배고픔은 사라졌다.

갈대를 꺾어 퉁소를 만들어서 앉아서 구슬프게 불었다. 배가 고프면 또 옷깃을 뜯어서 질근질근 씹어 먹었다. 그러다보니 옷에 숨겨두었던 낚싯대가 나왔다. 주머니에 있던 줄을 묶어서 물에다 집어넣고 고기를 잡아 올렸다. 궁상이는 포육과 잡은 물고기를 먹으면서 살아갔다.

그런데 어느 날 고기를 잡아놓고 또 낚시를 하고 있는데, 학이 자꾸 다가와서 목을 길게 빼고, 짧게 빼고 하는 것이었다. 궁상이가 잡은 물고기를 주워서 주니까 받아먹고, 또 받아먹고 하다가 어느새 알을 다섯 개나 쳐 놓았다. 새끼들이 태어나고 먹일 것이 부족하자 더 자주 궁상이를 찾아왔다. 자꾸만 고기 잡은 것을 달라고 고개를 주억주억 거리는 것을 보고, 글을 쓰라고 하니 모래 위에다 부리로 글을 썼다.

"물고기를 잡아서 우리에게 주면 신세를 갚겠습니다. 그러니 물고기를 주십시오."

그래서 잡은 물고기를 주니, 학 두 마리가 자꾸 와서 물고기를 주워다가 새끼에게 먹였다. 그렇게 새끼를 키우던 학이 또다시 모래에다 부리로 글을 썼다.

"소원을 말하시오. 무슨 소원이든지 당신이 원하는 대로 해 줄 것이니 소원을 말하시오."

가만히 생각하던 궁상이는 학에게 말했다.

"나는 다른 소원이 아니다. 여기서 물에 빠져 죽자면 죽겠는데, 명월각시를 저 강에 건너편에 넘겨버렸으니 명월각시를 찾으러 가고 싶다. 강을 넘어가는 것이 내 소원이다."

그러자 학 두 마리가 궁상이 다리를 한 짝씩 떼어서 바다 건너로 넘기고 다시 돌아왔다. 이번에는 학이 둘을 가지런히 섰다.

"이 등에 엎드려서 날개에 손을 넣고서 딱 붙들고 있어라. 그러면 물 건너로 넘겨주마."

궁상이는 학이 하라는 대로 하자 잠시 잠깐 날아오르더니 그 강가에 내려주었다. 그리고는 학은 목을 길게 빼고 짧게 빼고 하다가 궁상이의 다리 둘을 꿰어 가지고서 정강이뼈로 딱 맞춰주었다. 그때부터 사람의 다리에 정강이뼈가 있게 되었다.

그때 명월각시는 밤낮 빌고 있었다.

"궁상이를 보게 해주시오. 궁상이만 보게 해 주시오."

그러자 배선이가 냉담하게 말했다.

"궁상이를 어디서 보겠습니까?"

배선이가 이렇게 말하면서 명월각시를 방안으로 데리고 들어와서 자리 갖춤을 들자고 요구했다.

"지금 잠자리하는 것은 절대로 못합니다. 자식 키우고, 우리가 백년해로하고 천년만년을 살기는 하겠는데, 그냥은 안 됩니다. 사람들 보는 곳에서 백년해로 맺는 것을 먼저 알려야지, 알리지 않고 살면 남의 부인을 데려다가 사는 것이 됩니다. 그러면 둘을 함께 살지 못합니다. 그렇게 살다가 죽으면, 그냥 이별이 되는 것 아닙니까? 석 달 열흘 동안 거지에게 잔치를 베풀어야 됩니다. 거지 잔치를 베풀면서 모두에게 알리면 됩니다."

그 이야기를 곧이곧대로 들은 배선이는 거지잔치를 열기로 했다.

그런데 거지 잔치를 하려고 음식을 차려놓는데, 배선이는 많은 자기 재산은 그냥 놓아두고, 어디서 또 사기를 쳐서 남의 소를 잡아서 석 달 열흘 동안 거지잔치를 했다. 풍류를 잡히고 밤낮 두드리고 놀고 하는데, 명월각시는 큰상을 아주 크게 차려놓고 가만히 앉아서 잔칫상을 갈아 놓고, 새로 놓고 하면서 아래를 보는데, 세상 거지가 다 오는데 궁상이는 오지 않았다. 어디서 죽었는지 아무리 찾아봐도 보이지 않았다. 그렇게 석 달이 지나고 열흘을 남기고 있었다.

하루는 들어오는 거지를 보니 궁상이였다. 궁상이가 대문으로 들어오니 명월각시가 상차리는 하인에게 말했다.

"오늘은 상을 위에서부터 챙겨라. 그리고 반대쪽 아래에서 위로 챙겨라."

그렇게 해서 위에서 챙겨 내리고, 아래에서 위로 챙겨 올리니 가운데 한 상만 빠졌다. 그렇게 상을 못 받고 나가더니 이튿날에 또 들어왔다.

"저 끝에 앉아있으니, 오늘은 위 끝으로 아래에서부터 내려 차려라."

잔칫상을 아래서부터 올려 차렸다. 그렇게 하니 또 한 상이 모자라 아무것도 먹지 못하고 또 내보냈다. 궁상이는 그날도 그냥 돌아갔다. 사흘째는 들어와서 아래쪽에 내리 앉았다. 그런데 이번에는 또 위에서 내리 차리고, 아래 한 상이 모자란다면서 또 내보냈다.

그렇게 계속 상을 못 받으니 궁상이가 서러워서 울음을 터뜨렸다.

"여기서 석 달 열흘을 거지 잔치한다고 하는데, 한 거지를 울려 보내서야 되겠는가? 저 거지는 왜 우는지 나가서 물어 보아라."

하인이 궁상이에게 가서 물어보았다.

"다른 것이 아닙니다. 부끄러운 말이지만 날도 춥고 배고픈데 여기 거지잔치를 석 달 동안 한다고 하니 지금까지 안 오다가 이제 왔는데, 내가 사흘 와도 한 상도 못 받게 됐습니다."

"우리가 여기서 석 달 열흘 동안 공을 들였는데 모두에게 상이 돌아가지 못하면 되겠는가? 그 거지를 들어오라고 해라. 그 거지를 들어오게 해서 내 상에 내주어라."

명월각시가 말하는 대로 상을 차려주니까 배고픈 궁상이는 실컷 먹고서 한 짐을 지고 대문을 나섰다. 길을 떠나가려는데, 길 밖에 거지들이 몰려들었다.

"우리는 한 상만 받았는데, 너는 잔뜩 먹고 또 한 짐을 지고 가느냐?"

거지들이 몰려와 서로 뺏어먹으며 치고 때리며 싸움이 나고 말았다. 잠깐 사이에 거지들이 더 모이고 모여들었다. 그때 명월각시가 나가서 화를 내었다.

"내가 석 달 열흘 동안 거지잔치를 챙겨 준 것은 이렇게 싸움이 나라고 한 일이 아니다."

명월각시가 호통을 치자 소동은 단숨에 정리되었다. 하지만 명월각시는 그냥 집으로 들어가지 않았다.

"이럴 것 없이 의문이 있는 일이 있으니 모두 풀어보자."

"무슨 의문이 있습니까?"

모여 있던 사람들이 무슨 의문인지 궁금해 하며 더 모여 들었다.

"내가 구슬 옷을 지어서 두었는데, 구슬 옷의 깃을 잡아 입는 사람이라면 누구를 막론하고, 내 남편으로 삼겠습니다. 그러니 구슬 옷을 잡아 입어보시오."

그 자리에서 함에 넣어두었던 구슬 옷을 내놓았다.

모여 있던 남자들이 모두 구슬 옷을 입으려고 했다. 그때 배선이가 바쁜 걸음으로 달려왔다.

"내가 입을 수 있는 옷이다."

배선이가 냉큼 옷을 입으려고 했다. 하지만 그것을 어찌 입는지 알 수가 없었다. 이 사람이 입으려고 했지만 못 입고, 저 사람도 못 입고, 모두가 입어보려고 했지만 어느 누구도 옷을 제대로 잡지도 못했다. 그때 궁상이가 나와서 옷을 잡았다.

"어허! 예전에 보던 옷이로구나. 입던 옷이로구나."

편한 자세로 척 잡아서 구슬 옷을 입었다. 그러자 명월각시가 궁상이 옆에 서서 말했다.

"이 사람이 내 남편입니다."

두 사람은 다시 배를 타고 노를 잡아서 원래 살던 곳으로 건너왔다.

예전처럼 함게 살고 있는데, 궁상이는 신선 같이 앉아서 아무 일도 하려고 하지 않았다. 명월각시는 그 모습이 하도 답답해서 바느질로 품팔이를 해서 돈을 모아 남편에게 주었다.

"여보시오. 내가 무슨 골패를 놀겠나?"

골패를 놀자니 배선이가 떠올라 무섭고 무서워서 골패에는 손도 못 대고 밤낮 집안에서 가만히 있었다. 늙은 소 같이 늘어져 있으니 명월각시가 타일렀다.

"나가서 골패를 놀든지 뭘 치면서 놀든지 하시오. 아니면 아무 것이든 걸리는 것을 가지고 장사를 좀 해 보시오."

그 말에 궁상이는 장에 나가서 빙빙 돌다가 저녁에 들어오며 고양이를 하나 사 가지고 들어왔다. 그리고는 앉아서 바느질하는 명월각시 옆에 고양이를 슬쩍 들여보냈다. 명월각시는 기가 막혀서 아무 말도 하지 않고 가만히 있었다. 이것이라도 사온 것이니 그거 좋다고 생각하며 받았다. 또 돈을 모아서 궁상이에게 내밀었다.

"오늘 장에 가서는 그저 걸리는 대로 아무거나 사 가지고 가서 장사를 해 보시오."

그날도 나갔다가 저녁에 들어왔다. 오늘은 장사를 했는가 생각했더니, 강아지 한 마리를 사 가지고 와서 명월각시가 앉아 일하는 방에다 넣어주고는 아무 말도 하지 않고 가만히 있었다. 기가 막혔지만 그래도 남편이 사 온 것이라 말 한마디 하지 않았다. 그 강아지와 고양이는 점점 사랑스럽게 자라고, 자라났다.

고양이와 강아지가 한 집에서 살게 된 지 삼 년이 되었다.

하루는 고양이가 강아지에게 말했다.

"강아지야, 강아지야. 우리가 이렇게 편하게 살고 있는데, 신세를 갚아야지 신세만 져서 되겠니? 저 건너 장자 집에 팔방야광주가 있는데, 가지고 올 수가 없으니 어쩌겠니. 물 건너에 가야 가지고 오는데, 나는 물에 못 들어가잖아. 그러니 강아지야, 네가 가서 가지고 와라. 나는 물에 못 들어간다."

"그러면 고양이야, 내 등에 업혀라. 우리가 같이 가서 가지고 오자."

고양이는 물을 헤치는 강아지 등에 업혀서 강을 건너갔다.

칠성방울

대신방울

곧장 장자 집에 가서 팔방야광주를 물어 와서 명월각시의 방문에 갖다 놨다. 그날부터 자고 나면 쌀이요, 자고 나면 돈이 생겨나 있었다. 그냥 앉아 있어도 밤낮으로 자꾸 생기고 또 생겼다.

그 소문을 듣고서는 나라에서 사람이 찾아왔다.

"궁상이는 재산이 얼마나 많아서 밤낮 앉아서 먹고, 학 같이 앉아 있으면서도 옷도 잘 입고, 돈도 잘 쓰느냐?"

"그런 것이 아닙니다. 우리 고양이와 개가 팔방야광주를 물어 와서 밤에 자고 나면 재산이 자꾸 불어 있습니다."

"그러면 그 구슬은 네 것이 아니지 않느냐? 나라에다 바쳐야지 네가 써서 되겠니?"

그 말대로 궁상이는 그냥 그대로 갖다 바쳤다. 그러자 거기서는 밤에 자고 나면 잔등이 썩은 박이 자꾸 나와서 밤이 지나면 잔뜩 채워지고, 또 채워지고 했다. 채워지기는 하는데 밤낮 두어 봐야 좋을 것은 없었다. 그것을 알게 된 나라에서는 거기에 불을 붙여서 태워버렸다.

다시 궁상이에게 돌려 줬으면 재산이 다시 늘어나서 크게 되었겠지만,

불에 태워서 없애버렸다. 이때부터 사람이 죽으면 살던 곳으로 다시 돌아오지 못하고, 물건도 태우면 다시 원래대로 돌아오지 못하게 되었다.

궁상이와 명월각시는 둘이서 오랫동안 행복하게 살다가 이 세상을 떠날 때는 신선세상에서 신선들이 데리러 내려왔다. 그리고 부부는 인간 세상에서 지은 죄를 모두 벗고 신선세상으로 떠났다.

그 고양이와 강아지는 둘이 살게 되었다. 둘이 인간세상에서 10년을 함께 살았다. 그리고 그때부터 세상의 고양이와 개는 살아도 십년을 넘기기가 힘들다. 십년을 살고 나서 둘은 사람으로 환생을 했다. 고씨 성은 개와 고양이가 환생해서 나온 성이 되었고, 고씨 성을 가진 사람은 가슴에 털이 있다.

— 원문출처: 김태곤, 『한국무가집 3』, 집문당, 1991.

제6부

신들이 가진 능력

1. 내 복은 내가 지키는 감은장아기 〈삼공본풀이〉

올라가 윗상실은 아버지 나라이고, 내려가 아랫상실은 어머니의 나라다. 이 두 사람이 하루는 아랫녘으로 얻어먹으러 가다가 길에서 서로 만나서 천상배필이 되었다.

처음 낳은 아이가 은장애기, 두 번째 낳은 것이 놋장애기로 딸 형제가 태어나니 아침에는 밥을 먹고 저녁에는 죽을 쑤어 동냥하기를 그만두었다. 그 아기 형제를 키워두고서 낳은 자식이 감은장애기였다. 감은장애기가 커가면서 집안이 차차 부자가 되었는데, 기와집도 몇 채, 밭도 몇 판, 논도 몇 판의 천하거부로 살았다. 밭에 들어간 종도 아홉이요, 나온 종도 아홉이었고, 마소가 수천 필이라 아주 편하게 잘 살고 있었다. 하루는 비가 내리는데, 집안에 있던 윗상실과 아랫상실은 심심해서 딸을 불렀다.

"큰딸애기 이리 오너라. 말이나 물어보자. 너는 누구 덕분에 사느냐?"

"하느님 덕입니다. 지하님 덕입니다. 아버지 덕입니다. 어머니 덕입니다."

"내 자식이 분명하다. 네 방으로 들어가라."

"둘째딸애기 어서 오너라. 들어보자. 둘째딸애기는 누구 덕에 사느냐?"

"하느님 덕입니다. 지하님 덕입니다. 아버지 덕입니다. 어머니 덕입니다."

"내 자식이 분명하다. 네 방으로 들어가라."

"감은장애기 들어오너라. 물어보자. 너는 누구 덕에 사느냐?"

"하느님 덕입니다. 지하님 덕입니다. 어머니, 아버지의 덕택인들 없겠습니까마는 나는 배꼽 아래 선실금이 덕입니다."

"내 자식이 아니다. 나가라."

어머니와 아버지는 검은 암소에 입던 옷을 모두 내어놓고 늦인득이정하님과 같이 가라고 내쫓았다. 비가 줄줄 오고 있는데도 집 밖으로 나가라고 했다. 감은장아기는 염주알 같은 눈물을 뚝뚝 흘리면서 아버지와 이별하고, 어머니와 이별하고 집에서 나갔다. 어머니와 아버지는 감은장애기를 내쫓고서도 어이없음이 밑도 끝도 없었다.

"은장애기야. 문밖에 나가 보아라. 네 동생이 골목에 있거든 식은 밥에 물이라도 말아먹고 가라 해라."

은장애기가 골목으로 나가 보니 동생이 서 있었다.

"어서 빨리 가버려라. 아버지가 너 때리러 나오고 있고, 어머니도 너 때리러 나오고 있다. 어서 가라."

이렇게 말하고는 노둣돌로 올라서니 청지네가 되어 버렸다.

어머니와 아버지는 골목에 나갔던 큰딸아기가 오지 않으니까 작은딸을 불렀다.

"둘째 애기야, 저 대문 밖에 가 보아라. 네 언니하고 아우가 안 오고 있다. 나가 보고 있으면 식은 밥에 물이라도 말아먹고 가라 해라."

둘째 딸애기가 나가서 보니 제 아우만 우물우물거리며 서 있었다.

"빨리 가버려라. 어머니하고 아버지하고 너를 때리러 오고 있다."

이렇게 말하고는 집안으로 들어가다가 움막 뒤의 잿더미로 넘어지더니 말똥버섯이 되어버렸다.

방에서 기다리던 어머니가 일어섰다.

"어째서 이 애기들이 하나도 안 오는가?"

밖으로 나가려고 하는데, 갑자기 닫힌 부엌문 문살에 눈을 쏘여서 장님이 되어 버렸다. 아버지도 밖으로 나오려고 했다.

"밖에 나간 애기들이 소식이 왜 하나도 없지?"

밖으로 나오다가 대문 문살에 파팍 쏘여서 장님이 되어버렸다. 이렇게 이 부부가 정판수, 정봉사가 되어, 한 막대기를 짚고서 얻어먹는 신세가 되고 말았다.

집에서 쫓겨난 감은장애기는 눈물이 앞을 가려 청산이 흑산 되고, 흑산이 청산 되고 울며불며 머물 곳도 못 정하고 길을 갔다. 그러다가 보니 마퉁이가 마를 파내는 곳이 보였다.

맹인 부부

“늦인득이정하님아, 저기 가서 얼마나 더 가면 머물 곳이나 있는지 물어보아라.”

그곳에 가서 말을 하니 욕만 잔뜩 해댔다.

“그년이 말을 거는 바람에 마 머리만 잃어버렸다. 돌멩이로 닥닥 맞춰버릴까 보다!”

겁을 먹고 되돌아와 다시 정처 없이 길을 갔다. 조금 더 가다보니 마 파내는 데가 또 나왔다.

“저기 가서 또다시 물어보라.”

이번에도 가니까 욕질만 잔뜩 듣고 돌아왔다. 또 가다가 보니 다시 마 파는 데가 있었다.

“늦인득이정하님아. 다시 저기 가 보아라. 언제면 머물 곳이 보일까 물어 보아라.”

“나는 안 가겠습니다. 가면 욕만 하고. 애기씨가 마누라님처럼 가서 물어 보십시오.”

할 수 없이 감은장아기가 마를 파내는 데로 갔다.

“어디로 가면 사람이 머물 만한 곳이 있습니까?”

“요쪽으로 저렇게 가다가 보십시오. 머물 만한 작은 집이 있습니다. 가서 방을 빌려달라고 하고, 안 빌려주거든 문 밖에라도 앉아 있으십시오.”

알려주는 대로 가보니 작은 오막살이가 있었다. 들어가 보니 어떠한 할머니가 있었다.

“여기 길 넘어가는 여자들이 날 저물어서 그러니 밤이나 새고 가겠습니다. 방이나 하룻밤 빌려주십시오.”

“아이고! 우리 큰 마퉁이 마 파서 오면 방 빌려줬다고 욕해요.”

“그러면 문 밖에라도 있다가 가겠습니다.”

“그렇게 하시오.”

문 밖에 앉아 있는데, 날이 저물어가니 ‘왈크릉 왈크릉’ 소리가 들려왔다.

“할머님, 할머님. 저건 무슨 소리입니까?”

"우리 큰 마퉁이 마를 파서 굴려오는 소리입니다."

큰마퉁이가 들어와서 욕을 퍼부었다.

"여편네는 꿈을 꾸어도 간사한 것인데 집이 망하겠구나. 여편네들이 와서 앉겠다니."

조금 있으니까 또 '왈크릉 왈크릉' 소리가 났다.

"할머님, 저건 무슨 소리입니까?"

"우리 둘째 마퉁이가 마를 파서 굴려오는 소리야."

둘째 마퉁이도 들어오면서 그렇게 욕을 했다. 조금 있으니까 이번에는 '사르릉 사르릉' 소리가 들려왔다.

"저건 무슨 소리입니까?"

"그건 우리 작은 마퉁이가 마 파서 오는 소리야."

작은 마퉁이는 문으로 들어오면서 말했다.

"좋다! 우리 집에는 소도 없나 보다 했는데, 소도 매어져 있으니 부자 되겠구나. 아이고! 우리 집에는 여자들도 없나보다 했는데 부군들이 들어오니 부자 되겠구나."

잠시 뒤에 큰 마퉁이가 마를 삶아 내어왔다. 삶은 마의 머리는 어머니를 주고, 꼬리는 나그네를 주고, 가운데 잔동이는 자기가 먹었다. 둘째 마퉁이도 마를 삶아서 큰 마퉁이와 똑같은 행실을 했다. 작은 마퉁이는 마를 삶아서 꼬리 쪽으로는 나그네를 주고, 한가운데 잔동이는 어머니를 주었다.

"오늘 종일 날 못 견디게 하였으니 나나 먹자."

이러면서 머리는 자기 입으로 넣었다.

감은장애기는 쌀로 저녁밥을 해서 먹으려고, 솥을 빌렸다. 밥을 해 밥상을 차려서 큰 마퉁이한테 들고 갔다.

"우린 조상 적부터 그런 굼벵밥은 먹어 본적 없어 안 먹겠다."

둘째 마퉁이한테 가져가도 또 그렇게 했다. 마지막으로 작은 마퉁이한테 들고 갔다.

"아이고! 고맙습니다. 주인이 나그네한테 저녁을 해주는 것이 당연한 것인데, 나그네가 주인한테 저녁을 해서 주니 이런 고마움이 어디 있습니까?"

작은 마퉁이는 쌀밥을 받아서 먹음직스럽게 먹었다. 그것을 본 큰 마퉁이가 물었다.

"맛있냐?"

"맛있고말고."

"나도 한술 다오. 먹어보자."

바짝 뜨거운 데로 한 숟가락 떠서 손바닥에 착 발라주었다.

"앗 뜨거워, 앗 뜨거워. 거참! 달긴 달다. 놔뒀으면 우리 아버지 제사하고 먹을 것을!"

둘째 마퉁이도 큰 마퉁이처럼 그렇게 했다.

밤이 깊어서 방에 누워 있다가 감은장애기가 할머니에게 말했다.

"할머님. 어느 아들 하나 보내주십시오. 나 발 시려서 발이나 따스하게 하겠습니다."

할머니는 아들들을 불렀다.

"큰 마퉁아, 저기 나그네 발 시렵다고 한다. 누구 하나 보내어 달라고 한다. 네가 가 보아라."

"마 파다가 잘 먹여 놓으니까 저런 길 가던 여자한테 보내어서 날 잡아먹으려고?"

큰 마퉁이는 거칠게 소리를 치면서 자기 방문을 닫아버렸다. 둘째 아들도 똑같았다. 하지만 작은 마퉁이는 달랐다.

"그렇게 하겠습니다. 죽어도 내가 가겠습니다. 어머님 하시는 말을 왜 안 듣겠습니까?"

그렇게 감은장애기 방으로 들어간 작은 마퉁이는 감은장애기와 천상배필을 맺게 되었다. 감은장애기는 작은 마퉁이의 마 파던 더러운 몸을 깨끗하게 씻겨주고 줄누비 바지에 코누비 저고리, 태사신에 코잽이 버선, 외올망건에 숫불리 당줄, 동곳, 갓, 삼백두루마기에 한산모시중치막으로 차려서 입혔다. 다 차려입으니 새벽녘이 되어 대명천지가 밝아왔다.

"서방님아, 문 앞의 노둣돌에 가서 서 있으십시오."

작은 마퉁이가 그리 곱게 차리고 나가 서있는데, 큰 마퉁이가 작은 망태기에 호미 집어넣고 마 파러 나가다가 어떤 신선 같은 사람이 서 있는 것을 보고는 꾸벅 절을 했다.

"어디 신선님이십니까."

"형님, 날 모르겠습니까? 나 작은 마퉁이 아닙니까?"

깜짝 놀라 얼굴을 보니, 작은 마퉁이가 맞았다.

"허! 그것 참. 내가 그 방으로 갈 것을!"

큰 마퉁이는 부러운 얼굴을 하다가 가버렸다. 잠시 후에 둘째 마퉁이도 나왔다가 똑같이 하면서 가 버렸다. 형님들이 모두 마 파러 가버리자, 감은장애기는 곱게 차려서 입은 옷들은 모두 벗겨두고서 입던 옷으로 갈아입혔다.

"지금까지 마 팠던 구멍이 어디입니까?"

부인이 물어보자 작은 마퉁이가 먼저 집을 나섰다.

큰 마퉁이가 마 파던 구멍을 지나가는데, 그 구멍에는 물개똥만 가득했다. 둘째 마퉁이가 마 파던 구멍을 지나가는데, 그 구멍에는 쇠똥만 가득했다. 한참을 더 가서 작은 마퉁이가 마 파던 구멍에 가 보니, 땅을 고르면서 던져버린 돌덩이가 모두 은덩어리였다.

"돌을 멱서리에 모두 주워 놓으시오."

"돌 주워 가서 뭐합니까?"

"돌이고 아무 것이고 말하는 대로 이 멱서리 모두 주워 놓으시오."

감은장애기가 시키는 대로 작은 마퉁이는 한 짐 잔뜩 주워 담아서 집으로 지어 왔다. 다음날 아침이 되자 감은장애기는 작은 마퉁이에게 짐을 꾸려주면서 말했다.

"팔만들 장에 가서 이걸 모두 팔아 오십시오."

작은 마퉁이는 어리둥절했다.

"돌을 무엇이라 말하면서 팝니까?"

"그저 지고 가서 보이세요. 보는 사람이 얼마나 받겠느냐고 물어보면 줄만큼 주십시오하고 받아 오십시오."

감은장애기가 시키는 대로 은덩이를 모두 장에 들고 갔던 작은 마퉁이는 그 은을 모두 팔아왔다. 그러자 그때부터 없던 큰 집도 생기고, 없던 큰 밭도 다 생겨나서 천하거부가 되었다. 크디 큰 밭 가운데 가서 청기와장을 덮고, 암기와장은 깔고 해서 큰 집을 짓고, 여러 밤이 지나니 그 전에는 없는 하인과 없던 마소가 생기더니 재산이 자꾸 늘어났다.

아침이 되면 하인들이 절을 하면서 물었다.

"오늘은 어느 밭 갈러 갑니까? 어느 논 갈러 갑니까?"

"갈던 밭을 갈아라. 갈던 논도 갈아라."

무엇 하나 부족한 것 없었다. 그런데 세상에 부족한 것 없이 이렇게 편안하게 사는데도 감은장애기는 잇몸을 드러내며 웃는 일이 없었다. 하루는 작은 마퉁이가 감은장애기에게 물었다.

"우리가 이렇게 잘 살고 있는데 부인님은 얼굴을 펴는 날이 한시도 없습니까?"

"우리가 천하거부로 잘 살고 있으니, 이제는 세 읍에서 살고 있는 모든 얻어먹는 사람들을 모아서 두이레 동안 걸인잔치를 하면 어떻겠습니까? 그러면 내가 잇몸을 드러내면서 웃을 일이 생길 것입니다."

"그것인들 무엇이 어렵습니까?"

그날부터 차릴 수 있는 것 모두 차려서 걸인잔치를 열었다. 주변의 세 읍에서 살고 있는 모든 걸인들이 다 와서 실컷 얻어먹고 있을 때였다. 걸인잔치의 마지막 날인 열나흘 째가 되자 두 소경이 한 막대를 짚고 골목으로 오고 있었다.

"늦인득이정하님아. 저 올레로 들어오는 할머니와 할아버지에게 절대로 밥을 주지 마라. 앞으로 가서 앉으면 뒤에서부터 밥을 먹이다가 저 할머니와 할아버지한테 가게 되면 떨어졌다고 하고, 가운데로 가서 앉거들랑 양 끝으로 가서 밥을 먹이다가 저 할머니, 할아버지한테 가면 밥이 떨어졌다고 하면서 오늘 날이 저물도록 밥을 주지 마라."

감은장애기가 시키는 대로 하여 두 소경은 날이 저물어가도록 밥을 얻어먹지 못했다.

"아이고! 아이고! 열나흘 째 왔는데도 밥도 한술 못 얻어먹는 팔자구나."

서럽게 울며 나가려고 하니 감은장애기가 다가왔다.

"가지 마십시오. 오늘 종일 밥이 부족하여 못 먹였으니 밤에는 아주 잘 먹이겠습니다."

두 노인을 사랑방으로 불러 들였다. 늦인득이정하님이 등불을 들고 감은장애기는 밥상을 차려서 들고 가는데 두 소경이 갑자기 지팡이를 휘둘렀다.

"개가 오고 있다"

지팡이로 왕창 때리니까 차려 놓은 밥상은 다 부서져 버렸다.

"아이고! 우리 어머니, 아버지는 팔자가 저러해서 밥 한 상도 못 받아먹고 있구나."

이제는 밥을 바가지에 가득 담아서 가지고 갔다.

"오늘 종일 못 먹었으니 잘 먹으십시오. 이건 술입니다, 이건 밥입니다."

바가지마다 가득 담아서 잘 먹였다.

"할머니는 늘 동냥을 합니까? 전에는 잘 살았습니까? 살았던 이야기나 하십시오."

"우리 이야기는 들을 것도 없습니다. 주인이나 말하십시오."

"오늘, 오늘, 오늘이며 매일 장삼 매일이면 성도 얼마나 가실쏘냐. 옛날 옛적에 윗상실과 아랫상실이 있는데, 아버지는 윗상실, 어머니는 아랫상실 길에서 마주쳐서 부부가 되었습니다. 첫 자식은 은장애기, 둘째 자식은 놋장애기, 셋째 자식은 감은장애기가 태어났는데, 그때부터 부자가 되어 잘 살다가 하루는 비가 오니까 심심하기도 하고 부족함이 없는 살림에 겨워서 나를 부르고 누구 덕에 사느냐 물었습니다. 대답을 듣고 나더니 나를 내쫓아버렸습니다. 제가 감은장애기, 두 분의 딸입니다."

두 소경은 깜짝 놀라며 허둥댔다.

"이게 무슨 말인가? 내가 눈이나 밝았으면 볼 것을!"

양손 주먹으로 양 눈을 마주 치니까 갑자기 눈이 밝아졌다. 다시 앞을 보게 된 두 노인은 감은장애기 집에서 함께 살게 되었다. 그런데 윗상실과 아랫상실은 천하거부인 감은장애기 집에서 살면서도 지금까지 얻어먹으러 다닌 습관 때문에 손도 검고 깨끗함이 없었다. 그러자 사위의 눈치가 보여 편하게 살 수가 없어서 감은장애기는 어머니와 아버지를 모시고 따로 나와서 잘 살았다.

— 원문출처: 진성기, 『제주도무가본풀이사전』, 민속원, 1991.

제웅

2. 길흉화복을 지배하는 칠성신 〈칠성본풀이〉

강남천자 드넓은 밭 송핏골에 송씨 나라 송씨 부군 송성군, 장씨 나라 장씨 부인 장성군이 살았다. 근본이 가난하지만 착하게 아기도 없이 살고 있었다. 하루는 잘 아는 점쟁이를 찾아가서 어떻게 될까하고 점을 보았다.

"칠성단을 모셔서 칠성제를 하면 없는 돈도 생기고, 없는 자식도 생기고 부귀영화 하겠구나."

"그러면 칠성제를 어떻게 합니까?"

"칠성단을 모셔놓고 밥도 일곱, 떡도 일곱, 쟁반에 고여 놓고, 무명도 일곱 필, 불도 일곱 개를 켜 놓고, 잔도 일곱 잔에 쌀도 일곱 그릇을 놓고, 칠성제를 지내면 좋겠구나."

집으로 돌아오자마자 칠성제를 지내려고 차릴 준비를 했다. 칠성제 받을 분이 일곱 칠성인데, 그중 넷째 동성군이 재주가 굉장히 좋았다. 그런데 그만 죄를 지어서 인간 세상에 유배를 내려가 있었다.

동성군은 아이들을 모아서 서당에서 글을 가르쳤다. 하루는 날이 어두워가는 때에 마당에 나서서 천기운을 짚어보니 여섯 성군이 모두 강남천자 송핏골 드넓은 밭 장씨 나라 장씨 부인, 송씨 나라 송씨 부군한테 가려고 나서고 있었다. 동성군은 여섯 형제와 같이 가려고 글을 가르치던 아이들을 모두 일찍 보내고 난 뒤 나갈 준비를 했다.

글공부하던 일천제자들이 좋아하면서 모두 가버리는데, 수제자 하나 있다가 선생님이 멀리 출장을 가려는지 막 군복을 차려서 입고 골목으로 나가고 있었다.

수제자는 먼 발로 선생님 뒤를 쫓아가다 보니 선생님이 송씨 나라 송씨 부군, 장씨 나라 장씨 부인네 집으로 들어갔다. 그 집에서는 칠성단을 모셔 놓고 칠성제를 지내는데, 처음 간 성군님들은 이미 상을 받아먹고 나오고 있었다.

동성군은 안으로 들어가 떡 두 개만 소매 자락에 넣어왔다. 칠성제가 끝나자 일곱 성군들이 말을 했다.

"송씨 부군, 장씨 부인이 마음을 먹어서 우리 상을 이리도 잘 차려 놓았으니 치사를 어떻게 하면 좋겠습니까?"

그때 동성군이 말을 했다.

"난 마지막에 와서 상을 받지 못했으니 먼저 와서 상을 받은 분들이 먼저 말을 하십시오."

그러자 원성군, 목성군, 계성군, 명성군, 복성군, 연성군이 말했다.

"나는 이들에게 명을 길게 줄 것이다."

"나는 이들에게 복을 더 줄 것이다."

"나는 말과 소를 나누어 주겠다."

"난 가지전답을 주겠다."

"요것들이 자식 없이 있으니, 난 자식을 나누어 주겠다."

"나는 액을 다 막아주겠다."

여섯 성군이 모두 말하고 나서 동성군이 말했다.

"나는 갈 때는 저것들 정판사 정봉사 시켜두고 가겠습니다."

"아이고! 거 무슨 말이냐. 그런 일이 어디 있느냐?"

"그래도 마지막에는 알 도리가 있을 것입니다."

모두 일어나서 나와 각자 갈 길로 갔다.

다음날에도 동성군은 다른 날과 마찬가지로 서당에서 글을 가르치고 있었다. 그런데 수제자가 나와서 물었다.

"선생님 지난밤에 어딜 다녀왔습니까?"

"이 자식, 괘씸한 자식. 아이놈이 왜 내 뒤를 따라왔느냐?"

"선생님, 그게 무슨 말씀입니까? 선생님만 다니다가 급한 병이 들거나 도둑을 만나거나, 숙적을 만나기라도 할까봐 따랐습니다."

"아! 내 수제자가 분명하다. 우리나라 충신 감이로구나. 부모에게는 효자 감이라구나. 그러면 내가 갔던 집을 알아내겠느냐?"

"거기 알지요. 왜 모릅니까?"

"그러면 간밤에 내가 어떡하였느냐?"

"다른 성군님들은 받았던 상을 모두 물려서 나오는데, 선생님은 상도 못 받고 떡 두 개를 소매 자락에 넣어 왔습니다."

"지금 그 떡을 가지고 내가 입었던 청사도폭 둘러 입고, 그 집에 다시 가서 여기 심부름하러 온 아이입니다 하고 말하고, 떡을 돌려주고 오너라."

수제자는 선생님 말씀대로 그 집에 갔다.

"지난밤에 칠성제를 지냈습니까?"

"지냈지. 어디서 들었느냐?"

"뭐, 없어진 것 없습니까?"

"없어진 것 없다."

"떡을 세어보십시오."

떡을 세어보더니 깜짝 놀랐다.

"동성군 몫의 떡 두 개가 없구나. 아, 요놈 듣는 모양이 도둑놈이로구나. 여기 놔둔 것을 훔쳐갔구나."

주인집에서 수제자를 잡고 닦달을 했다.

"풀어주면 바른 말 하겠습니다."

주인이 잡았던 손을 놓자마자 수제자는 가져간 떡 두 덩어리를 양손으로 잡고 보여주었다. 송씨 부군과 장씨 부인 부부가 멍하니 바라보았다. 제자가 그 떡으로 눈에 불이 나도록 잽싸게 쏘아버리니 그만 부부는 눈먼 봉사가 되어버렸다. 그뿐만이 아니었다. 몸에는 부스럼이 나서 용달 몸이 되어 버렸다.

"아이고, 내 노릇이야! 아이고, 내 팔자야! 누가 칠성제 하라고 그랬는고?"

억울함에 탄식을 하면서 사흘 동안 앉아있으니 백만 군사가 쳐들어왔다.

"이것들이 송성군과 장성군이 벼슬할 때 이놈의 돈도 많이 털어먹었으니 배를 밟아버리자."

고함을 치면서 집안으로 들어가 보니 눈먼 봉사에 용달 몸에 꼴이 그 모양이 되어 있었다.

"내버려둬도 그냥 얼마 못 살고 그냥 죽겠구나."

군사들은 그냥 돌아갔다.

동성군은 수제자를 다시 불러서 푸른 명주 석자를 내어주며 말했다.

"이것을 가지고 다시 그 집으로 가서 봉사 부부에게 주면서 너울너울 붙이고 있으라고 해라. 그러면 눈도 밝아지고, 물비리 당비리 같은 병도 다 좋아진다고 해라."

수제자는 동성군이 시킨 대로 가서 하니, 두 봉사는 눈이 밝아지고 부스럼도 사라졌다. 그러자 부부가 말했다.

"이게 다 그 때 칠성제 한 덕택이로구나. 다시 칠성제를 해야겠구나."

칠성제를 다시 한 뒤로 부인의 몸에 태기가 있었다. 아이를 배어서 아홉 달이 지나고 열 달이 차서 예쁜 딸이 태어났다.

이 애기가 일곱 살 나는 해에 천상에서 연락이 왔다.

"성군벼슬 살러 오시오."

성군벼슬을 살러 가려고 짐을 싸고 있으니 애기가 황급히 따라왔다.

"어머님. 나도 같이 가겠습니다."

"남자 같으면 책실로나 따라 가지만 넌 못 간다. 늦인득이정하님과 살고 있어라. 늦인득이정하님아. 이 애기 돌보면서 잘 살고 있으면 성군벼슬 살고 와서 종문서 불태워 없애 주마."

애기는 아버지에게 갔다.

"난 아버지와 같이 갈 거예요."

"아들 같으면 책실로나 따라 가지만 넌 못 간다."

다음날이 되자 어머니와 아버지는 붉은 독교를 타고 성군벼슬 살러 떠나고 있었다. 그런데 애기가 울며불며 어머니, 아버지 모르게 독교 손잡이에 달려서 하늘로 동동 떠올라갔다. 올라가다가 애기가 팔 힘이 빠져 독교 손잡이를 더 잡을 힘이 없어지자 떨어지더니 아무도 없는 바람 잦은 밭의 소나무가지에 걸렸다.

"어머니, 아버지."

애기는 울며불며 여기저기 다니는데 동개남 은중절의 삼배중이 절도 헐고 당도 무너져 시주 받으러 인간 세상으로 내려오다가 마주쳤다. 다가가서 앞에 오는 대사님에게 물었다.

"어머니한테 날 데려다 주십시오."

"우린 중이라서 당초에 여자를 모른다."

두 번째 오는 대사도 그렇게 대답했다. 세 번째 오는 대사에게 엉엉 울면서 물어보았다.

"어머니, 아버지한테 날 데려다 주십시오."

대사는 아무 말 없이 애기를 짐짝으로 집어넣어 다니는데, 밤에는 데려다 눕히고 일천부적을 다하고, 낮에는 데리고 다니면서 시주를 받아오게 했다.

그렇게 하다 보니 어느덧 어머니와 아버지는 성군벼슬을 다 살고 돌아왔다.

"늦인득이정하님아. 어서 애길 데리고 오너라. 얼마나 컸는지 보자."

"그때 같이 갔습니다."

"아이고! 이게 무슨 일이냐. 아이고! 이게 무슨 말이냐?"

어머니와 아버지는 애기를 찾으려고 일만 사람을 모두 내어놓았지만 찾지 못했다.

하루는 밤에 잠을 자는데 현몽이 들어왔다.

"불쌍한 어머님. 내 얼굴을 보려거든 내일 아침에 먼동이 밝아올 때 저 골목 노둣돌에 서서 저 큰길로 바라보십시오. 삼배 중이 넘어갈 때, 맨 뒤에 가는 대사중에게 예쁜 애기를 잃었으니 운세를 봐 달라고 말하면 내 얼굴 볼 것입니다."

다음날 아침 일찍부터 노둣돌에 서서 보고 있는데, 정말로 대사중이 넘어가고 있었다. 어머니와 아버지는 제일 뒤에 가는 대사에게 물었다.

"일곱 살 난 애기를 잃은 지가 열 해인데, 운세나 봐 주십시오."

"오늘 낮 사시 만 되면 딸 얼굴을 보겠습니다."

“요 중, 저 중, 괘씸한 중아. 요게 흉험을 들인 중이로구나.”

어머니와 아버지는 중을 잡아서 닦달하면서 흔들어댔다. 그러자 지고 있던 자루를 던져두고는 부리나케 달아나버렸다. 급히 자루를 풀어보니 그 안에 딸이 있었다. 그런데 딸은 배도 한 자, 길이도 한 자, 모두 한 자가 되어 있었다.

“우리 애기가 왜 이 모양이 되었느냐?”

“중이 밥을 얻을 때는 많이 주고, 못 얻은 때는 조금 줘서 이렇게 되었습니다.”

“머리는 왜 맷방석이 되었느냐?”

“중이니까 얼레빗, 참빗이 없어 머리를 안 빗어서 이렇게 되었습니다.”

애기가 이렇게 말하고 있지만 아무래도 의심스러워서 가슴을 확 헤쳐서 보니까 젖꼭지가 검었다.

“아이고! 내 노릇이야! 양반의 집에서 이런 자식을 찾아놓아도 쓸 데가 없구나. 이런 구차한 일이 어디 있으랴!”

아버지는 딸을 곧 죽이고자 했다.

“앞밭에 가서 베틀 걸어라. 뒷밭에 가서 장검 걸어라. 자강놈을 불러라.”

죽일 듯이 몰아가니까 어머니가 말리면서 말했다.

“어떻게 자기가 낳은 자식을 죽일 수가 있습니까? 무쇠석함 짜 놓고 일흔여덟 쇠사슬 통자물쇠를 채워 서해 용신물에 남몰래 띄워 버리십시오.”

“말하고 보니 그것도 옳은 말입니다.”

대장장이 불러다가 무쇠석함을 짜놓고, 일흔여덟 용두 자물쇠로 단단히 잠가다가 서해 용신물로 띄워 버렸다.

무쇠석함은 물 아래로 둥실둥실 물 위에도 둥실둥실 떠다니다가 강남 천자국으로 넘어갔다. 일본 주년국도 넘어가고, 우리나라 효자국으로 떠왔다. 조선에 들어왔지만 여덟도 팔관장도 세어져서 못 들어간다. 영의금성 대모관은 팔십열이 대모관이 세어져서 못 들어간다. 대정 이십칠도 옥녀탄금성도 세어져서 못 들어간다. 이제는 정의로 토산개 강당할망한테로 사정해서 들어가보려고 했다. 토산개 강당할망한테 가서 아무리 사정해도 소용없었다.

"내 물이다. 내 자리라서 못 들어온다. 나가라."

할 수 없이 그 길로 나와서 대정으로 올라가 정월로 들어가려고 했다.

"당초 여기로는 못 든다."

본향할망이 쫓아내어버리니 못 들어가고 나온다.

산방으로 들어가려 하니 산방구절이 세어져 못 들어가고 나간다.

모슬포로 들어가려고 하니 돈지가 세어져 못 들어가고 나간다.

날뢰로 들어가려 하니 장밭할망 세어져 못 들어가고 나간다.

어찌어찌하면서 차귀 당산봉까지 왔는데, 법사용궁 본향할망 개할망이 세어져서 못 들어가고 나간다.

두밋개로 들어가려 하니 거머들 본향할망 세어져서 못 들어가고 나간다.

버렝이로 가서 들어가려 하니 수왕 물할망이 세어져서 못 들어가고 나간다.

섭지로 가서 들어가려 하니 진도할망이 세어져서 못 들어가고 나간다.

자물개로 들어가려 하니 영등할망이 세어져서 못 들어가고 나간다.

애월로 들어가려 하니 코지할망 세어져서 못 들어가고 나간다.

도두리로 들어가려 하니 도들봉이 세어져서 못 들고 나간다.

산짓개로 들어가려 하니 산지할망 세어져서 못 들고 나간다.

별돗개로 들어가려 하니 별도진장 세어져서 못 들고 나간다.

김녕개로 들어가려 하니 앞개로는 끝내 못 들어가고, 뒷개로 가서 민물고비로 작은 바위마당 큰 바위마당으로 올라간다.

해녀 일곱 명이 물에 들어가려고 하다가 반짝이는 것이 눈에 들어왔다.

"은괴다. 금괴다. 네가 주웠다. 내가 주웠다."

서로 머리를 잡고 몸싸움을 했다.

때마침 가시오름 강당장이 물때가 좋아서 볼락을 낚으려고 낚싯대를 들고 멸바구니는 메고 으쌍으쌍 내려오다 보니 해녀 일곱이 마구 싸우고 있는 것을 보았다.

"이게 무슨 일이냐?"

"아이고, 할아버님아. 사실이 이만저만 합니다. 이 공사를 조절하여 주십시오."

"이년들. 그게 싸울 일이냐? 그 속에 금이 있냐? 은이 있냐? 해녀 일곱 명이 다 나눠 가질 것이지 싸울 게 뭐 있느냐? 그리하고 상자는 나에게 주면 담배상자나 하겠다."

"그러면 그렇게 하십시오."

하지만 해녀들이 상자를 열려고 하는데도 끝내 열지를 못했다. 강당장이 동솥 같은 주먹으로 세 번을 때리니 저절로 설렁 열렸다. 상자를 여니 안에서 나온 것은 은은커녕 금은커녕 눈은 반짝이며 혀를 내미는 뱀이 올망졸망 나왔다.

"이년들아, 이것이 은이냐? 이것이 금이냐? 이것을 받아 가라."

강당장이 바위로 힘껏 던져버리니까 뱀도 겁나고 사람도 놀랬다.

해녀들은 뱀을 향해서 침을 뱉었다.

"퉤퉤, 더럽다."

바닷물로 첨벙첨벙 뛰어들었는데 그날따라 손치도 쏘고, 미역치도 쏘아서 해녀들은 "아이고야, 아이고야"하면서 집으로 겨우 돌아갔다.

그날부터 일곱 해녀들의 온 몸이 부었다가 나았다가 하면서 매일 아파가고, 가시오름 강당장도 입이 부어가는 병이 나서 매일 아파하니 무당을 찾아가서 점을 쳐보기로 했다.

"남의 나라 칠성부군을 건드렸구나. 남의 나라 칠성부군을 본 죄로구나. 칠성부군을 발로 밟은 죄목이로구나. 칠성부군을 입으로 욕을 한 죄목이로구나."

"그러면 어떡하면 좋습니까?"

"해녀 일곱이 모여서 그 개펄로 가서 열나흘 동안 굿을 해라."

"어떻게 차려서 굿을 합니까?"

"무명도 일곱, 종이도 일곱, 떡도 일곱, 밥도 일곱, 불도 일곱, 모두 일곱씩 차려서 해라."

그렇게 차려서 열나흘 동안 굿을 했다. 굿을 마칠 때 무당이 사람들에게 일렀다.

"이 칠성부군은 어디로 가지도 오지도 않고 주워온 사람 뒤에 조상으로 들어서 얻어먹겠다고 하는구나."

"병에만 좋으면 그것이 어렵겠습니까?"

해녀들이 조상으로 모시며 칠성을 위하니 다른 사람은 못해도 칠성을 위하는 일곱 해녀는 미역이며, 전복이며 가득 잡아왔다. 그러자 남은 해녀들이 말했다.

"그 조상 우리도 조금 나눠다오. 우리도 모셔서 미역, 전복을 많이 하자. 너희만 모두 해버리니 우리가 할 것이 없겠다."

해녀들이 종이 한 장씩, 쌀 한 줌씩 하면서 조상을 나눠주니, 모두 칠성을 잘 모셔서 잘 되었다.

이제 뱀들은 어디로 갈까? "그 담구멍 저 담구멍"하고 "그 마름 저 마름" 하면서 넘는 것이 성안으로 들어왔다.

"산짓물 홍예 아래로 가서 보자."

뱀 어머니는 새끼에게 말했다.

"너도 가라. 나도 간다."

보내려고 해도 새끼들이 끝내 안 가니 어머니가 홍예물 아래로 가서 주변을 구경하다가 물속으로 퐁당 빠지고 말았다. 어머니 뱀이 디딤돌 위에 나왔을 때, 아기 업은 아이가 거기에 있다가 깜짝 놀라며 외쳤다.

"아이고, 이것이 무엇입니까?"

옆에서 빨래하던 할머니가 말했다.

"아이고! 물할망이로구나, 물할망이로구나. 비가 오려고 하니 나왔구나. 디딤돌 아래로 기어 들어가십시오. 아이들이 놀랍니다."

그렇게 말하니 어머니 뱀은 물할망이 되어서 기어들어가고, 일곱 딸만 남게 되었다. 일곱 딸은 별이 송송한 칠성굴로 들어갈까 하다가 송대감 집 먼 골목의 대문간에 소랑소랑 누워있는데, 그 집 큰딸이 물 길러 나가다가 보고는 버럭 겁이 나서 소리쳤다.

"아이고! 어머님아, 와 보십시오. 어서 와서 보십시오. 큰일이 났습니다. 큰일이 났습니다."

송대감 집 어머니는 딸이 말하는 곳으로 나가 보니 뱀 일곱 마리가 소랑소랑 누워 있었다.

"우릴 살릴 조상님이거든 어서 오십시오."

그러자 일곱 딸 뱀들이 졸졸졸졸 들어오자 뒤쪽으로 이끌어 칠성당에 모시자 그 안으로 기어들어갔다. 청뚜껑, 청이엉을 씌워 덮어서 모시니 모든 일이 잘 되었다. 이리하여 우마번성, 자손창성, 오곡풍성, 육국시렴을 시켜주던 일곱 딸은 송대감 부인이 거기에 가만히 있으라는 말을 하지 않아서 밖으로 나왔다.

"우리 내동헌에 가서 구경하자."

모두 나와서 외줄방석 같이 사려서 누워있으니, 칠성신인 줄 모르는 사람들이 넘어가며 넘어오며 침 탁탁 뱉었다.

"더럽다. 이거 무엇이냐?"

하지만 뱀들은 상관하지 않았다.

"이제는 배부른동산에 가서 구경하자"

다른 곳으로 가도 사람들은 더럽다고 침을 탁탁 뱉었다.

"이제는 우리도 자리를 차지해야겠구나. 큰딸애기는 어디에 가겠느냐?"

"난 내동헌으로 가겠습니다."

"뭐가 좋아서 거기로 가겠니?"

"삿이 들어서 돌림상을 받고, 일만 제자 일만 관속이 다 내 차지 아닙니까?"

"둘째 딸애기는 어디로 가겠느냐?"

"환상 창고로 가겠습니다."

"뭐가 좋아서 거기로 가겠니?"

“일만 백성들이 환상 바치면 서창고도 일천 석, 동창고도 일천 석, 되를 쓸다가 남으면 그거 모두 내 차지 아닙니까?”

“거기로 잘 가라. 너는 부자 되겠구나.”

“셋째딸아, 너는 어디로 가겠느냐?”

“칠성골의 염색할망에게 가겠습니다.”

“무엇이 좋아서 거기로 가겠느냐?”

“물감염색이 좋아서 가겠습니다.”

“너는 고운 것을 탐내던데, 잘 가고 있다.”

“작은 딸애기는 어디로 가겠느냐?”

“난 사령방으로 가겠습니다.”

“무엇이 좋아서 거기로 가겠느냐?”

“많은 죄를 저지른 사람이 풀릴 때가 되면 돈과 돼지다리, 여러 가지 많이 가져오면 모두 내 차지 아닙니까?”

“너는 상놈은 되겠지만, 잘 먹을 데로 가고 있다.”

“더 작은 딸은 어디로 가겠느냐?”

“난 과수원으로 가겠습니다.”

“무엇이 좋아서 거기로 가겠느냐?”

“많은 과일이 좋습니다. 나라에 바치고 남은 것은 내 차지 아닙니까?”

“너는 잘 먹으러 잘 가고 있다.”

“어머니는 어디로 가겠습니까?”

“나는 처음 들어왔던 곳, 해녀들이 주운 데로 들어가서 자손창성, 우마번성, 육조번성, 다섯 적국, 오곡풍성, 열두 달 기망삭을 받으러 갈 것이다.”

그때부터 이 세상에는 열두 달 고사를 지내는 법이 생겼다. 이번에는 딸들이 어머니에게 물었다.

“그러면 어머니는 어느 날에 만날 수 있습니까?”

“좋은 날 받아서 오너라.”

“좋은 날에 여러 사람들이 고사하면 어머니 혼자 다 먹을 수 있습니까?”

"바늘 가는 데 실 아니 가며, 어머니 가는 데 아기 아니 가겠느냐? 그때는 너희들 모두 오라는 소리 들으면 일곱 딸과 같이 먹자."

그때 생긴 법으로 일곱 칠성 고사할 때, 메밥 한 그릇을 담아도 산호젓가락 일곱 개를 꽂아서 칠성님께 명을 빌게 되었다.

— 원문출처: 진성기, 『제주도무가본풀이사전』, 민속원, 1991.

칠성신

3. 재앙을 막는 신이 된 지장아기 〈지장본풀이〉

남산과 여산 부부가 있었는데, 아이가 없어 걱정이었다. 후사를 얻기 위해 동개남 삼동절에서 수륙재를 드리니, 생불화를 내려 여자아이가 태어나 지장이라고 이름을 지었다.

한 살이 되는 해에 어머니 무릎에 앉아서 온갖 어리광을 피우고, 두 살 되는 해에 아버지 무릎에 앉아서 어리광을 피우고, 세 살이 되는 해에 할머니 무릎에서 어리광을 피우고, 네 살이 되는 해에 할아버지 무릎에 앉아서 어리광을 피웠다.

다섯 살 되는 해에 그 어머니 뚝 죽어버리고, 여섯 살 되는 해에 그 아버지 뚝 죽어버리고, 일곱 살 되는 해에 그 할아버지, 할머니 뚝 죽어버렸다. 외삼촌댁으로 들어가 사는데, 개가 먹던 접시에, 쥐 먹던 접시에 술밥을 주었다. 그러더니 죽으라고 삼거리에 던져버렸다.

옥황에서 부엉이가 내려왔다. 한 날개를 깔고 한 날개를 덮어 주었다. 한 해, 두 해 지나 열다섯 십오 세가 되니, 착하다는 소문이 동서로 났다. 서수왕 서편의 문수 댁에서 문운장이 왔다. 팔자사주 말하니 좋아하며 시집을 갔다.

그런데 열일곱 되는 해에 시어머니 똑 죽어버리고, 열여덟 나는 해에 시아버지 똑 죽어버리고, 열아홉 나는 해에 시할머니, 시할아버지 똑 죽어버렸다. 갓 스물 되는 해에는 남편까지 똑 죽어버렸다.

"내 팔자여, 내 사주여! 어디로 가리요?"

시누이 집으로 들어가 사는데, 그 시누이가 죽일 듯 말하고, 잡을 듯 말하고, 태워죽일 듯 말했다.

"몸에 붙은 벼룩이 다섯 되고, 이가 다섯 되인데 어디로 가리요?"

삼거리로 나가니 동으로는 대사가 오고, 서에서는 무당이 오고 있었다.

"내 팔자를 말해주시오. 내 사주를 말해 주시오."

원천강의 팔자 사주를 말하고 가는데, 초본은 좋아도 중본은 궂고, 중본은 궂어도 말본은 좋다고 한다. 강명주와 물명주를 일천동 하여 시어머니, 시아버지, 친어머니, 친아버지, 서러운 낭군까지 천도하는 굿을 하라고 했다.

초새납하고, 이새납하고, 삼새납하여 천장판에 연가를 붙여 누에씨를 구해 와서 키웠다. 누에씨를 떨어서 키워 아기잠을 재웠다. 두 벌 잠을 재우고, 세 벌 잠을 재우고, 네 벌 잠을 재웠다.

오랜 밤을 먹더니, 올 내고 고치를 지었다. 고치를 따서 실 엮어 감았다. 그 실을 나는 듯이 매고 짜기를 한 밤, 두 밤, 열두 밤을 새고, 보름을 새어 강명주도 일천동이, 물명주도 일천동이를 했다.

시어머니, 시아버지, 어머니, 아버지, 서룬 낭군님이 새로 환생했다. 지장애기는 좋은 일 하였으니 새 몸으로 환생했다.

천왕새 달자. 지왕새 달자. 인왕새 달자.

열두시만국으로 흉험을 알려주는 새, 조화를 주는 새, 사가 되었다.

이 집안에서 흉험 조화를 알려주는 새를 낱낱이 달아 쫓아낸다. 서수왕의 딸아기가 문수의 집에 시집을 못 가게 되니 문 닫힌 방안에서 문 걸고 앉아서 말라서 죽었다. 자청비하고 싸움을 하는데, 눈으로 나는 것은 공방새이고, 코로 나는 것은 코주리새요, 입으로 나는 건 악심새다. 열두시만국 흉험을 주는 새와 낱낱이 알려서 쫓아내자.

— 원문출처: 진성기, 『제주도무가본풀이사전』, 민속원, 1991.

월도

4. 죄를 심판하는 저승시왕들 〈저승본풀이〉

첫째 진강대왕은 칼도제 도산지옥을 다스린다. 이 왕은 갑자(甲子), 을축(乙丑), 병인(丙寅), 정묘(丁卯), 무진(戊辰), 기사(己巳)생을 차지하고, 죄 많은 인간을 잡아다가 점점이 썰어서 다스리는 지옥이다.

둘째 초강대왕은 검은흑제 끓일탕제 흑탕지옥을 다스린다. 이 왕은 정오(丁午), 신미(辛未), 임신(壬申), 계유(癸酉), 갑술(甲戌), 을해(乙亥)생을 차지하고, 죄가 많은 영혼을 가마솥에 물을 끓이면서 집어넣었다가 꺼냈다가 하면서 형벌을 주는 지옥이다.

셋째 송제대왕은 금서지옥을 다스린다. 이 왕은 병자(丙子), 정축(丁丑), 무인(戊寅), 기묘(己卯), 경진(庚辰), 신사(辛巳)생을 차지하고, 죄가 많은 인간을 형틀 위에 올려 묶어 정강이를 때리다가 귀양정배 보내는 지옥이다.

넷째 오관대왕은 한빙지옥, 얼음한제, 얼음빙제를 다스린다. 이 왕은 임오(壬午), 계미(癸未), 갑신(甲申), 을유(乙酉), 병술(丙戌), 정해(丁亥)생을 차지하고, 죄가 많은 인간을 동지섣달 설한풍에 옷을 벗겨 얼리고, 죄가 없는 백성은 백탄숯불 피워 줘 따뜻하게 하여 형벌을 주는 지옥이다.

다섯째 염라대왕은 빠일빨제 발련지옥을 다스린다. 이 왕은 무자(戊子), 기축(己丑), 경인(庚寅), 신묘(辛卯), 임진(壬辰), 계사(癸巳)생을 차지하고, 혀를 빼고 빼는 곳인데, 인간이 죽은 곡식은 남을 주고 여문 곡식으로 받아오고, 없는 사람한테 돈을 주고, 돈에 이자 많이 받고, 못할 일을 한 많은 백성은 잡아다가 큰 집게로 혀를 빼는 지옥이다.

여섯째 변성대왕은 배연사제, 독자지옥을 다스린다. 갑오(甲午), 을미(乙未), 병신(丙申), 정유(丁酉), 무술(戊戌), 기해(己亥)생을 차지하고, 인간을 잡아다가 죄가 많은 혼은 굶은 뱀, 굶은 지네, 굶은 도마뱀한테 같이 가둬서 굶기는 지옥이다.

일곱째 태산대왕은 지을작제, 바름풍제, 풍두지옥을 다스린다. 이 왕은 경자(庚子), 신축(辛丑), 임인(壬寅), 계묘(癸卯), 갑진(甲辰), 을사(乙巳)생을 차지하고, 인간의 혼을 잡아다 죄가 많으면 절구방아에 박박 빻아서 허풍바람에 불려버리면 죽어서도 살아있는 이로 다니게 하는 지옥이다.

여덟째 평등대왕은 톱거제, 거외지옥을 다스린다. 이 왕은 병오(丙午), 정미(丁未), 무신(戊申), 기유(己酉), 경술(庚戌), 신해(辛亥)생을 차지하고, 인간의 혼을 잡아다 상가마에 대톱을 걸어서 짝을 쪼개어 간을 내어 연못에 가서 훌렁훌렁 씻어다가 열두 말마소로 환생하게 하는 지옥이다.

십대왕

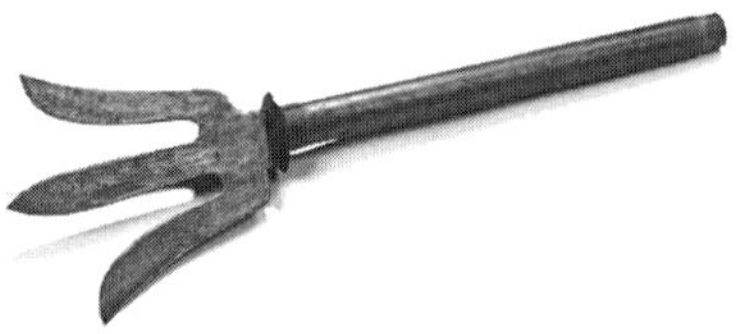
삼지창

아홉째 도시대왕은 철상지옥을 다스린다. 이 왕은 임자(壬子), 계축(癸丑), 갑인(甲寅), 을묘(乙卯), 병진(丙辰), 정사(丁巳)생을 차지하고, 인간의 혼을 잡아다 옷을 벗겨 나뭇가지에 거꾸로 매달아서 형벌을 씌우는 지옥이다.

열째 오도전륜대왕은 흑감지옥을 다스린다. 이 왕은 무오(戊午), 기미(己未), 경신(庚申), 신유(辛酉), 임술(壬戌), 계해(癸亥)생을 차지하고, 붓끝으로 허가문을 쓰면 큰 죄, 작은 죄를 구분한다. 흑암지옥은 인간의 혼을 잡아다 죄 없는 백성은 석효산 상마을로 보내고, 죄가 많은 혼은 해도 달도 못 보는 곳, 신펄날로 하옥시키고, 산천 좋은 곳에 묘를 써도 산천발복 못하게 하는 지옥이다.

열하나는 지장대왕, 열둘은 상부왕, 열셋은 우두영기, 열넷은 좌두영기, 열다섯은 동제판관, 열여섯은 사제왕.

일곱신은 아홉귀양, 천왕차사 월직사제, 지왕차사 일직사제, 옥황차사 황금역사, 용왕차사 거북사제, 저승차가 이원사제, 이승차사 강림도령 강파도. 이 주인의 나이는 몇 살, 아무 영혼 데리고 가던 차사님, 저승길은 험해서 작은 다락, 큰 다락이 길이다.

산딸기나무 가시덤불 눈비애기 거친 솔 없는 곳으로 영혼을 곱게, 곱게 데려가서 극락세계 상마을로 보내시오. 청새 몸으로 환생시켜 주시오. 백새 몸으로 환생시켜 주시오. 청나비로 환생시켜 주시오. 백나비로 환생시켜 주시오. 부모 조상 가신 곳으로 보내주시오.

좋은 곳에 보내거든 이 주당전과 자손가지에 자손창성, 우마번성, 오곡풍등, 육국만발 시켜주시오. 먹을 복, 입을 복을 내려 주시오. 날로 날액 막아주시오. 달로 달액 막아주시오. 관송, 입송, 한란, 상귀 막아주시오. 장사에 재수 대통 시켜 주십시오.

— 원문출처: 진성기, 『제주도무가본풀이사전』, 민속원, 1991.

5. 가장 낮은 곳에서 찾아온 신성 〈숙영랑 앵연랑 신가〉

숙영선비의 나이 열다섯 살이요, 앵연각시는 열네 살이다. 혼인방에 혼인을 맺고, 근원방에 근원을 맺으려고 하는데, 마루 저쪽은 주인아비, 마루 이쪽은 주인어미로 첫 말을 붙이니 허사였다. 두 말 붙이지만 또 허사다. 세 말을 붙이니 반허락이 났다. 고개 한가운데, 산마루 한 가운데에서, 저쪽에 핀 꽃이 이쪽으로 숙여지고, 이쪽에 핀 꽃이 저쪽으로 숙여지니 참 허락을 받을 수 있었다.

숙영선비가 궁합을 가리려고 아랫녘의 선생에게 가니, 중원에서 나온 책을 펼쳐놓고 날을 골라 궁합을 가렸다. 숙영선비와 앵연각시의 궁합이 갑자을축은 바다 속의 금이오, 병인정묘는 화로 속의 불이라. 무진기사는 큰 숲의 나무요, 경오신미는 길가의 흙이요, 임신계유는 칼날 끝의 금이오, 갑신을유는 샘 속의 물, 무인기묘는 성 근처의 흙이요, 경진신사는 백납의 금이요, 임오계미는 버드나무라 궁합이 좋다.

날을 받아서 떠나는데, 납채는 삼월삼짇날이오, 장가가실 날은 갑인년 사월초여드렛날이요, 시집은 유월 유두날이다. 만재기물은 억십만재를 싸와서 산 범의 눈썹까지 부족한 것이 없다.

납채 가는 날이 차차 다가오니, 중원에서 나온 철천 자주비단, 납채를 봉할 때는 밤에 짠 월공단, 낮에 짠 일공단을 쓴다. 납채 가실 때 다섯 짐은 신부 몫이요, 세 짐은 예물이요, 그렇게 글을 봉해서 장가간다 한 삼 년, 시집온다 두 삼 년, 친가간다 세 삼 년, 나이 이십 살이 청춘이고 삼십이 골객이라. 사십 줄에 들어서도 자식이 없다.

하루는 날씨가 좋거늘 대감님이 소풍을 떠났다. 시종과 몸종을 세우고 소풍을 떠나 앞산에 올라가 사방을 살펴보니 진달래와 만달래, 철죽꽃, 봉선화 만발하고, 석양산림에 강남 갔던 제비가 새끼를 쳐 가지고 앞에 새끼 뒤에 세워, 뒤에 새끼 앞에 세워 구지하고 나오고 있다. 삼 년 묵은 낡은 둥지에 그 새끼를 앉혀놓고, 벌레를 물어다가 너 먹어라, 나 먹어라 한다.

그것을 바라보니 대감님이 처량하기 그지없어서 집에 다시 돌아왔다. 대감님이 자리에 누워 진지도 안 잡숫고 심사가 쓰다. 부인님이 물었다.

"대감님. 꽃구경 나비구경 갔다 와서 어찌 눈물을 흘리십니까?"

"부인님과 나는 남은 다 낳는 아이를 어찌 못 낳는가? 어머니, 아버지 소리를 듣지 못하는가? 날아가는 짐승도 앞에 새끼 뒤에 세우고, 뒤에 새끼 앞에 세우고, 구지~ 하고 날아가는 것이 부럽습니다."

"대감님, 들으시오. 내가 이 집으로 올 때 경상도 아랫녘에 묘한 점쟁이가 있답디다. 거기 가서 팔자궁합을 물어보십시오."

대감님은 생금 한 봉을 가지고 건마를 타고, 종자래기 정매들이와 영청, 둘이서 청광으로 갔다.

궁합을 가리니 덕을 쌓고 공덕을 들여야 자식을 보겠다고 한다.

"안내산 금상절에 석 달 열흘 동안 기도와 정성을 들이되, 대감님과 부인님이 그날 위 논의 물은 아래 논에 대고, 아래 논의 물은 위 논에 대고, 그날 벼를 심어, 그날 키워서, 그날 베어서, 그날 백미 서 말 서 되를 찧으시오. 황초 다섯 근, 소초 다섯 근, 대초 다섯 근, 황종이 다섯 근, 작은 종이 다섯 근, 큰 종이 다섯 근, 열다섯 근을 갖추어서 안내산 금상절에 찾아가서 인왕불 부처, 금강불 부처, 인간 지도하는 생불 성인이 있으니 거기 가서 석 달 열흘을 기도하시오."

기도를 하고, 집에 와서 방 안에 인물병풍, 화초병풍 펼쳐놓고, 물색 비단 홑이불, 원앙침, 잔물 베개, 돋워 베고, 청룡황룡이 어우러져서, 하나같은 기를 품어, 두 몸이 한 몸이 되고, 그 달부터 태기가 있었다. 그때 부인의 나이가 사십이 되었다. 석 달 째가 되니 밥에서 겨 냄새요, 떡에서 가루 냄새요, 장에서 누룩냄새가 난다.

"천 가지 만 가지 다 먹고 싶어요."

그러더니 그 아기 다섯 달 반 짐 지나, 여덟 달이 찬 짐이요, 아홉 달 만에 문을 닫아, 열 달 만에 탄생하는데, 발그레한 남자아이가 태어났다. 잘나기도 잘 났다. 한 쪽 옆에 해가 돋고, 한쪽 옆에 달이 돋고, 천하일색 이 아기, 잘 나기도 잘 나고, 귀하기도 귀하다.

그 아기 삼일이 되어도 눈을 안 뜨고, 첫 이레가 되어도 눈을 안 떴다. 세 이레가 되어도 눈을 안 뜨고, 석 달이 되어도 눈을 안 떴다. 그때 대감님과 부인님이 빗질 같은 손길로 땅을 땅땅 쳤다.

"산천도 무정하다, 성인도 애정 없다. 인간영화를 보려했더니 앞 못 보는 판수 자식으로 무엇을 하겠니?"

아기 이름을 거북이라고 짓고 유모를 불러 아기를 키우라고 주었다. 그 아기가 세 살이 되었다.

대감님과 부인님이 또 하나 같은 기를 품으니 또 아기가 생겨서, 세 달 만에 완전히 모양을 이루니, 밥에서 겨 냄새요, 떡에서 가루 냄새요, 장에서 누룩 냄새가 나고, 천 가지 만 가지 다 먹고 싶어 했다.

"깊은 산골짜기에 있는 신배, 돌배도 드려라."

어머니 얼굴에 거미줄이 이리 슬고 저리 슬었다. 다섯 달에 반 짐 지나, 여덟 달이 찬 짐, 아홉 달에 문을 닫아, 열 달 만에 또 남자아기가 태어났다. 잘 나기도 잘 나고, 귀하기도 귀하다.

먼저 아기에 혼이 나서, 낳자마자 눈부터 보니, 샛별 같은 눈이 똘똘 굴러다녔다.

사흘 만에 아기를 향물에 목욕 시키자고, 등을 만지니 곱사등이요, 다리를 만지니 한쪽 다리 짧고, 앉은뱅이였다.

대감님과 부인님이 심사를 막 쓰다가 유모를 불러 줄 때 이름을 남생이라고 지었다. 재산은 넘치고 넘치는데, 부모는 화병이 들어서 다 죽고 말았다.

아이들이 그 재산을 놓고 먹고, 놓고 쓰다 보니 오래지 않아서 가난뱅이가 되었다. 할 수 없이 둘이 손목을 붙들고 밥을 빌어먹으러 갔다.

"병신 둘을 어찌 거저 거두어 먹이겠느냐? 다시는 오지 마라."

집집마다 이렇게 말하니 남생이와 거북이는 대문 밖으로 나와서, 둘이 얼싸안고 울었다. 남생이가 말했다.

"우리 생기게 한 안내산 금상절로 인왕불 부처, 금강불 부처, 인간 지도 하는 생불성인을 찾아가자."

거북이도 말했다.

"나는 앞이 어두운데 어찌 가겠니?"

"나는 어찌 걸어가겠소."

"형이 나를 업으시오. 형이 쥐던 지팡이를 내가 쥐고, 똑똑 소리 나는 대로 가시오."

남생이를 업고, 삼거리로 나서니 하늘에서 무지개 내려 뻗쳤다. 동쪽은 청 대로에 푸른 길이오, 남쪽은 적 대로에 붉은 길이오, 서쪽은 백 대로에 흰 길이오, 절 어귀에 들어가니 연꽃 늪이 있었다. 그 늪에 복개 같은 생금이 둥둥 떠다녔다. 남생이가 눈이 밝으니 보고 말했다.

"거북이 형님. 이 늪에 그릇 뚜껑 같은 생금이 있으니, 그것을 건져갑시다."

하지만 형은 고개를 저었다.

"우리가 무슨 복으로 그것을 가지겠니? 그것을 건지면 쓸 수나 있겠느냐. 본 체 말고 들어가자."

절에 들어가니 불목하니가 달려 나와 보고는 대사님께 알렸다. 대사님이 말했다.

"그 아이들이 생기느라고 우리 절에 생금 탑을 쌓고 했으니, 아이들을 남간초당에 들여 앉히고 글공부를 시켜라. 하루에 흰 쌀밥을 세 번씩 지어 먹여라."

불목하니는 일이 너무 많아져서 대사님 몰래 아이들을 두들겨 패주었다. 그러자 아이들이 말해주었다.

"우리가 이 절에 올 때, 늪에 생금이 떠 있는 것을 보았습니다. 그것을 건져 가지십시오."

삼천 중이 모두 나가보니 생금은 없고, 금구렁이가 한 쪽은 하늘에 붙고 한 쪽은 땅에 붙어 있었다.

속았다고 여긴 중들이 아이들을 더 두들겨 팼다. 하지만 아이들이 나가서 보니 역시 보았던 대로 금이었다. 그 금을 건져서 불전에 안고 들어오니, 절이 움슬~ 춤을 추었다. 금으로 부처를 도금하고, 절 안을 도금하니, 부처님이 와서 말했다.

"거북아, 눈을 떠 주마."

눈 감았던 판수 거북이가 눈을 떴다.

"남생이도 등을 펴고, 다리도 펴라."

굽었던 몸이 다 펴졌다. 이후로 아이들은 세상으로 나와서 서로를 끔찍이 아끼며 잘 살았다. 그리고 여든한 살까지 살다가 죽어서 혼수성인으로 제사를 받게 되었다.

— 손진태, 『조선신가유편』, 박이정, 2012.

대신칼

신장칼

제 7 부

나라를 세운 신들

1. 고조선을 세운 환웅의 아들 단군왕검

환인에게 작은아들 환웅이 있었다. 환웅은 천하를 다스리고자 하는 뜻을 두고, 사람이 사는 세상을 자주 탐냈다. 아버지가 아들의 뜻을 알아차리고, 삼위태백(三危太伯)을 내려다보니 인간은 세계를 널리 이롭게 할 만한 곳이었다.

환인은 아들 환웅에게 천부인 세 개를 주며 인간세계를 다스리게 하였다. 환웅은 풍백, 우사, 운사와 3000명을 거느리고 태백산 마루에 있는 신단수 밑으로 내려왔다.

그 땅을 신시(神市)라고 하고, 환웅을 환웅천왕이라고 했다. 환웅천왕은 곡식, 수명, 질병, 형벌, 선악 등을 주관하고, 모든 사람에게 360여 가지 지켜야 할 규범을 정하여 세상 사람들을 다스리고 교화하였다.

이때 곰 한 마리와 호랑이 한 마리가 같은 굴에서 살고 있었다. 이들은 환웅을 계속 찾아와 사람이 되게 해 달라고 빌었다. 환웅은 신비한 쑥 한 줌과 마늘 스무 개를 주면서 말했다.

"너희들은 이것을 먹으면서 백 일 동안 햇빛을 보지 않으면 사람이 될 수 있다."

곰과 호랑이는 환웅이 시키는 대로 쑥과 마늘을 받아서 먹기 시작했다. 곰은 삼칠일 금기를 지켜내고 여자의 몸으로 변했으나, 호랑이는 금기를 지키지 못하고 포기하여 사람으로 변하지 못했다.

웅녀는 혼인할 사람이 없으므로 매일 신단수 밑에서 아기를 갖게 해 달라고 축원하였다. 이것을 본 환웅이 남자의 모습으로 변하여 웅녀와 혼인을 했다. 그러자 바로 잉태하여 아들을 낳았다. 그 아기가 바로 단군왕검이었다.

단군왕검은 당나라 요임금이 즉위한 지 50년인 경인년에 평양성을 도읍으로 정하고, 나라의 이름을 조선이라고 불렀다. 다시 도읍을 백악산 아사달로 옮기니, 이곳을 궁홀산이라고도 하고, 금미달이라고도 했다.

단군왕검은 여기에서 1,500년 동안 나라를 다스렸다. 주나라 무왕이 즉위한 기묘년에 기자를 조선에 봉했다. 이에 단군은 장당경으로 옮겼다가 후에 돌아와 아사달에 숨어서 산신이 되었는데, 그때 나이가 1908세였다고 한다.

— 원문출처: 『삼국유사』 권1 고조선

산신

2. 고구려의 시조 동명왕 주몽

이것은 신령스럽고 이상한 일에 대한 기록이다.

『단군고기』에 이르기를 상제 환인에게 작은아들이 있는데, 이름이 웅이다. 환웅이 세상에 내려가서 사람이 되고자 하여 천부인 세 개를 받아서 태백산 신단수 아래에 강림하였다. 이 분이 곧 환웅천왕이다.

손녀에게 약을 마시게 하니 사람이 되었고, 단수의 신과 더불어 결혼해 아들을 낳으니, 이름이 단군이다. 나라를 세워 이름을 조선이라 하니, 조선, 시라, 고례, 남·북 옥저, 동·북 부여, 예와 맥이 모두 단군의 다스림을 받았다.

단군이 비서갑 하백의 딸에게 장가들어 아들을 낳았는데, 그 아들이 부루이다. 부루는 동부여의 왕이 되었다. 단군이 당요와 더불어 같은 날에 임금이 되고, 우가 도산에서 모임을 맞이하여 태자 부루를 보내어 조회하게 하였다. 단군은 나라를 세워 다스린 지 1038년, 은나라 무정 8년 을미에 아사달에 들어가 신이 되었으니, 지금의 문화현 구월산이다.

부루에게 아들이 없어 금색 와형아를 얻어 키우는데, 이름을 금와라 하고 나중에 태자로 삼았다. 그때 정승 아란불이 아뢰었다.

"일전에 하느님이 내게 강림하여 말씀하기를 '장차 내 자손으로 여기에다 나라를 세우게 할 것이니 너는 다른 곳으로 피하라. 동해 가에 땅이 있는데, 이름은 가섭원이며, 토질이 오곡에 적당하여 도읍할 만하다'고 하였습니다."

왕에게 권하여 도읍을 옮겼다.

천제가 태자를 보내어 부여의 고도에 내려 놀게 하니 이름이 해모수다. 해모수가 하늘에서 오룡거를 타고 내려올 때, 따르는 자 백여 명은 모두 흰 고니를 탔는데, 채색 구름이 그 위에 뜨고 음악소리가 구름 가운데에서 울렸다. 웅심산에서 머물러 10여 일을 지내고 비로소 내려왔다.

머리에는 까마귀 깃털 관을 쓰고 허리에는 용광검을 찼는데, 아침이면 일을 보고, 저녁이면 하늘로 올라가니 세상에서 이르기를, 천왕랑이라 했다.

성 북쪽 청하의 하백에게 세 딸이 있었다. 큰딸이 유화, 둘째 딸이 훤화, 막내가 위화인데 모두 자태가 곱고 아름다웠다. 세 딸이 웅심연 위에 가서 놀고 있는데, 이를 본 왕이 좌우의 신하들에게 일렀다.

"저 여자를 맞이해서 비로 삼아 많은 자손을 얻겠다."

하백의 세 딸들이 왕을 보자 바로 물로 들어갔다. 그러자 좌우의 신하들이 말했다.

"대왕은 어찌하여 궁전을 짓고 저 여자를 맞이하여 방에 들이고 문을 닫지 않습니까?"

왕이 이 말을 옳게 여기어 말채찍으로 땅을 그으니, 잠깐 사이에 구리 방이 이루어졌다.

방 가운데에 세 자리를 마련하여 술과 음식을 두었더니, 여자들이 서로 권하여 크게 취하였다. 왕이 다가오니 여자들이 놀라서 달아나는데, 유화가 왕에게 잡혔다. 하백이 크게 노하여 사신을 보내어 고했다.

"너는 어떤 사람이기에 내 딸을 붙잡아 두느냐?"

왕이 대답했다.

"나는 천제의 아들인데, 이제 하백 집안과 결혼을 맺고자 합니다."

그러자 하백이 또 사신을 보내어 고했다.

"네가 만일 구혼하려거든 마땅히 매파를 보낼 것이지, 이제 덮어놓고 내 딸을 붙잡아 두니 어찌 그리 예를 모르느냐?"

왕이 부끄러워서 장차 하백에게 가 보려고 했지만 하백이 있는 곳에 들어갈 수가 없었다. 또 그 딸을 놓아주려고 했지만 딸이 이미 왕과 더불어 정을 통하고 난 다음이라서 떠나려고 하지 않았다. 그래서 왕에게 권했다.

"만일 용거가 있으면 하백의 나라에 갈 수 있습니다."

왕이 하늘을 가리키며 말을 하자, 조금 있으니 오룡거가 하늘에서 내려왔다. 왕이 유화와 함께 수레를 타니, 갑자기 풍운이 일어나 대번에 궁에 이르렀다.

하백이 예를 갖추어 맞이하여 좌정하고 말했다.

"혼인의 예는 천하의 예법이거늘 어찌 이렇듯 실례하여 우리 문중을 욕되게 하느냐? 왕이 천제의 아들이라면 어떠한 신이함을 가지고 있느냐?"

왕이 대답했다.

"시험해 보면 알 것입니다."

그래서 하백이 뜰 앞의 연못에서 잉어로 변하여 물결을 따라 노닐자, 왕이 물개로 변하여 잡으려 했다. 하백이 다시 사슴으로 변하여 달아나자 왕은 승냥이로 변하여 쫓았다. 하백이 꿩으로 변하니, 왕이 매로 변하여 쫓았다. 하백이 그제야 진실로 천제의 아들이라 생각하고 예로 혼례를 하였다.

하백은 왕이 이제 와서 딸을 맞이할 마음이 없을까 두려웠다. 그래서 풍악을 베풀고 술을 마련하여 왕에게 계속 권해서 크게 취하게 하여 딸과 함께 작은 가죽 가마에 넣어서 용거에 실어 승천하게 하려 했다. 하지만 수레가 물에서 나오기도 전에 왕이 술이 깨더니 딸의 황금비녀를 빼 가마를 찌르고, 그 구멍으로 혼자 나와서 승천하고 말았다.

크게 노한 하백이 딸에게 말했다.

"네가 내 가르침을 따르지 않아 우리 가문을 욕되게 하였다."

좌우의 신하들에게 명하여 딸의 입을 얽어 잡아당기게 하니, 입술이 늘어나 길이가 3척이 되었다. 그리고는 노비 두 명과 함께 우발수 가운데로 내쫓아버렸다.

하루는 어부가 금와에게 아뢰었다.

"최근에 어살 가운데 있는 고기를 훔쳐가는 것이 있는데, 어떤 짐승의 소행인지 알 수가 없습니다."

왕이 어부에게 그물로 끌어내라고 시키니 그물만 찢어지고 나오지 않았다. 다시 쇠 그물을 만들어 끌어내니 그제야 비로소 한 여자가 돌 위에 앉아서 끌려 나왔다. 하지만 여자는 입술이 길어서 말을 하지 못했다. 세 번이나 입술을 끊어내니 그제야 비로소 말을 하였다.

왕은 여자가 천제 아들의 비임을 알고 별실에 거처하게 하였다. 여인이 창 가운데로 들어오는 햇볕을 품어서 아들을 배었다. 한나라 신작 4년 계해 4월 여름에 주몽을 낳으니, 우는 소리가 매우 크고, 생김새가 비범하였다.

처음에 왼쪽 겨드랑이로부터 큰 알을 낳았는데, 5되 들이만 하니 왕이 괴상하게 여겨 말했다.

"사람이 새알을 낳았으니 상서롭지 못하다."

말먹이는 데에 갖다 버리게 하였더니 말들이 밟지 않았다. 깊은 산에 버리니 온 짐승이 보호하고, 구름이 낀 날에도 알 위에는 늘 햇빛이 있었다. 이를 기이하게 여긴 왕은 알을 도로 갖다가 어미에게 보내어 기르게 하였다. 한 달 만에 알이 열리며 한 사내아이가 나왔는데, 난 지 한 달이 안 되었는데도 말을 했다.

"파리들이 눈을 건드려 잘 수가 없습니다. 어머니, 저를 위해 활과 화살을 만들어 주십시오."

어머니가 갈대로 활과 화살을 만들어 주었더니, 물레 위에 앉은 파리를 쏘아 모두 맞혔다. 이 이야기를 들은 사람들이 말했다.

"활을 잘 쏘는 이는 주몽이다."

주몽이 나이가 들자, 재주와 능력이 아주 뛰어났다.

그때 금와에게 아들 일곱 명이 있는데, 늘 주몽과 함께 사냥을 다녔다. 왕자와 따르는 자 40여 명이 겨우 사슴 한 마리를 잡는데, 주몽은 혼자서 사슴 여러 마리를 잡았다. 왕자들이 이를 시기하여 주몽을 잡아 나무에 매어 놓고 사슴을 빼앗아 갔다. 주몽이 나무를 뽑아 돌아가니, 태자가 왕에게 말했다.

"주몽은 영검하고 날랜 무사입니다. 눈빛이 이상하니 일찍 처리하지 아니하면 반드시 후환이 있을 것입니다."

이 말을 들은 왕은 주몽에게 말을 돌보게 했다. 무슨 생각을 가지고 있는지 시험해 보기로 한 것이다. 이에 주몽은 한을 품고 어머니에게 알렸다.

"저는 천제의 손자인데 마소 치는 사람이 되었으니, 사는 것이 죽는 것만 같지 못합니다. 남쪽 땅으로 가서 나라를 세우고자 하지만, 어머니가 계시기 때문에 감히 스스로 결단을 내리지 못하고 있습니다."

어머니가 말했다.

"그 일이 내가 밤낮으로 속 썩이는 것이다. 내가 들으니 무사가 먼 길을 떠나려면 모름지기 준마에 의지하라 하였다. 그러니 내가 능히 말을 가려 주겠다."

마구간에 가서 긴 채찍으로 말들을 마구 후려치니 말들이 모두 놀래어 달아나는데, 붉누런 말 한 마리가 두 길이나 되는 난간을 훌쩍 뛰어넘어 달아났다. 주몽은 그 말이 뛰어나다는 것을 알아차리고 몰래 말의 혀뿌리에 바늘을 찔러 박았다. 말은 혀가 아파서 아무것도 먹지 못하자 몹시 여위어 갔다.

하루는 왕이 마구간에 순행하다가 말이 모두 살찐 것을 보고 크게 기뻐하면서 그 중 가장 여위고 볼품없는 말을 주몽에게 주었다. 주몽은 그 말을 얻자마자 혀에 찔러 두었던 바늘을 뽑고 더욱 잘 먹였다.

얼마 후, 아무도 모르게 오이, 마리, 협보 등 3인과 짜고 남쪽으로 도망을 갔다. 그런데 범람한 강에 이르러 오도가도 못 하는 처지가 되었다. 강을 건너려 해도 배는 없고, 쫓아오는 군사는 곧 따라잡을 것 같았다. 주몽은 채찍으로 하늘을 가리키면서 몹시 분개하여 탄식했다.

"저는 천제의 손자요, 하백의 외손인데, 지금 난리를 피하여 여기에 이르렀습니다. 황천후토님, 이 외로운 아들을 위하여 빨리 다리가 이루어지게 하여 주소서."

말을 마치고 활로 물을 치니, 물고기와 자라 떼가 떠올라 다리를 만들었다. 주몽과 동료들은 곧 강을 건넜다. 얼마 후, 쫓아오던 군사가 강에 이르니 물고기와 자라가 만든 다리는 갑자기 없어졌고, 이미 다리에 올랐던 군사는 모두 물에 빠져 죽었다.

주몽은 어머니와 이별할 때가 되었는데도 차마 떠나지 못했다. 이를 눈치 챈 어머니가 말했다.

"애야, 이 어미일랑 너무 염려하지 마라."

아들을 떠나보낼 때, 오곡씨앗을 싸서 주었다. 하지만 주몽은 생이별하는 마음이 어찌나 애절하였던지 보리씨를 그만 잊어버리고 말았다. 먼 길을 달려온 주몽이 큰 나무 아래에서 쉬는데, 비둘기 두 마리가 날아왔다. 그때 주몽이 말했다.

"아마도 어머니가 보내 주시는 보리씨임에 틀림없다."

활을 당기어 쏘았다.

한 화살에 당겨 쏘니 두 마리가 모두 떨어졌다. 주몽이 비둘기의 목구멍을 열고 보리씨를 꺼내고, 비둘기에게 물을 뿜으니, 다시 살아나 날아갔다.

왕이 졸본천에 이르러 비수 위에 집을 짓고, 나라 이름을 고구려라 정했다. 이때부터 성을 고 씨로 정하고, 풀더미 위에 올라앉아서 군신의 자리를 정했다.

그 무렵, 비류왕 송양이 사냥하러 나왔다가 주몽을 보게 되었다. 얼굴에서 풍기는 비상함을 보고 찾아갔다. 함께 둘러 앉은 자리에서 송양이 말했다.

"궁벽한 바다의 모퉁이에 있어서 일찍이 그대 같은 사람을 만나보지 못하였는데, 오늘 우연히 만났으니, 참으로 다행이오. 그대는 어떤 사람이고, 어디에서 왔는가?"

왕이 대답했다.

"과인은 천제의 손자로서 서국의 왕이오. 감히 묻겠소. 왕은 누구의 뒤를 이었소?"

송양이 대답했다.

"나는 본디 선인의 자손이라 여러대 째 왕이 되어 이 땅을 다스렸소. 하지만 이곳 땅이 작아 땅을 나누어서 두 임금으로 나설 수 없고, 또한 그대는 나라를 세운 지 며칠 안 되니 나를 따르는 것이 마땅하오."

그러자 왕이 말했다.

"과인은 하느님의 뒤를 이었고, 지금 왕은 신의 맏자손이 아니면서 억지로 왕이라 하니, 만일 나에게 귀부하지 않으면 하느님이 반드시 죽일 것이오."

송양은 왕으로서 늘 하느님의 자손이라 칭하고 있었기에 말을 받아들일 수 없었다. 또한 속으로 의심을 품고서 주몽의 재주를 시험하고 싶은 마음이 생겼다.

"왕과 더불어 활쏘기를 원하오."

사슴 그림을 백 보 안에 그려 놓고 활을 쏘았다. 화살은 사슴의 배꼽에 꽂혔다. 왕이 사람을 시켜 옥가락지를 백 보 밖에 달아 놓게 하고 쏘니 와해되듯이 부수어져 송양이 크게 놀라며 돌아갔다.

송양을 만난 후 주몽이 말했다.

"나라를 새로 세웠기 때문에 북과 뿔피리가 위엄이 없다. 비류의 사자가 왕래할 때 내가 왕의 예로서 맞을 수 없으니 나를 가볍게 여기는 것이다."

그때 신하 부분노가 나와 아뢰었다.

"신이 대왕을 위하여 비류의 북과 뿔피리를 가져오겠습니다."

"남의 나라의 장물을 네가 어찌 가져온다 하느냐?"

왕이 말하니 이에 대답했다.

"이는 하늘이 주는 물건인데, 어찌 가져오지 못하겠습니까? 무릇 대왕이 부여에서 고생하실 때, 누가 대왕께서 능히 이곳에 이를 것이라 하였겠습니까? 이제 대왕께서 죽을 위기에서 벗어나 여기 먼 곳에까지 와서 이름을 높이 올리셨습니다. 이는 천제께서 명하여 이루어진 것인데, 무슨 일인들 이루어지지 않겠습니까?"

이렇게 말한 뒤, 부분노 등 세 사람이 비류에 가서 고각을 가지고 왔다.

이후 비류왕이 사신을 보내어 고할 때 왕이 와서 볼까 염려하여 고각의 색을 어둡게 하여 헌 것같이 해 놓았다. 송양이 와서 보고는 감히 다투지 못하고 돌아갔다. 송양은 도읍을 세운 날로 선후를 정해 주몽의 땅을 속국을 삼으려고 했다.

이를 눈치 챈 왕은 궁을 지을 때 썩은 재목으로 기둥을 해서 천년이나 묵은 것같이 했다. 송양이 와서 이를 보고 마침내 감히 도읍을 세운 선후를 다투지 못하였다.

그리고 왕이 서쪽으로 사냥 가서 흰 사슴을 잡아 해원(蟹原)이란 언덕에 거꾸로 매달고 저주했다.

"하늘이 비를 내려서 비류왕의 도읍을 수몰시키지 않으면, 결코 너를 놓아주지 않겠다. 이 어려움을 면하려거든 어서 하늘에 호소하여라."

그러자 사슴이 슬피 울어 그 소리가 하늘에 닿았다. 그 소리에 장맛비가 7일 동안 내려 송양의 도읍을 수몰시켰다. 왕이 갈대로 만든 새끼줄을 옆으로 치워서 그 끝을 말로 누르며 타니, 백성들이 모두 그 줄을 잡았다. 왕이 채찍으로 물을 그으니 물이 곧 줄어들고, 송양이 나라를 바치며 항복했다.

얼마 뒤 갑자기 검은 구름이 골짜기에 일어났다. 사람들에게는 그 산이 보이지 않고 오직 수천 명의 사람이 지르는 듯한 소리만 들려왔다. 그러자 왕이 말했다.

"하늘이 나를 위해 성을 쌓고 있군."

7일 만에 구름과 안개가 스스로 걷혔고, 그곳에는 성곽과 궁궐이 지어져 있었다. 왕은 황천께 절하고 그곳에서 살았다.

9월에 왕이 하늘로 올라가서 내려오지 않으니, 그 때의 나이가 40살이었다. 태자는 왕이 남긴 옥채찍으로 용산에다 장사를 지냈다.

— 원문출처: 『세종실록지리지』

3. 신라의 건국시조 혁거세

옛날에 진한 땅에는 6촌이 있었다.

첫째는 알천(閼川) 양산촌(楊山村)이니, 그 남쪽은 지금의 담엄사(曇嚴寺) 방면이다. 촌장은 알평(謁平)인데, 처음에 하늘에서 표암봉에 내려왔으며, 급량부(及梁部) 이씨의 조상이 되었다.

둘째는 돌산(突山) 고허촌(高墟村)이니, 촌장은 소벌도리(蘇伐都利)이다. 처음에 하늘에서 형산에 내려왔으며, 사량부(沙梁部) 정씨의 시조가 되었다. 지금은 남산부(南山部)라고 하는데, 구량벌, 마등오, 도북, 회덕 등 남촌이 이에 속한다.

셋째는 무산(茂山) 대수촌(大樹村)인데, 촌장은 구례마(俱禮馬)이다. 처음에 이산(伊山)에 내려왔으며, 점량부(漸梁部), 또는 모량부(牟梁部) 손씨의 조상이 되었다. 지금은 장복부라고 하는데, 박곡촌 등 서촌이 이에 속한다.

넷째는 자산(觜山) 진지촌(珍支村)이니, 촌장은 지백호(智伯虎)이다. 처음에 화산으로 내려왔으며, 본피부(本彼部) 최씨의 시조가 되었다. 지금은 통선부라 하는데, 사파 등 동남촌이 이에 속한다. 최치원(崔致遠)은 바로 본피부 사람이다. 지금 황룡사 남쪽, 미탄사 남쪽에 옛터가 있다고 하는데, 이것이 최치원의 옛 집터임이 분명하다.

다섯째는 금산(金山) 가리촌(加利村)이니, 촌장은 지타(祗沱)이다. 처음에 명활산에 내려왔으며, 한기부(漢岐部) 배씨의 시조가 되었다. 지금은 가덕부라 하는데, 상서지, 하서지, 내아 등 동촌이 이에 속한다.

여섯째는 명활산(明活山) 고야촌(高耶村)이니, 촌장은 호진(虎珍)이다. 처음에 금강산으로 내려왔으며, 습비부 설씨의 조상이 되었다. 지금은 임천부라 하는데, 물이촌, 잉구미촌, 관곡 등 동북촌이 이에 속한다.

위의 글을 상고하건대, 이 육부의 조상들은 모두 하늘에서 내려온 것 같다. 노례왕(弩禮王) 9년에 비로소 6부의 이름을 고치고, 이들에게 여섯

성(姓)을 주었다. 지금 풍속에 중흥부(中興部)를 어머니, 장복부(長福部)를 아버지라 하고, 임천부(臨川部)를 아들, 가덕부(加德部)를 딸이라 하는데, 자세한 이유는 알 수 없다.

전한 지절(地節) 원년 임자 삼월 초하루에 6부의 조상들은 저마다 자제들을 거느리고 알천 언덕에 모여 의논하여 말했다.

"우리들은 위로 임금이 없어 백성들을 다스리지 못하고 있다. 그렇기 때문에 백성들이 모두 방자하여 자기가 하고 싶은 대로 하고 있다. 덕 있는 사람을 찾아서 임금으로 삼아 나라를 세우고 도읍을 정해야 하지 않겠는가?"

이에 높은 곳에 올라 남쪽을 바라보니 양산(楊山) 아래 나정(蘿井)이라는 우물가에 번개 빛처럼 이상한 기운이 하늘로부터 땅에 닿도록 비치고 있는데, 거기에는 백마 한 마리가 꿇어 앉아 절하는 형상을 하고 있었다. 그래서 그곳으로 찾아가 조사해 보니, 거기에는 자줏빛 알 한 개가 있었다. 말은 사람을 보고는 길게 울더니 하늘로 올라갔다.

알을 깨고서 어린 남자 아이가 나왔는데, 그 아이는 모양이 단정하고 아름다웠다. 모두 놀라고 이상히 여겨 동천(東泉)에 목욕시키니, 몸에서 광채가 나고, 새와 짐승들이 따라서 춤을 추었다. 이윽고 천지가 진동하고, 해와 달이 청명해졌다. 그래서 혁거세왕(赫居世王 : 온누리를 밝힐 임금)이라고 이름을 정했다. 그리고 위호(位號)를 거슬한(居瑟邯) 혹은 거서간(居西干)이라고 하였다.

당시 사람들은 이를 치하했다.

"이제 천자가 내려왔으니 마땅히 덕이 있는 여인을 찾아 배필을 삼아야 할 것이다."

이날 사량리에 있는 알영정(閼英井) 가에 계룡(鷄龍)이 나타나서 왼쪽 갈비에서 여자 아이를 낳았다.

아이는 얼굴과 모습이 매우 아름다웠으나, 입이 닭의 부리와 같았다. 이에 월성 북쪽에 있는 냇물에 목욕을 시켰더니 그 부리가 빠졌다. 그래서 그 내를 발천(撥川)이라 하였다.

남산 서쪽 기슭에 궁실을 세우고 성스러운 두 아이를 모셔다가 길렀다. 남자 아이는 알에서 나왔고, 그 알의 모양이 박과 같았다. 향인들은 박(瓠)을 박(朴)이라고도 하므로 성을 박(朴)이라 하였다. 여자 아이는 그 나온 우물 이름으로 이름을 삼았다.

두 성인(聖人)이 열세 살이 된 오봉(五鳳) 원년 갑자에 남자가 왕이 되어 그 여자를 왕후로 삼았다. 그리고 나라 이름을 서라벌(徐羅伐) 또는 서벌(徐伐)이라 하고, 또는 사라(斯羅), 사로(斯盧)라고도 했다. 처음에 왕이 계정(鷄井)에서 탄생하였으므로 나라 이름을 계림국(鷄林國)이라고도 했는데, 이것은 계룡이 성서를 나타냈기 때문이다.

일설에는 탈해왕 김알지를 얻는데, 닭이 숲속에서 울었다고 해서 나라 이름을 계림이라고 고쳤다고도 한다. 후세에 와서야 신라(新羅)라는 국호를 정했다.

나라를 다스린 지 61년 되던 어느 날 왕은 하늘로 올라갔는데, 7일 뒤에 그 죽은 몸뚱이가 땅에 흩어져 떨어졌다. 왕후 역시 왕을 따라 죽었다고 한다.

나라 사람들이 이것을 합해서 장사지내려 하였다. 그런데 큰 뱀이 나타나서 쫓아다니며 이것을 방해하므로 오체(五體)를 각각 장사지내어 오릉(五陵)을 만들었다. 그 이름을 사릉(蛇陵)이라고도 하였다. 담엄사 북릉이 바로 이것이다. 태자 남해왕이 왕위를 계승하였다.

— 원문출처: 『삼국유사』 권제1 신라시조 혁거세왕

4. 씨족사회를 통합왕국으로 만든 김수로

천지가 개벽한 후로 이곳에는 아직 나라의 이름이 없었고, 또 군신의 칭호도 없었다. 이때는 아도간(我刀干), 여도간(汝刀干), 피도간(被刀干), 오도간(五刀干), 유수간(留水干), 유천간(留天干), 신천간(神天干), 오천간(五天干), 신귀간(神鬼干)등 구간이 있었다.

이들 추장들이 백성을 통솔했으니, 모두 일백 호로서 칠만 오천 명이었다. 사람들은 거의 산과 들에 모여서 살았으며, 우물을 파서 물을 마시고, 밭을 갈아서 곡식을 길러 먹고 살았다.

후한의 세조 광무제 건무 18년 임인 3월 계욕일(禊浴日)에 사람들이 살고 있는 북쪽 구지(龜旨)에서 무엇을 부르는 이상한 소리가 났다. 백성들 2~3백 명이 여기에 모여 있었는데, 모양은 보이지 않고 사람의 말소리 같은 소리만 들렸다.

"여기에 사람이 있느냐?"

구간들이 말했다.

"우리가 있습니다."

그러자 또 말했다.

"내가 있는 곳이 어디냐?"

"구지입니다"

"하늘이 내게 명하기를, '이곳에 나라를 새로 세우고 임금이 되라.'고 하여서 내려왔다. 너희는 모름지기 산봉우리의 흙을 파면서, '거북아, 거북아, 머리를 내어라. 내지 않으면 구워 먹으리.'하고 노래를 부르고 뛰면서 춤을 추어라. 그러면 곧 대왕을 맞이하여 기뻐 뛰놀게 될 것이다."

구간들이 이 말을 좇아 모두 기뻐하면서 노래하고 춤을 추었다.

얼마 안 되어 하늘을 우러러 쳐다보니, 자주색 줄이 하늘에서부터 내려와 땅에 닿고 있었다. 줄 끝을 찾아보니, 붉은 보자기가 금빛 상자를 싸고 있었다. 상자를 열어 보니 거기에는 해와 둥근 황금알 여섯 개가 있었다.

사람들은 모두 놀라고, 기뻐하여 함께 절하였다.

조금 있다가 그것을 다시 싸서 아도간의 집으로 돌아와 탑 위에 올려놓고, 여러 사람들은 각기 흩어졌다. 이로부터 열두 시간이 지난 이튿날 아침에 여러 사람들이 다시 모여 그 상자를 여니, 여섯 알은 변하여 어린 아이가 되어 있었는데, 용모가 아주 훤했다. 사람들은 아이들을 평상 위에 앉히고, 함께 절하면서 하례하였다. 그리고 공경하기를 극진히 하였다.

이 아이는 나날이 자라서 십여 일이 지나니, 키는 9척으로 은나라 탕왕과 같고, 얼굴이 용과 같은 것은 한나라 고조와 같았으며, 눈썹이 팔자로 채색이 나는 것은 당의 요임금과 같았고, 눈동자가 겹으로 된 것은 우의 순임금과 같았다.

그 달 보름에 왕위에 올랐다. 처음으로 세상에 나타났다고 하여 이름을 수로(首露)라고 하였다. 또는 수릉(首陵, 죽은 후의 시호)이라고 하였다. 그리고 나라 이름을 대가락(大駕洛), 또는 가야국(伽倻國)이라고 했으니, 이것은 여섯 가야 중의 하나이다.

나머지 다섯 사람도 각각 가서 다섯 가야의 임금이 되었다. 가야국은 동쪽은 황산강, 서남쪽은 창해, 서북쪽은 지리산, 동북쪽은 가야산이며, 남쪽은 나라의 끝이었다.

임시로 대궐을 세워 거처하면서 질박하고 검소한 생활을 하니, 집에 이은 이엉은 자르지 않았고, 흙으로 쌓은 계단은 겨우 석자였다.

즉위한 지 2년이 된 계묘 정월에 왕이 말했다.

"내가 서울을 정하려고 한다."

곧장 임시 궁궐의 남쪽 신답평(新畓坪)에 나가서 사방의 산악을 바라보았다. 그리고는 좌우 사람들에게 말했다.

"이 땅은 협소하기가 여뀌 잎과 같지만 수려하고 기이하여, 가위 십육나한이 살 만한 곳이다. 더구나 1에서 3을 이루고, 그 3에서 7을 이루니 일곱 성인이 살 곳으로 적합하다. 여기에 의탁해서 강토를 개척하면 좋은 곳이 될 것이다."

그 후 1500보 둘레의 성과 궁궐과 전당 및 여러 관청의 청사, 무기고, 곡식 창고를 지을 터를 마련하고, 궁궐과 여러 집들은 농사에 바쁘지 않은 틈을 이용하여 짓는데, 그 해 10월에 시작하여 갑진년 2월에 완성되었다. 좋은 날을 가려서 새 궁으로 옮겨 모든 정사를 다스리고, 여러 가지 일을 부지런히 하며 두루 보살폈다.

이때 완하국(琓夏國) 함달왕(含達王)의 부인이 홀연히 임신했다. 달이 차서 알을 낳았는데, 그 알이 변해서 사람이 되었으므로, 그 아이의 이름을 탈해(脫解)라 하였다. 그 아이가 바다를 따라서 가락국에 왔는데, 키가 석 자요, 머리 둘레가 한 자나 되었다. 기꺼이 대궐로 가서 왕에게 말했다.

"왕의 자리를 빼앗으러 왔소."

그러자 왕이 말했다.

"하늘이 내게 명해서 왕위에 오르게 한 것은 장차 나라를 안정시키고, 백성을 편안케 하려 함이다. 감히 하늘의 명을 어겨 왕의 자리를 남에게 줄 수도 없고, 또 내 나라와 내 백성을 너에게 맡길 수도 없다."

탈해가 말했다.

"그렇다면 술법으로 겨뤄 보겠소?"

왕이 좋다고 했다.

잠깐 사이에 탈해가 변해서 매가 되니 왕은 변해서 독수리가 되고, 또 탈해가 변해서 참새가 되니 왕은 새매로 변했다. 이렇게 변하는 것은 순식간에 벌어졌다. 탈해가 원래 모양으로 돌아오자, 왕도 역시 원래 모양이 되었다. 이에 탈해가 엎드려 항복했다.

"술법을 겨루는 마당에, 매가 독수리에게, 참새가 새매에게 잡히기를 면한 것은 모두 다 성인께서 죽이기를 싫어하는 어진 마음을 가졌기 때문입니다. 이 몸이 왕과 왕위를 다투기는 실로 어려운 일입니다."

탈해는 문득 왕에게 절하여 하직하고 나가서, 이웃 교외의 나루터에 이르러 중국에서 온 배가 닿는 수로로 갔다.

왕은 탈해가 머물러 있으면 반란을 일으킬까 염려하여 급히 수군 500척을 보내어 뒤쫓게 하였다. 탈해가 계림의 땅 안으로 달아나므로 수군은 모두 돌아왔다.

건무 24년 무신 7월 27일에 구간 등이 조회할 때 임금께 말했다.

"대왕께서 강림하신 이래 좋은 배필을 구하지 못하셨으니, 신들의 집에 있는 처녀 중에서 가장 예쁜 사람을 골라서 궁중에 보내어 대왕의 짝이 되게 하고자 합니다."

왕이 말했다.

"내가 여기에 내려온 것은 하늘의 명령이다. 내가 짝을 지어 왕후를 삼는 것도 하늘의 명령이 있을 것이니 경들은 염려하지 말라."

왕은 드디어 유천간에게 명해서 가볍고 빠른 작은 배와 준마를 가지고 망산도(望山島)에 가서 기다리게 하고, 신귀간에게 명령하여 승점(乘岾)으로 가게 했다.

그때 홀연히 바다 서쪽에서 붉은 색의 돛을 단 배가 붉은 기를 휘날리면서 북쪽을 바라보며 오고 있었다. 유천간 등이 먼저 망산도 위에서 횃불을 올리니 사람들이 앞을 다투어 육지로 내려 뛰어오므로 신귀간이 이것을 보고 대궐로 달려가서 왕께 아뢰었다.

왕은 이 말을 듣고 매우 기뻐하였다. 바로 구간 등을 보내서 목련(木蓮)으로 만든 키를 갖추고, 계수나무로 만든 노를 저어가서 그들을 맞이했다. 구간 등이 곧 모시고 대궐로 들어가려하니 왕후가 말했다.

"나는 본디 그대들을 알지 못한다. 그런데 내가 어찌 경솔하게 따라가겠는가?"

유천간 등이 돌아와서 왕후의 말을 전달하니, 왕은 그 말을 옳게 여겨 유사를 데리고 행차해서 대궐 아래에서 서남쪽으로 60보쯤 되는 산기슭에 장막을 쳐서 임시 궁전을 만들어 놓고 기다렸다.

왕후는 산 밖의 별포(別浦) 나루터에 배를 대고 육지에 올라 높은 언덕에서 쉬고, 입었던 비단 바지를 벗어 산신령에게 폐백으로 바쳤다. 왕후를 모시고 온 잉신(媵臣) 두 사람의 이름은 신보(申輔)와 조광(趙匡)이고, 그들의 아내 두 사람의 이름은 모정(慕貞)과 모량(慕良)이라고 했다. 왕후의 일행은 데리고 온 노비까지 합하면 모두 20여 명이었다. 또 가지고 온 금수능라(錦繡綾羅)와 의상필단(衣裳疋緞), 금은주옥과 구슬로 만든 패물 등은 이루 기록할 수 없을 만큼 많았다.

왕후가 왕이 계신 곳에 가까이 오니, 왕은 나아가 맞아서 함께 장막 궁전으로 들어왔다. 잉신 이하 여러 사람들은 뜰 아래에서 뵙고 즉시 물러갔다. 왕은 유사에게 명하여 잉신 내외들을 안내하게 하고 말했다.

"사람마다 방 하나씩을 주어 편안히 머무르게 하고, 그 아래 노비들은 한 방에 5, 6명씩 두어 편안히 있게 하라."

그리고 난초로 만든 마실 것과 혜초로 만든 술을 주고, 무늬와 채색이 있는 자리에서 자게 하였다. 그리고 옷과 비단과 보화까지 주고는 군인들을 많이 모아 보호하게 했다.

이에 왕이 왕후와 함께 침전에 드니, 왕후가 조용히 왕에게 말했다.

"저는 아유타국(阿踰陀國)의 공주인데 성은 허(許)이고, 이름은 황옥(黃玉)이며, 나이는 열여섯입니다. 제가 본국에 있을 때, 금년 5월에 부왕과 모후께서 저에게 말씀하시기를, 우리가 어젯밤 꿈에 함께 하늘의 상제를 뵈었는데, 상제께서는 '가락국의 왕 수로는 하늘이 내려 보내서 왕위에 오르게 한 신령스럽고 성스러운 사람이다. 또 새로 나라를 세워서 다스리는데, 아직 배필을 정하지 못했으니 경들은 공주를 보내서 그 배필을 삼게 하라.' 하시고는 하늘로 올라가셨습니다. 꿈을 깬 뒤에도 상제의 말이 아직도 귓가에 남아 있으니, 너는 곧 부모와 작별하고 그곳으로 떠나라고 하셨습니다. 저는 배를 타고 멀리 증조(蒸棗)를 구하고, 하늘로 가서 반도(蟠桃)를 찾은 다음, 이제 모양을 가다듬고 감히 용안을 가까이 하게 되었습니다."

왕이 대답했다.

"나는 나면서부터 성스러워 미리부터 공주가 멀리서 올 것을 알고, 신하들의 왕비를 맞으라는 청을 따르지 않았소. 그런데 현숙한 공주가 스스로 왔으니 이 사람에게는 다행한 일이오.”

왕은 드디어 황후와 혼인해서 함께 두 밤을 지내고, 또 하루 낮을 지냈다. 그리고 왕후가 타고 온 배를 돌려보냈는데, 뱃사공 15명에게 각각 쌀 10석과 베 30필씩을 주어 본국으로 돌아가게 했다.

8월 1일, 왕은 대궐로 돌아오는데, 왕후와 한 수레를 타고 잉신 내외도 역시 나란히 수레에 탔다. 그리고 중국에서 나는 여러 가지 물건도 모두 수레에 싣고 천천히 대궐로 돌아오니, 이때 시간은 정오에 가까웠다.

왕후는 궁중에 거처하고, 잉신 내외와 그들에게 속한 종들에게는 비어 있는 두 집에 나누어 들게 하고, 나머지 따라온 자들도 20여 간 되는 빈관(儐館) 한 채를 주어서 사람 수에 맞추어 구별해서 편안히 있게 했다. 그리고 날마다 쓸 물건을 풍부하게 주고, 그들이 가지고 온 보배로운 물건들은 내고(內庫)에 두어서 왕후의 사시(四時) 비용으로 쓰게 했다.

하루는 왕이 신하들에게 말했다.

“구간들은 여러 관리들의 어른인데, 지위와 명칭이 모두 소인이나 농부들의 칭호이니, 이것은 벼슬 높은 사람의 호칭이 될 수 없다. 만일 이것을 외국 사람들이 듣는다면 반드시 웃음거리가 될 것이다.”

그리고 아도(我刀)를 고쳐서 아궁(我躬)이라 하고, 여도(汝刀)를 여해(汝諧), 피도(彼刀)를 피장(彼藏), 오방(五方)을 오상(五常)이라 하고, 유수(留水)와 유천(留天)의 이름은 위 글자는 그대로 두고 아래 글자만 고쳐서 유공(留功), 유덕(留德)이라 하고, 신천(神天)을 고쳐서 신도(神道), 오천(五天)을 고쳐서 오능(五陵)이라 했다.

신귀(神鬼)의 음은 바꾸지 않고 그 훈만 신귀(臣貴)라고 고쳤다. 또 계림의 직제를 취해서 각간(角干), 아질간(阿叱干), 급간(級干)의 품계를 두고, 그 아래의 관리는 주나라의 법과 한나라의 제도를 가지고 나누어 정했다. 이것은 옛것을 고치어 새 것을 취하고, 관직을 나누어서 설치하는 방법이다.

이에 비로소 나라를 다스리고 각 가정을 정돈하며, 백성을 자식처럼 사랑하니, 교화는 엄숙하지 않아도 위엄이 서고, 정치는 엄하지 않아도 다스려졌다. 더구나 왕이 왕후와 함께 사는 것은 마치 하늘에게 땅이 있고, 해에게 달이 있고, 음에게 양이 있는 것과 같았으며, 그 공은 도산(塗山)이 하나라를 돕고, 당원(唐媛)이 교씨(嬌氏)를 일으킨 것과 같았다. 그해 왕은 곰을 얻는 꿈을 꾸고 태자 거등공(居登公)을 낳았다.

영제(靈帝) 중평(中平) 6년 기사(189년) 3월 1일에 왕후가 죽으니, 나이가 157세였다. 온 나라 사람들은 땅이 꺼진 듯이 슬퍼하며 구지봉 동북쪽 언덕에 장사하였다. 그리고 왕후가 백성들을 자식처럼 사랑하던 은혜를 잊지 않으려 하는 뜻에서 왕후가 처음 배에서 내리던 도두촌(渡頭村)을 주포촌(主浦村)이라 하고, 비단바지를 벗은 높은 언덕을 능현(綾峴)이라 하고, 붉은 기를 단 배가 들어온 바닷가를 기출변(旗出邊)이라고 했다.

모시던 천부경 신보와 종정감 조광 등은 이 나라에 온 지 30년 만에 각각 두 딸을 낳았는데, 이들 내외는 12년이 지나 모두 죽었다. 그 밖의 노비의 무리들도 나라에 온 지 7, 8년이 되었는데도 자식을 낳지 못하고, 오직 고향을 그리워하는 슬픔을 품고 모두 죽었다.

그래서 그들이 거처하던 빈관은 텅 비고 아무도 없었다.

왕후가 세상을 떠나자 왕은 늘 외로운 베개를 의지하여 몹시 슬퍼하다가 10년이 지난 헌제(獻帝) 입안(立安) 4년 기묘(199년) 3월 23일에 돌아가니, 그때의 나이 158세였다. 나라 사람들은 마치 부모를 잃은 듯이 슬퍼하여 왕후가 세상을 떠났을 때보다 더했다. 대궐 동북쪽 평지에 빈궁(殯宮)을 세우니, 높이가 한 길이며 둘레가 300보인데, 왕을 거기에 장사지내고 이름을 수릉왕묘(首陵王廟)라 했다.

— 원문출처: 『삼국유사』 권제2 가락국기

5. 신라 석씨 시조 석탈해

신라 남해왕 때 가락국의 바다 가운데에 어떤 배 한 척이 와서 닿았다. 이것을 본 그 나라의 수로왕이 백성들과 함께 북을 쳐 환영하며 맞아들여 머물게 하려고 하였다. 그러나 그 배는 나는 듯이 달아나 계림 동쪽 하서지촌(下西知村)의 아진포(阿珍浦)에 이르렀다.

이때 마침 포구에 한 노파가 있었는데, 이름은 아진의선(阿珍義先)이고, 혁거세왕의 고기잡이 할멈이었다.

"이 바다 가운데에는 원래 바위가 없는데, 무슨 까닭으로 까치들이 모여서 울지?"

노파는 이렇게 말하며 배를 끌어당겨 살펴보았다. 그러자 까치들이 배 위에 모여들었다. 배 안에는 궤 하나가 있었는데, 길이가 20자이고 너비는 13자나 되었다. 그 배를 끌어다가 나무 숲 밑에 매어 두고, 이것이 길한 것인지 흉한 것인지를 몰라 하늘을 향해 물었다.

잠시 후에 궤를 열어 보니, 거기에는 단정한 사내아이가 하나 있었다. 그리고 칠보(七寶)와 노비가 안에 가득하였다. 그들을 칠일 동안 잘 대접하였더니 그제야 사내아이가 말을 하였다.

"나는 본래 용성국(龍城國) 사람입니다. 우리나라에는 원래 28 용왕이 있는데, 그들은 모두 사람의 태에서 태어나서 오륙 세에 왕위를 이어받아 만민을 가르쳐 성명을 바르게 하였습니다. 8품의 성골(姓骨)이 있는데, 고르는 일 없이 모두 왕위에 올랐습니다. 그때 부왕 함달파(含達婆)가 적녀국(積女國)의 왕녀를 왕비로 맞았는데, 오랫동안 아들이 없었다고 합니다. 그래서 아들 낳기를 빌었는데, 기도를 드린 지 7년 만에 커다란 알 한 개를 낳았습니다. 이에 대왕은 모든 신하들을 모아 놓고 말하기를 '사람이 알을 낳았으니, 이것은 고금에 없는 일이다. 이것은 아마 좋은 일이 아닐 것이다.'하고 궤를 만들어 나를 그 속에 넣고 칠보와 노비들을 함께 배 안에 실었습니다. 그리고 바다에 띄우면서 말하기를 '아무쪼록 인연이 있는 곳에 닿아 나라를 세우고, 한 가정을 이루어라.'고 하였습니다. 그때 문득 붉은 용이 나타나서 배를 호위하여 여기에 이른 것입니다."

말을 마치자 아이는 지팡이를 끌며 두 종을 거느리고 토함산 위로 올라가 돌무덤(석총)을 만들었다. 거기서 7일 동안 머무르면서 성 안에 머무를 만한 곳이 있는가를 살펴보았다. 산봉우리 하나가 마치 초사흘 달 모양으로 보이는데, 그 지세가 오래 살 만한 곳이었다. 산을 내려와 그곳을 찾아가니, 그곳은 바로 호공(瓠公)의 집이었다.

그 아이는 속임수를 쓰기로 하고, 몰래 숫돌과 숯을 그 집 곁에 묻어 놓았다. 그리고는 이튿날 아침에 그 집 문 앞에 가서 말했다.

"이 집은 우리 조상들이 살던 집이오."

호공은 그렇지 않다고 하며 서로 다투었다. 두 사람의 다툼이 해결되지 않자, 이들은 관청에 고발하였다. 관청에서 물었다.

"무엇으로 네 집이라는 것을 증명하겠느냐?"

아이는 말했다.

"우리 조상은 본래 대장장이였습니다. 잠시 이웃 고을에 간 사이에 다른 사람이 빼앗아서 살고 있는 것입니다. 그러니 땅을 파서 조사해 보면 알 것입니다."

이 말을 듣고 땅을 파 보니 과연 숫돌과 숯이 나왔다. 이렇게 하여 호공의 집을 빼앗아 살게 되었다.

이때 남해왕은 이 아이, 즉 탈해가 지혜로운 사람임을 알고 맏 공주를 아내로 삼게 하니, 이가 아니부인(阿尼夫人)이다.

하루는 토해(吐解)가 동악에 올라갔다가 내려오는 길에 백의(白衣)에게 먹을 물을 떠오라고 하였다. 백의는 물을 떠가지고 오다가 중로에서 먼저 마시고 탈해에게 주려고 하였다. 그러나 물그릇이 입에 붙어서 떨어지지 않았다. 탈해가 꾸짖자 백의는 이렇게 맹세했다.

"이후로는 가까운 곳이거나 먼 곳이거나 감히 먼저 마시지 않겠습니다."

그러자 물그릇이 입에서 떨어졌다. 이로부터 백의는 두려워하고 복종

하여 감히 속이지 못했다. 지금 동악 속에 우물이 하나 있다. 세상에서는 요내정(遙乃井)이라고 부르는데, 이게 바로 그 우물이다.

노례왕이 세상을 떠나자 탈해는 광무제 중원 6년 정사 6월에 왕위에 올랐다. 옛날에 남의 집을 내 집이라 하여 빼앗았다고 해서 성을 석씨(昔氏)라 하였다. 또는 까치 때문에 궤를 열게 되었다 하여 까치 작(鵲)자에서 새 조(鳥)자를 떼고 석(昔)으로 성을 삼았다고도 한다. 또 궤를 열고 알을 깨뜨리고 나왔다 하여 이름을 탈해(脫解)라 하였다 한다.

재위 23년 만인 건초 4년 기묘에 세상을 떠났다. 그래서 소천구(疏川丘) 속에 장사지냈다. 그런데 뒤에 신이 명령했다.

"조심해서 내 뼈를 묻어라."

그 머리뼈의 둘레는 석 자 두 치, 몸 뼈의 길이는 아홉 자 일곱 치나 되었다. 이는 서로 엉키어 있었고, 뼈마디는 하나로 연결되어 있었다. 이것은 이른 바 천하에 짝이 없는 역사의 골격이었다. 이것을 부수어 소상(塑像)을 만들어 대궐 안에 모셔 두었다.

그런데 신이 또 말했다.

"내 뼈를 동악에 안치해 두어라."

그래서 그 말대로 하였다.

어떤 사람은 말하기를 "탈해가 세상을 떠난 뒤 27세 문호왕 때 조로(朝露) 2년 경진 3월 15일 신유일 밤에 태종의 꿈에 몹시 사나운 모습의 노인이 나타나 말했다. '나는 탈해다. 내 뼈를 소천구에서 파내다가 소상을 만들어 토함산에 안치하도록 하라.' 왕은 그 말을 따랐다고 한다. 그런 까닭에 지금까지도 제사를 끊이지 않고 지내니, 이를 동악신(東岳神)이라 한다.

— 원문출처: 『삼국유사』 권제1 제4 탈해왕

6. 신라 김씨 시조 김알지

탈해왕 9년, 임금이 밤에 금성의 서쪽 시림의 수풀 사이에서 나는 닭 우는 소리를 들었다.

대보 호공을 보내어 살펴보게 하였더니, 거기에 황금빛 작은 궤가 나뭇가지에 걸려있고, 흰 닭이 그 아래에서 울고 있었다.

임금이 그 궤를 가져다가 열어 보니, 거기에는 작은 사내아이가 있었다. 임금은 기뻐하며 말했다.

"이것이 어찌 하늘이 나에게 훌륭한 아들을 보내줌이 아니겠는가!"

아이를 거두어 양육하였다.

그 이름을 알지라 하고, 금궤에서 나왔으므로 성은 김씨로 하였다. 이 때문에 그 숲의 이름을 계림이라 하고, 나라의 이름으로 삼았다.

숲 속에 쌓아 놓은 돌이 있는데, 그 높이가 석 자가 된다. 속설에 이렇게 전한다.

"이것은 알지가 태(胎)를 풀 때에 가위를 놓았던 돌로서 가위의 자국이 있다."

알지의 7대손 미추(未鄒)가 조분왕(助賁王)의 왕녀와 결혼을 했는데, 왕에게는 아들이 없으므로 미추가 대신하여 왕위에 올랐다. 이것이 김씨가 나라를 가진 시초였다.

— 원문출처: 『동국여지승람』 권제21 경주부 고적

7. 탐라를 건국한 삼성신

태초에 사람과 물건이 없었는데, 신인(神人) 세 사람이 땅으로부터 솟아 나왔다.

맏이를 양을나(良乙那), 둘째를 고을나(高乙那), 셋째를 부을나(夫乙那)라고 하였다. 세 사람은 황량한 땅에서 사냥을 해서 그 가죽으로 옷을 해 입고, 그 고기를 식량으로 삼았다.

하루는 자주색을 칠하여 봉한 나무상자가 동쪽 바닷가로 떠 왔다. 세 신인이 그곳으로 가서 열어 보니, 나무상자 속에 또 돌상자가 있었다. 그리고 붉은 띠에 자주색 옷을 입은 사자 한 사람이 있었다. 돌상자를 열어 보니, 거기에는 푸른 옷을 입은 처녀 세 사람과 망아지, 송아지와 오곡의 종자가 있었다. 사신이 말했다.

"나는 일본국 사신입니다. 우리 임금께서 세 따님을 낳으시고 이르시기를 '서쪽 바다 가운데 있는 산에 세 신인이 내려와서 장차 나라를 세우려고 하시는데 배필이 없다.'고 하시고는 신에게 명하시어 세 따님을 이곳으로 모시고 오게 하였습니다. 당신들은 반드시 짝을 이루어서 대업을 성취하십시오."

말을 다 하고는 홀연히 구름을 타고 가 버렸다.

세 사람은 나이에 따라 나누어 혼인하였다. 그리고 샘이 좋고 땅이 기름진 곳에 나아가 화살을 쏘아 땅을 선택하였다.

양을나가 사는 곳을 제일도, 고을나가 사는 데를 제이도, 부을나가 사는 데를 제삼도라 하였다. 비로소 오곡을 심고, 망아지와 송아지를 기르니 나날이 부유하고 번창해 갔다.

— 원문출처: 『고려사』 권제57 지(志) 권제11 지리2 탐라현

원문 출처

손진태, 『조선신가유편』, 박이정, 2012
창세가, 성조푸리, 도랑선베 청정각씨, 숙영랑 앵연랑 신가

현용준, 『제주도무속자료사전』, 신구문화사, 1980.
천지왕본풀이, 초공본풀이, 문전본풀이, 궤네깃당

현용준 · 현길언, 『제주설화집성』, 제주대학교 탐라문화연구소, 1982.
설문대할망

현용준 · 김영돈, 『한국구비문학대계』, 한국정신문화연구원, 1980~1988
설문대할망, 마고할미, 성주굿

현용준, 『제주도 전설』, 서문당, 1977.
설문대할망

서대석, 『동해안무가』, 형설출판사, 1974.
오구굿, 손님굿

장주근, 『제주도 무속과 서사무가』, 역락, 2001.
삼승할망본풀이

진성기, 『제주도무가본풀이사전』, 민속원, 1991.
천지왕본, 저승할망본, 할망본, 세경본풀이, 차사본풀이, 사만이본풀이, 문전본풀이, 이공본풀이, 서홍리본향, 허궁애기본, 삼공본풀이, 칠성본풀이, 지장본풀이, 저승본풀이

아키바 다카시 · 아카마쓰 지조, 『조선무속의 연구』, 동문선, 1991.
원천강본풀이

김태곤, 『한국무가집』, 집문당, 1980.
궁상이굿

『고려사』, 권제57 지(志) 권제11 지리2 탐라현
『삼국유사』, 권1 고조선
권제1 신라시조 혁거세왕
권제1 제4 탈해왕
권제2 가락국기
『세종실록지리지』, 동명왕 주몽
『동국여지승람』, 권제21 경주부 고적

도판 출처

김태곤, 『한국무신도』, 열화당, 1989.
옥황상제, 화덕진군, 별상, 바리공주, 용신, 제장, 용왕, 맹인부부, 칠성신

국립민속박물관, 원광대박물관, 『무-인간의 염원을 하늘에 잇다』, 2016.
삼불제석, 성수부채, 명다리, 지화, 작두, 북, 징, 동다리, 산대상잔, 꽹과리, 바라, 넋배, 고리짝, 고리짝 채, 요령, 오방기, 신칼, 대신칼, 장구, 월도, 칠성방울, 대신방울, 제웅, 삼지창, 신장칼

홍태한·박우택, 『한국의 무신도』, 민속원, 2008.
삼태성, 오방신장, 시왕(십대왕), 산신, 무신도

서대석, 『무당내력』, 서울대학교 규장각, 2005.
불정거리, 성조거리

김태곤, 『한국문화의 원본을 찾아서』, 국립민속박물관, 2014.
도령애기